Uni-Taschenbücher 1707

UTB
FÜR WISSEN
SCHAFT

Eine Arbeitsgemeinschaft der Verlage

Wilhelm Fink Verlag München
Gustav Fischer Verlag Jena und Stuttgart
Francke Verlag Tübingen und Basel
Paul Haupt Verlag Bern · Stuttgart · Wien
Hüthig Verlagsgemeinschaft
Decker & Müller GmbH Heidelberg
Leske Verlag + Budrich GmbH Opladen
J. C. B. Mohr (Paul Siebeck) Tübingen
Quelle & Meyer Heidelberg · Wiesbaden
Ernst Reinhardt Verlag München und Basel
Schäffer-Poeschel Verlag · Stuttgart
Ferdinand Schöningh Verlag Paderborn · München · Wien · Zürich
Eugen Ulmer Verlag Stuttgart
Vandenhoeck & Ruprecht in Göttingen und Zürich

Volker von Prittwitz

unter Mitarbeit von
Kai Wegrich, Stefan Bratzel
und Sebastian Oberthür

Politikanalyse

Leske + Budrich, Opladen

ISBN: 3-8100-1044-8

Satz: Leske + Budrich
Druck und Verarbeitung: Presse-Druck GmbH, Augsburg
Printed in Germany

Vorwort

Wie läßt sich Politik sinnvoll analysieren? Dieser Leitfrage wird im folgenden unter inhaltlichen, methodischen und organisatorischen Gesichtspunkten nachgegangen. Damit entsteht ein Überblick des aktuellen Know-how wissenschaftlicher Politikanalyse für Forschung und Studium mit Bezügen zu Journalismus, Politikberatung und Politischer Bildung.

Das Buch ist in drei Teile gefaßt. Im ersten Teil geht es um *Konzepte, Theorien und Modelle*, anhand deren Politik analysiert werden kann. Hierbei werden zunächst analytische Konzepte dargestellt, die den einzelnen Politikdimensionen des ungesteuerten Prozesses (politics), des öffentlichen Handelns (public policy) und des institutionellen Systems (polity) entsprechen. Gesellschafts- und Politiktheorien, schillernde Konzepte wie das des Regierens und das der internationalen Politik sowie situative Politikmuster, in denen unterschiedliche Politikdimensionen kombiniert werden, sind Gegenstand der folgenden Kapitel. Im zweiten Teil geht es um die *Methoden* der empirischen Sozialforschung und ihre Nutzungsmöglichkeiten im Rahmen gegenstands- bzw. aufgabenbezogener *Verfahren* der Politikanalyse. Dabei werden gerade Studenten/innen der Politikwissenschaft Anhaltspunkte für die Anlage von Seminar- und Qualifikationsarbeiten geliefert. Der dritte Teil des Buches schließlich hat *praktische Formen und Bedingungen* der Politikanalyse zum Gegenstand. Dabei geht es im einzelnen um Bedingungen und Perspektiven der Politikwissenschaft, der journalistischen Politikanalyse, der Politikberatung, der Politischen Bildung, des Politikspiels und des Politischen Kabaretts sowie um mögliche Bezüge zwischen diesen Analyseformen.

Der Text ist entsprechend seinem Lehrbuchcharakter straff gefaßt. Eine eingehende Betrachtung spezieller Probleme war nicht möglich. Es wurde aber in allen Kapiteln versucht, den Stand der Forschung im Überblick wiederzugeben. Wer sich in einzelne Bereiche bzw. Formen der Politikanalyse intensiver einarbeiten möchte, findet am Schluß der Kapitel Angaben zu ergänzender Literatur.

Organisatorischer Rahmen der Produktion des Textes war die Gesellschaft für Politikanalyse, Berlin. Kai Wegrich, Stefan Bratzel und Sebastian Oberthür haben die Arbeit in mehreren Fassungen durch inhaltliche Kommentare und Literaturvorschläge unterstützt, wofür ich Ihnen besonders danke. Dank schulde ich auch Kristine Kern, Jan Wessels, Daniel Göttner, Joachim Raschke, Christine Landfried, Peter Raschke, Günther Trautmann, Hans Jürgen Kleinsteuber, Philipp von Klitzing und Marcus Roth, vor allem aber den Studenten/innen meiner Lehrveranstaltungen an der Universität Hamburg und der Freien Universität Berlin für Anregungen und Unterstützung, dem Verleger des Buches, Edmund Budrich, für seine bemerkenswerte Geduld.

Da der Text fortgeschrieben werden soll, ist jeder Korrekturhinweis und jede Anregung von Lesern/innen willkommen.

Im Mai 1994 V. v. P.

Inhalt

A) Konzepte und Theorien

B) Methoden und Verfahren

C) Politikanalyse in der Praxis

A) Konzepte und Theorien

1. Das politologische Dreieck

Seitdem Nicolo Macchiavelli Politik im Unterschied zum Aristotelischen Politikbegriff, der die gute Ordnung im Sinne tugendhaften Bürgerlebens zum Inhalt hatte, als Kunst des *Machterwerbs und der Machtbehauptung* begriff, tobt der philosophische Streit darum, was Politik bedeuten soll. Neben dem Aristotelischen und dem Macchiavelistischen hat sich dabei eine *Vielfalt weiterer Politikbegriffe* entwickelt, so die Auffassung von Politik als Kunst, als Prozeß der Selbstaufhebung des Staates, als Interessenkonflikt, als Regelungsprozeß im Verhältnis gesellschaftlicher Inputs und Outputs bzw. als kybernetischer Steuerungsprozeß oder als emanzipativer Kommunikationsvorgang.[1] Diese Vielfalt des Politikbegriffs ist oft als Hemmnis wissenschaftlicher, insbesondere politikwissenschaftlicher Kommunikation beklagt worden; sie entspricht aber auch, was lange übersehen wurde, der Eigenart von Politik. Diese ist nämlich kein eindimensional erfaßbarer Gegenstand bestimmter Art, sondern eine Vielheit unterschiedlicher Gegenstände, die sich nur mehrdimensional erfassen und verstehen läßt.

Die Vielfalt des Politischen wird im *mehrdimensionalen Politikbegriff* systematisch aufgenommen.[2] Demnach besitzt Politik drei unterschiedliche analytische Dimensionen, die Dimension des öffentlichen Handelns (public policy), die Dimension des ungesteuerten, in der Regel konflikthaften Prozesses (politics) und die institutionelle Dimension (polity):

— Die Dimension des öffentlichen Handelns umfaßt die Sachprobleme und die darauf bezogenen Inhalte politischer Entscheidungen, die die Allgemeinheit betreffen, sowie die Bearbeitungform öffentlicher Angelegenheiten, insbesondere die

---

1 Einen Überblick geben Böhret/Jann/Kronenwett 1988 und Beyme 1986.

2 Dieser wurde in der deutschen Politikwissenschaft vermittelt über die Auseinandersetzung mit der Policy-Forschung aufgenommen (Jann 1981, 1983; Hartwich 1983, 1985, Böhret/Jann/Kronenwett 1986, Prittwitz 1990, Schubert 1991).

hierbei gewählten Strategien, Instrumente und Bewertungskriterien.
— Die Dimension des konflikthaften Prozesses hat die Bedingungen und Formen des politischen Prozesses im Zeichen von Interessenkonkurrenz und unterschiedlichen Werten und Zielen zum Gegenstand.
— Die institutionelle Politikdimension bezieht sich auf die institutionellen Rahmenbedingungen von öffentlichem Handeln und politischem Prozeß, so das gegebene Normensystem, insbesondere die Verfassung.

Die einzelnen Politikdimensionen eröffnen den Zugang zu bestimmten Politikvariablen: Im Rahmen der Policy-Dimension des öffentlichen Handelns treten Sachprobleme, Ziele, Strategien, Instrumente, Realisierungserfordernisse und Wirkungen öffentlicher Politik für die Gemeinschaft in den Vordergrund. Im Rahmen der Prozeßdimension werden die Bedingungen und Formen des mehr oder weniger konflikthaften politischen Prozesses thematisiert, so Akteurskonstellationen, situative Interessenbedingungen, Wertorientierungen und Einflußpositionen sowie deren sozioökonomische und kognitive Voraussetzungen. Die institutionelle Politikdimension schließlich führt zur Betrachtung von rechtlichen Strukturen, Verfassungsfragen, dem Aufbau staatlicher oder außerstaatlicher Einrichtungen mit politisch regulierender Funktion und Fragen der politischen Willensbildung.

Die einzelnen Politikdimensionen werden voneinander getrennt gedacht; sie haben also insoweit analytischen (gedanklich auflösenden) Charakter. In der konkreten Politik allerdings durchdringen sich öffentliches Handeln, konflikthafter Prozeß und institutionelles System der Politik wechselseitig. Die Besonderheit des Politischen liegt gerade in dem spannungsreichen Wechselverhältnis von problembezogener Rationalität, Akteurskonflikten und den jeweiligen institutionellen Rahmenbedingungen.

Diese Spannung charakterisiert selbst politische Strukturen oder Abläufe, die auf den ersten Blick als reine Ausdrucksform einer Politikdimension erscheinen. So sind verfassungsrechtliche Rahmenbedingungen von Politik (die zunächst ausschließlich der Polity-Dimension zugeschlagen werden) nicht selten im Zeichen unterschiedlicher Werthaltungen und Interessen der Verfassungsväter zustandegekommen. Persönlichkeiten, die als über den Parteien stehende "Staatsmänner" mit Gemeinwohlorientierung betrachtet werden, sind institutionellen und prozessualen Faktoren, zum Beispiel dem Einfluß ihrer Partei, ausgesetzt.

Abbildung 1: Das politologische Dreieck

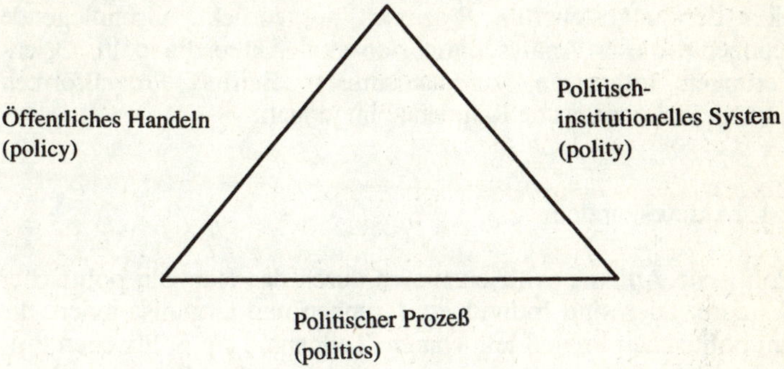

Politik läßt sich damit nur im wechselseitigen Zusammenhang unterschiedlicher Politikdimensionen verstehen. Der Veranschaulichung dieser doppelten Beziehung, der Ausdifferenzierung und des wechselseitigen Zusammenhangs unterschiedlicher Politikdimensionen, dient das Modell des *politologischen Dreiecks* (siehe Abbildung 1). In den folgenden Kapiteln wird dieses Modell zunächst unter dem Gesichtspunkt einzelner Politikdimensionen ausgeleuchtet. Begonnen wird dabei mit der Politikdimension des ungesteuerten Prozesses (politics).

Ergänzende Literatur: Beyme 1992; Alemann 1994; Hartwich 1985; Böhret/Jann/Kronenwett 1988.

2. Der ungesteuerte politische Prozeß

Im politischen Prozeß treffen Kontrahenten mit zumindest gewisser Handlungsfreiheit aufeinander. Politik weist damit immer ein Element der Unsteuerbarkeit auf. Dieses wird in der Politikdimension des ungesteuerten Prozesses ausgedrückt. Grundlegende Konzepte dieser Analysedimension sind Akteurshandeln, Orientierungen, Interessen, Verhaltensmuster, Einfluß, Prozeßformen und sozioökonomische Rahmenbedingungen.

2.1 Akteurshandeln

Politische Abläufe vollziehen sich durch das Handeln politischer Akteure. Dies sind Individuen, Gruppen und Organisationen, die am politischen Prozeß teilnehmen. Teilnahme am politischen Prozeß kann sich in allen denkbaren absichtsvollen Formen vollziehen, wobei üblicherweise *Aktivitätsunterschiede* bestehen: Bestimmte Akteure nehmen kontinuierlich und mit starkem Engagement am politischen Prozeß teil; andere beteiligen sich nur diskontinuierlich und mit schwachem Engagement. Als Akteur gilt selbst, wer ein politisches Problem "aussitzt", also eine Politik der *Nichtentscheidung* betreibt (Bachratz/Barratz 1962).

Individuelle Akteure sind Individuen, die am politischen Prozeß absichtsvoll und mit der Chance, Einfluß auszuüben, teilnehmen. *Kollektive Akteure* sind zum einen Gruppen von Individuen mit übereinstimmenden Präferenzen bezüglich eines Problems ohne Repräsentanzstrukturen (Teams), zum anderen *korporative Akteure*, das heißt Organisationen mit innerer Willensrepräsentation, schließlich *Akteursgruppen*, das heißt, Gruppen von Individuen mit ähnlichen Präferenzen, wobei einige Akteure eine Führungsfunktion einnehmen, ein Mischtyp der vorgenannten Akteurstypen (Coleman 1990; Flam 1990). Als konkrete politische *Akteursformen* werden üblicherweise unterschieden:

— politische Funktionsträger, die durch Wahl oder andere Legitimationsformen dazu ermächtigt sind, mit besonderer Entscheidungskompetenz am politischen Willensbildungs- und Entscheidungsprozeß teilzunehmen, hierbei Inhaber öffentlicher Ämter, Angehörige der öffentlichen Verwaltung und Abgeordnete.

— politische Parteien, d.h. Zusammenschlüsse von Bürgern mit bestimmten politischen Grundauffassungen, die kontinuierlich auf die politische Willensbildung Einfluß nehmen und an der Vertretung des Volkes in Parlamenten mitwirken wollen,
— Verbände, d.h. gesellschaftliche Interessen zusammenfassende Organisationen, deren Repräsentanten versuchen, auf die politische Willensbildung direkt Einfluß zu nehmen, ohne sich einer allgemeinen Parlamentswahl zu stellen,
— Bürgerinitiativen, d.h. spontane politische Organisationsformen unmittelbar Betroffener,
— Journalisten, Publizisten, wissenschaftliche Experten,
— andere Individuen oder Gruppen mit Einfluß auf Politik. "Der Wähler", das heißt, die durch Umfrage- oder Wahlergebnisse ausgedrückte Bevölkerungsmeinung, beeinflußt zwar den politischen Prozeß Einfluß. Dieser Einfluß kann (bisher) allerdings nur selten in einzelnen Entscheidungssituationen gezielt geltend gemacht werden. Genau diese Fähigkeit aber ist eine wichtige Komponente des Akteursstatus; von "dem Wähler" als Akteur wird daher nur in Ausnahmefällen gesprochen.

Alle Akteurstypen können auf unterschiedlichen *räumlich-institutionellen Ebenen* des politischen Systems, von der Gemeinschaftsebene (Hausgemeinschaft, Betrieb) über die lokale, regionale, nationale, inter- und supranationale Ebene bis zur globalen Ebene auftreten. Häufig kommt es zu Überschneidungen dieser Systemebenen und damit zu Mehrfacheigenschaften einzelner Akteure. Ähnliche Überschneidungen bzw. Funktionskoppelungen existieren zwischen unterschiedlichen Politikfeldern oder politischen Entscheidungsgegenständen.

Da Funktionsträger, die an Stelle von ihnen repräsentierter Organisationen handeln, meist eine gewisse Eigenständigkeit besitzen, mischen sich im Typus des korporativen Akteurs die Typen des kollektiven und des individuellen Akteurs. Diese *Mischung* ist auch im Fall einzeln agierender Mitglieder politischer Bewegungen sowie anhand von Parlamentsabgeordneten gegeben, die als individuelle Abgeordnete gewählt und in diesem Sinne grundrechtlich institutionalisiert sind (Gewissensfreiheit des Abgeordneten), andererseits einer Partei und Parlamentsfraktion angehören, in deren Namen und Auftrag sie handeln. Auch *staatlich-administrative Akteure* sind korporative Akteure besonderer Art, da sie im Auftrag der Gesamtgesellschaft handeln sollen und zumindest als Beamte besonderen Ansprüchen an Pflichterfüllung und Überparteilichkeit unterworfen sind.

Abbildung 2: Akteurshandeln

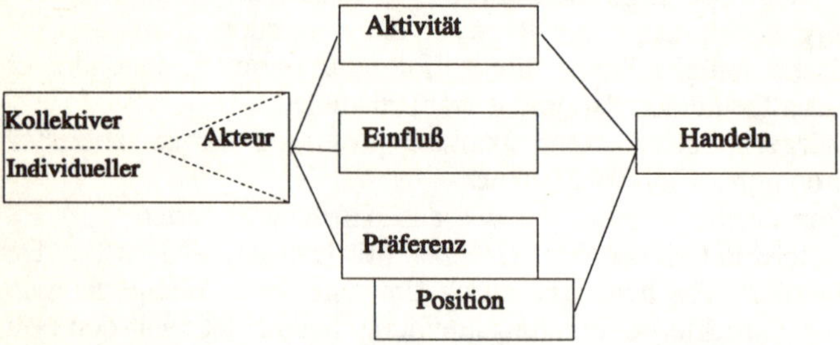

Akteurshandeln in Entscheidungsprozessen besteht insbesondere darin, bestimmte *Entscheidungspräferenzen* zu bilden und zu versuchen, diese gegenüber anderen Akteuren durchzusetzen. Im konkreten Entscheidungsprozeß ist diese Präferenzbildung nur selten an einfachen Entscheidungsalternativen nach dem Muster A oder B bzw. Ja oder Nein orientiert. Entschieden werden muß vielmehr in der Regel über Entscheidungsvorlagen, in denen unterschiedliche Entscheidungsinhalte miteinander verbunden sind. So enthalten zum Beispiel Gesetzesvorlagen üblicherweise Ausführungen zu Entscheidungsprinzipien, Normen, Regeln und Entscheidungsverfahren. Häufig liegen mehrere Entscheidungsvorlagen mit partiellem Kompromißcharakter und taktischen Wendungen vor. Politische Akteure müssen damit in der Regel nicht einfache Präferenzen, sondern vergleichsweise komplexe *Akteurspositionen* entwickeln. Diese enthalten gestufte Präferenzmuster, Konzepte zur Verbindung und Ergänzung von Textteilen sowie Textformulierungen. Akteurspräferenzen werden aus taktischen Gründen häufig nicht ganz offengelegt oder sogar verfälscht dargestellt. Deshalb enpfiehlt es sich, nach außen eingenommene *öffentliche Akteurspositionen* von *internen* Akteurspräferenzen zu unterscheiden.

Ergänzende Literatur: Flam 1990; Scharpf 1991; Coleman 1990; Bachratz/Barratz 1962.

2.2 Orientierungen

Akteurshandeln orientiert sich grundlegend an bestimmten Mustern. Hierzu gehören Wertorientierungen, kognitive Muster, soziale Orientierungen, Interessen und Verhaltensmuster (Stile).

Wertorientierungen

Während in der Umgangssprache der objektive Wertbegriff ("Dieser Ring ist viel wert") im Vordergrund steht, bezeichnet die sozialwissenschaftliche Bezeichnung "Wert" Standards subjektiver Orientierung. Ein Wert ist nach Kluckhohn "eine Auffassung vom Wünschenswerten, die explizit oder implizit für einen einzelnen oder für eine Gruppe kennzeichnend ist und welche die Auswahl der zugänglichen Weisen, Mittel und Ziele des Handelns beeinflußt" (Kluckhohn 1951: 495). Milton Rokeach versteht hierunter eine relativ dauerhafte Überzeugung, daß eine bestimmte Verhaltens- oder Existenzform einer entgegengesetzten Verhaltens- bzw. Existenzform persönlich und/oder sozial vorzuziehen ist (Rokeach 1974: 5). Werte fungieren nach Rudolph als Kriterien der Auswahl konkreter Ziele des Handelns; sie sind Orientierungsstandards für Richtung, Intensität, Ziel und Mittel des Verhaltens von Angehörigen des betreffenden soziokulturellen Bereichs (Rudolf 1959: 164, zitiert nach Hillmann 1989: 54), haben also Orientierungscharakter für individuelles und soziales Verhalten. Werte haben kognitive, die Weltsicht und Erkenntnis betreffende, affektive (gefühlsmäßige) und konative (den Willens- und Handlungsakt betreffende) Elemente. Sie werden von ihren Trägern psychisch internalisiert und sind daher vergleichsweise intensiv und dauerhaft inkorporiert. Aufgrund ihrer tiefgehenden Einbettung in die Persönlichkeitsstruktur werden Werte von den Individuen zunächst nicht als allgemeine, abstrakte Ordnungskonzepte aufgefaßt und befolgt, sondern eher als persönliche Wertvorstellungen, bis zum gewissen Grad als eigene Wünsche, Bedürfnisse, Interessen und Urteile empfunden (Hillmann 1989: 55). Da diese Internalisierung über Sozialisation und Interaktion gesellschaftlich vermittelt ist, stellen Werte eine Art Schlüsselglied zwischen Gesellschaft und Individuum dar.

Jedes Individuum, jede Gruppe, damit auch jeder politische Akteur orientiert sich an mehreren Werten, zwischen denen mannigfaltige Beziehungen bestehen. Im Anschluß an Rokeach (1974) kann die relativ dauerhafte Organisation von Werten als *Wertsystem* bezeichnet werden. Das spezifische Wertsystem von Individuen oder Gruppen wird als deren *Werthaltung* bezeichnet. Wertsysteme bzw. Werthaltungen umfassen im allgemeinen Ziel- und instrumentelle Werte. Beispiele für auf letzte Ziele und angestrebte Endzustände der Existenz ausgerichtete *Zielwerte* ("terminal values") sind demnach ein angenehmeres Leben, eine friedliche Welt, Gleichheit, innere Harmonie, Selbstachtung und wahre Freundschaft, Beispiele für instrumentelle Werte ("instrumental values") die Werte ehrgeizig, fähig, logisch, tolerant, höflich. Die *instrumentellen Werte* sind weniger abstrakt und umfassend, haben dagegen stärkeren verhaltensbezogenen Sollcharakter (Rokeach 1964: 7ff. und 28; Hillmann 1989: 58). Die Abgrenzung von Ziel- und instrumentellen Werten macht allerdings insofern Schwierigkeiten, als instrumentelle Werte in bezug auf einen Wert Zielwert für einen anderen darstellen können. Wertsysteme haben zudem in den modernen dynamischen Gesellschaften zunehmend pluralistischen Charakter, weisen also auch Nebenordnungsstrukturen auf.

Weichen individuelle Werthaltungen von sozial herrschenden Werten ab, so kann dies je nach dem gesellschaftlichen Stellenwert der jeweiligen Werte und gesellschaftlich-politischen Rahmenbedingungen zu mehr oder weniger starken Sanktionen gegenüber dem Abweichenden führen. Werte erhalten damit normativen Charakter.

Jedes Individuum hat eine besondere Werthaltung; im allgemeinen lassen sich aber Unterschiede der Wertsysteme nach funktionalen Kriterien (Berufsrichtung, wirtschaftliche und soziale Stellung), ethnisch-kulturellen Kriterien und sozialstrukturellen Kriterien (Schicht, Lebensstil) feststellen. Neben dem sozialethnischen Querschnittsvergleich ist auch der intertemporale Längsschnittvergleich von Wertsystemen bzw. Werthaltungen möglich. Die bekannteste Aussage zu einem solchen Wertwandel in den vergangenen Jahrzehnten ist die von Ronald Inglehart stammende Feststellung eines postmaterialistischen Wertwandels. Inglehart stellt, gestützt auf empirische Langzeitstudien, eine Verschiebung der von ihm als materialistisch bezeichneten Werte hin zu postmaterialistischen Werten fest. Als materialistisch bezeichnet er Werthaltungen wie ökonomische Stabilität und Ordnung (Sicherheit), als postmaterialistisch Werte wie Kreativität, politische Partizipation und Umweltschutz (Inglehart 1977, 1990). Die Erklärungsfähigkeit von Werthaltungen aus funktionalen und sozialstrukturellen wie ethnisch-kulturellen Bedingungen verringert sich allerdings tendenziell durch wachsende soziale Mobilität und kulturüberschreitende Wertediffusion.

Politische Wertorientierungen sind entsprechend dem dargestellten Grundverständnis von Werten relativ stabile, internalisierte Selektionsmuster des politisch Wünschenswerten, die die Auswahl der zugänglichen Weisen, Mittel und Ziele politischen Handelns beeinflussen. Anders als bei sozialen Wertorientierungen stehen im Mittelpunkt politischer Wertorientierungen grundlegende Zielwerte (Grundwerte) des allgemeinen Zusammenlebens in einer Gesellschaft, so Freiheit, Gerechtigkeit oder die Verwirklichung religiöser Orientierungen. Derartige Werte werden zum expliziten Gegenstand politischer Programme und Anstrengungen gemacht, sind also nicht (nur) psychisch internalisierte, sondern auch bewußte Orientierungsbedingungen politischen Verhaltens. Mit dieser psychischen Entkoppelung werden sie leicht zum Gegenstand taktischer Interessengesichtspunkte.

Auch politische Akteure weisen immer eine aus mehreren Werten zusammengesetzte Werthaltung auf; dabei stellen allerdings bestimmte Werte *politische Grundwerte* dar. Nutzen im Sinne jeweiliger Werthaltungen werden positiv, Schaden oder Kosten negativ bewertet. Das Prinzip der Kosten-Nutzen-Maximierung bezieht sich also auf die jeweiligen Leitwerte. Beispielsweise bewertet ein Vertreter ökologischer Grundwerte eine drastische Erhöhung des Benzinpreises in der Erwartung sinkenden Benzinverbrauchs und dadurch eintretender Schonung der Umwelt positiv, während ein Politiker ohne starke ökologische Orientierung denselben Vorgang indifferent oder negativ bewertet.

Die grundlegenden Wertorientierungen des politischen Prozesses und damit die Werthaltungen politischer Akteure stehen durch ihre explizite programmatische Äußerung üblicherweise zueinander in klar erkennbaren Konstellationen. Das wichtigste übergreifende Konstellationsmuster dieser Art ist das politische *Links-Rechts-Schema*, auf das politische Grundorientierungen in Europa seit dem Beginn des neunzehnten Jahrhunderts bezogen werden. Ein zentrales Kriterium der Verortung "linker" bzw. "rechter" Orientierungen war durchweg die jeweilige Einstellung zur Problematik gesellschaftlicher Gleichheit (Favorisierung der Ungleichheit als rechts, Favorisierung der Gleichheit als links). Auch andere Kriterien, so die Einstellung zu Demokratie und Liberalität (eher links), zu Leistung (eher rechts) oder der Öffnung der Gesellschaft für ausländische Bürger (links) lassen sich im Rahmen dieses Musters mit einer gewissen Sicherheit verorten.

Ein anderes politisches Verortungsmuster bezieht sich auf die Unterscheidung *extremistischer und gemäßigter Positionen*: Extremistische Wertorientierungen sind zum einen durch die extreme Hervorhebung bestimmter Werte, zum anderen durch die Überzeugung charakterisiert, die eigenen Werte und Ziele mit jedem Mittel durchsetzen zu können und durchsetzen zu sollen. Gemäßigte Positionen dagegen ordnen sich inhaltlich wie hinsichtlich ihrer Durchsetzungsformen in den sozialen und politischen Gesamtverband der Gesellschaft ein. Daneben können auch zeithistorisch begrenztere Konfigurationen, beispielsweise die skizzierte Unterscheidung materialistischer und postmaterialistischer politischer Positionen, eine Rolle spielen (Raschke 1993; Leif/Raschke 1994: 102-110).

Politische Wertsysteme, in denen bestimmte Werte stark hervorgehoben und allen anderen Werten übergeordnet sind, werden häufig mit der Endung "istisch" bezeichnet, beispielsweise als faschistisch, sozialistisch, kommunistisch, rechts- oder linksextremistisch, rassistisch, nationalistisch, chauvinistisch, militaristisch oder pazifistisch. Wertsystemen, in denen konkurrierende Werte in weniger starker Unterordnung miteinander verbunden und insbesondere Ziel- und Mittelkriterien sorgfältiger abgewogen sind, wird die Bezeichnungsendung "istisch" üblicherweise erspart, so demokratischem, sozialem, liberalem oder konservativem Denken.[1] Paradox erscheint in diesem Zusammenhang die Bezeichnung "pluralistisch", die auf Wertsysteme bezogen wird, in denen die politische Akzeptanz unterschiedlicher Werte und Interessen oberster Leitwert ist.

---

1 Die Bezeichnung "konservativ" wird sozialwissenschaftlich häufig in die Bezeichnungen "wertkonservativ" und "strukturkonservativ" differenziert. Während wertkonservatives Denken traditionelle Werte, beispielsweise die Wertorientierung "Erhalt der Familie", hochstellt, ist strukturkonservatives Denken auf den Erhalt der gegenwärtig bestehenden System- und Machtstrukturen ausgerichtet (Fetscher 1985; Mayer-Tasch 1985)..

Während in Wertorientierungen die *Bewertung* von Sachverhalten im Vordergrund steht, dominieren in kognitiven Mustern Elemente der Wirklichkeits*wahrnehmung*. Solche Muster verbinden in der Regel Einzelwahrnehmungen, enthalten also eine Kette von Deutungs- und Wissenselementen; sie sind, wie Wertorientierungen, relativ dauerhaft und beliebig reproduzierbar. Durch beide Eigenschaften reduzieren sie im Einzelfall die zu verarbeitende Komplexität beträchtlich. Sie erleichtern damit den Akteuren insbesondere in besonders komplexen Situationen, sich rational zu verhalten.[2] Andererseits weisen sie immer Deutungselemente ihrer Träger auf und können sich damit durch Vereinfachung, Festhalten an überholten Vorstellungen, realitätsfern-hoffnungsfrohes Setzen oder sonstige besondere Interpretation von der jeweiligen praktisch relevanten Realität abheben.

Besonders wichtige politische Deutungsmuster dieser Art sind politische Situations- und Strukturmuster. *Situationsmuster* sind Standardvorstellungen politischer Situationen. Diese Standardvorstellungen enthalten Auffassungen darüber, was bestimmte politische Situationstypen kennzeichnet, unter welchen Bedingungen sie üblicherweise eintreten und welche Art privaten wie öffentlichen Handelns dabei erforderlich ist. Besonders einflußreiche situative Muster sind die Standardvorstellungen wie "Gefahr", "Regierungskrise", "Skandal". Gerade wegen der enthaltenen Interpretationselemente können derartige kognitive Muster große Auswirkungen auf politisches Handeln haben.

Strukturmuster sind Standardvorstellungen politischer Strukturen, beispielsweise eines demokratisch verfaßten politischen Systems. Besonderen Einfluß haben solche Muster für die Wahrnehmung von Politik durch Akteure in "reichen" und "armen" Ländern.

---

2 Dies läßt sich mit dem Bild strategischer Spiele, beispielsweise des Schachspiels, verdeutlichen: Vor allem in der Eröffnungsphase solcher Spiele, in denen den Spielern unzählige Handungsoptionen offen stehen, übersteigt die Menge der möglichen Folgevarianten bzw. Folgerungen eines Zuges die Menge der (selbst mit Computerhilfe) durchrechenbaren Varianten bei weitem. Trotzdem können sich die Spieler rational und damit leistungsorientiert verhalten, indem sie aufgrund ihres Stellungsgefühls bzw. ihrer strategischen Kenntnisse bestimmte Situationsmuster (Stellungen) als mehr oder weniger günstig abschätzen.

Politische Akteure können unterschiedliche Orientierungen zum Wohl anderer aufweisen, eine indifferente, wettbewerbsorientiert-feindselige oder kooperativ-solidarische Orientierung (Scharpf 1993: 151 ff.):

Die *Indifferenz-Orientierung* gegenüber Anderen ist gleichbedeutend mit der ausschließlichen Orientierung am jeweiligen Eigeninteresse. Da die Eigeninteressen in jeder Akteurskonstellation in besonderer Weise strukturiert sind, ergibt sich aus dieser Orientierung keine bestimmte immer wieder eingenommene Haltung, sondern eine flexible und fein abgestufte Verhaltensweise. Sofern die Situation nicht klar abgeschätzt werden kann, ist die Einstellung in der Tendenz vorsichtig skeptisch. Akteure dieser Grundhaltung tendieren dazu, Konstellationen zu vermeiden, in denen sie in hohem Grade von der Entscheidung anderer Akteure abhängig werden. Kleine Gefälligkeiten anderer Akteure halten sie für möglich; sie setzen jedoch nicht darauf, daß sich andere für sie "ein Bein ausreißen", umgekehrt aber auch keine rücksichtslosen Entscheidungen und unnötigen Schaden riskieren. (Scharpf 1993: 152)

Kompetitive oder feindselige Orientierung können ihre Grundlage in Konstellationen haben, in denen die Beteiligten sich wechselseitig häufig als Vertreter gegensätzlicher Interessen erleben. Kommt es häufig zu einem Aufeinandertreffen dieser Art, so ist es nur naheliegend, alle Interaktionen unter dem Gesichtspunkt zu bewerten, ob sie den Opponenten stärken oder schwächen. In der Konsequenz werden Akteure mit einer kompetitiv-feindseligen Orientierung versuchen, sich gegen Verletzungen durch den Opponenten zu schützen. Umgekehrt werden sie erwarten, daß ihr Opponent sich seinerseits genauso verhält (Powell 1991; Scharpf 1993:152/153).

Kooperativ-solidarische Akteurs-Orientierungen schließlich werden sich zunächst aufgrund häufig auftretender gemeinsamer Interessen der Beteiligten entwickeln. Eigenständige Bedeutung erhalten sie in dem Maße, in dem sie sich in einer generellen Erwartungshaltung dahingehend niederschlagen, daß der jeweilige Partner sich niemals schädigend für einen selbst verhalten wird. Unter den allgemeinen Bedingungen der Orientierung an Eigeninteressen und angesichts der raschen und ausgeprägten Veränderlichkeit von Nutzen-/Kosten-Konstellationen ist eine solche

Erwartungshaltung allerdings häufig ausgeprägt unrealistisch. Voraussetzung für eine realistische Erwartungshaltung im Sinne kooperativ-solidarischer Orientierung wären Akteure, die willens und fähig zu langfristiger Nutzenorientierung unter Einschluß des erwartenden Akteurs wären. Kann dieses vorausgesetzt werden, so ist es allerdings plausibel anzunehmen, daß Partner ihre Interessen wechselseitig schützen, selbst wenn dies unmittelbar Kosten verursacht. Generalisiertes Vertrauen setzt also eine generelle Bereitschaft dazu voraus, mit dem Partner auch in Situationen zu kooperieren, in denen Kooperation nicht vorteilhaft ist, und es kann leicht zerstört werden durch jeden Versuch, Eigeninteressen auf Kosten des anderenzu verfolgen. Existiert solches generelles Vertrauen aber, ist es allerdings enorm vorteilhaft. Es ermöglicht nämlich rationalen Akteuren, sich in gefährliche Situationen zu begeben und sich an Transaktionen mit hohem Risiko (und entsprechend hohe Gewinnchancen) zu beteiligen.

Im *Überblick der drei soziälen Orientierungen* ergeben sich grundsätzliche Unterschiede der Komplexitätsbehandlung: Bei indifferent-egoorientierter Haltung werden komplexe Strukturen vergleichsweise sensibel und genau erfaßt und verarbeitet; Akteure mit dieser Orientierung weisen also vergleichsweise hohe soziale Intelligenz auf, müssen andererseits aber auch große Komplexität positiv verarbeiten. Bei kompetitiv-feindseliger bzw. kooperativ-solidarischer Orientierung dagegen wird die kognitive Komplexität radikal auf ein generelles Erwartungsmuster reduziert. Hieraus können sich schwere Aufnahmeblockaden von Information ergeben; andererseits sind Akteure dieser Haltung auch vergleichsweise leicht und schnell (mit der Gefahr, zu schnell zu agieren) handlungsfähig. So werden komplexe Akteurskonstellationen entweder in einfache Konstellationen des vollkommenenen Gegensatzes bzw. der vollkommenen Übereinstimmung transformiert.[3]

---

3 Es liegt die Vermutung nahe, daß in Bezug auf Gegenstände mit geringem Risiko bzw. geringen Gewinnmöglichkeiten Indifferenz häufig die dominierende Haltung ist, während Konstellationen mit hohem Risiko bzw. hohen Gewinnmöglichkeiten tendenziell umdefiniert werden nach dem Muster: Wer nicht für mich ist, ist gegen mich".

Die Orientierung der Indifferenz wird im allgemeinen als soziale Rahmenorientierung von Interessen aufgefaßt. Grundsätzlich können Interessen aber auch mit anderen sozialen Orientierungen "verrechnet" werden (Interesse an Schädigung des Konkurrenten, am Wohl des anderen). Interessen sind nach Hillmann motivationale Fixierungen, die in nutzen- und vorteilsorientierten Einstellungen, Erwartungen, Ansprüchen und Bestrebungen zum Ausdruck kommen und auf jeweils bestimmte Objekte, Güter, Sachverhalte, Ziele, Zustände, Handlungsmöglichkeiten, Rechte und Statuspositionen und anderes mehr bezogen sind, denen in intentionaler Weise Wertschätzung entgegengebracht wird (Hillmann 1989: 71). Dieter Rucht definiert Interessen als "eine handlungsrelevante Disposition einer Gruppe bzw. Organisation zur Wahrung oder Erlangung eines für erstrebenswert erachteten Gutes oder Zustands" (Rucht 1991:5).[4]

Interessen werden durch folgende Momente konstituiert:

1) die vorgegebene situative Beziehung zu einem Gut bzw. Zustand,
2) die Wahrnehmung des Gutes und der Beziehung zu diesem,
3) die Disposition des Akteurs, das Gut bzw. den Zustand erlangen bzw. vermeiden zu wollen.

Akteursinteressen entwickeln sich also zwar angesichts situativ gegebener Bedingungen der Nutzenwahrnehmung; von einem Interesse kann jedoch erst dann gesprochen werden, wenn ein Akteur eine bestimmte Beziehung zu einem Gut oder Zustand wahrnimmt und bewußt anstrebt. Politische Interessen sind damit durch Wahrnehmungs- bzw. Dispositionsmuster beeinflußt, die den situativen Interessenbedingungen nicht unbedingt entsprechen.

Im Unterschied zu Wertorientierungen, die übersituativ relativ stabil sind, beziehen sich Interessen auf jeweilige *Handlungssituationen*. Bei einer Veränderung der situativen Interessenbedingungen wandeln sich daher Interessen üblicherweise auch rasch. So ändert sich beispielsweise die Interessenlage der Koalitions-

---

4 Das Wort "Interesse" wird im Alltag ambivalent verwendet. Interesse kann hier, wie sich beispielsweise an Wortbedeutungen "interessant" und "interessieren" zeigt, die Orientierung auf einen zu erzielenden Nutzen, aber auch die Tatsache eines Nutzens bedeuten (Zur Begriffsgeschichte siehe Massing 1979).

partner einer Regierung üblicherweise in dem Maße, in dem Wahlen mit offenem Ausgang anstehen, da die bisherigen Partner nicht mehr in dem Maße wie zum Beginn der Regierungszeit aufeinander angewiesen sind. Unterschiedliche Interessenkonstellationen sind üblicherweise auch von Kabinetts-Entscheidung zu Kabinetts-Entscheidung gegeben.

Entgegen der durch die pluralistische Gruppentheorie (Bentley 1908) geprägten Sicht, daß Interessen grundsätzlich von Akteuren mit ähnlich großem Einfluß verfolgt werden, spielen Interessen auch in asymmetrischen Akteursbeziehungen mit ungleichem Einfluß der Beteiligten eine Rolle. Während soziale Strukturkonzepte wie Kaste, Klasse, Schicht oder Lebensstil den Eindruck einer Verfestigung sozialer Ungleichheit erwecken bzw. verstärken, drückt das (situationsbezogene) Interessenkonzept jedoch die situative Veränderlichkeit von Handlungschancen aus. In einer Gesellschaft mit zunehmender sozialer Mobilität und daraus erwachsenden Handlungschancen für bislang Unterprivilegierte erhält das Interessenkonzept damit wachsende analytische und politisch-praktische Bedeutung.

Interessenkonstellationen

Das allgemeinste Kriterium der Konstellation von Interessen ist das *der Übereinstimmung*: Unterschiedliche Interessen führen demnach zum Interessenkonflikt, übereinstimmende Interessen dagegen zur Zusammenarbeit der Beteiligten. Eine derartige Klassifizierung allerdings eröffnet im üblichen Fall unterschiedlicher Interessen keinen über den Konflikt hinausreichenden politischen Handlungsspielraum.

Bei genauerer Betrachtung zeigen sich verschiedene Konstellationsformen unterschiedlicher Interessen:

Zwischen Interessen kann ein *eindimensionaler Verteilungskonflikt* bestehen. In diesem Fall, der spieltheoretisch als Nullsummen-Spiel gefaßt wird (siehe A.5.6), richten sich die Verteilungsinteressen auf ein knappes Gut. Nutzengewinn für Akteur A bedeutet dabei einen entsprechenden Nutzenverlust für Akteur B. Eine Nutzensituation, die A mit + 3 bewertet, stellt sich also für B als - 3 dar und umgekehrt.

Verteilungskonflikte müssen allerdings nicht unbedingt eindimensional ausgerichtet sein. Möglich sind auch *zwei- oder mehr-*

dimensionale Verteilungskonflikte. Eine derartige Interessenverteilung läßt sich im Anschluß an Scharpf (1992: 56) für zwei Akteure in einem zweidimensionalen Nutzenraum graphisch darstellen (siehe Abbildung 3).

Hierbei wird auf der x-Achse der Nettonutzen von Vorhaben für Akteur X abgetragen. X nützliche Vorhaben erscheinen demnach auf der rechten Seite, X schädliche Vorhaben dagegen auf der linken Seite des Nullpunktes. Entsprechendes gilt bezüglich der y-Achse und des Akteurs Y: Vorhaben, die für Y nützlich sind, werden in der oberen Hälfte der Abbildung (oberhalb des Nullpunktes auf der y-Achse) abgetragen, Vorhaben, die Y schädigen, dagegen auf der unteren Seite der Abbildung (unterhalb des Nullpunktes auf der y-Achse).

Abbildung 3 Zweidimensionale Interessenverteilung

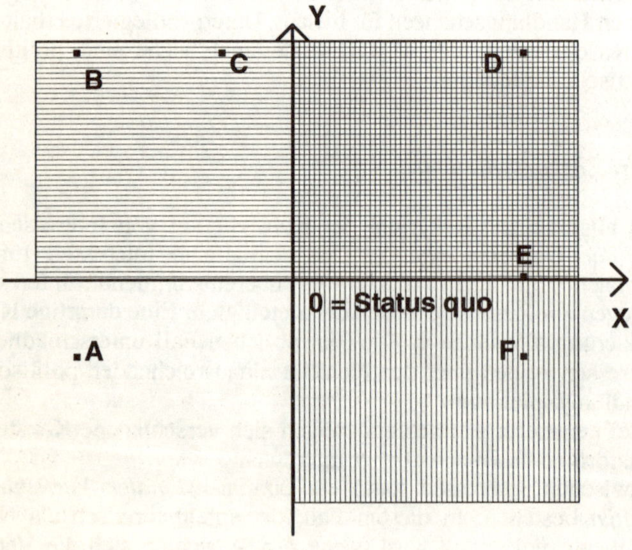

Nehmen die Akteure den jeweiligen Nutzen bzw. Schaden der einzelnen Vorhaben nur isoliert für sich wahr, so entwickeln sie ausschließlich Interesse an der Verwirklichung von Vorhaben auf "ihrer" Nutzenseite. Demnach hat Akteur X in dem dargestellten

Fall lediglich Interesse an der Durchführung der Vorhaben D, E und F, jedoch kein Interesse an der Durchführung der Vorhaben A, B und C. Müßte er eines dieser drei Vorhaben hinnehmen, würde er davon noch am ehesten C hinnehmen, weil es für ihn mit dem geringsten Nutzenverlust verbunden wäre. Akteur Y dagegen ist lediglich an der Verwirklichung der Vorhaben B, C und D interessiert, nicht aber an der Realisierung der Vorhaben A und F. In bezug auf das Vorhaben E (y = +-0) ist er indifferent. Den Nutzungspunkten A, B, C und F, die jeweils nur durch eine Seite positiv bewertet werden, steht lediglich D als eindeutig gemeinsamer Interessenpunkt gegenüber.
In dem dargestellten Fall beziehen sich die konkurrierenden bzw. gemeinsamen Interessen der beteiligten Akteure auf bestimmte Güter in einem gemeinsamen Raum-Zeit-Bereich der Beteiligten; sie stellen daher ohne Zweifel Verteilungsinteressen dar. Zumindest potentielle Verteilungskonflikte sind allerdings auch denkbar zwischen:

— Angehörigen unterschiedlicher Klientele, also Interessenten an der Lösung unterschiedlicher öffentlicher Aufgaben,
— politischen Akteuren unterschiedlicher Regionen und/oder politisch-institutioneller Ebenen, zum Beispiel zwischen lokalen und regionalen bzw. nationalen und internationalen Gremien,
— Individuen oder Gruppen unterschiedlicher Zeitpunkte, insbesondere zwischen Menschen der Jetztzeit und der Zukunft (Generationen-Interessen).

Insbesondere im letzten Fall besteht allerdings nur dann ein aktueller politischer Interessenkonflikt, wenn sich Repräsentanten für die jeweils entfernteren Interessen (zum Beispiel die Lebensinteressen kommender Generationen) stark machen. Selbst derartige Interessenkonflikte decken noch nicht den gesamten Bereich möglicher Interessenkonstellationen ab. Erstrebt beispielsweise A ein bestimmtes Gut von B, B aber ein anderes Gut von A, so besteht eine Interessenkonstellation ohne ein "gemeinsames Objekt der Begierde" und ohne einen darauf gerichteten Verteilungskonflikt. Dies ist auch der Fall, wenn sich Dritte in einen verteilungspolitischen Konflikt, beispielsweise als Vermittler, einschalten. Die spezifischen Interessen derartiger Dritter liegen nämlich außerhalb des ursprünglichen verteilungspolitischen Konflikts.

Unterschieden werden müssen also Verteilungskonflikte mit darauf gerichteten ein- oder mehrdimensionalen Verteilungsinteressen und Interessenkonstellationen ohne geschlossenen Verteilungskonflikt. Werden Verteilungsinteressen als *Interessen erster Ordnung* oder Primärinteressen aufgefaßt, so stellen alle anderen auf den jeweiligen Entscheidungsgang bezogenen Interessen *Interessen zweiter Ordnung* oder Sekundärinteressen dar. Eine geradezu klassische Form des Sekundärinteresses ist das *Helferinteresse*, das heißt das Interesse daran, eine Helferposition zum eigenen Nutzen auf- bzw. auszubauen. Die von Eugen Roth stammende satirische Charakterisierung des Arztberufes:

"Was bringt den Doktor um sein Brot?
a) die Gesundheit, b) der Tod.
Drum der Arzt, auf daß er lebe,
hält uns zwischen beiden in der Schwebe."

bezieht sich zwar auf ein soziales Helferinteresse, verdeutlicht aber auch den Kern des politischen Helferinteresses: Die Bewältigung eines thematisierten Problems (Krankheit) wird nicht nur durch unmittelbar problembezogene Interessen, beispielsweise das Interesse des Patienten an Gesundheit, beeinflußt, sondern auch durch das eigenständige Interesse an der Aufrechterhaltung der Helferrolle eines Dritten.

Eine andere Interessenform zweiter Ordnung sind *Konkurrenz- oder Schadensinteressen.*[5] Solche Interessen, beispielsweise das Interesse einer politischen Partei daran, daß eine Konkurrenzpartei durch einen inneren Flügelstreit an Glaubwürdigkeit und Wählerstimmen verliert, spielen in einem Interessenkonflikt erster Ordnung häufig zunächst keine Rolle. Sie können aber, genauso wie Helferinteressen, gegebenenfalls plötzlich Einfluß gewinnen oder sogar streckenweise dominieren.

Die Bezeichnungen "Primärinteresse" und "Sekundärinteresse" drücken also keinen generellen Bedeutungsunterschied zwischen beiden Interessentypen aus. Sie bezeichnen vielmehr die entscheidungsbezogene Relation zwischen thematisierten Verteilungsinteressen einerseits und im allgemeinen nicht thematisierten inter-

---

5 Im Unterschied zur kompetitiv-feindlichen sozialen Orientierung werden Wettbewerbs- bzw. Schadens-interessen als egoorientierte Interessen aufgefaßt. Der jeweilige Akteur ist also nicht grundsätzlich gegen den jeweiligen Konkurrenten eingestellt, sondern versucht diesen lediglich nach dem Kalkül seines Eigeninteresses zu schwächen.

venierenden Interessen Dritter. Hierbei ist der strikte *Bezug auf die jeweilige Entscheidungssituation* grundlegend. Geht es in einem Entscheidungsprozeß nämlich um die Nutzenverteilung zwischen unterschiedlichen Helfern, so werden deren Interessen zu Verteilungsinteressen der ersten Ordnung, auf die sich wiederum Sekundärinteressen beziehen können.

Akteure haben üblicherweise mehrere, dabei häufig unterschiedliche Interessen. Diese bilden zusammen ihr *Interessenprofil*. Jeder Akteur weist also in jeder Entscheidungssituation ein bestimmtes aus mehreren Interessen zusammengesetztes Interessenprofil auf. Zwischen mehreren Akteuren stehen die Interessenprofile, aber auch die jeweiligen Einzelinteressen der Beteiligten in einer bestimmten Konstellation zueinander. Üblicherweise sind Interessenprofile einzelner Akteure geschlossener als Interessenkonstellationen zwischen mehreren Akteuren. Korporative Akteure zeichnen sich allerdings nicht selten durch erhebliche innere Interessendivergenzen aus. Selbst individuelle Akteure können zwischen unterschiedlichen Interessen hin- und hergerissen sein.

Häufig verfolgen Akteure ein Interesse erster Ordnung und das Interesse, sich selbst als Akteur im politischen Prozeß zu halten. Typisch ist also die Kombination zumindest eines Primär- und eines Sekundärinteresses. Hinzu kommen häufig verschiedene sachliche Interessenaspekte, insbesondere durch die Kombination kurz- und längerfristiger Interessen.

Eine besondere Interessenkonstellation bildet das *Interessendreieck* aus konkurrierenden Verteilungsinteressen und einem Interesse zweiter Ordnung, vor allem einem Helferinteresse, das quasi das Zünglein an der Waage zwischen den Verteilungsinteressen erster Ordnung bildet. Eine solche Interessenkonstellation eröffnet, vermittelt über die besonderen Eigenschaften des jeweiligen Sekundärinteresses, besondere politische Kooperationschancen, die über den einfachen Interessenkonflikt oder die Verkoppelung von Interessenkonflikten hinausreichen.

Ergänzende Literatur: Zürn 1992; Prittwitz 1990; Alemann 1989; Schimank 1988; Massing 1979.

Die Geschichte vom Frosch und vom Skorpion

Sitzt am Fluß ein Frosch;
kommt ein Skorpion, der über den Fluß möchte;
fragt den Frosch: "Setzt Du mich über?"
"Bin ich verrückt?" - sagt der Frosch
- "trage ich Dich, so stichst Du mich, und es ist aus mit mir."
Antwortet der Skorpion: "Denk doch mal nach:
Würde ich Dich stechen, so ginge ich selbst unter..."
Der Frosch schwimmt los, mit dem Skorpion auf dem Rücken.
Nach wenigen Metern spürt er einen scharfen Stich
und, schon im Versinken, fragt er schwach den Skorpion:
"Warum hast Du das nur gemacht? Du wirst doch selber sterben."
Antwortet dieser: "Irgendwie liegt es mir im Blut..."

(Vom Hörensagen)

2.4 Verhaltensmuster

Neben Interessen, Werten und kognitiven Mustern beeinflussen reine Verhaltensmuster den politischen Prozeß. Dies sind politische Gewohnheiten, Sitten, Gebräuche, Routinemuster, Verhaltensstile und institutionalisierte Verhaltensformen bis hin zu Ritualen. Allen derartigen Mustern gemeinsam ist eine gewisse Unabhängigkeit von Interessenkonstellationen und problembezogen-inhaltlichen Anforderungen öffentlichen Handelns. Verhaltensmuster können zwar funktional sein; sie bilden jedoch immer ein eigenständiges Strukturmoment des politischen Prozesses.

Generell können akteursspezifische und akteursübergreifende Verhaltensmuster unterschieden werden. *Akteursspezifika* beziehen sich auf Personen[6] wie auf korporative Akteure, sprich größere Organisationen. Jede Verwaltungseinheit, jede Partei, jeder Verband entwickelt Verhaltensmuster. Hierzu gehören insbesondere Wahrnehmungs-, Kommunikations-, Organisations- und Präsentationsstile. *Akteursübergreifende Politikmuster*, beispiels-

---

6 Ein häufig diskutiertes Phänomen dieser Art sind die persönlichen Stile von Parteivorsitzenden und Regierungschefs, beispielsweise die unterschiedlichen Führungsstile der Bundeskanzler Adenauer, Erhard, Kiesinger, Brand, Schmidt und Kohl oder der bürokratische "Klarsichthüllen-Stil" des ehemaligen Vorsitzenden der SPD-Bundestagsfraktion Vogel.

weise der typische Umgangsstil zwischen Regierung und Opposition in einem Land, stellen vorgegebene Rahmenbedingungen des Akteursverhaltens dar, die allerdings durch dieses Verhalten laufend reproduziert werden. Insbesondere Verhaltens-Rituale, so politische Feiertags-Rituale, Rituale der Machtinaugurierung, des Staatsempfangs und der nationalstaatsbezogenen Ehrung, werden häufig im Sinne gesellschaftlicher Identitätsstiftung überhöht.

Der Zwang zur Reproduktion politischer Verhaltensmuster ist allerdings nicht absolut. Solche Muster ändern sich längerfristig und können, so insbesondere in Zeiten des sozialen oder politischen Umbruchs, auch bewußt verstärkt oder gebrochen werden. Dabei korrespondiert die *Veränderung von Verhaltensstilen* mit Veränderungen von Werten, Interessen und Handlungszielen. Spannungen zwischen akteursübergreifenden und akteursspezifischen Verhaltensmustern können Zeichen für Integrationsdefizite, aber auch Ausdruck und Moment der Veränderungen politischer Verhaltensstile sein.

Die für eine Gesamtheit, zum Beispiel ein Land oder eine Region, typische Gesamtheit soziopolitischer Wertorientierungen und Verhaltensmuster wird als *Politische Kultur* bezeichnet. Eine solche Auffassung des Konzepts "Politische Kultur" entwikkelt sich allerdings erst in den letzten Jahren. In den sechziger und siebziger Jahren wurden unter dem Begriff im Anschluß an Almond und Verba (1963) lediglich die Kenntnisse und gefühlsmäßig verankerten Bewertungen des politischen Systems seitens der Bevölkerung verstanden. Insofern bezeichnete Politische Kultur die in den Individuen verankerten Prädispositionen zu politischem Handeln, nicht aber politische Verhaltensmuster selbst (Böhret u.a. 1979: 45f.; Sturm 1985: 111). In den letzten Jahren schließt der Begriff, vermittelt über seine wachsende öffentliche Verwendung, zunehmend die politische Handlungsdimension ein, bis hin zu einer Betonung dieses Gesichtspunktes. So wird in der öffentlichen Diskussion häufig von einem Verfall der politischen Kultur mit Bezug auf die Verhaltensweisen der politischen Eliten geredet. Aber auch Sozialwissenschaftler verwenden den Terminus unter Berücksichtigung oder sogar Betonung politischer Verhaltensmuster (Reichel 1981: 26; Fenner 1984; Scheuch/Scheuch 1992; Beyme 1994). Da Politik zumindest in entwickelten Demokratien nicht nur eine Angelegenheit von Eliten ist, Verhaltensweisen der jeweiligen Eliten nicht losgelöst von allgemeinen Wertorientierungen und Verhaltensmustern verstanden werden können, weitet sich der Begriff der Politischen Kultur noch einmal. Politische Kultur wird dementsprechend als zusammenfassender Begriff der für eine Gesellschaft typischen grundlegenden Wert-, Deutungs- und Verhaltensorientierungen mit politischem Bezug verstanden.

In der politischen Kultur in diesem Sinn verbinden sich faktische Verhaltensregelmäßigkeiten und wertbegründete (auch moralische) Verhaltensanforderungen, formelle und informelle Politikelemente zu einem von den Beteiligten mehr empfundenen als bewußten Ganzen. Die politische Kultur bildet eine *Rahmenorientierung politischen Verhaltens*. So gelten bestimmte parteipolitische oder exekutive Vorgehensweisen, beispielsweise informelle Absprachen, in einem politisch-kulturellen Rahmen als legitim oder normal, im anderen dagegen als illegitim, ja skandalös. Wandlungen der politischen Kultur wirken auf Wert- und Verhaltensmuster politischer Akteure zurück. Über den Begriff der politischen Kultur werden zusammenhängende Orientierungsmuster politischen Verhaltens vergleich- und damit relativierbar, die bei einer auf einzelne Orientierungsvariablen beschränkten Sicht unverständlich blieben (Feick/Jann 1987). Wer die politische Kultur eines Landes mit der anderer Länder vergleicht, relativiert nicht nur einzelne Institutionen oder Wertorientierungen und Verhaltensweisen, sondern auch das jeweilige zusammenhängende Muster der politischen Wert- und Verhaltensorientierungen.

Ergänzende Literatur: Almond/Verba 1963; Hillmann 1991; Inglehart 1977, 1990; Rosenstiel 1987; Fenner 1991.

2.5 Einfluß

Politik vollzieht sich immer unter bestimmten Einflußkonstellationen der Beteiligten. Der Einflußbegriff kann zunächst im Anschluß an die Machtdefinitionen Max Webers und R.A. Dahls bestimmt werden. Max Webers klassische Definition von Macht als "die Chance, innerhalb einer sozialen Beziehung den eigenen Willen auch gegen Widerstreben durchzusetzen, gleichviel worauf diese Chance beruht" (1985: 28) und deren Fassung durch Dahl "A hat Macht über B in dem Ausmaß, als er B veranlassen kann, etwas zu tun, was er sonst nicht tun würde" (1957: 201f.), drücken den relationalen Charakter von Macht bzw. Einfluß im Verhältnis zwischen Akteuren aus. Auch die von Weber festgestellte Amorphie des Machtbegriffs "alle denkbaren Qualitäten eines Menschen und alle denkbaren Konstellationen können jemand in die Lage versetzen, seinen Willen in einer gegebenen Situation durchzusetzen" (Weber 1985: 28f.) trifft auf den Einflußbegriff zu.

Unter einigen Gesichtspunkten allerdings *unterscheidet sich* der *Einfluß- vom Machtbegriff*. So ist Einfluß nicht unbedingt gleichbedeutend mit der völligen Durchsetzung von Willen. Einfluß kann vielmehr auch abgestuft, in feinen Dosen und im wechselseitigen Verhältnis ausgeübt werden, eine Struktur, die sogar als Regeltypus von Einflußkonstellationen gelten kann. Denn der Einfluß Ausübende wird zu einem gewissen Grad davon abhängig, daß sich die erreichte Konstellation reproduziert. Während politischer Einfluß lediglich als Mittel verstanden wird, politische Ziele durchzusetzen, gilt das Bestreben, Einfluß um seiner selbst willen zu erhalten, als typische Form von Machtstreben.[7] Schließlich wird Einfluß im Unterschied zu Macht nicht als Chance oder Fähigkeit, sondern als stattfindende Realität gefaßt. Dementsprechend können ausgeübter Einfluß, ihm zugrundeliegende Einflußpotentiale sowie Mechanismen zur Aktualisierung dieser Potentiale voneinander differenziert werden.

---

7 Die von Karl Deutsch (1970) und Niklas Luhmann (1975) angestellten Überlegungen im Sinne einer Entdramatisierung des Machtbegriffs, zum Beispiel die Deutsch'sche Auffassung vonu Macht als reguläre "Währung" von Kommunikationsbeziehungen ohne Eigengewicht, können als Grundlegung für die Ersetzung des Macht- durch den Einflußbegriff aufgefaßt werden. Derartige Versuche verführen allerdings leicht dazu, harte, unter Umständen gewaltsame Durchsetzungsformen politischer Ziele analytisch in Kommunikation auflösen zu wollen.

Unter den *Einflußpotentialen* politischer Akteure sind Droh-, Anreiz- und Orientierungs-Potentiale von besonderer Bedeutung:

— *Drohpotentiale* ergeben sich aus der Fähigkeit, am Prozeß beteiligten Akteuren (oder Dritten mit Rückwirkung auf beteiligte Akteure) schwerwiegende Nachteile bereiten zu können. Besonders wichtige politische Drohpotentiale ergeben sich aus militärischer Überlegenheit, zumindest militärischer Aktionsfähigkeit, rechtlicher Sanktionsfähigkeit von Geldstrafen bis hin zum legimitierten Einsatz von Gewalt, wirtschaftlicher Sanktionsfähigkeit, im Minimum der Fähigkeit, mögliche wirtschaftliche Vorteile nicht zu gewähren oder zurückzunehmen, der Fähigkeit zur öffentlichen Bloßstellung, dem Zugang zu ansonsten geheimen Daten oder Informationen und der Fähigkeit zur Zurückhaltung sonstiger möglicher Vorteile, z.B. technischer Information.

— *Anreizpotentiale* ergeben sich aus der Verfügung über Ressourcen jedglicher Art, die als Anreiz dienen können, so über Kapital, Subventionen, technisches Know-how oder selbst öffentlich-politische Anerkennungsformen.

— *Orientierungspotentiale* ergeben sich aus technischer Überlegenheit, wissenschaftlicher Dominanz, Definitionsmacht, öffentlicher Meinungsführung, der Kenntnis öffentlichkeitswirksamer Techniken und/oder Information, der Fähigkeit, Symbole zu setzen und/oder zu nutzen (Abzeichen, Bilder, Sprache, Ziffern, Handlungen wie Demonstrationen oder demonstrative Akte, Lebens-, Arbeitsweisen u.ä.), persönlicher Ausstrahlung, Redegabe, Überzeugungstalent u.ä., einem überzeugenden Handlungsprogramm, überzeugendem Denkgebäude ("Ideologie").

Die *Aktualisierungsfähigkeit von Einflußpotentialen* hängt von der Fähigkeit jeweiliger Akteure ab, ihr Verhalten zu steuern, so ihrer Selbstdisziplin, Lern-, Anpassungs-, Widerstands- und Organisations- sowie Strategiefähigkeit, zum anderen von ihrem taktischen Geschick in jeweiligen Entscheidungs- bzw. Akteurskonstellationen.

Grundsätzlich können einseitige (asymmetrische) und wechselseitige (symmetrische) *Einflußkonstellationen* unterschieden werden. Macht ist eine asymmetrische Einflußkonstellation zugunsten des Machtausübenden, Abhängigkeit eine asymmetrische Einfluß-

konstellationen zuungunsten des Abhängigen, Interdependenz eine symmetrische Konstellation wechselseitiger Abhängigkeit. Besonders wichtige *Abhängigkeitsdimensionen* sind die politische Durchsetzungsdimension (Ein Akteur hat in Zukunft nur Chancen zur Durchsetzung eigener Positionen, wenn er sich einem anderen Akteur fügt), die wirtschaftliche Existenzdimension (Ein Akteur kann sich nur durch wirtschaftliche oder technische Unterstützung eines anderen reproduzieren), die Orientierungsdimension (Ein Akteur kann sich nur mit Hilfe von Orientierungshilfen eines anderen politisch und sozial orientieren). Da diese Abhängigkeitsdimensionen den dargestellten Dimensionen der Einflußpotentiale entsprechen, kommt es häufig zu einer gleichsinnigen Verstärkung zwischen der Verteilung von Einflußpotentialen und der Struktur von Abhängigkeiten.
Alle Einflußmomente können sich auf einzelne Politikfelder beziehen oder darüber hinausreichen. So unterscheiden Keohane/Nye die problemfeldbezogene "issue area power structure" und die politik- bzw. problemfeldübergreifende "overall power structure" eines Landes (Keohane/Nye 1977). Die einflußreichen Akteure in bezug auf problem- bzw. politikfeldbezogene Politiken (policies) bilden Policy-Netzwerke (Näheres in A.4.3). Insbesondere unter dem Gesichtspunkt einfluß- und konfliktgeladener Prozeßformen wird in diesem Zusammenhang auch von Entscheidungs- oder *Politikarenen* gesprochen.[8] Das Verhältnis zwischen politischen Akteuren innerhalb und außerhalb politischer Netzwerke bzw. Arenen hat großen Einfluß auf die politischen Prozeßformen.

Ergänzende Literatur: Deutsch 1970; Albrecht/Hummel 1990; Marin/Mayntz 1991; Maluschke 1991.

8 Der Terminus "Arena" wird allerdings in unterschiedlichen Bedeutungen verwendet. So existiert im Anschluß an Theodor Lowi eine Begriffstradition, in der das Verhältnis bestimmter Policy-Formen zu unterschiedlichen Verteilungsfolgen und dementsprechend unterschiedlichen Kommunikationsstilen im Vordergrund steht (Lowi 1964, Schubert 1991). Benz (1992) verwendet die Bezeichnung "institutionelle Arena" für institutionenspezifische Akteurs- und Einflußbeziehungen.

2.6 Prozeßformen

Im politischen Prozeß kommunizieren und agieren die Akteure in bestimmten Formen. Diese können, soweit es einzelne Akteure betrifft, als *Kommunikations- bzw. Verhaltens*formen bezeichnet werden; mit Blick auf den politischen Prozeß im ganzen erscheint die Bezeichnung *Prozeß*formen als angemessen.
Schon wegen des Grundverständnisses des politischen Prozesses als konflikthaft-ungesteuert liegt es nahe, die Prozeßformen nach ihrer *Konfliktintensität* zu unterscheiden. So vergleicht Fritz Scharpf (1991) im Anschluß an March/Simon (1958) die Entscheidungsstile Konfrontation, Verhandeln und gemeinsames Problemlösen: Während politische Konfrontation scharfen, auch grundsätzlichen Konflikt zwischen den Beteiligten bedeutet, stellt das Verhandeln eine Prozeßform mit mittlerer bis geringer Konfliktintensität dar. Gemeinsames Problemlösen schließlich erlaubt höchstens noch unterschiedliche Auffassungen über Problemlösungsmittel und bedeutet daher geringen bis gänzlich fehlenden Konflikt.
Kooperations- und Konfliktformen können allerdings je nach den gegebenen Einfluß- und Aktivitätsstrukturen der beteiligten Akteure unterschiedlichen Charakter haben. So empfiehlt es sich insbesondere, den jeweiligen *Arenabezug* der Akteure in eine Prozeßformenanalyse einzubeziehen.
Im Anschluß an die von Murry Edelman geprägte Unterscheidung von symbolischer Politik und Entscheidungs-Politik (Edelman 1978; Landfried 1991; Käßler u.a. 1991 u.v.a) liegt es schließlich nahe, politische Verhaltens- und Prozeßformen, die sich nur dem Anschein nach auf öffentliche Probleme und Aufgaben beziehen, als symbolische Politikformen praktischem Entscheidungshandeln gegenüberzustellen, das auf sachliche Beratung und Ergebnisse ausgerichtet ist. Mit dieser Kategorisierung wird allerdings übersehen, daß *Symbole* auch in praktischen Entscheidungsabläufen eine große Rolle spielen können und die Durchsetzung politischer Symbole nicht selten zum Ziel praktischen Entscheidungshandelns wird (Bourdieu 1989; Sarcinelli 1987, 1989, Voigt 1989; Prittwitz u.a. 1992).

Angesichts dessen erscheint es sinnvoll, die politischen Prozeßformen anhand der Kriterien Konfliktintensität, Arenabezug und Aktivität miteinander zu vergleichen und hierbei symbolische Aktionsformen einzubeziehen. Ein Überblicksmodell der sich hieraus ergebenden Typen politischer Prozeßformen ist in Abbildung 5 dargestellt.

Abbildung 4: Der politische Formenzyklus

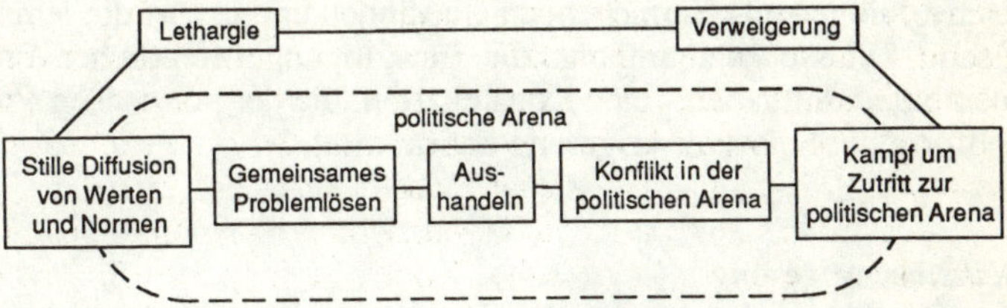

Demnach werden die politischen Prozeßtypen unterschieden: Politische Lethargie, Selbstverweigerung, Kampf um Zutritt zur politischen Arena, Konflikt in der politischen Arena, Aushandeln, gemeinsames Problemlösen, Diffusion von Werten und Normen.

Politische Lethargie

Werden weder gesellschaftliche Probleme noch politische Einflußkonstellationen oder institutionelle Politikfragen zum Gegenstand öffentlicher Diskussion, werden politische Repräsentanten nicht aktiv und bilden sich keine neuen innovationsfähigen Akteure, so besteht politische Lethargie. Charakteristisch für diese politische Prozeßform sind Desinteresse und Nichthandeln. Eine allgemeine "Ohne-mich"-Stimmung erschwert jeden Handlungs- und Innovationsansatz und legt sich unter Umständen auch auf Akteure mit an sich günstigen Handlungsvoraussetzungen.

Sind lediglich Minderheiten aktiv, während sich die große Mehrzahl der Betroffenen lethargisch verhält *(partielle Lethargie)*, kommt es zu besonders asymmetrischen Strukturen der Information, Wahrnehmung und Verhaltensform: Die aktive und einflußreiche Minderheit nimmt alle Macht in ihre Hand. Solche Bedingungen, die charakteristisch für Diktaturen und autoritative

Herrschaftsstrukturen sind, können auf die Zustimmung der Beteiligten treffen; häufig verbergen sich darunter aber Konstellationen gegenseitiger Geringschätzung von Minder- und Mehrheit. Menschen, die keine politische Einflußchance für sich sehen, empfinden politisches Engagement häufig zumindest untergründig als sinn- und zwecklos und verachten dementsprechend alles Politische. Die jeweils Herrschenden empfinden umgekehrt die lethargische "Masse" als unfähig zur Bewältigung öffentlicher Probleme und Aufgaben - eine Konstellation, die der politischen Prozeßform der Selbstverweigerung nahekommt.

Selbstverweigerung

Entziehen sich Teile der Gesellschaft *bewußt* einer Beteiligung am politischen Prozeß, so bedeutet dies Selbstverweigerung gegenüber herrschenden politischen Werten und Verhaltensmustern. Die hierdurch geprägte politische Prozeßform ist im allgemeinen voll konfliktgeladener Spannung: Da deutlich wird, daß die gesellschaftliche Gruppen die bestehende politische Struktur oder bestimmte Vorgehensweisen grundsätzlich ablehnen, deutet sich ein unter Umständen gewaltsamer Konflikt zwischen den Beteiligten an. Dabei stehen sich häufig informell organisierte Gruppen als Teil politischer Bewegungen und etablierte formal organisierte Instanzen oder Gruppierungen gegenüber. Hintergrund von Selbstverweigerung dieser Form sind häufig unterschiedliche Grundwerte der Verweigerer und der Angehörigen der Entscheidungsarena. Der Prozeßtypus ist dementsprechend charakteristisch für politische Integrationsschwäche.

Verweigert sich dagegen die gesellschaftliche Mehrheit einer politischen Ordnung, so ergibt sich nur im Zeichen der Gewaltherrschaft einer Minderheit ein ähnlicher Spannungszustand wie im Fall der Minderheiten-Verweigerung. Bei funktionierenden demokratischen Verfahrensbedingungen schlägt sich die Verweigerungshaltung vielmehr in der Bildung bzw. Umgruppierung politischer Akteursspektren, Verfahren und Entscheidungsinhalte nieder.

Kampf um den Zutritt zur politischen Arena

Wer am politischen Prozeß teilnimmt, steht nicht fest; das Spektrum der Akteure kann sich vielmehr rasch verändern und ist häufig selbst Gegenstand des politischen Prozesses. Daraus erwachsende Konflikte um den Zugang zur politischen Entscheidungsarena können mit den Mitteln des öffentlichen Konflikts, aber auch als verdecktes Ringen um Einfluß in der Arena geführt werden. Eine institutionalisierte Form derartigen öffentlichen Konflikts ist der Wahlkampf zwischen etablierten und nicht etablierten Parteien. Verdeckt gerungen wird um den Zugang zur Arena insbesondere im Kampf um Daten und Möglichkeiten der Meinungsveröffentlichung.

Konflikte um den Zutritt zur politischen Arena sind nur dann gemäßigt, wenn neue Akteure herrschende Werte oder Interessen vertreten. Artikulieren die neuen Akteure dagegen, was eher die Regel ist, neue Probleme, Werte und Interessen, und zeichnet sich mit ihrem Einzug in die Arena ein Einfluß- und Stilwechsel an, so nehmen derartige Konflikte einen scharf konfrontativen Charakter an: Die neuen Akteure müssen sich ihre Rolle als relevanter Teil des politischen Prozesses dann gegen massive Widerstände regelrecht erobern.

Verfügen neue Akteure über keine etablierten Mittel der Meinungsverbreitung und Informationsbeschaffung, so sind sie gezwungen, auf "ihre" Probleme und Auffassungen mit Mitteln hinzuweisen, die von etablierten Akteuren nicht oder nur selten genutzt werden. Herrschende Akteure versuchen angesichts dessen häufig, die Legitimität des politischen Begehrens neuer Akteure in Frage zu stellen. Deren politische Positionen werden nicht selten als unqualifiziert, emotional, ja Ausdruck von Verrücktheit dargestellt. Außenseitergruppen stehen besonders in der Gefahr, als kriminell betrachtet und durch gewalttätige Behandlung in die Illegalität getrieben zu werden.

Gerade Staat und öffentliche Verwaltung machen vorliegende Information häufig nur etablierten oder gar privilegierten Nutzerkreisen zugänglich, sperren also Gruppen, die noch nicht als relevante politische Akteure wahrgenommen oder nicht als legitime Akteure vom Staat akzeptiert sind, von der Information aus. So wird der Kreis der als "Fachleute" aufgefaßten Beteiligten beispielsweise bei Anhörungen, Planungs- und Genehmigungsverfahren auf etablierte Experten beschränkt. Fachleuten, die eine Minderheitsmeinung vertreten, wird damit implizit die wissenschaftliche Reputation abgesprochen und Bürgerinitiativen oder interessierte Betroffene werden als nicht beteiligt definiert. Informationszurückhaltung ist jedoch auch seitens privater politischer Akteure eine oft gebrauchte Verhaltensform (Keck 1993).

Nur unter besonders günstigen Bedingungen, vor allem, wenn relativ große ökonomisch-technische Handlungskapazitäten zur Bewältigung der durch neue Akteure artikulierten Probleme vorhanden sind und die Thematisierungs-Akteure solcher Probleme vergleichsweise große Mittel zur Verfügung haben, finden sie leicht Zugang zur politischen Arena. Hier haben sie dann immer noch die Möglichkeit, sich in Konflikten zu verschleißen.

Konflikt in der politischen Arena

Einflußreiche Akteure kommen zwar nicht darum herum, sich wechselseitig als Teil der politischen Arena anzuerkennen. Insbesondere, wenn sie starke Interessen- bzw. Wertunterschiede aufweisen, stehen sie dennoch in Konflikt miteinander. Die Formen, in denen dieser Konflikt ausgetragen wird, können im Extremfall ähnlich scharf und existentiell sein wie im Kampf um den Zutritt zu der politischen Arena. Im allgemeinen aber sind sie angesichts der grundsätzlichen wechselseitigen Akzeptanz der Beteiligten als Teil des Machtgefüges weniger vernichtend. Im Vordergrund steht dabei das öffentliche und verdeckte Ringen um Einfluß auf die Besetzung politischer Ämter und Entscheidungen.

Diejenigen Akteure haben im allgemeinen den größten politischen Einfluß, deren Sachinformation und Wertvorstellungen verbreitet ist, deren Information geglaubt und weitergetragen wird. Dementsprechend umkämpft ist die öffentliche Meinung auch zwischen Akteuren der politischen Arena: Je bewußter eine Interessengruppe oder Institution politisch handelt, umso mehr kümmert sie sich darum, die eigene Information und Auffasssung wirksam zu verbreiten. Damit verbindet sich nicht selten der Versuch - vergleichbar mit einem Halmaspieler, der Wege des Gegners blockt, um zu gewinnen - die Informationsverbreitung konkurrierender Interessengruppen zu erschweren oder zumindest deren Glaubwürdigkeit zu erschüttern.

Übliche Mittel in diesem Dauerkonflikt um die öffentliche Meinung sind Presseerklärungen, Pressekonferenzen, kleine und große

Anfragen im Parlament, aber auch Demonstrationen, Flugblattaktionen und auf ihre Medienwirksamkeit ausgerichtete Aktionen. Information politischer Gegner wird durch gezielte Gegeninformation, Gegeninterviews, Dementis und ähnliches in Frage gestellt oder durch stille Mittel zu schwächen versucht. Ein wichtiges Mittel, um die Verbreitung eigener Information zu erleichtern, umgekehrt aber die Verbreitung gegnerischer Information einschränken oder unmöglich machen zu können, besteht in dem Versuch, Einfluß auf die Trägerschaft und Organisation der Massenmedien selbst zu gewinnen. Medienpolitik dieser Art wird mit ökonomischem und politischem Druck, beispielsweise seitens der Anzeigengeber, Parteien und Verbände, unter Umständen auch mit juristischen Mitteln betrieben. Zu Zensur und gesteuerter Berichterstattung kommt es in dem Maße, wie autoritäre Strukturen der Willensbildung vorherrschen.

Die Macht, unliebsame Information auszuschließen und eigene Information und Meinung an Gewicht gewinnen zu lassen, ist häufig eng gekoppelt mit der Macht über Begriffe und Bezeichnungen. Wer bereits das begriffliche Raster definiert, nach dem Information aufgefaßt bzw. die Fülle eingehender Nachrichten gefiltert wird, nimmt auch Einfluß auf die Inhalte herrschender Information. Der Kampf um die öffentliche (und private) Meinung wird demzufolge zumindest von den bewußt agierenden Akteuren immer auch als ein *Kampf um Begriffe und Bezeichnungen* geführt. Dabei geht es nicht nur um aussagekräftige Bezeichnungen, sondern auch um stille Bewertungskomponenten und Begriffsdrehungen mit Witz und Unterhaltungswert.

Besondere Bedeutung im Ringen um Einfluß und Definitionsmacht haben *Symbole*, das heißt, Zeichen mit überhöhter konnotativer Bedeutung. Hierzu gehören neben sprachlichen Formen der Überhöhung (Beispiel: Die Bezeichnung "Butterberg" als Symbol des Agrarüberschusses), politische Zeichen (Lichterketten als Zeichen der Solidarität mit ausländischen Bürgern), Bilder (Fernsehbild einer ölverschmierten Ente als Symbol der Umweltverschmutzung), aber auch Handlungsformen (Einladung des russischen Präsidenten zum Weltwirtschaftsgipfel als symbolischer Ausdruck des Willens, das Land finanziell und politisch zu unterstützen). Politische Symbole werden von Herrschenden, mangels anderer Einflußmöglichkeiten mindestens so häufig aber von nichtetablierten Akteuren genutzt (Beispiele Demonstration, Hungerstreik).

Auch wenn Meinungsführung, Definitionsmacht und Datenzugang umkämpft und damit für einzelne Akteure nie völlig gesichert sind, bilden sich im Verlauf des politischen Prozesses häufig relativ feste Interessen-, Einfluß- bzw. Abhängigkeitsstrukturen heraus. Zwischen etablierten politischen Akteuren entsteht damit ein doppeltes Verhältnis: Einerseits versuchen sie sich gegenseitig auf längere Sicht politischen Einfluß bzw. sozioökonomische Einflußquellen abzunehmen, andererseits erkennen sie sich als reale Machtfaktoren an und behandeln einander dementsprechend in respektvoller Form. Unter diesen Bedingungen gegenseitiger Anerkennung und Konkurrenz ist die politische Prozeßform des Aushandelns (bargaining) typisch.

Ausgehend von militärisch-strategischen Überlegungen im Zeichen der internationalen Konstellation des Kalten Krieges und der hierdurch angeregten spieltheoretischen Entwicklung wird das Bargaining herkömmlicherweise unter Betonung des Konfliktcharakters der Ausgangssituation definiert. So schreiben March und Simon: "Wo das Aushandeln gebräuchlich ist, wird der Dissenz über Ziele als endgültig betrachtet und eine Übereinstimmung ohne Überzeugungsversuche angestrebt" (March/Simon 1958: 129). Andererseits sind es gerade von allen Beteiligten anerkannte Möglichkeiten der Überbrückung von Interessendifferenzen, insofern Gemeinsamkeiten, die Aushandlungsprozesse überhaupt möglich und erfolgreich machen. Solche Gemeinsamkeiten ergeben sich vor allem aus gemeinsamen Sekundärinteressen, beispielsweise dem gemeinsamen Interesse daran, politisch zu überleben oder die gegenseitigen Beziehungen auch in Zukunft aufrechtzuerhalten, ja auszubauen.

Aushandlungsprozesse bestehen nicht nur darin, daß sich die Beteiligten wechselseitig durch Nutzenangebote bzw. Schadensdrohungen zur Annahme einer Alternative zu bewegen suchen; erfolgreiches Bargaining resultiert vielmehr häufig und gerade aus der Fähigkeit, gemeinsame Interessen ausfindig zu machen und politisch umzusetzen. Dies impliziert, daß die Verhandelnden ihre (gemeinsame) Interessensphäre gegenüber Außenstehenden deutlich abzugrenzen wissen. Die Prozeßform des Aushandelns ist insofern auch eine Form der Machtausübung.

Relevante Teilformen des Bargaining sind das *offene Verhandeln (explicit bargaining) und das stille Verhandeln (tacit bargai-*

ning). Während in der ersten Form die Beteiligten über die Ausgangsbedingungen, Schwierigkeiten, Einigungschancen und schließlich Regelungen miteinander offen kommunizieren, besteht in der zweiten Form unvollständige Kommunikation. Der Bargainingprozeß vollzieht sich dabei zumindest teilweise anhand des jeweiligen Handelns der Akteure, aufgrund dessen die jeweiligen Gegenüber ihre Schlüsse ziehen (Schelling 1981: 54ff.). Je größeres Gewicht politisch-institutionelle Strukturen einer offenen Gesellschaft und dabei insbesondere eine öffentlich-politische Diskussion von Problemen und Positionen erhalten, desto geringeres Gewicht haben Prozesse stillen Bargainings. Dies wiederum verringert die Gefahr von Fehlinterpretationen und sich daran anschließenden Aufschaukelungsprozessen politischer Konflikte, da Mißverständnisse leichter ausgeräumt und im Zuge engerer Kommunikation auch neue Gemeinsamkeiten zwischen den Beteiligten entdeckt werden können oder sogar erst entstehen.

Während das stillschweigende Aushandeln den Grundbedingungen und dem Grundmuster militärisch-strategischen Verhaltens von Feinden am ehesten entspricht, schließt das offene Verhandeln seiner Logik und Entstehungsgeschichte nach an das traditionelle Aushandeln von Preisen auf dem Markt und das Muster des politischen Sichberatens bis hin zu einer gemeinsamen Entscheidung an, das in Europa historisch der Dominanz der Mehrheitsentscheidung durch Repräsentativorgane voranging.

Die Auffassung der Politik als Verhandlungssystem mit grundsätzlich gleich einflußreichen Akteure (Scharpf 1992, 1993) entspricht verschiedenen soziopolitischen Tendenzen, so der Tendenz zu wachsender Individualisierung (Beck 1986, 1993), wachsender Ausdifferenzierung (Luhmann 1984; Mayntz 1988 u.a.), wachsendem "Disembedding" (Giddens 1990) und komplexer Interdependenz (in den internationalen Beziehungen / Keohane/Nye 1977). Demnach nimmt die Vetomacht kollektiver bzw. individueller Akteure gegenüber übergreifenden Zentralinstanzen tendenziell zu.

Gemeinsames Problemlösen

Zwischen den politischen Akteuren können Interessen und Werte derartig weitgehend übereinstimmen, daß anstelle des Konfliktaustrags oder Aushandelns die Realisierung gemeinsamer Ziele im Vordergrund steht. Abgesehen von möglichen Auffassungsunterschieden über optimale Mittel der Zielrealisierung stehen dabei Fragen der organisatorischen Bewältigung gemeinsamer Probleme im Vordergrund. In diesem Fall bestehen die gleichen Grundvoraussetzungen politischen Handelns, wie sie in der Politikdimension des öffentlichen Handelns angenommen werden. Ausschlaggebend sind hierbei alle Wirksamkeitskriterien öffentlichen Handelns, Überlegungen zur optimalen Strategie und Instrumentenwahl bei der Bewältigung öffentlicher Aufgaben und Probleme sowie entsprechende Realisierungserfordernisse im Sinne des Policy-Zyklus.

Eine zentrale Prozeßform gemeinsamen Problemlösens ist die gemeinsame Beratung einschließlich konsensualer Formen inhaltlichen *Argumentierens* (Hennis 1975). Dabei werden im Rahmen einer von allen Beteiligten akzeptierten Sachrationalität Informationen, Begründungen und Schlußfolgerungen ausgetauscht, verglichen und bestmöglich kombiniert. Konsensuales Argumentieren setzt neben weitgehender Wertegemeinsamkeit allerdings auch ähnliche sprachlich-kommunikative Standards voraus.

Diffusion von Werten, Normen und Meinungen

Veränderungen des Denkens und Handelns vollziehen sich teilweise, ohne daß die Beteiligten entsprechende Veränderungen bewußt anstreben oder ablehnen. Denk- und Verhaltensweisen diffundieren auch still, beispielsweise durch die Imitation von Problemlösungsmustern. Derartige Diffusionsprozesse erscheinen zunächst als unpolitisch, da durch sie ja keine Interessen und Wertegegensätze politisch aktualisiert werden. In dem Maße allerdings, in dem sich durch derlei Veränderungen Einflüsse auf gesellschaftliche Strukturen und Prozesse ergeben, erweisen sie sich als legitimationsbedürftig und damit politisch brisant. Eine stille unpolitisch erscheinende Breitenveränderung der Gesellschaft (Beck 1986, 1994) kann sich auch in politischen Formen vollziehen, beispielsweise in Veränderungen der Form öffentlicher Diskussion oder in einem langsamen unmerklichen Wertewandel.

Träger solcher Diffusionsprozesse von Werten und Verhaltensmustern sind die einzelnen miteinander kommunizierenden Menschen, aber auch einmal in bestimmter Form konstituierte Produkte und Strukturen, auf die sich Menschen einstellen müssen und durch die sie in ihrem Denken und Verhalten geprägt werden. Insoweit sich herrschende Werte und Muster still ausbreiten, haben Diffusionsprozesse dieser Art herrschaftsstützende Wirkung; die Diffusion von Werten und Normen wird dementsprechend nicht selten durch Herrschende gezielt gefördert und entspricht insofern dem Typus "Kampf um Meinungsherrschaft und Definitionsmacht" (Konflikt in der Arena). Nicht selten werden aber auch (stabile) Außenseiter-Werte und -Verhaltensmuster gesellschaftlich und politiscg diffundiert (Beispiel Ökologiebewegung in den 70er Jahren). Schließlich unterliegen gesellschaftliche Diffusionsprozesse charakteristischen Auf- uind Abwegungen der *Mode.*

Der gesellschaftliche Diffusionsprozeß von Werten, Meinungen und kognitiven Mustern mit politischem Bezug ist allerdings noch wenig erforscht. So gilt die bekannteste Theorie der politischen Meinungsdiffusion, die Theorie der Schweigespirale (Nölle-Neumann 1974, 1980), bis heute nicht als empirisch geprüft (Fuchs/Gerhards/Neidhardt 1991). Nach dieser Theorie vollziehen sich Prozesse der Wert- und Themendiffusion vermittelt über gate-opener und Multiplikatoren; einmal in Gang gekommene Meinungsbildungsprozesse verstärken sich also durch herrschenden Opportunismus selbst, bis sich ihnen neue Meinungsbildner entgegenstellen. Der Hinweis auf die Differenzierung unterschiedlicher sozialer Rollen im sozialen Diffsusionsprozeß von Meinungen und Werten hat aber zumindest heuristischen Wert.

Misch- und Kombinationsformen

Zwischen den dargestellten politischen Prozeßformen kann es zu Misch- und Kombinationsformen kommen. Eine besonders wichtige Mischform dieser ist das *Argumentieren* ("arguing"/Elster 1989, 1991; Saretzki 1994). Dieses umfaßt die argumentative Gegenüberstellung unterschiedlicher Mitteloptionen im Rahmen eines weitgehenden Zielkonsenses, aber auch Formen der konflikt-

haften verbalen bzw. schriftlichen Auseinandersetzung auf der Grundlage gemeinsamer kommunikativer Standards.
Elemente unterschiedlicher Prozeßformen weist, wie dargestellt, auch die *Lethargie* auf, die sowohl die völlige Abkehr von Politik, aber auch eine Form stillen Protestes und insofern aktive Handlungsform sein kann. Ähnliches gilt für die Prozeßform des *Verhandelns*, die nicht nur die konflikthafte Variante des "tacit bargaining" und die kooperative Variante des "explicit bargaining" umfaßt, sondern auch als taktisches Mittel zum Zweck der Täuschung oder gar der Vernichtung des jeweiligen Gegners/Feindes eingesetzt werden kann.
Politische Prozeßformen können also letztlich nur im jeweiligen situativen Rahmen adäquat beurteilt werden. Andererseits beinhalten jeweilige Prozeß- bzw. Kommunikationsformen auch bestimmte Potentiale der verfahrensmäßigen Rückbindung der Beteiligten. Insbesondere den rationalitätsorientierten Formen des Verhandelns und Argumentierens wird häufig ein prozessuales Potential zugemessen, die Konflikthaftigkeit politischer Prozesse zu vermindern. Werden die politischen Prozeßformen in diesem Sinne unter dem Gesichtspunkt der Kooperationsförderlichkeit beeinflußt bzw. ausgewählt, gehen sie in Formen der policy-orientierten Koordination über.

2.7 Sozioökonomische Rahmenbedingungen

Der politische Prozeß kann sich zwar über seine Ergebnisse auf wirtschaftliche und gesellschaftliche Strukturen auswirken. Der hauptsächliche Wirkungsstrang zwischen Gesellschaft und Politik besteht aber in der Einwirkung *sozioökonomischer und soziokultureller Rahmenbedingungen* auf den politischen Prozeß. So werden im Rahmen der kapazitätstheoretischen Politikdiskussion unter den Stichworten "does politics matter?", "Katastrophenparadox", "Reichtums- und Knappheitsgesellschaft" Auswirkungen des jeweiligen Standes der sozioökonomischen und soziokulturellen Rahmenbedingungen, so Reichtum, Urbanität und Industrialisierungsgrad, auf Akteurskon-stellationen und Formen des politischen Prozesses diskutiert (siehe A.5.3 und A.6.3). Von Bedeutung werden derlei Faktoren insbesondere bei strukturellen Ungleichheiten politischer Akteursbedingungen sowie bei krisenhaften Strukturbrüchen. Auch wenn soziale Strukturbedingungen soziale Strukturbedingungen den politischen Prozeß und politisches Handeln im einzelnen nicht determinieren, bilden sie einen wichtigen Faktorenkomplex der Chancen und Restriktionen individuellen wie öffentlichen Handelns. Um analytische Konzepte dieses öffentlichen Handelns geht es im folgenden Kapitel.

Ergänzende Literatur: Scharpf 1991; Edelman 1976; Meyer 1992; Prittwitz u.a. 1992; Schelling 1981; Elster 1989; Benz/Scharpf/Zintl 1992; Bachratz/Barratz 1962.

3. Öffentliches Handeln

3.1 Allgemeines

Politik besteht nicht allein in der Austragung von Konflikten.[1] So sind politische Akteure in der Regel bestrebt, ihre Vorstellungen gesellschaftlich zu verwirklichen, ein Bestreben, das zumindest gewisse Gestaltungsperspektiven sozialer Ordnung und politischer Problemlösung voraussetzt. Thematisiert wird dieses Gestaltungsmoment von Politik in der Dimension des öffentlichen Handelns (public policy).

Öffentliches Handeln ist darauf gerichtet, *mit öffentlich legitimierten Mitteln zur Verwirklichung allgemeiner Interessen beizutragen.* Es ist also zunächst durch seine Outputorientierung im Sinne des Gemeinwohls bestimmt. Da Mittel und Ziele politischen Handelns nicht ohne schwerwiegende Folgen voneinander entkoppelt werden können,[2] beinhaltet es aber auch die Bindung der Handlungsformen und -mittel an Gemeinwohlerfordernisse. Öffentliches Handeln in diesem Sinne hat normativen Charakter; es stellt sozusagen die Soll-Dimension des Politischen dar. Diese Dimension des Politischen wird in dem Maße praktisch folgenreich, in dem sie das Denken, Fühlen und Verhalten der Beteiligten beeinflußt. In diesem Sinne hat sie nicht nur normative Kraft, sondern ist auch Teil empirisch erfaßbarer Wirklichkeit.

Öffentliches Handeln wird traditionell in *staatlichem Handeln* verkörpert gesehen. Aber auch das Handeln gesellschaftlicher Verbände und Gruppen, ja des/der Einzelnen, läßt sich in der Dimension des öffentlichen Handelns analysieren. Nicht selten sind es gerade *Individuen und informelle Gruppen*, die öffentliches Handeln von politischen Großaggregaten bis hin zu staatlichen Einrichtungen fordern und sich durch eigenes Beispiel für entsprechendes Verhalten einsetzen. Umgekehrt agieren auch staatli-

---

1 Durch die Verabsolutierung der Politics-Dimension, so etwa die Gleichsetzung von Politik und gesellschaftlichen Gegensätzen, geraten die besonderen Handlungsmöglichkeiten, Handlungsgrenzen und Verantwortlichkeiten der Politik aus dem Blickfeld. Ideologische Verkürzungen von Politik als "Klassenkampf" (Marx, Engels, Lenin, Trotzki, Stalin u.v.a) oder "Freund-Feind-Verhältnis" (Carl Schmitt u.a.) erscheinen hierdurch analytisch fundiert - häufig mit der Konsequenz, Gewaltherrschaft zu rechtfertigen.

2 Die Exzesse staatlich legitimierter Willkür in der Vergangenheit bis hin zu Auschwitz, aber auch die im Namen hehrer Werte und Ziele in der Gegenwart stattfindenden Menschenrechtsverletzungen zeigen dies unübersehbar.

che Akteure unter politischen Prozeßbedingungen, beispielsweise unter dem Einfluß individueller Wertorientierungen und Interessen. Dennoch wird im allgemeinen die Erwartung öffentlichen Handelns im besonderen an Regierung und Verwaltung gerichtet.

Ziele und Inhalte öffentlichen Handeln sind Gegenstand der öffentlichen Diskussion. Öffentlicher Konflikt, Verhandeln und öffentliches Argumentieren bilden damit wichtige Voraussetzungen für die Entwicklungsmöglichkeit öffentlichen Handelns. Ein zentraler Gegenstand der öffentlichen Diskussion sind die öffentlichen Aufgaben und Probleme.

3.2 Öffentliche Aufgaben und Probleme

Die Entscheidung über die Erfordernisse öffentlichen Handelns ist nach Franz-Xaver Kaufmann grundsätzlich "eine Angelegenheit politischer Prozesse geworden" (Kaufmann 1991: 9). So hat sich die Weite des öffentlichen Aufgabenspektrums und die Gewichtung zwischen den einzelnen Aufgabenbereichen in der Staatsdiskussion der letzten Jahrhunderte beträchtlich verändert: War im Zeichen des *absolutistischen Staatsbegriffs* annähernd alles durch explizite Regelungen staatlich erfaßt und reguliert, entglitten im Zeichen der liberalen Leitvorstellung des *"Nachtwächterstaates"* zahlreiche Gesellschaftsbereiche, insbesondere die wirtschaftliche Produktion und Verteilung, direkter öffentlichen Regulation. Mit der Durchsetzung des Konzeptes des *modernen Wohlfahrtsstaates* im zwanzigsten Jahrhundert hat sich der Bereich öffentlicher Regulierung wieder erheblich ausgeweitet, so insbesondere um Bereiche des sozialen Ausgleichs und der Daseinsvorsorge. Unter dem Stichwort *"Steuerungsstaat"* werden schließlich aktuelle Entwicklungen öffentlicher Regulierung gefaßt, die einerseits eine fortschreitende Ausweitung staatlicher Tätigkeitsbereiche, so etwa in den Feldern der Technologie und Umweltpolitik, andererseits zunehmende Respektierung innergesellschaftlicher Selbstregelungspotentiale beinhalten (Kaufmann 1991).

Die historische Entwicklung der realen Staatstätigkeit variierte allerdings, soweit heute zu erkennen, weniger stark, als es nach dem Wechsel der herrschenden staatstheoretischen Paradigmata anzunehmen wäre. Beispielsweise waren zur Zeit des liberalen Staatsdiskurses im neunzehnten Jahrhundert ("Nachtwächterstaat") in Preußen und anderen Ländern zahlreiche Regelungen in der Tradition des starken Staates nach absolutistischer Tradition in Kraft. Im Rahmen der dargestellten historischen Veränderung des Staats-Diskurses und der praktischen Auffassung öffentlicher Aufgaben ist zudem eine bemerkenswerte ***Konstanz bestimmter öffentlicher Aufgaben*** festzustellen:

Durchgehend zentrale Bedeutung hatte und hat die Gewährleistung der *äußeren Sicherheit*. Ein mittelalterliches Verhaltensmuster, das die besondere Bedeutung der Abwehr äußerer Feinde für die Staatsbildung zeigt, war nach Norbert Elias (1979) das Auf-den-Schild-heben des (künftigen) Königs bei drohender Gefahr, das diesen in seiner Zentralmacht etablierte oder bestärkte. Charakteristisch dafür, daß dieses Aufgabenprofil bis heute überragende Bedeutung besitzt, ist die auch heute üblicherweise herausragende Kabinetts-Stellung des Außenministers, dabei die fraglose Zuordnung der Bezeichnung "Staatsmann" für den Verwalter des Außenressorts.

Auch die Erhaltung der *inneren Ordnung und Sicherheit* ist ein klassischer Gegenstand öffentlichen Handelns: Was Thomas Hobbes in seinem "Leviathan" als erstes Erfordernis der Staatsbildung ansah, ist durch die Jahrhunderte von der politischen Philosophie und Sozialwissenschaft durchweg als zentraler Gegenstand öffentlichen Handelns anerkannt worden: die Verhinderung der inneren Barbarei. Wie wichtig diese Aufgabenstellung auch im ausgehenden 20. Jahrhundert ist, zeigt sich nicht nur an den großen Anstrengungen, die zu ihrer Bewältigung in den meisten Staaten gemacht werden, sondern auch an den verheerenden Folgen ihrer mangelnden Realisierung unter Bedingungen des Bürgerkriegs oder bürgerkriegsähnlicher Zustände (Bosnien-Herzogowina, afrikanische Bürgerkriege, Bürger- und Regionalkriege in der ehemaligen Sowjetunion und daraus entstehende Risikopotentiale). Die Aufgabenstellung der inneren Sicherheit hat sich im Zeichen wachsender Ausdifferenzierung von Institutionen demokratischer Willensbildung zunehmend zu einer auch rechtspolitischen Sicherheitsfunktion, insbesondere einer Sicherung von Verfassungseinrichtungen erweitert.

Öffentliches Handeln bezieht sich in aller Regel auch auf *Funktions- und Entwicklungsbedingungen von Gesellschaft*. Hierzu gehören die institutionellen Rahmenbedingungen einer funktionierenden Wirtschaft, von wirtschaftsrechtlichen über strafrechtliche Bedingungen bis hin zum Aufbau und zur Aufrechterhaltung von wirtschaftspolitischen Institutionen wie heute etwa der Geldwährungen und der öffentlichen Banken (Bundes-, Landesbanken). Ähnliche institutionelle Rahmenbedingungen müssen in anderen Gesellschaftsbereichen aufrechterhalten werden, so etwa im Sozialbereich (Sozialsystem), im Bildungsbereich (Schul-, Universitätssystem), im Verkehrs- und Kommunikationsbereich (Verkehrssystem, öffentliche Kommunikationsmedien) oder im Forschungsbereich (Grundlagenforschung).

Öffentliches Handeln muß sich in einer Wirtschafts- und Gesellschaftsordnung rascher Entwicklung nicht zuletzt darauf richten, die vor sich gehenden Entwicklungsprozesse im Sinne einer sozial- und umweltverträglichen Entwicklung einzubinden, andererseits eben diese Entwicklung selbst nicht abbrechen zu lassen, sondern sie zu "hegen" (Mayer-Tasch 1991). Dieses Spektrum öffentlicher Aufgaben spiegelt sich auch in der *verwaltungsbezogenen Funktionsdiskussion* wieder. Derartige Funktionsbestimmungen der öffentlichen Verwaltung sind die "Eingriffsverwaltung" (auch Ordnungsverwaltung) für die Sicherheitsfunktion, die "Leistungsverwaltung" für Wohlfahrts- und Dienstleistungsfunktionen und die "planende Verwaltung" für Gestaltungsfunktionen (Mayntz 1985: 55). Komplexe Aufgabenstellungen in modernen Gesellschaften werden mit Funktionsbezeichnungen wie "partizipative Verwaltung" und "Aktionsverwaltung" gefaßt (Jaedicke/Wollmann/Kern 1990: 11-23).

Auch die *internationale Politik* ist über die klassischen Aufgabenbereiche der internationalen Krieg-/Friedens- bzw. Sicherheitspolitik längst hinaus gewachsen: Internationale Politik bezieht sich - insbesondere im Verhältnis zwischen den Industrieländern - zunehmend auch auf wirtschaftliche, technische, soziale und ökologische Fragen. Während internationale Politik herkömmlicherweise als Forum des Aufeinandertreffens national-beschränkter Interessen betrachtet wird, haben sich - keineswegs nur in der Europäischen Gemeinschaft - unter vielen Aspekten Ansätze zu internationalen öffentlichem Handeln zu entwickeln begonnen. Ein Beispiel hierfür ist die Entwicklung internationaler Wirtschafts- und Währungspolitik mit der Zielsetzung, funktionierende Rahmenbedingungen von Warentausch und Warenproduktion zu bilden, ein anderes die Entwicklung globaler Umweltpolitikansätze, zum Beispiel zum Schutz der stratosphärischen Ozonschicht.[3]

Öffentliche Aufgaben werden routinehaft im Rahmen von *Politikfeldern* bearbeitet, deren Grenzen sich üblicherweise nach administrativ-politischen Ressorts bestimmen. Übliche Felder dieser Art sind die Außen- und Verteidigungspolitik, die Innenpolitik, die Wirtschafts- und Finanzpolitik, die Landwirtschafts-, Verkehrs- und Infrastrukturpolitik (zum Beispiel Telekommunikation), die Technologie- und Umweltpolitik, Sozial-, Familien- und Frauenpolitik, die Entwicklungspolitik (Wirtschaftliche Zusammenarbeit), die Verkehrs-, Gesundheits- und Wohnungsbaupolitik sowie die Justizpolitik. Einzelne Politikfelder werden zwar häufig mit bestimmten öffentlichen Aufgaben assoziiert (Innenpolitik als Gewährleistung der Inneren Sicherheit, Außen- und Verteidigungspolitik als Gewährleistung der Äußeren Sicherheit); in aller Regel aber können einzelne Aufgaben nur in der Zusammenarbeit unterschiedlicher Ressorts bzw. Politikfelder bewältigt werden.

Abgesehen von ihrer routinehaften Bearbeitung in Politikfeldern werden öffentliche Aufgaben in Form öffentlicher *Probleme* zum politischen Gegenstand.[4] Nach Scharpf, Reißert und Schnabel (1976) sind charakteristische Problemtypen öffentlichen Handelns zu unterscheiden, nämlich Niveauprobleme, deren Bewältigung eine generelle Leistungssteigerung der dezentralen Einheiten vor-

---

3 In der Theorie der internationalen Beziehungen stehen dennoch traditionell politische Prozeßaspekte im Vordergrund. So unterscheidet Helga Haftendorn (1989) zwischen Herrschaft, Wohlfahrt und Sicherheit als den Feldern der internationalen Beziehungen, James Rosenau zwischen den vier außenpolitischen Feldern "status", "territory", "nohuman resources" und "human resources", von denen Status-Probleme besonders schwer, "nonhuman resources" besonders leicht verhandelbar sind (Rosenau 1971). Der hier dargestellten Strukturierung öffentlicher Aufgaben entspricht am ehesten die Problemfeld-Konzeptualisierung im Rahmen der Analyse internationaler Regime (Krasner 1982; Wolf/Zürn 1986; Kohler-Koch 1987; Müller 1992; Rittberger 1993).

4 Ein Problem kann als ein unerwünschter Zustand definiert werden, der mit den momentan zur Verfügung stehenden Mitteln, nicht in einen gewünschten Zielzustand zu verwandeln ist. Abzugrenzen ist hiervon die Aufgabe, die mittels der gegebenen Bedingungen lösbar ist (Dörner 1987: 10 f.). Wenn von Staatsaufgaben die Rede ist, wird zwar unterstellt, daß diese bewältigt werden können; es ist den Beteiligten aber im allgemeinen klar, daß es dabei eher um die grundsätzliche Angabe von Tätigkeitsfeldern als um die Auflistung präzise und vollständig zu erfüllender Aufgaben im technischen Sinne geht - eine diffuse Begriffsverwendung, die verschiedentlich auch den Problembegriff betrifft.

aussetzt, Verteilungsprobleme und Interaktionsprobleme. *Verteilungsprobleme* können nach den Kriterien der auf Verteilungskonflikte bezogenen Interessenanalyse spezifiziert werden (A.2.4). So können ein- oder mehrdimensionale Verteilungskonflikte bestehen. *Interaktionsprobleme* sind insbesondere angesichts von Wertdifferenzen und Stilunterschieden sowie sich hieraus entwickelnden feindseligen Orientierungen gegeben. *Niveauprobleme* schließlich sind üblicherweise nicht nur Folge mangelhafter Leistungsmotivation, sondern komplexer Zusammenhänge soziokultureller, politisch-institutioneller und ökonomisch-technischer Variablen.

Öffentlich thematisierte Probleme *("issues")* haben oft sachliche und akteursbezogene Grenzen, die nicht mit denen routinehaft vorgegebener Politikfelder oder öffentlicher Aufgaben zusammenfallen. Problemfelder bilden vielmehr besondere Gestaltungs-und Konflikträume, die Akteure aus verschiedenen Politikfeldern bearbeiten. Politischen *Querschnittscharakter* dieser Art weisen allerdings nicht nur Probleme, sondern auch viele routinehaft bearbeitete Politikfelder auf.[5] In ihnen thematisierte Aufgaben und Probleme lassen sich nur bewältigen, wenn hierzu auch Beiträge durch die Klientel anderer Politikfelder geleistet wird und eine entsprechende politikfeldübergreifende Kooperation zustande kommt. Besonders thematisiert wurden derlei Anforderungen in den letzten Jahren in bezug auf Querschnittsanforderungen von Politikfeldern, die sich erst neu gebildet haben bzw. wachsendes Gewicht erhalten, so der Umwelt- und Frauenpolitik. Weitgehend selbstverständlich sind aber Querschnittsanforderungen zur Realisierung alter Kernpolitiken wie der Wirtschafts- und Finanzpolitik. In der Zusammenschau ergibt sich das in Abbildung 5 dargestellte System öffentlicher Handlungsanforderungen des Wohlfahrtsstaates.

---

5 Die Vorstellung der Beziehungslosigkeit zwischen Politikfeldern, wie sie lange insbesondere in der anwendungsorientierten Policy-Forschung und in der Analyse internationaler Regime vertreten worden ist, stößt daher mit Recht auf Kritik (Beyme 1985; Hesse 1985; Senghaas 1992).

Abbildung 5: Öffentliche Handlungsanforderungen

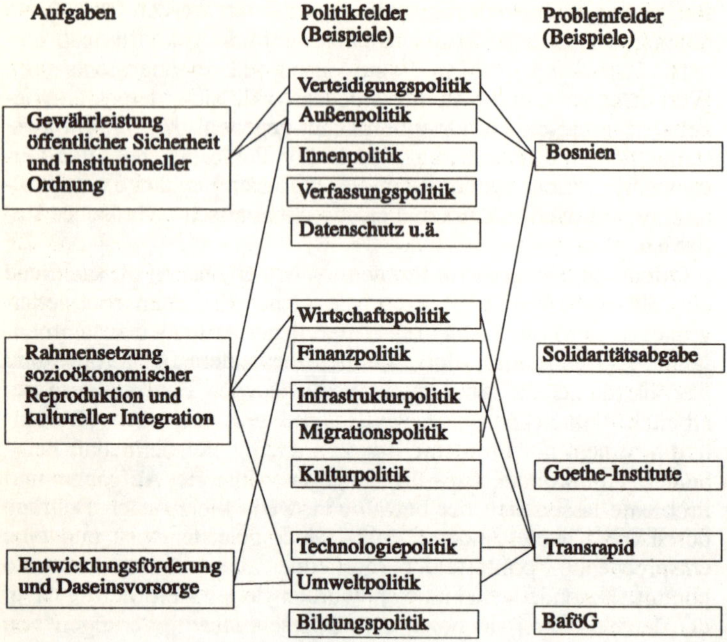

Im Wohlfahrtsstaat gelten nicht mehr nur die äußere und innere Sicherheit, sondern auch die ökonomische Reproduktion, die soziokulturelle Integration, Entwicklungsförderung und Daseinsvorsorge als Gegenstand öffentlichen Handelns. Dabei sind Schutz- und Entwicklungsfunktionen des politischen Systems selbst eingeschlossen.[6] Die als Ressorts institutionell festgeschriebenen Po-

6 Hierbei kann an die von Allmond und Powell (1978) vorgelegte Funktioneneinteilung des politischen Systems angeschlossen werden, wonach dieses nicht nur Policy-Funktionen (gegenüber der Gesellschaft), sondern auch (innere) Systemfunktionen ausfüllt. Das bei Allmond und Powell verwendete Konzept des politischen Prozesses überschneidet sich allerdings mit dem Konzept der Systemfunktionen und trägt dem offenen, nicht unbedingt funktionalen Charakter des politischen Prozesses nicht Rechnung. Zur Anwendung der Allmond/Powell-Funktionen auf Politikfeldspektren siehe Roller 1991.

litikfelder können den öffentlichen Aufgaben nur grob zugeordnet werden. Die Grenzen politischer Problemfelder schließlich verlaufen häufig quer zu den Politikfeldgrenzen; sie erfordern daher meist Querschnittspolitik.

Die Frage nach der *Gewichtung der öffentlichen Aufgaben* kann nach unterschiedlichen Kriterien, so dem Einfluß jeweiliger sachlich-prozessualer Anforderungen, der personellen Verwaltungsstärke oder der haushaltspolitischen Mittelverteilung zwischen diesen Feldern, beurteilt werden. Ausgehend von einem Steuerungsanspruch öffentlichen Handelns - klassischer Ausdruck hierfür ist die Konzeption steuernder Haushaltspolitik[7] - stehen die jeweilige politische Leitkonzeption sowie strategische Situationseinschätzungen öffentlicher Aufgaben und Probleme im Vordergrund.

Ein traditionelles Gewichtungsmuster zwischen Aufgabenfeldern war und ist das der der *sicherheitspolitischen Dominanz.* Demnach haben Anforderungen der äußeren und inneren Sicherheit überragende politische Bedeutung. Sie bestimmen, ob bzw. wenn, in welcher Form andere öffentliche Aufgaben wahrgenommen werden. Besonders stark wird öffentliches Handeln in Zeiten des (heißen oder kalten) Krieges, des inneren Umsturzes sowie diktatorischer Herrschaft von Sicherheits- und Ordnungsansprüchen bestimmt.[8] Der zunächst für die internationalen Beziehungen als Idealtypus eingeführte Beziehungstypus der *komplexen Interdependenz* stellt einen Gegentypus zum Muster der sicherheitspolitischen Dominanz dar. Demnach entkoppeln sich reproduktions- und entwicklungsbezogene Politikfelder von den sicherheitsbezogenen Feldern. Insbesondere Felder der ökonomischen und sozialen Reproduktion (Wirtschafts-, Technologiepolitik)

---

7 Zur Problematik entsprechender Annahmen siehe Derlien 1992; Hartwich 1992; König 1992; Sturm 1992.

8 Dieser Konstellationstypus zwischen Politikfeldern ist nicht nur innerhalb von Nationalstaaten, sondern auch im Rahmen internationaler Beziehungen festzustellen. Durch ihn waren beispielsweise die Politikfeldstrukturen im Zeichen des Kalten Krieges vom Ende der vierziger bis zum Beginn der sechziger Jahre in Europa stark beeinflußt: Im Verhältnis zwischen den Ländern des Westens und denen des Ostens, insbesondere zwischen den USA und den westeuropäischen Ländern einerseits und der Sowjetunion und den Ländern Osteuropas andererseits, standen militärische und ideologische Gegensätze im Vordergrund. "Low politics"-Felder wie Wirtschaft, Forschung oder gar Umweltschutz konnten im Rahmen der hochgradigen militärischen und ideologischen Spannung zwischen den Blöcken kaum eigenständige Bedeutung erhalten.

entwickeln sich nach ihren eigenen Erfordernissen. Dabei können zwischen Teilfeldern verschiedener Politikfelder eigenständige Querbeziehungen entstehen. Zusammen ergibt sich damit eine nicht mehr überschaubare und prognostizierbare Komplexität von Politikfeldbeziehungen, komplexe Interdependenz.[9]

Einzelne Politikfelder, beispielsweise die Wirtschafts- und Finanzpolitik, sind schließlich inhaltlich und prozessual besonders eng miteinander verflochten. Umgekehrt konkurrieren Politik- bzw. Problemfelder um Handlungsressourcen, insbesondere öffentliche Aufmerksamkeit. Angesichts dessen soll öffentliches Handeln nicht nur dazu beitragen, inhaltliche Einzelaufgaben und -probleme zu managen. Kernaufgaben öffentlichen Handelns bestehen vielmehr auch darin, politische Ressourcen zwischen einzelnen Aufgaben- und Problemfeldern sinnvoll zu verteilen und Anstrengungen und Strukturen in diesen Feldern miteinander zu koordinieren.

Ergänzende Literatur: Kaufmann 1991; Hartwich 1992; Zürn/Wolf Efinger 1990; König 1992;Roller 1991, Sturm 1989; Allmond/Powell 1978.

9 Name und Begriff der komplexen Interdependenz sind von Robert Keohane und Joseph Nye (1977) für die internationalen Beziehungen eingeführt worden. Die Komplexität der Beziehungen steigt demnach durch die relative Unabhängigkeit der Politikfelder von sicherheits- bzw. machtbezogenen Strukturen sowie durch transnationale Beziehungen, beispielsweise aufgrund des Einflusses Multinationaler Konzerne.

3.3 Realisierungserfordernisse: Der Policy-Zyklus

Um die dargestellten Aufgaben und Probleme bewältigen zu können, muß öffentliches Handeln bestimmte Realisierungsanforderungen erfüllen. Ein heuristisches Modell solcher Anforderungen stellt der sogenannte Policy-Zyklus (policy cycle) dar.

Abbildung 6: Der Policy-Zyklus

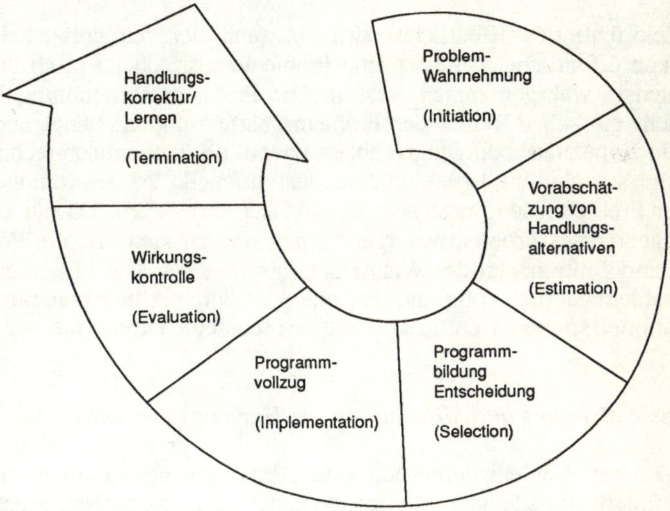

In Anlehnung an die Fassung dieses Modells[10] durch Brewer/de Leon (1983) ergeben sich als zentrale Realisierungsanforderungen

10 Das Modell, das sich aus dem von David Easton stammenden *Input-Conversion-Output-Modell* der Politik entwickelt hat, wonach öffentliches Handeln als Umwandlungsprozeß gesellschaftlicher Inputs in politische Outputs durch das politisch-administrative System verstanden wird (Easton 1965), ist in unterschiedlichen Formen gefaßt worden (Zum Überblick Schubert 1991: 70). Die Fassung von Brewer/de Leon trägt am besten dem hier zugrundegelegten Charakter öffentlichen Handelns als normativem (gemeinwohlorientiertem) Handeln Rechnung. Im Unterschied zu der Interpreta-tion des Modells als Ablaufmodell des konkreten politischen Prozesses (siehe Jann 1981, 1983, Windhoff-Heri-tier 1987 und Schubert 1991) wird der Policy Cycle demnach lediglich als heuristisches Modell von Realisierungsanforderungen öffentlichen Handelns aufgefaßt.

öffentlichen Handelns die Problemwahrnehmung und Problemdefinition (initiation), die Thematisierung und Abschätzung von Handlungsoptionen (estimation), die Programmformulierung und Entscheidung (selection), die Umsetzung von Handlungsprogrammen (implementation), die Bewertung von Handlungsformen und -ergebnissen (evaluation) und das politische Lernen (termination).

Problemwahrnehmung und Problemdefinition

Zielorientiertes öffentliches Handeln kann sich nur entwickeln, wenn öffentliche Aufgaben und Probleme ausreichend rasch und intensiv wahrgenommen werden. Die Problemwahrnehmung ist nicht einfacher Reflex der Problemschärfe, sondern hängt auch von Kapazitätsbedingungen ab, so davon, ob ökonomisch-technische, soziokulturelle und politisch-institutionelle Voraussetzungen der Problemlösung bestehen (siehe A.2.7 und A.5.3). Da nur ein abgegrenztes Problem wahrgenommen werden kann, ist die Problemdefinition Teil des Wahrnehmungsprozesses. Die öffentliche Problemwahrnehmung und -definition ist durch Alltagskommunikation, Expertenöffentlichkeit und Massenmedien vermittelt.

Thematisierung und Abschätzung von Handlungsoptionen

Wird ein Problem durch politische Akteure wahrgenommen und definiert, so bedeutet dies noch nicht, daß es auch politisch behandelt wird. Voraussetzung hierfür ist vielmehr, daß es in entscheidungsnahen Akteursbereichen politisch artikuliert und damit zum aktuellen Thema gemacht wird. Dieses "Auf-die-Tagesordnung-Setzen" ("agenda-setting") kann auf dem kleinen Dienstweg ohne nennenswerte Beteiligung der Öffentlichkeit geschehen; im allgemeinen setzt es aber eine öffentliche Thematisierung voraus. Voraussetzung für die Entscheidungsfähigkeit eines erkannten Problems ist weiterhin, daß die möglichen Wirkungen und Kosten-/Nutzen-Profile möglicher Vorgehensweisen (Handlungsoptionen) abgeschätzt werden. Diese Abschätzung kann qualitativ oder aber systematisch geschehen. In jedem Fall müssen die spezifischen Eigenschaften der einzelnen Optionen deutlich und damit im Vergleich bewertbar werden.

Entscheidung / Programmbildung

Sind die einzelnen Handlungsoptionen abgegrenzt und abgeschätzt, so kann die optimale Handlungsoption ausgewählt werden. Erst durch diese Auswahlentscheidung bildet sich das für die praktische Umsetzung grundlegende Programm öffentlichen Handelns. Handlungsprogramme in diesem Sinne sind nicht mehr die umgangssprachlich als solche bezeichneten unverbindlichen Absichtserklärungen von Parteien oder Regierungsstellen, sondern die dem folgenden öffentlichen Handeln praktisch zugrundeliegenden strukturierten Handlungsoptionen. Hierzu zählen neben der Festlegung der Handlungsoption(en) auch "Schalenteile", so die Beschreibung der jeweiligen Aufgaben, Probleme und Handlungsziele, der vorgesehenen Strategien und Instrumente, der intendierten Handlungswirkungen und der vorgesehenen institutionellen Handlungsträger sowie ihrer speziellen Programmaufgaben (Jann 1981: 59; Schubert 1991: 163).[11] Programme dieser Art können in Form von Gesetzen, Übereinkommen, Verordnungen oder Verwaltungsvorschriften rechtlich fixiert sein; es können aber auch informelle Handlungsprogramme wirksam werden - eine Variante, die in Ländern wie England und den USA größere Bedeutung als in den zentraleuropäischen Ländern besitzt.

Implementation

Daß eine Handlungsoption ausgewählt und um diese Option ein Programm gebildet ist, bedeutet noch nicht, daß in dem beschlossenen Sinn praktisch gehandelt wird. Hierzu muß die in dem Programm enthaltene Ist- und Sollinformation die Adressaten erreichen, was, abgesehen von technisch-sozialen Informationsvoraussetzungen, vor allem von der Nachvollziehbarkeit des Handlungsprogramms abhängt. Zum anderen müssen die Programmadressaten gewillt und praktisch in der Lage sein, die beschlossenen Handlungsaufträge praktisch umzusetzen.

11 An dem hier verwendeten Programmbegriff wird der Charakter des Policy-Zyklus als Modell von Realisierungs*erfordernissen* öffentlichen Handelns besonders deutlich. Im Unterschied zu einem Prozeßmodell politischen Handelns, wonach einzelne Akteure, beispielsweise Parteien, ihre Programme gegenüber anderen Programmen durchzusetzen suchen, geht es hier um die Bestimmung des optimalen Handlungsprogrammes.

Besteht öffentliches Handeln nicht in vertikaler Adressatensteuerung, sondern horizontaler Selbstkoordination (Genaueres in A.3.6), so verbinden sich Programmbildung und Implementation. Handlungsprogramme werden dann "vor Ort" angesichts konkreter Implementationsbedingungen gebildet bzw. weiterentwickelt. Implementation kann unter diesen Bedingungen eigenständige innovatorische Bedeutung erhalten - ein Sachverhalt, der als "bottom-up-Implementation" bezeichnet worden ist (Sabatier 1986, 1993; Windhoff-Heritier 1987).

Evaluation

Auch praktisches öffentliches Handeln ist nicht immer erfolgreich: Es können Wirkungsdefizite und unerwartete Nebenwirkungen eintreten. Unter Umständen stellt sich programmgemäßes Handeln sogar als kontraproduktiv heraus, Auswirkungen, die nach den jeweiligen Zielkriterien erfaßt und bewertet werden müssen. Gegenstand der Bewertung können dabei alle Wirkungen, Formen und Bedingungen des jeweiligen Handelns sein, von den Ausgangsbedingungen der Problemwahrnehmung und Programmbildung über die Strukturen und Inhalte jeweiliger Handlungsprogramme und die Implementationsformen bzw. Implementationsbedingungen bis zu den Bedingungen und Formen der Evaluation und des sich hieraus ergebenden Handlungslernens.

Die systematische Bewertung öffentlichen Handelns setzt ein Mimimum an Kommunikation und Positionsnähe zwischen den Beteiligten sowie technische Voraussetzungen, beispielsweise die Existenz oder Erarbeitung systematischer Bewertungsmaßstäbe, voraus. Neben systematischer Evaluation können allerdings auch praktische Erfahrung oder das Gespräch mit Betroffenen Bewertungsgrundlage für politische Lernvorgänge sein.

Politisches Lernen

Aus den Ergebnissen der Politikevaluation kann in verschiedener Art und Weise gelernt werden:

— Erfolgreiche Handlungsmuster können, bei voraussichtlich konstant bleibenden Handlungsbedingungen, verstärkt werden.

— Erfolgsarme oder erfolglose Handlungsmuster können verändert, in ihrem Anwendungsbereich vermindert oder vollkommen gestoppt werden.[12]
— Positive Beispiele anderer Länder oder anderer Sachbereiche können imitiert werden.
— Schließlich kann die grundsätzliche Art der politischen Problembearbeitung und der damit implizierten Lernmöglichkeiten verändert werden (Deuterolernen).

Politisches Lernen führt zu neuer Problemwahrnehmung und damit neuen Anregungen der Programmformulierung. Das Modell des Policy-Zyklus verdeutlicht damit das Erfordernis, Formen und Instrumente öffentlichen Handelns ständig lernend weiterzuentwickeln.

Ergänzende Literatur: Brewer/DeLeon 1983; Windhoff-Heritiér 1987; Schubert 1991;

3.4 Bewertungskriterien

Anders als der ungesteuerte politische Prozeß, bei dessen Analyse die unterschiedlichen Akteursorientierungen im Vordergrund stehen, wird öffentliches Handeln unter dem Gesichtspunkt des Gemeinwohls beurteilt. Bewertet wird, wieweit Politik dem Wohl der Allgemeinheit nützt bzw. schadet.
Daß politische Akteure nicht selten mit dem Anspruch gemeinwohlorientierten Handelns taktisch-ideologisch agieren, zeigt die Bedeutung der politischen Prozeßdimension, macht aber Politikanalyse nach dem Gemeinwohlkriterium nicht unmöglich oder überflüssig.[13] Denn gemeinsame Güter bzw. Interessen der All-

12 Dies ist die politische Lernvariante, die der angloamerikansichen Phasenbezeichnung "termination" am genauesten entspricht.

13 Die Gefahr einer ideologischen Überhöhung der Gemeinwohldiskussion ist zwar nie auszuschließen; ihr steht jedoch in dem hier zugrundegelegten analytischen Rahmen die ständige Relativierung von Gemeinwohl-Aussagen durch die Politikelemente des politischen Prozesses und des institutionellen Systems entgegen. Politik steht keineswegs nur auf der Ebene der analytischen Konstruktion im Spannungsfeld von Gemeinwohl-Kriterien, dem Austrag von Gruppeninteressen und Wertedifferenzen sowie institutionellen Verfahrensbedingungen. Insofern ist die Kritik Fritz Scharpfs an der ver-

gemeinheit existieren, und deren politischer Schutz ist von hoher Bedeutung. So liegt die bestmögliche Bewältigung öffentlicher Aufgaben und Probleme im allgemeinen Interesse, ein Sachverhalt, dessen fundamentale Bedeutung sich immer dann schlagend erweist, wenn gesellschaftliche Voraussetzungen oder politische Bereitschaft zu entsprechendem Handeln fehlen.[14]
Auch in der Analyse von Nutzen-/Kostenprofilen politischer Maßnahmen zeigt sich, daß der Gemeinwohl-Begriff keine Leerformel darstellen muß. So ergeben sich in *zwei- oder mehrdimensionalen Verteilungskonflikten* Nutzen-Bereiche, in denen sich die Interessen der Beteiligten überschneiden (siehe Abbildung 11).

Abbildung 11: Gemeinwohlbereiche nach dem Pareto- und dem Kaldorkriterium

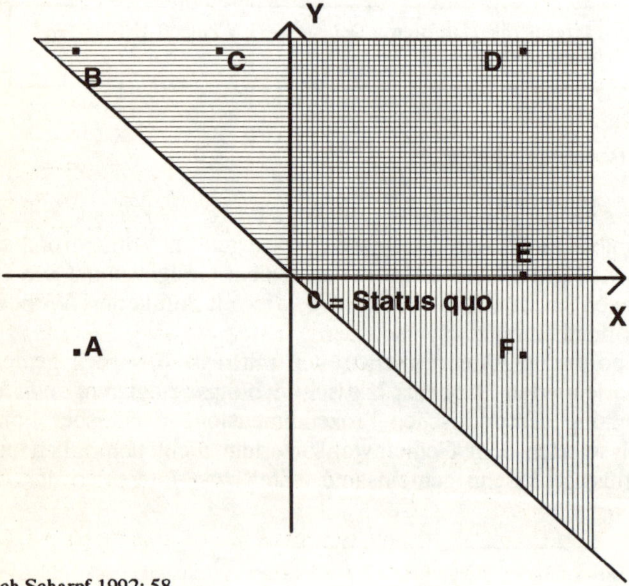

Nach Scharpf 1992: 58

---

breiteten Interesselosigkeit der deutschen Politikwissenschaft an der Gemeinwohl-Problematik (Scharpf 1992b) zu unterstreichen.

14 So besonders deutlich in Bürgerkriegssituationen oder bürgerkriegsähnlichen Zuständen, etwa bei überhandnehmender Kriminalität.

Allgemeiner Nutzen als Grundlage öffentlicher Interessen kann grundsätzlich nach zwei Kriterien bestimmt werden:

— Vorhaben, die sich zumindest für einen der Beteiligten vorteilhaft, für keinen der Beteiligten aber nachteilig auswirken, entsprechen dem Paretokriterium des Allgemeinwohls.
— Vorhaben, die die Situation Einzelner (unmittelbar) verschlechtern, aber für die Gesamtheit der Beteiligten positiven Nettonutzen erbringen, entsprechen dem *Kaldorkriterium* des Gemeinwohls (Scharpf 1992, 1993).

Werden bestimmte Aufgaben oder Probleme bzw. bestimmte Nutzenbereiche als öffentlich im Sinne des allgemeinen Wohls anerkannt, so läßt sich Politik *instrumentell* bewerten. Zentrale Bewertungskriterien sind dabei Effektivität und Effizienz einschließlich qualitativer Verträglichkeits- und Gerechtigkeitskriterien.

Effektivität

Unter Effektivität wird das Verhältnis der tatsächlich erreichten zu der angestrebten Handlungswirkung verstanden. *Die Handlungswirkung* läßt sich nach unterschiedlichen Kriterien bemessen, danach ob:

— sachliche Veränderungen in dem jeweiligen Problemfeld in der angestrebten Richtung sichtbar werden *(policy outcome)*.
— die jeweiligen Adressaten öffentlichen Handelns erreicht werden bzw. im angestrebten Sinn zu agieren beginnen *(policy impact)*,
— die Durchsetzungsinstanzen des jeweiligen Handlungsprogramms, so bestimmte Verwaltungseinheiten, aktiv werden *(policy output)*,[15] oder nur
— ein Zeichen im Sinne entsprechender Handlungsnotwendigkeit gesetzt wird *(symbolisches Handeln)*,

Die jeweiligen Handlungswirkungen, beispielsweise Symbolwirkungen oder Veränderungen des Verwaltungsverhaltens, lassen sich ihrerseits nach ihrer Art, ihrer Intensität, Breite und Geschwindigkeit bemessen. Die *Geschwindigkeit* von Handlungs-

15 Die Bezeichnungen policy output, impact und outcome werden allerdings nicht immer einheitlich verwendet (siehe Jann 1981:26; Schubert 1991:76).

wirkungen bemißt sich an der Verzögerung zwischen dem Handlungsbeginn und der eintretenden Handlungswirkung. Je geringer diese Verzögerung, desto höher die Wirkungsgeschwindigkeit. Die *Intensität* öffentlicher Handlungswirkungen gibt an, wie stark öffentliches Handeln wirkt. Die *Wirkungsbreite* gibt den sachlichen, räumlichen und zeitlichen Umfang der jeweiligen Handlungswirkung an. Die *Art* der jeweiligen Handlungswirkung bezieht sich nicht nur auf die angegebene Unterscheidung von symbolischem Handeln, policy output, impact und outcome, sondern auch auf Unterschiede der jeweiligen Wirkungsmodelle (Lineare oder Gleichwichtsmodelle). Dabei kann im Rahmen linear-kausalen Denkens insbesondere das Kriterium der *Wirkungstiefe* eingeführt werden (siehe die Abbildungen 8, 9 und 10). Im Unterschied zu den jeweiligen Wirkungsanforderungen öffentlichen Handelns gehören zu den faktisch eintretenden Handlungswirkungen auch *nichtintendierte Nebenwirkungen*. Typische Nebenwirkungen sind gruppendynamische Demotivationswirkungen, unerwartete problematische Verknüpfungen mit anderen sozialen Problemen oder Handlungssträngen sowie Rückwirkungen auf die Legitimationsbasis der Handlungsträger.

Ein Bewertungskonzept der Effektivität, das intendierte und nicht-intendierte Wirkungen berücksichtigt, ist das der *Problemverschiebung*. Hierzu kommt es in dem Maße, in dem durch die Behandlung respektive Nichtbehandlung eines Problems innerhalb eines bestimmten räumlichen, zeitlichen oder sachlichen Rahmens ein Folgeproblem außerhalb dieses Rahmens entsteht. Die Wirkungsbilanz derartiger Vorgänge hängt von dem durch den Beobachter gewählten Realitätsausschnitt ab: Je kleiner der Betrachtungsausschnitt gewählt wird, desto wahrscheinlicher ist eine positive Wirkungsbilanz, je größer der gewählte Problemausschnitt, desto negativer wird die Bilanz voraussichtlich sein. Mit sinkender Dringlichkeit von partieller Entlastungsmaßnahmen bzw. steigender Handlungskapazität verschlechtert sich die Wirkungsbilanz der Problemverschiebung bis hin zur Figur der Selbstschädigung.

Ergänzende Literatur: Rossi/Freeman 1993; Schubert 1991; Prittwitz 1990.

Der im April 1994 gefaßte Kaufhauserpresser Dagobert, der vom Warenhauskonzern Karstadt 1,4 Millionen Mark gefordert hatte, wurde zwei Jahre lang von bis zu 2000 Beamten gesucht. Die geschätzten Kosten der öffentlichen Hand für diesen Einsatz betrugen 30 Millionen Mark. Der im April 1994 verschwundene Baulöwe Schneider, seinen Gläubigern über 8000 Millionen DM schuldet, erhielt noch im März 1994 ohne eingehende Prüfung der Unterlagen einen Aufstockungskredit von 1300 Millionen DM. Zwei Wochen nach seinem Verschwinden war noch nicht einmal ein Haftbefehl gegen ihn ausgestellt.

Effizienz

Politisches Handeln unterscheidet sich nicht nur hinsichtlich seiner Nutzen- bzw. Schadenswirkungen, sondern auch hinsichtlich der für seine Realisierung aufzubringenden Kosten. Das Verhältnis von Kosten und Nutzen wird als Effizienz bezeichnet. Je größer der Handlungsnutzen bei bestimmten Kosten beziehungsweise je geringer die notwendigen Kosten zur Erlangung bestimmter Handlungsnutzen, desto größer ist die Effizienz öffentlichen Handelns.

Die Kosten öffentlichen Handelns können monetär ausdrückbar sein, so etwa Personalkosten der öffentlichen Verwaltung, Betriebskosten eines Unternehmens oder Kommunikations- und Kontrollkosten der Einhaltung getroffener Vereinbarungen (*Transaktionskosten*/Williamson 1985; vergl. Schmid 1987, Deutschmann 1987). Schließlich können *Opportunitätskosten* öffentlichen Handelns, das heißt Verluste an Handlungsmöglichkeiten an anderer (wichtigerer) Stelle, geltend gemacht werden.

Monetär nicht ohne weiteres erfaßbar sind insbesondere *legitimatorische Handlungskosten*. Diese entstehen in dem Maße, in dem öffentliches Handeln, das ja grundsätzlich an öffentliche Handlungslegitimation gebunden ist, durch einen Verstoß gegen Werte oder Normen an Legitimation verliert. Der am häufigsten thematisierte Fall dieser Art ist der Verstoß von Regierungsorganen gegen gesellschaftlich-politische Normen, insbesondere autoritäres Handeln, das demokratische Werte und Strukturen gefährdet. Eine andere Konstellation dieser Art besteht in der Herausbildung expertokratischer Strukturen, die mit Notwendigkeiten öffentlichen Handelns begründet werden, aber die politisch-rechtliche und soziale Entfaltungsfreiheit des einzelnen gefährden, so etwa durch den Experteneingriff in private Lebensbereiche im Zeichen psychosozialer Prävention (Wambach 1985; Prittwitz 1988, 1990: 76-84).

Ein besonders wichtiges Kriterium dieser Art ist das *Gleichheits- bzw. Fairneß-Kriterium*. Hierzu gehören auch Verträglichkeitskriterien, so die Kriterium der Verfassungstreue, der Umweltverträglichkeit und der Sozialverträglichkeit (Meyer-Abich 1979, 1984). Politik mit hohen legitimatorischen Kosten verliert ihren Charakter als öffentliches Handeln.

Das Effizienz-Kriterium politischen Handelns entspricht wirtschaftlichem Denken. Es hilft Fehlsteuerung durch die Überbewertung von Teilaspekten zu vermeiden. Andererseits ist es *komplexer* als das Effektivitätskriterium: Neben den Handlungsnutzen müssen hierbei auch die Handlungskosten berücksichtigt werden. Dies führt besonders dann zu Erfassungs- und Bewertungsproblemen, wenn Nutzen- und Kostenkriterien nicht vergleichbar sind. In diesem nicht seltenen Fall müssen Umrechnungsgrößen konstruiert werden. Ein anderer Einwand gegen die Überlegenheit situativer Kosten-Nutzen-Rechnungen ergibt sich aus der Tatsache, daß sich im Rahmen einmal in Gang gekommener Strukturveränderungen zunächst als Kosten verbuchte Aufwendungen längerfristig als überwiegend nutzenrelevant erweisen können, durch eine punktuelle Kosten-Nutzen-berechnung also eine Fehlkalkulation entsteht. Unter diesen Bedingungen ist daher die relativ einfache Effektivitätsbetrachtung der Effizienzbetrachtung öffentlichen Handelns überlegen. Dies gilt insbesondere, wenn situative Handlungsrestriktionen und damit Kostenaspekte geringe Bedeutung haben und längerfristig-strategische Entscheidungen bewertet werden sollen.

Ergänzende Literatur: Samuelson 1985; Hellstern/Wollmann 1984; Patton 1987; Prittwitz 1990: 55-71; Scharpf 1992.

3.5 Wirkungsmodelle

Träger öffentlichen Handelns agieren mit bestimmten Erwartungen voraussichtlicher Handlungswirkungen. Beispielsweise kann dem Vorhaben, die Benzinsteuer zu erhöhen, neben der Erwartung höherer Steuereinnahmen die Auffassung zugrundeliegen, daß der zu niedrig liegende Benzinpreis zu ökologisch sinnwidrigem Verhalten anreizt, aufgrund der steuerlich induzierten Benzinpreissteigerung also eine Umweltentlastung eintreten wird. Aus Erwartungskombinationen bzw. Erklärungsmodellen dieser Art ergeben sich Anregungen für die Wahl jeweiliger sachlicher Ansatzpunkte und Durchsetzungsinstrumente öffentlichen Handelns. Von besonderem Gewicht sind dabei drei Modelltypen: Komplexmodelle, lineare Wirkungsmodelle und Gleichgewichtsmodelle.

Komplexmodelle

Die einzelnen Einflußfaktoren sozialen Verhaltens sind immer zu einem gewissen Grad unabhängig voneinander; deshalb erscheinen sie zunächst als nicht aufschlüsselbare Wirkungskomplexe. In Abbildung 7 ist die Problematik der Obdachlosigkeit nach diesem Modell dargestellt.

Abbildung 7: Komplexmodell - Das Beispiel Obdachlosigkeit

Zielorientiertes öffentliches Handeln kann nach diesem Modell nur darauf angelegt werden, möglichst viele der angeführten Bedingungsfaktoren möglichst schnell und vollständig zu reduzieren. Handlungspräferenzen ergeben sich hieraus nicht.

Lineare Wirkungsmodelle

Innerhalb komplexer Faktorennetze lassen sich allerdings häufig besonders ausgeprägte Einflüsse zwischen bestimmten Variablen feststellen. Anhand dieser Beziehungslinien können lineare Wirkungsmodelle entwickelt werden. Solchen Modellen wird die Annahme zugrundegelegt, daß sich bestimmte Wirkungen über eine (lineare) Kette von Wirkungsfaktoren erklären läßt.

Abbildung 8: Lockere Wirkungskette - Beispiel Umweltbelastung

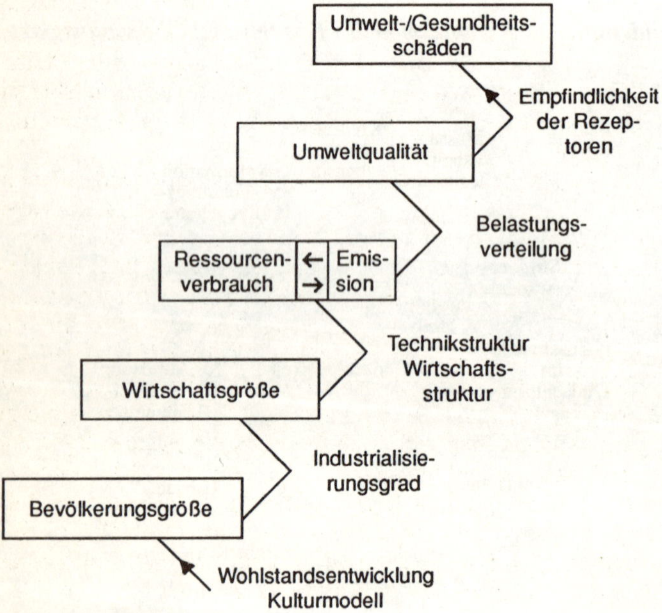

Während solche Modelle in reiner Form in Gesellschaft und Politik kaum Entsprechung finden, lassen sich viele Prozesse und Strukturen in Form *lockerer Wirkungsketten* darstellen. Demnach bestehen zwischen bestimmten Faktoren lineare Beziehungen, die allerdings durch intervenierende Faktoren modifiziert werden können (siehe Abbildung 8).
Nach dem Modell lockerer Wirkungsketten wird häufig die Entstehung von technologischen Risiken, Umweltbelastungen und anderen Belastungen interpretiert. Umgekehrt lassen sich auch Entwicklungen, die als anstrebendenswert gelten, beispielsweise wirtschaftliche, technische oder sportliche Leistungsfähigkeit, in Form linearer Wirkungsketten darstellen.

Gleichgewichtsmodelle

Zwischen Netzwerk- und linear-kausalen Modellen stellen Gleichgewichtsmodelle eine Art Verbindungstypus dar. Nach diesen Modellen entstehen problematische Entwicklungen aus der Störung bzw. dem Verfehlen von Gleichgewichtslagen. Gleichgewichtsmodelle können für einen bestimmten Zeitpunkt statisch oder über unterschiedliche Zeitpunkte bzw. Konstellationen hinweg dynamisch konzipiert werden.
Öffentliches Handeln besteht demnach darin, bestehende Gleichgewichtszustände zu erhalten oder aber neue Gleichgewichtszustände anzustreben. Das bekannteste Beispiel hierfür ist die Wirtschaftspolitik. Die *neoklassische Wirtschaftslehre* (z.B. Samuelson 1985) und die durch sie geprägte Wirtschaftspolitik gehen vom Theorem der "Unsichtbaren Hand" aus. Danach führt der Marktmechanismus bei vollkommenem Wettbewerb[16] zu *allokativer Effizienz.* Als effizient wird dabei eine Konstellation zwischen den Produktionsfaktoren betrachtet, bei der niemandem zu größerem Wohlergehen verholfen werden kann, ohne daß jemand anderen Schaden zugefügt würde. Diese allokative Effizienz, die auch als Pareto-Optimum bezeichnet wird (siehe auch A.3.4), stellt einen Gleichgewichtspunkt zwischen unterschiedlichen Kosten- und Nutzenkurven dar. Da der Markt bzw. Wettbewerb allerdings durch eine Fülle von Einflüssen modifiziert, unter Umständen sogar ausgeschaltet wird (Monopolbildung, Kostenexter-

16 Das heißt, wenn alle Güterpreise gleich den Grenzkosten und alle Faktorpreise gleich dem Wert ihrer Grenzprodukte sind (Samuleson 1985: 397)

nalisierung, internationale Handelsbedingungen u.a.), muß öffentliches Handeln doch immer wieder in Marktgeschehen intervenieren. Der Grundgedanke des Zusammenhangs von Gleichgewichtslagen und allokativer Effizienz allerdings wird auch hier respektiert. So wird entsprechend nicht lediglich die Realisierung eines isolierten Zieles, beispielsweise die Erhaltung der Preisstabilität, verfolgt, sondern ein Gleichgewicht zwischen unterschiedlichen wirtschaftlichen Zielen, so neben der Preisstabilität auch des wirtschaftlichen Wachstums, des außenwirtschaftlichen Gleichgewichts, der Minimierung der Arbeitslosigkeit und der Umweltbelastungen, angestrebt.

Andere Politikfelder, in denen öffentliches Handeln erklärtermaßen darauf ausgerichtet ist, Gleichgewichtslagen zwischen unterschiedlichen inhaltlichen Teilzielen zu erreichen bzw. zu sichern, sind die Verkehrs-, Außen- und Kulturpolitik.

Ergänzende Literatur: Samuelson 1985; Scharpf 1992, Schubert 1991, Prittwitz 1990.

3.6 Formen und Instrumente

Da öffentliches Handeln an übergeordneten Zielen orientiert ist, kann es als zielorientierte Steuerung interpretiert werden. Steuerung im diesem Sinne umfaßt die *vertikale Steuerung*, bei der eine übergeordnete Steuerungsinstanz die jeweiligen Ziele den Steuerungsadressaten vorgibt (Beispiel verordnete Promillegrenze für Autofahrer), und die *horizontale (Selbst-)Steuerung*, bei der die Steuerungsadressaten auch gleichzeitig Steuerungsinstanz sind (Beispiel Tarifhoheit). Sind - ein in der Politik üblicher Fall - mehrere Akteure zumindest zu einem gewissen Grad souveräne Steuerungsadressaten, so wird anstelle von Steuerung von Koordination gesprochen. Da die Souveränität der Steuerungsadressaten insbesondere im Fall horizontaler Steuerung gegeben ist, erscheint die Bezeichnung *Selbstkoordination* im Fall der horizontalen Steuerung angemessen. Gesteuert werden kann direkt oder indirekt. Die Selbstkoordination umfaßt direkte und indirekte Steuerungselemente.

Direkte Steuerung

Direkte (vertikale) Steuerung besteht darin, daß eine Steuerungsinstanz das Verhalten bestimmter Adressaten in bestimmter Zielrichtung beeinflußt.[17] Die jeweiligen *Ziele* der Steuerung können mehr oder weniger präzis bestimmt sein. So bestehen im allgemeinen prinzipielle Zielrichtungen bis hin zu grundsätzlichen Aufgaben öffentlichen Handelns, aber auch Folgeziele verschiedener Ordnung (operationalisierte Oberziele, instrumentelle Folgeziele erster bis n-ter Ordnung). Instrumentelle Folgeziele werden im Rahmen der Sachlogik öffentlichen Handelns gebildet. An das Modell der lockeren Wirkungskette schließen *Wirkungstiefenmodelle* öffentlichen Handelns, so lineare Reduktions- und Förderungsmodelle, an.

Abbildung 9: Reduktionspolitik

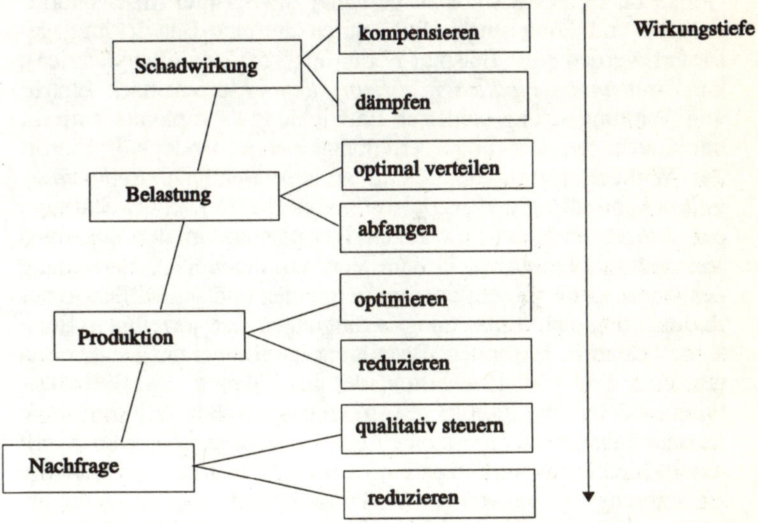

17 Dieser Handlungstypus, der üblicherweise mit der Vorstellung einer übergeordneten Steuerungsinstanz in Form des Staates verbunden wird, bestimmt traditionell die Sicht öffentlichen Handelns in der politischen Praxis sowie der Rechts- und Politikwissenschaft. Zur Kritik siehe Kapitel A.5.2

Abbildung 10: Förderungspolitik

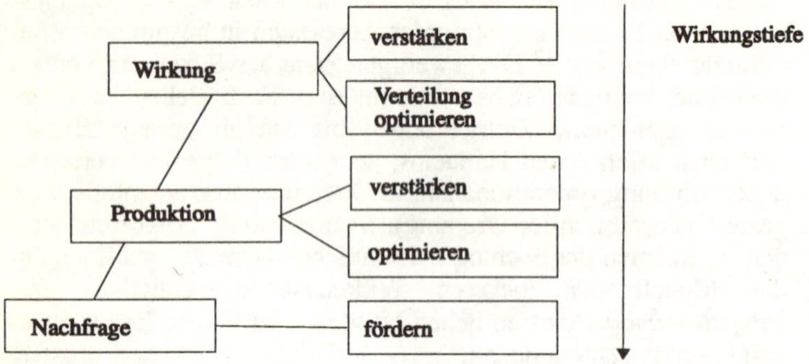

Reduktionspolitik, die auf die Verringerung einer Belastung, einer Gefahr oder eines Risikos ausgerichtet ist (Beispiel Arbeitsmarktpolitik), und Förderungspolitik, durch die eine Entwicklung gefördert werden soll (Beispiel Förderung von Zukunftsindustrien), kann mit *unterschiedlicher Wirkungstiefe* ansetzen: nach Eintritt von Wirkungen ungesteuerter Entwicklung (symptomorientiert), bei Eintritt der Wirkung (verteilungsorientiert) oder vor Eintritt der Wirkung (produktions- und strukturorientiert). *Reduktionspolitik* kann im Folgenausgleich (Kompensation), in der Stärkung der Abwehrkraft der jeweiligen Rezipienten, in der negativen Verteilungsoptimierung, in dem Versuch, die weitere Entstehung des Übels zu verringern oder zu vermeiden und schließlich in der Reduzierung von Entstehungsbedingungen der jeweiligen Belastung bestehen. Besondere Bedeutung hat hierbei der Denkansatz der *Vorsorge bzw. Prävention*, der im Rahmen des Wirkungstiefenmodells als Politik mit möglichst großer Wirkungstiefe operationalisiert werden kann. *Auch Förderungspolitik* kann mit unterschiedlicher Wirkungstiefe operieren, also lediglich auf die Verstärkung eingetretener Wirkungen, auf die Verteilungsoptimierung, auf Wachstumsverstärkung oder Strukturförderung ausgerichtet sein. Typische Politikbereiche der Reduktion und Prävention sind die innere Sicherheit, zum Beispiel der Verfassungsschutz und der Schutz vor Terroranschlägen, die Gewährleistung technischer Sicherheit, der Gesundheits- und Umweltschutz, aber auch die Verringerung von Arbeitslosigkeit.

Typische Anwendungsbereiche des Förderungsmodells sind die Wirtschafts-, Technologie- und Sportpolitik.

Üblicherweise wird direkte Steuerung entsprechend dem auf staatliche Instanzen verkürzten Steuerungsmodell lediglich auf Programmbildung und Implementation bezogen. Öffentliches Handeln kann aber grundsätzlich Akteursverhalten *in allen Phasen des Policy-Zyklus* gezielt beeinflussen, beginnend von der Problemwahrnehmung und der Kosten- und Nutzenabschätzung über Programmbildung, Implementation und Evaluation bis zu politischem Lernen. So kann beispielsweise versucht werden, politische Bewertungs- und Lernprozesse zu intensivieren bzw. zu beschleunigen, öffentliche Problem früher zu erkennen und ähnliches. Das Spektrum der *Durchsetzungsinstrumente direkter Steuerung* reicht von der klassischen Form politisch-rechtlicher Regulierung über finanziell-wirtschaftliche Anreize bis zu psychisch-informationellen Anreizen. Alle Anreize können positiver oder negativer Art sein (siehe Tabelle 1).

Tabelle 1: Instrumente direkter Steuerung

	Psychisch/ informationell	rechtlich-politisch	finanziell
negativ	Druck	Sanktion, Ge-/Verbot, Auflage, Genehmigung	Steuer, Abgabe, sonstige Belastung, Subventionskürzung
neutral	Überzeugung, Information	Planung, Koppelgeschäft	Haushaltspolitik, Kompensation
positiv	Verstärkung (Orden u.ä.)		Subvention

Die klassische Form öffentlichen Handelns ist *negativ regulativ*: Ge- und Verbote, Genehmigungen, Auflagen und ähnliche Instrumente werden mit der Drohung durchgesetzt, die Steuerungsadressaten zu bestrafen, wenn sie gesetzte Normen oder Vorgaben nicht einhalten. Derartige Sanktionen (konditionale negative Anreize) sind herkömmlicherweise vor allem rechtlich-politischer Art. Bestrafungen erfolgen durch Gerichte und staatliche Einrichtungen; im Vordergrund steht die strafrechtliche Sanktionierung. Daneben spielt die *finanzielle und wirtschaftliche Belastung* als Durchsetzungsinstrument eine wachsende Rolle (Steuern, Abgaben, öffentliche Preisbeeinflussung). Schließlich spielt die soziale Kontrolle politischer Beschlüsse in funktionierenden Zivilgesellschaften seit jeher eine Rolle.

Auch *positive Anreize* zur Durchsetzung öffentlichen Handelns können unterschiedlicher Art sein: Im Rahmen marktwirtschaftlich strukturierter Gesellschaften stehen üblicherweise wirtschaftliche Anreize im Vordergrund, so Subventionen, Steuererlasse bzw. -ermäßigungen, die Möglichkeit zu Produktion, Verkauf, Export u.ä. Hierbei werden generelle Anreizmechanismen, zum Beispiel durch die allgemeine Senkung der Steuerlast, und spezielle, an bestimmte Bedingungen gekoppelte Anreize, zum Beispiel, zeitweise ausgeschriebene Prämien oder Steuerermäßigungen, unterschieden. Daneben oder in Verbindung hiermit sind politische Anreize, so Kompensations- und Koppelgeschäfte, möglich. Eine insbesondere bei materieller Knappheit und strikter sozialer Hierarchie einflußreiche Form dieses Ansatzes sind schließlich öffentliche Anerkennungsformen durch Orden etc.

Neben diesen Anreizen mit klarer negativer oder positiver Ausrichtung können noch Instrumente eingesetzt werden, die *positive und negative Anreize miteinander verbinden*, so Planungsformen. Auch abgesehen davon werden positive und negative Anreize öffentlichen Handelns häufig miteinander gekoppelt. Letztlich kann jeder positive Impuls nämlich durch die Drohung mit seiner Streichung oder Verringerung als negativer Anreiz und umgekehrt jede Streichung eines negativen Anreizes als positiver Anreiz interpretiert und eingesetzt werden.

Indirekte Steuerung

Die direkte Steuerung operiert zwar mit Instrumenten unterschiedlicher Zwanghaftigkeit bzw. Freiwilligkeit. Selbst direkte Steuerungsformen, die den Adressaten einen großen Handlungsspielraum belassen, beispielsweise umweltbelastungszogene Abgaben, richten sich aber unmittelbar an die zu beeinflussenden Adresaten in einer bestimmten Steuerungsrichtung. Von dieser Art der Steuerung unterscheidet sich die indirekte Steuerung grundsätzlich. Diese operiert nicht mit bestimmten verhaltensbezogenen Steuerungsimpulsen an die vorgesehenen Verhaltensträger, sondern beeinflußt deren Rahmenbedingungen. Zentrale Formen derartiger Kontextsteuerung sind die Ressourcen- und die Verfahrenssteuerung, zu denen ergänzend die Adressaten- bzw. Akteurssteuerung kommen kann.

Die *Ressourcensteuerung* öffentlichen Handelns besteht, wie der Name sagt, in einer Zugabe bzw. Wegnahme personeller und /oder finanziell-organisatorischer Ressourcen für bestimmte Akteure, Institutionen oder Sachbereiche (ohne deren Bindung an bestimmtes Verhalten im Einzelfall). Gegenstand derartiger indirekter Steuerung sind insbesondere Personal, finanzielle Mittel, Infrastruktur und Handlungslegitimation. Die Ressourcensteuerung umfaßt also *Personalsteuerung*, Finanzplanung, Infrastruktursteuerung und Legitimations- bzw. Kompetenzsteuerung. *Verfahrenssteuerung* besteht in der formellen oder informellen Setzung bestimmter Verfahren bzw. Institutionen der politischen Willensbildung oder -umsetzung, so Hierarchie, Mehrheitssysteme, Verhandlungssysteme, Netzwerke, Markt und Spiel (Genaueres in A.4.3). So können Steuerungsinstanzen bislang nicht vertikal geordnetes Akteursverhalten einer vertikalen (hierarchischen) Steuerung im Einzelfall unterwerfen; sie können aber auch Ordnungssysteme mit großer Autonomie der Beteiligten verordnen, beispielsweise marktförmige Beziehungen.[18] Selbst Räume spielerischer Freiheit können, beispielsweise im Forschungsbereich, von "oben" her gesetzt werden. Ein "trickreiches" Konzept indirekter vertikaler Steuerung ist die *Adressatensteue-*

---

18 Wie stark der Erfolg derartiger Setzungen von Prozeßbedingungen abhängt, zeigt sich zur Zeit in den Ländern des ehemaligen Ostblocks, in denen Politik nicht nur im Kampf um die Setzung von Rahmenbedingungen wie Märkten besteht, sondern vor allem in dem Versuch, derartige Setzungen bruchstückweise einer Verwirklichung näher zu bringen.

rung. Dabei bauen übergeordnete Steuerungsinstanzen, insbesondere die öffentliche Verwaltung, politische Akteursnetzwerke auf, die dann (mehr oder weniger scheinbar) autonom agieren (Czada 1991, 1993).

Die indirekte Steuerung hat implizit den Verzicht, zumindest aber den Gewichtsverlust zentralistischen Zwangshandelns im Einzelfall zum Inhalt. Dies setzt in der Regel eine weitgreifende *Steuerungsreflexion* der Steuerungsinstanzen bzw. der politischen Öffentlichkeit voraus, die damit eine Form indirekter Selbstkoordination darstellt. Hiermit sollen Potentiale der Selbstkoordination sozialer Systeme bzw. Gruppen genutzt und gefördert werden - ein politisches Denk- und Verhaltensmuster, das insbesondere in Politikfeldern wichtig ist, in denen Gleichgewichtsmodelle der Wirkung öffentlichen Handelns dominieren.

Selbstkoordination

Im Fall der Selbstkoordination wissen die Beteiligten, daß sie zusammen ein bestimmtes Steuerungsergebnis erzielen müssen oder dieses zumindest individuell beschränktem Verhalten der Beteiligten vorzuziehen ist. Insofern bilden sie zusammen die Steuerungsinstanz. Andererseits haben sie unmittelbare Interessen, die sich nicht unbedingt mit dem übergeordneten Steuerungsziel decken. Insofern stellen sie Steuerungsadressaten dar. Im Unterschied zu den dargestellten Formen vertikaler Steuerung durch eine übergeordnete Steuerungsinstanz decken sich also im Fall der Selbstkoordination Steuerungsinstanz und Steuerungsadressaten.

Zentrale Formen der politischen Selbstkoordination sind das Verhandeln und das Argumentieren (siehe auch A.2.6). Verhandeln (Bargaining) vollzieht sich unter der Bedingung, daß die Beteiligten ihre Interessen wechselseitig als legitim anerkennen und sich in diesem Sinne respektieren. In dem durch den wechselseitigen Respekt gebildeten Rahmen kann dann um einen Kompromiß zwischen den unterschiedlichen Positionen gerungen werden, wofür die jeweiligen Verhandlungspotentiale, das heißt Angebots- und Drohpotentiale, sowie Abhängigkeiten von überragender Bedeutung sind.

Auch das Argumentieren findet durch die beiderseitige Festlegung auf Kommunikation grundsätzlich unter der Bedingung wechselseitiger Achtung der Beteiligten statt. Im Unterschied zum Verhandeln respektieren die Beteiligten dabei allerdings ihre jeweiligen Positionen nicht unbedingt. Zentrale Ebene des Argumentierens sind vielmehr allgemeine Auffassungen bzw. Gesichtspunkte des allgemeinen Wohls (für alle Beteiligten). Diese Verkoppelung eines friedlichen Verfahrens mit einem potentiellen Allgemeinheitsanspruch kann den Diskurs im Sinne friedlicher Kommunikation verstärken, aber auch zu der Auflösung der Mehrebenigkeit der Kommunikation bzw. einfachem Konflikt führen. Das Argumentieren kann schließlich auch als verdeckte Form des Verhandelns gehandhabt werden. Verhandeln und Argumentieren unterscheiden sich damit zunächst nicht hinsichtlich der Festlegung friedlicher Rahmenbedingungen. Während im Fall des Verhandelns die unterschiedliche Positionen und damit die Politics-Dimension der Situation bewußt akzeptiert wird, sind im Fall des Argumentierens nur übergeordnete Aspekte im Sinne des öffentlichen Handelns gültig.

Ergänzende Literatur: Chisholm 1989; Hartwich/Wewer 1991; Scharpf 1992, 1993.

4. Das politisch-institutionelle System

Politik vollzieht sich im Rahmen institutioneller Systeme. Deren Struktur wirkt auf politische Prozesse und politisches Handeln als Faktorenkomplex eigener Art ein, ein Sachverhalt, der in der Politikdimension des politisch-institutionellen Systems (polity) zum Ausdruck kommt. Im folgenden geht es um den Begriff der politischen Institution, grundlegende Institutionenkriterien, politische Institutionentypen und die Struktur ausgewählter politisch-institutioneller Systeme.

4.1 Der Institutionen-Begriff

In der politischen Praxis werden unter Institutionen anerkannte, insbesondere öffentliche Einrichtungen sowie staatliche Verfassungen verstanden. Dieser pragmatische Institutionenbegriff läßt sich anhand der sozialwissenschaftlichen Institutionendiskussion unter mehreren Gesichtspunkten präzisieren, so der Dauerhaftigkeit, Wählbarkeit und Wirkung politischer Institutionen.

Dauerhaftigkeit und Wählbarkeit

Im Zuge der *soziologischen Institutionendiskussion* (Hauriou 1923; Gehlen 1936, 1963; Schelsky 1970; Waschkuhn 1987), stehen die Dauerhaftigkeit von Institutionen, ihre soziale Akzeptanz bzw. Internalisierung und ihre sozialen Funktionen im Vordergrund. Eine zusammenfassende Definition von Institutionen im Anschluß an diese Diskussion gibt Gerhard Göhler, der Institutionen als "relativ auf Dauer gestellte, durch Internalisierung verfestigte Verhaltensmuster und Sinnorientierungen mit sozial regulativer Funktion" faßt (Göhler 1987: 17). In der stark durch wirtschaftswissenschaftliche Denkweisen geprägten Strömung der Rationalen Wahlhandlungstheorien *("Rational Choice")* werden Institutionen demgegenüber als "Satz von Regeln (set of rules)" (Scharpf 1991: 37) oder "Spielform" im Sinne von Spielregeln (Shepsle 1989) definiert. Während die soziologische Institutionentheorie, die auf die Dauerhaftigkeit und Internalisierung von Institutionen abhebt, entsprechend dem Denkmodell des "homo sociologicus" die Annahme sozial vorgegebener und von den betroffenen Subjekten nicht veränderbarer Institutionen nahelegt, führt die "Rational Choice"-Sicht entsprechend dem Denkmodell des "homo oeconomicus" zur Annahme der freien Wahl bzw. Gestaltbarkeit von Institutionen.

Prüfen wir diese Annahmen anhand der politischen Praxis, beispielsweise anhand öffentlicher Einrichtungen sowie staatlicher Verfassungen, so stellen wir ein *Spektrum der Wählbarkeit, Dauerhaftigkeit und Internalisierung* unterschiedlicher Institutionen fest: Politische Institutionen sind in der Regel dem einzelnen vorgegeben, also nicht wählbar.[1] Sie sind meist dauerhafter als andere Faktoren des politischen Prozesses, beispielsweise Interessen oder Handlungsziele, und nicht selten internalisiert - entsprechend dem soziologischen Institutionenbegriff. Andererseits werden politische Institutionen laufend weiterentwickelt, eine Tatsache, in der von einzelnen Institutionentheoretikern, so Niklas Luhmann, ein Trend zum gesetzten (positiven) Recht gesehen wird (Luhmann 1987). In Bereichen mit bislang vergleichsweise geringer institutioneller Verdichtung, so den internationalen Beziehungen, steht die Institutionengründung, beispielsweise die Etablierung internationaler Regime, sogar im Vordergrund. Viele soziale und politische Institutionen, beispielsweise Ehe, Verfassung oder Wahlsysteme, werden im Zuge zunehmender Rationalisierung und Reflexion sozialer und politischer Prozesse immer häufiger Gegenstand bewußter Wahrnehmung und Kontroversen. Dennoch behalten sie institutionellen Charakter als von den jeweils unmittelbar Beteiligten akzeptierte Regelsysteme. Ähnliches gilt für das Definitionselement der Dauerhaftigkeit von Institutionen: Institutionen sind als für die weitere Nutzung (ex ante) akzeptierte Regelsysteme häufig dauerhaft. Sie unterliegen aber einem mehr oder weniger raschen Wandel und können damit auch in zeitlich befristet bestehender Form institutionellen Charakter haben. Die von der soziologischen Institutionentheorie in den Vordergrund gestellten Institutionenmerkmale der Dauerhaftigkeit und der psy-

---

1 Ein Beispiel hierfür ist der Regelfall der qua Geburt vorgegebenen Staatsbürgerschaft, die nur in Ausnahmefällen durch den Erwerb einer neuen Staatsbürgerschaft, durch Regelungen doppelter Staatsbürgerschaft o.ä. relativiert wird. Angesichts dessen sind offensichtlich andere Akzeptanzmechanismen der Institutionengeltung im Spiel als die Wählbarkeit. Hierzu dürften neben der gewonnenen Einsicht in den Nutzen einer bestehenden Institution unter anderem Überzeugung, Druck, Zwang und Gewohnheit gehören.1

chischen Internalisierung erscheinen angesichts dessen zwar nicht vollkommen gegenstandslos, verlieren aber an Gewicht.

Wirkungen

Nach dem soziologischen wie dem Rational Choice-Ansatz haben Institutionen für die Gemeinschaft förderliche Wirkungen. So zeichnen sich Institutionen nach der anthropologisch-soziologischen Institutionentheorie Arnold Gehlens (1936, 1963) durch ihre soziale Entlastungsfunktion aus: Angesichts biologischer Verhaltensunsicherheit des Menschen, Instinktverlust und unspezialisiertem Antriebsüberschuß dienen Institutionen als gesellschaftlicher Instinktersatz und Stabilisierungshilfe menschlichen Verhaltens. Die durch Institutionen gebildete Gesellschaft wird zur zweiten Natur für den Menschen, der sich das Individuum vorbehaltlos zu unterwerfen hat. Niklas Luhmann zufolge erfüllt Institutionen- bzw. Systembildung die Funktion, die risikobelasteten Erwartungsstrukturen des Menschen angesichts dessen begrenzter Kapazität zur Komplexitätsreduzierung zu stabilisieren (Luhmann 1987).

Nach dem Rational Choice-Denken sind Institutionen in der Regel vernünftig, da kollektiv effizient. Nach dem *Transaktionskostenansatz* der neuen institutionellen Ökonomie wählen Individuen Institutionen, die die beim Austausch zwischen Individuen entstehenden Transaktionskosten minimieren.[2] Dies können die Kosten sein, die aufgewendet werden, um Betrügereien beim Tauschen zu verhindern und die Vertragseinhaltung zu garantieren, die Kosten der Informationsbeschaffung über die in Preisen nicht ausgedrückte Qualität von Gütern, die Kosten der Leistungsbewertung oder die Kosten der Koordination. Da sich Institutionen aus ihrer Funktion der Transaktionskostensenkung ableiten, sind etablierte Institutionen in der Regel und auf lange Sicht kollektiv effizient bzw. vernünftig.

---

2 North/Thomas 1973; North 1984, 1986; Williamson 1985 u.a. Zum Überblick siehe Schmid 1988. Max Webers im Anschluß an Wilhelm Tönnies entwickelte Auffassung, der durch "Versatzung" und Gewaltmonopol ausgezeichnete moderne Staat habe sich im Rahmen eines gesellschaftlichen Rationalisierungsprozesses entwickelt, kann als ein Vorläufer-Gedanke zu dieser Konzeption aufgefaßt werden. (Breuer 1992).

Politische Institutionen entstehen nun allerdings häufig in einem politischen Prozeß, der durch ungleiche Einflußpotentiale der Akteure und daraus folgende Vermachtung bestimmt ist. Demzufolge schlagen sich in institutionellen Strukturen nicht selten Bedingungen nieder, die gesamtgesellschaftlicher Effizienz bzw. Rationalität entgegenstehen. Hieraus können *institutionelle Verwerfungen*, beispielsweise Oligopolisierungs- und Monopolisierungsstrukturen innerhalb einer Marktwirtschaft, entstehen. So kommt es nach Martin Jänicke in der Folge bürokratischer und bürokratisch-industrieller Vermachtung in modernen Industriestaaten zu einem fast regulären Verzicht auf dringend notwendige politische und soziale Innovationen (Jänicke 1979, 1986). Ein Beispiel solcher institutioneller Verwerfungen ist die Entwicklung der Parteiendemokratie der Bundesrepublik Deutschland, die sich, verfassungsrechtlich begründet, zunächst mit großer öffentlicher Zustimmung etabliert und entfaltet hat, inzwischen aber als Einfallstor für Selbstbedienungs-Praktiken und Machtüberhang der Parteien zu Lasten der Allgemeinheit betrachtet wird (Scheuch/Scheuch 1992; Arnim 1991; Beyme 1993).

Über die Feststellung institutioneller Verwerfungen hinaus stellt sich die Frage, inwieweit etablierte politische bzw. soziale Institutionensysteme im ganzen kosteneffizient sind. So vertritt William G. Ouchi (1980) die These, daß der Grund für die notorische *Transaktionskosten-Ineffizienz* der amerikanischen Gesellschaft, zu sehen beispielsweise an der extrem hohen Zahl von Rechtsanwälten, juristischen Prozessen und dem Ausmaß an Kriminalität, gerade in der Modernität ihrer Institutionen, das heißt, der Dominanz von Besitzindividualität und Marktmechanismen, liegen könnte. Nach Ouchi erweist sich der Clan, eine familienähnlich strukturierte Form der Kooperation etwa im Vergleich zwischen Japan und den USA nicht nur dem Markt, sondern auch der (rationalen) Bürokratie als überlegen.[3] Dieser Aussage ist allerdings entgegenzuhalten, daß gerade soziale (Sub-)Systeme, in

3 Clans verlangen von ihren Mitgliedern genau das Gegenteil von auf individuelle Vorteilsmaximierung gerichtetem Handeln, sie fordern Sensibilität, Hinnahme von Autorität und Orientierung auf kollektive Ziele. Das in westlichen Ländern dominierende Ideal des Besitzindividualismus bedingt demgegenüber eine Verrechtlichung sozialer Austauschprozesse und macht sie damit kompliziert und teuer. Trotz dieser relativen Ineffizienz halten sich diese institutionellen Strukturen am Leben, genauso wie es in anderen Ländern in Bezug auf dort bestehende ineffiziente institutionelle Strukturen der Fall ist (Deutschmann 1988).

denen Handlungschancen vorrangig nach dem Clanprinzip vergeben werden - beispielsweise die hochschulpolitische Forschung und Lehre - massive Leistungsschwächen in bezug auf Klientenorientierung, Innovation und Flexibilität aufweisen. Etablierte Institutionen sind also keineswegs zwingend Ausdruck von kollektivem Rationalitätsgewinn. Sie erleichtern öffentliches Handeln häufig, erschweren es aber auch verschiedentlich, so insbesondere angesichts wandelnder Handlungsanforderungen.

Eine Reihe von Annahmen der soziologischen Institutionentheorie wie der Institutionentheorie der Transaktionskostenschule, so die Annahmen der generellen Funktionalität bzw. Kosteneffizienz, der generellen Dauerhaftigkeit und Internalisierung bzw. der generellen Wählbarkeit, sind also nicht haltbar. Es erscheint daher sinnvoll, den Institutionenbegriff allgemeiner zu fassen, als es in der soziologischen, partiell auch der transaktionskostentheoretischen Institutionentheorie üblich ist. Institutionen lassen sich in diesem Sinne verstehen als anerkannte Regelsysteme sozialen Verhaltens. Politische Institutionen sind demntsprechend *anerkannte Regelsysteme politischer Willensbildung und Willensumsetzung.*[4]

Der in dieser Definition enthaltene *Regelbegriff* ist weit gefaßt und schließt Sinnorientierungen und normative Verhaltensmuster, aber auch technisch-organisatorische Standards und Verteilungsmuster ein. Institutionen können also akzeptierte Normsysteme mit Wertbegründung (Beispiel: Verfassung), akzeptierte Verfahrensregelungen (Beispiel: Wahlverfahren) und akzeptierte Verteilungssysteme (Beispiel: Kompetenz- oder Ressourcenverteilung) sein. Dieser weite Regelbegriff läßt sich damit begründen, daß üblicherweise allgemeinere Normen in Regelsysteme im engeren Sinne von Verfahrensleitlinien eingehen. Regeln allerdings gewähren dem jeweiligen Regeladressaten einen größeren Handlungsspielraum als Handlungsnormen, die ihn zu bestimmten Verhalten im Einzelfall verpflichten. Durch Regelsysteme gebildete Institutionen stellen lediglich Rahmenbedingungen sozialen bzw.

---

4 Diese Definition entspricht einer sich zunehmend durchsetzenden Auffassung des Institutionenbegriffs. So faßt Fritz Scharpf Institutionen als "sets of rules, or as normative constraints structuring the interaction of participants in policy processes" (Scharpf 1991: 57). Robert O. Keohane, Peter M. Haas und Marc A. Levy vestehen unter Institutionen "persistent and connected sets of rules and practices that prescribe behavioral roles, constrain activity, and shape expectations" (Keohane/Haas/Levy 1993: 4/5).

politischen Handelns dar, genau wie dies nach dem Modell des politologischen Dreiecks anzunehmen ist.

Der Bezug des Institutionenbegriffs auf *anerkannte* Regelsysteme ist in zweierlei Hinsicht folgenreich: Regeln, die nur auf dem Papier stehen, haben keine institutionelle Kraft. Zum anderen können auch nicht kodifizierte Regelsysteme anerkannt sein und damit institutionellen Charakter erlangen. Der Bezug auf Regelsysteme drückt schließlich den systemischen Charakter von Institutionen aus, besonders deutlich gegeben im Fall der Verfassung als Inbegriff eines institutionellen Normen*systems*.

Institution - Norm - Organisation

Institutionen werden häufig als Normenkomplexe oder "normative constraints" (Scharpf 1991: 37) aufgefaßt. Es stellt sich daher die Frage nach dem Verhältnis zwischen dem Institutionen- und dem Normbegriff.

Normen sind allgemeingültige Verhaltensanforderungen, die das Verständnis von Normalität prägen. Sie verpflichten ihre Adressaten zu bestimmtem Verhalten; ihre Nichteinhaltung ist mit sozialen oder politisch-rechtlichen Sanktionen bedroht.[5] Institutionen, das heißt akzeptierte Regelsysteme sozialer bzw. politischer Handlungschancen, unterscheiden sich von *Normen* zunächst durch ihren systemischen Charakter: Sie sind immer Regelsysteme, während Normen häufig einzelne Verhaltensanforderungen zum Inhalt haben. Institutionen werden zudem häufig freiwillig akzeptiert, ja internalisiert, ein Vorgang, der im Fall von Normen zu deren Transformation in Wertorientierungen führt. Im Unterschied zu Normen können politische Institutionen schließlich in Form personeller Organisationen repräsentiert werden.

---

5 Niklas Luhmann bezeichnet Normen als kontrafaktisch stabilisierte Erwartungshaltungen (Luhmann 1970). Darunter faßt er auch im Fall der Nichteinlösung aufrechterhaltene Erwartungshaltungen selbst im Einzelfall, beispielsweise die Erwartungshaltung einer Person, daß eine andere Person eine getroffene Vereinbarung einhält. Coleman (1990) definiert eine Norm als eine Erwartungshaltung, deren Nichteinlösung von Dritten sanktioniert wird. Es handelt sich demnach also nicht um eine einfache Interaktionsbeziehung zwischen Person A und Person B, sondern um eine Beziehung, die durch den sanktionierenden Eingriff eines Dritten (vor allem des Staates) bestimmt wird. Das hier vorgeschlagene Normverständnis schließt an diesen politisch-rechtlichen Normbegriff an.

Auch der *Institutionen- und der Organisationsbegriff* decken sich allerdings nicht.[6] Während Organisationen häufig als kollektive Akteure auftreten, handeln Institutionen nicht an sich, sondern werden durch Akteure repräsentiert.[7] Demnach können nur Institutionen-Repräsentanten, nicht aber Institutionen an sich Akteurseigenschaften, beispielsweise Interessen oder Handlungsziele, aufweisen. Organisationen sind im Unterschied zu Institutionen grundsätzlich von ihren Trägern gestalt- und häufig auch wähl- bzw. abwählbar. Anders als Institutionen sind Organisationen häufig nicht breit akzeptiert. Beispielsweise können bestimmte Parteien (als Organisationen) grundsätzlich abgelehnt werden, während das allgemeine politische System einschließlich der Wahl von Abgeordneten und Parteien als institutionelle Rahmenbedingung breit akzeptiert wird. Hohe Akzeptanz mit dem Extrem der Internalisierung spricht also für die Existenz einer Institution. Dies kann bis zur hohen Anerkennung einer Person als "Institution" reichen. Organisationen sind schließlich erklärtermaßen Mittel zum Zweck, während Institutionen in der Regel Leitwerte verkörpern und daher nicht ohne weiteres instrumentalisiert werden können.

Ergänzende Literatur: Schmid 1988, Göhler 1987, Beyme 1992: 70-72; Zürn 1992; Windhoff-Heritier 1991; Bermbach 1991.

6 Das Verhältnis zwischen Subdisziplinen, die mit den jeweiligen Konzepten arbeiten, so der institutionenorientierten Anthropologie, der Politik- und Rechtswissenschaft einerseits, der Organisationssoziologie und Betriebswirtschaftslehre andererseits, schließlich der allgemeinen Soziologie, die mit beiden Konzepten arbeitet, ist dementsprechend ungeklärt und nicht ohne Spannung (Olsen 1991).

7 So nimmt ein Minister bestimmte öffentliche Aufgaben als Repräsentant von Ressortbelangen wahr. Sofern er individuelle oder auch parteipolitische Interessen mit den öffentlichen Ressortanforderungen vermischt, wird dies in der politischen Öffentlichkeit kritisch wahrgenommen und unter Umständen sanktioniert.

4.2 Beurteilungskriterien politischer Institutionen

An Institutionen können Prozeß- und Leistungskriterien angelegt werden. Von Interesse sein mag beispielsweise die Frage, welchen Parteiinteressen ein bestimmtes Wahlsystem entgegenkommt, oder die Frage, ob bestimmte verfassungsmäßige Staatszielbestimmungen die ökonomische Leistungsfähigkeit eines Landes beeinflussen. Der besonderen Dimension des politisch-institutionellen Systems werden diese Beurteilungskriterien aber nicht gerecht. Spezielle Institutionenkriterien beziehen sich vielmehr auf die besonderen Strukturen politischer Institutionen, deren Abgrenzung von ihrer Umwelt und deren inneres Leistungspotential. Zu behandeln sind also Abgrenzungs-, Struktur- und innere Leistungskriterien politischer Institutionen.

Abgrenzungskriterien

Politische Institutionen sind jeweils in bestimmten Grenzen anerkannt. So gelten beispielsweise viele Verfassungen für jeweilige Nationalstaaten; es existieren bekanntlich aber auch kommunale, regionale, internationale und supranationale Institutionen (so Willensbildungsverfahren der Europäischen Union). Alle derartigen Institutionen werden üblicherweise anhand ihres *erklärten Adressatenbereichs* abgegrenzt. Demnach bestimmen sich zum Beispiel die Grenzen der Europäischen Gemeinschaft durch den vertraglich fixierten Beitritt jeweiliger Mitgliedsländer. Ein mögliches anderes Abgrenzungskriterium bestünde in den Grenzen der *faktischen Anerkennung* jeweiliger Regelsysteme. So gelten beispielsweise bestimmte Regelungen der Europäischen Union auch in der Schweiz, assoziierten Ländern sowie potentiellen Aufnahmeländern der EU; nach dem Kriterium faktischer Anerkennung gehören auch diese Länder zur Europäischen Union. Umgekehrt wären demnach Länder oder Regionen, in denen die Union von der Bevölkerung nicht akzeptiert wird, nur in beschränktem Maß Teil der Union, ein Sachverhalt, der in den letzten Jahren zeitweise beispielsweise für England und Dänemark galt.

Ein analytischer Abgrenzungsaspekt politischer Institutionen ergibt sich aus der Tatsache, daß diese *verschieden scharf* von ihrer Umwelt abgegrenzt sein können, also mehr oder weniger offene bzw. geschlossene Institutionen existieren. Zentrale Unterscheidungskriterien dieser Institutionenabgrenzung sind:

— die Leichtigkeit des *Beitritts zu sowie des Austritts* aus dem Geltungsbereich eines bestimmten Regelsystems,
— die *Offenheit* von Institutionen für Informationszufluß aus und Informationsabfluß in die jeweilige Institutionenumwelt und
— die Stärke des *Institutionenschutzes*.

Hinsichtlich der Beitrittsmöglichkeit zu und der Austrittsmöglichkeit aus dem Geltungsbereich einer Institution ergibt sich vor allem der Unterschied zwischen *Zwangsinstitutionen*, deren Mitgliedschaft (als Adressat bzw. Träger) erzwungen ist und die in der Regel keine Austrittsmöglichkeit einräumen, und *Institutionen mit freiwilliger Beteiligung*.[8] Während beispielsweise die Staatsbürgerschaft für die in einem Land Geborenen in der Regel eine Zwangsinstitution darstellt, ist das Wahlrecht eine Verfahrensinstitution mit im allgemeinen freiwilliger, nur in wenigen Ländern erzwungener Beteiligung. Besondere Bedeutung haben heute organisationsnahe Institutionenformen mit freiwilligem Bei- und Austritt, aber nach einem Beitritt fixierten Mitgliedsverpflichtungen.

Ein zentrales Kriterium der Offenheit bzw. Geschlossenheit von Institutionen ist deren *Transparenz* für die jeweilige Institutionenumwelt. Institutionen, deren Struktur für Außenstehende nicht erkennbar ist, sind von ihrer Umwelt schärfer abgegrenzt als transparente Regelsysteme. Institutionenbeispiele wie Verfassung und Wahlsystem mit großer bis vollständiger Transparenz sollten daher nicht den Blick dafür verstellen, daß auch nichtöffentliche Institutionen (wie der Verfassungsschutz) existieren, deren Regelsysteme gegenüber Außenstehenden geheimgehalten werden. Da die Gefahr groß ist, daß sich derartige "Geheim-Institutionen" der Kontrolle und Einbindung übergreifender Institutionsysteme entziehen, also ein Staat im Staate entsteht, lavieren diese nicht selten am Rande des Status anerkannter Institutionen.

---

8 In der angloamerikanisch geprägten Politikanalyse-Diskussion hat diese Institutionenunterscheidung unter den Bezeichnungen "exit", "voice" und "loyalty (Hirschman 1970) Bedeutung erlangt.

Beispiele für den *rechtlichen Schutz politischer Institutionen* sind der "Ewigkeitsartikel" 20 des Grundgesetzes der BRD, der verfassungsmäßige Schutz der Abstimmungsfreiheit und Immunität von Parlamentsabgeordneten, Meinungs-, Presse- und Versammlungsfreiheit. Institutionen können auch durch die Kompetenzbegrenzung von Teilinstitutionen, die das institutionelle Gleichgewicht zu kippen drohen, geschützt werden, so der Grundgedanke des Prinzips der Gewaltenteilung. Der Schutz politischer Institutionen ist schließlich nicht auf institutionelle Schutzregelungen beschränkt, sondern kann sich auch im Aufbau und Betrieb spezieller Schutzeinrichtungen (in Deutschland Bundesverfassungsgericht, Verfassungsschutz u.a.) niederschlagen.

Strukturkriterien

Auch die innere Struktur von Regel- bzw. Normensystemen kann sich unter verschiedenen Gesichtspunkten unterscheiden. Von besonderem Gewicht sind dabei die Beziehung zwischen Institution und Institutionenträgern, die Arbeitsteiligkeit, die Kommunikationsdichte und Kompetenzverteilung, der Formalisierungsgrad sowie die innere Transparenz und Kontrollfähigkeit der jeweiligen Institutionen.

Institutionen sind als anerkannte Regelsysteme abhängig von sie anerkennenden Institutionenträgern. Diese können individueller oder kollektiver Natur sein. Daraus ergibt sich ein Spektrum unterschiedlicher Beziehungsmöglichkeiten zwischen institutionellen Regelsystemen und Institutionenträgern. Grundlegend ist dabei der Unterschied zwischen institutionellen *Verfahren*, die an unterschiedliche Träger gerichtet sind, also auf den politischen Prozeß einwirken, und *organisierten Institutionen*, die durch bestimmte Träger, seien sie nun individueller oder kollektiver Art, aktualisiert werden. Die im folgenden behandelten Strukturkriterien lassen sich auch auf institutionelle Verfahren beziehen; im Vordergrund steht allerdings ihre Anwendbarkeit auf organisierte Institutionen.

Politische Institutionen sind mehr oder weniger *arbeitsteilig* strukturiert. Politisches Handeln wird demnach räumlich, sachlich oder zeitlich mehr oder weniger stark aufgeteilt, eine Strukturierung, die nur leistungsförderlich ist, wenn zwischen den aufgeteilten Bereichen entsprechend differenziert und intensiv kommuniziert wird. Zu Arbeitsteilung und *Kommunikationsdichte* kommt schließlich das Kriterium der *Kompetenzverteilung*: Im Rahmen von Arbeitsteilungsstrukturen sind nämlich Handlungskompetenzen in bestimmter Weise vertikal bzw. horizontal verteilt. Institutionen mit vertikaler Kompetenzstruktur sind durch Unterordnung, Institutionen mit horizontaler Kompetenzordnung durch Gleichordnung der Teileinheiten charakterisiert. Die vertikale Kompetenzordnung wird auch als vertikale Arbeitsteilung bezeichnet, der dann horizontale Arbeitsteilungsstrukturen zwischen Institutionenteilen auf einem Kompetenzniveau entsprechen. Institutionen können schließlich kombinierte Kompetenzsstrukturen aufweisen, in denen vertikale und horizontale oder vertikale Kompetenzordnungen verschiedener Richtung (unten/oben versus oben/unten) miteinander gekoppelt sind.

Die in einer politischen Institution geltenden Zuordnungsregeln politischer Chancen und Restriktionen repräsentieren die Adressatenstruktur unterschiedlich genau. Es können damit mehr oder weniger *repräsentative* Institutionen unterschieden werden. Die Repräsentativität einer Institution ist insofern ein inneres Strukturkriterium, als Institutionen die jeweils Repräsentierten und die Repräsentanzmuster umfassen.

Die Differenzierung, Kompetenz und Kommunikationsstruktur kann mehr oder weniger *formell* festgelegt sein. Formale Institutionen haben offen und präzise festgeschriebene Verhaltens-, Ablauf- und Struktur-Regeln; *informelle* Institutionen sind dagegen durch das Fehlen solcher formellen Festlegungen, jedoch durch informelle prozessuale Kompetenz und Kommunikationsstrukturen gekennzeichnet. Häufig sind vertikale Kompetenzstrukturen formell festgelegt, während horizontale Kommunikationsformen überwiegend informell zustandekommen (Chisholm 1989; Wewer 1991). Formelle Festlegungen entwickeln sich häufig aus informellen Routinemustern.[9] Unterschieden werden können dementsprechend Institutionen mit hohem beziehungsweise niedrigem Formalisierungsgrad.

Der Aufbau von Institutionen und dessen Veränderungen sind den Institutionsadressaten bzw. -trägern unterschiedlich *transpa-*

---

11 Ein Beispiel ist die Zusammenarbeit zwischen Bundesländern, wie sie Benz/Scharpf/Zintl 1992 für Hamburg und Schleswig-Holstein analysiert haben. Auf der Bundesebene sind der Vermittlungsausschuß zwischen Bundesrat und Bundestag und die Rolle des Alterspräsidenten im Bundestag Beispiele für unterschiedlich stark formalisierte "Spielregeln" (Wewer 1991).

rent. Es gibt abgeschlossene Institutionen, beispielsweise Sicherheitsbehörden, deren Struktur selbst Mitarbeitern nicht oder nur teilweise bekannt ist, umgekehrt auch vollkommen transparente Institutionen wie (einfache) Wahlsysteme.

Die Struktur und Tätigkeit politischer Institutionen sowie die Tätigkeit von Institutionenteilen oder Mitgliedern unterliegt in mehr oder minder starkem Maße innerer Kontrolle. Grundsätzlich können damit Institutionen mit starker beziehungsweise schwacher *Kontrollintensität* unterschieden werden. Innere Kontrolle kann stattfinden als:

a) Kontrolle von oben nach unten (Beispiel: Überwachung des Gesetzesvollzugs durch die Verwaltung),
b) Kontrolle von unten nach oben (Beispiel: Kontrolle der Regierung durch die parlamentarische Opposition),
c) wechselseitige Kontrolle der Elemente eines institutionellen Systems (Beispiel: Politische Öffentlichkeit als Medium wechselseitiger Darstellung und Kritik).

Innere Leistungskriterien

Politische Institutionen können mehr oder weniger aggregationsfähig, responsiv und innovationsfähig sein. Unter *Aggregationsfähigkeit* wird die Fähigkeit verstanden, unterschiedliche Zielorientierungen zu bündeln und damit entscheidungsfähig zu machen. *Responsivität* ist ein Ausdruck für die Intensität, mit der auf Veränderungen der jeweiligen Umwelt reagiert wird. Unter institutioneller *Innovationsfähigkeit* wird die Möglichkeit verstanden, Institutionen hinsichtlich ihrer Verfahrensweisen und /oder Kompetenzzuordnungs-Muster veränderten Bedingungen anzupassen.

Institutionen implizieren schließlich mehr oder weniger hohe *Transaktionskosten* für Verhandlungen, die Bewältigung von Unsicherheit, Betrugsvermeidung etc., die bei dem Austausch zwischen Institutionsteilen bzw. Institutionsträgern entstehen. Es können also Institutionen mit vergleichsweise hohen bzw. niedrigen Transaktionskosten unterschieden werden.

Ergänzende Literatur: Scharpf 1991, 1992, 1993; Windhoff-Heritier 1991.

4.3 Institutionentypen

Aus der Kombination der dargestellten Abgrenzungs-, Struktur- und Leistungs-Merkmale ergeben sich bestimmte Institutionentypen. Besonders wichtige institutionelle Typen dieser Art sind Hierarchie, Mehrheitssystem, Verhandlungssystem, Netzwerk, Markt und Spiel.

Hierarchie

Im ursprünglichen Sinne des Wortes bedeutet Hierarchie *Priesterherrschaft.* Die Bezeichnung wird zwar üblicherweise nicht mehr in diesem engen Sinn verstanden; in der aktuellen sozialwissenschaftlichen, insbesondere angloamerikanischen Diskussion bedeutet Hierarchie vielmehr lediglich vertikale Kompetenzordnung (Überordnung). Diese ist durch hohe Aggregationsfähigkeit und geringe Transaktionskosten gekennzeichnet, da die Übergeordneten ohne Rücksicht auf Interessen Untergeordneter agieren können (Scharpf 1992, 1993). Der etymologisch faßbare historische Bedeutungskern der Hierarchie der Priesterherrschaft schwingt aber nach wie vor in der öffentlich politischen Verwendungsweise des Wortes.[10]

Charakteristisch für politische Hierarchie in diesem Sinne sind eine ausgeprägte vertikale Kompetenzstruktur, die bis zur Verehrung der Herrschenden reichen kann, geringe innere Transparenz und fehlende Kontrolle der Übergeordneten durch die Untergeordneten, dagegen ausgeprägte Kontrollfähigkeit "von oben". Hinzu kommen als zumindest implizit angenommene Bedeu-

---

10 Soziopolitische Unterordnung war in vielen Gesellschaften jahrtausendelang durch Religion und Priesterschaft vermittelt (Bahro 1977) und ist es auch in zahlreichen Gegenwartsgesellschaften. So nicht nur in Gesellschaften mit religiös fundierter Ordnung, beispielsweise islamischen Staaten. Auch in Gesellschaften, in denen religiöse Inhalte keine große Bedeutung haben, ja sogar in Gesellschaften mit antireligiöser Orientierung wie den Staaten des real untergegangenen Sozialismus, beispielsweise der ehemaligen DDR, spiel(t)en priesterschaftsnahe Strukturen häufig eine überragende Rolle. So werden staatliche Ersatzreligionen und entsprechend hierarchische Glaubens- und Abhängigkeitsstrukturen geschaffen und selbst die gesellschaftliche Opposition ist, verschiedentlich eng verflochten mit den Herrschenden, durch Religion bzw. sie repräsentierende Pfarrer/Priester bestimmt.

tungskomponenten erschwerte Eintritts- und Austrittsmöglichkeit, ausgeprägter Institutionenschutz, hohe Aggregations-, aber geringe Responsivität und Innovationsfähigkeit.

Die *Zugangsmöglichkeit* zu und die Austrittsmöglichkeit aus hierarchischen Systemen muß beschnitten werden, da eine offene Kommunikation mit der (in der Regel nicht streng hierarchischen bzw. durch Gegenhierarchie geprägten) Umwelt zu inneren Unverträglichkeiten bzw. Auflösungserscheinungen der Hierarchie führen würde, wie sich geradezu paradigmatisch in den Ländern des real untergegangenen Sozialismus zeigte. Hierarchien weisen zwar üblicherweise eine streng formalisierte Ordnung auf; häufig verbinden sich allerdings formal-hierarchische und informell-nichthierarchische Strukturen "im Schatten der Hierarchie" (Chisholm 1989, Scharpf 1993).

Mehrheitssysteme

Politische Institutionen, die auf der Entscheidung durch Mehrheit basieren (Mehrheitssysteme), sind *hierarchischen Institutionen* hinsichtlich ihrer vertikalen Kompetenzsstruktur und Aggregationsfähigkeit *ähnlich*. Denn auch vermittelt über das von allen Beteiligten anerkannte Mehrheitsprinzip ist Über- bzw. Unterordnung legitimiert. Abgesehen von technischen Pattsituationen kann der gemeinsame politische Wille der Beteiligten zweifelsfrei und wirksam gebildet werden. Die *Ausprägung der Über- bzw. Unterordnung* ist im Rahmen institutioneller Mehrheitssysteme allerdings deutlich *geringer*, da die jeweiligen Wähler stimmkompetent sind und im Wahlrhythmus wieder gewonnen werden müssen. Da politische Legitimation in regelmäßigen Abständen von der Bevölkerung beschafft werden muß, sind Mehrheitssysteme *responsiver und innovativer* als Hierarchien.

Vor allem bei stabilen Mehrheitsverhältnissen ermöglichen Mehrheitssysteme den jeweiligen Repräsentanten des Allgemeinwillens allerdings, Minderheiten bzw. Innovationsanstöße zu blockieren, woraus sich eine gewisse Behäbigkeit derartiger Systeme in bezug auf die politische Registrierung feinerer Interessendivergenzen und Innovationsanstöße ergibt. Parlamentarische Mehrheitssysteme sind schließlich im allgemeinen *stark formalisiert*, auch wenn informelle Mechanismen und Strukturen, z.B. informelle Wert- und Interessengemeinschaften, für ihr Funktionieren ergänzend wichtig sein können.

Verhandlungssysteme

Im Unterschied zu Hierarchie und Mehrheitssystemen haben alle Teilnehmer von Verhandlungssystemen Vetomacht und sind daher in ihrer Entscheidung souverän. Es können also nicht bestimmte Beteiligte zu einer bestimmten Entscheidung gezwungen werden. Verhandlungssystems entstehen daher als anerkanntes Regelsystem politischer Willensbildung nur, wenn diese Souveränität aller Beteiligten geachtet wird. Verhandlungssysteme sind dementsprechend in erster Linie durch ihre *horizontale Kompetenzverteilung* charakterisiert. In Zusammenhang damit steht die für Lösungen erforderliche *hohe Kommunikationsdichte.*

Arbeitsteilung, zum Beispiel die Bildung von Arbeitsgruppen im Rahmen von Großverhandlungen, ist in solchen Systemen eher die Ausnahme; im Vordergrund stehen übergreifende Verhandlungsprozesse, durch die gerade verselbständigte Teilsysteme wieder eingebunden werden können. Formelle Strukturen sind üblicherweise von untergeordneter Bedeutung gegenüber *informellen Verhandlungsstrukturen und Verhandlungsverfahren*, ein Sachverhalt, der eng mit der horizontalen Verhandlungssystemstruktur korrespondiert; denn nur auf der Ebene horizontaler Entscheidungskompetenz können formale Schutzregelungen übergangen werden. Dies schließt auch Verhandlungen zwischen formaliter Ungleichen, beispielsweise Vorgesetzten und Untergebenen innerhalb einer formal hierarchischen Behörde, insofern ein, als formal Unterlegene Verhandlungskompetenz durch informelle Kompetenzbedingungen, z.B. Fachqualifikation oder Insiderwissen, erlangen.

Verhandlungssystemen werden traditionell geringe Aggregationsfähigkeit und hohe Transaktionskosten zugeschrieben. Kompensation, Koppelgeschäfte und andere verhandlungsspezifische Formen politischer Koordination können aber zu einer *Hierarchien vergleichbaren Aggregationsfähigkeit* von Verhandlungssystemen führen (Coase 1960, Scharpf 1991, 1993). Nach außen hin erscheinen solche Systeme zwar offener als hierarchische Systeme; sie sind jedoch ebenfalls häufig stark von ihrer Umwelt *abgeschottet.* Ein unübersehbarer Grund hierfür liegt darin, daß

"Eindringlinge" bestehende Gleichgewichtslagen und informelle Absprachensysteme stören können. Hieran wiederum wird der ambivalente Charakter von Verhandlungssstemen im Hinblick auf Responsivität und Innovationsfähigkeit deutlich: Verhandlungssysteme schließen neue Akteure nicht unbedingt aus und können im Fall der Öffnung für innovative Akteure ein politisches Innovationsmedium bilden. Aufgrund ihrer Tendenz zur Stabilisierung bestehender Gleichgewichtslagen zwischen etablierten Akteuren stellen sie aber häufig ein Instrument des Austausches von Herrschaftswissen und damit eine Barriere politischer Responsivität dar. Auch ihre Innovationskraft ist daher im allgemeinen begrenzt.

Netzwerke

Das Netzwerk, allgemein gefaßt als *eine durch Beziehungen eines bestimmten Typs verbundene Menge sozialer Einheiten* (Pappi 1987: 13, 1993)[11], überschneidet sich mit dem Typus des Verhandlungssystems insofern, als auch hier die Beteiligten grundsätzlich souverän sind, eine horizontale Kompetenzordnung, hohe Kommunikationsdichte und ein geringer Formalisierungsgrad der Beziehungen typisch sind. Politische Netzwerke bilden dementsprechend auch häufig Verhandlungssysteme. Dies gilt insbesondere für *Policy-Netzwerke*, das heißt Beziehungsnetze politischer Akteure, die auf politische Willensbildungprozesse in einem Problem- bzw. Politikfeld bezogen sind. Entsprechend der Handlungsausrichtung dieser Netzwerke stehen dabei üblicherweise handlungsrelevante (meist korporative) Akteure jeweiliger Problem- bzw. Politikfelder im Vordergrund.

Policy-Netzwerke weisen eine Reihe unterschiedlicher Eigenschaften gegenüber dem Typus "Hierarchie" auf, so eine horizontale Kompetenzstruktur, hohe Kommunikationsdichte und damit verbunden vergleichsweise intensive wechselseitige Kontrolle. Im

---

11 Werden nur Beziehungen eines bestimmten Typs analysiert, ergeben sich partielle Netzwerke. Hiervon sind totale Netzwerke abzugrenzen, bei denen die Gesamtheit aller möglichen Beziehungen zwischen den sozialen Einheiten betrachtet wird. Eine weitere Unterscheidung gilt zwischen Gesamtnetzwerken und ego-zentrierten Netzwerken. Bei Gesamtnetzwerken werden die komplexen Beziehungen zwischen mehreren Einheiten betrachtet; ego-zentriert ist die Analyse, wenn sie aus der Perspektive einer bestimmten Einheit erfolgt. Sind diese auf der sozialen Einheit der Person angesiedelt, spricht man von persönlichen Netzwerken.

Unterschied zu eng begrenzten korporatistischen Strukturen, beispielsweise dem sprichwörtlich gewordenen "iron triangle" aus US-amerikanischem Kongreß, Regierungsbehörden und Interessengruppen (Heclo 1978) sind die Zutrittsbarrieren von Policy-Netzwerken vergleichsweise niedrig, wodurch derartige Netze eher weit als eng gespannt sind. Aus diesen Gründen werden Policy-Netze häufig als Gegentypus zum Institutionentypus "Hierarchie" aufgefaßt (Marin/Mayntz 1991; Kenis/Schneider 1991).

Politikrelevante Netzwerke haben allerdings keineswegs immer die Struktur von Policy-Netzwerken der dargestellten Art: *Dauerhafte persönliche Netzwerke* (Scharpf 1993) sind nicht unbedingt auf einzelne Politiken bzw. Problem- oder Politikfelder ausgerichtet, sondern durchziehen oft unterschiedliche Handlungsarenen und bilden damit eigene Machtarenen. Diese sind im allgemeinen weit weniger offen als Policy-Netzwerke. Im Extremfall handelt es sich hierbei um lebenslange Netzwerkbeziehungen zwischen wenigen Akteuren unter völligem Ausschluß dritter Akteure oder gar der Öffentlichkeit. Besonderes Gewicht haben dabei längerfristige interessen- und wertbestimmte Gemeinsamkeiten der Beteiligten. Charakteristisch sind daher Informalität, Vertrautheit und eine freundlich-solidarische soziale Orientierung (Scharpf 1993).

Mafiose Netzwerke (Rauschgifthandel, geheime Bünde u.ä. mit politischem Einfluß) sind üblicherweise ebenfalls dauerhaft. Sie weisen, soweit erkennbar, üblicherweise eine einseitige Kompetenzordnung bzw. eine asymmetrische Kommunikationsstruktur von oben nach unten auf. Typisch für sie sind extrem geringe Transparenz nach außen, häufig sogar geringe innere Transparenz bis hin zu strikter Geheimhaltung von Beziehungen. Die Institution als solche wird mit allen, dabei auch kriminell-gewalttätigen Mitteln auf- und auszubauen versucht. Mafiose Netzwerke weisen damit eine Reihe von Ähnlichkeiten zur politischen Hierarchie auf (Stark vertikale Kompetenzordnung, einseitige Kommunikation von oben nach unten, starke Außenabgrenzung, ausgeprägter Institutionenschutz); allerdings sind sie im allgemeinen hochgradig differenziert und vergleichsweise anpassungsfähig. Sie bilden damit eine strukturell archaische Organisationsform, die mit technischen Mitteln der modernen Gesellschaft operiert und deren soziokulturelle und institutionelle Grundlagen gefährden kann.

Markt

Der Markt kann als anonymisiertes Verhandlungssystem aufgefaßt werden. Gleich zum Verhandlungssystem bleibt dabei die horizontale Kompetenzordnung und die hohe Kommunikationsdichte zwischen souveränen Nachfragern und Anbietern. Im Unterschied zum akteursgebundenen Verhandlungssystem kennen die Beteiligten einander dabei allerdings nicht unbedingt und sie kommunizieren auch nicht unbedingt persönlich miteinander. Diese Anonymität des Marktes schließt prinzipiell dessen Offenheit, also den beliebigen Zu- und Austritt von Interessenten, ein.

Diese Strukturbedingungen eröffnen prinzipiell die Chance zu extrem hoher Responsivität, Aggregationsfähigkeit, Flexibilität und Innovationskraft des Marktsystems. Diese Modell kann allerdings nur realisiert werden, wenn anspruchsvolle Bedingungen erfüllt sind: Angebot und Nachfrage müssen frei entwickelt und ins Verhältnis gesetzt werden können; hierzu wiederum sind u.a. vollständige Information und die Integrität bzw. der Schutz der Beteiligten vor dritten Einflüssen, beispielsweise Gewalt, Voraussetzung. Das Modell des freien Marktes impliziert daher keine Bindungslosigkeit der Beteiligten. Diese können ihre Freiheiten vielmehr, wie im Verhandeln und Argumentieren, nur innerhalb einer übergreifenden sozialen Selbstbindung verwirklichen.

Sind, so der Regelfall, die angeführten Bedingungen nicht oder nur teilweise erfüllt, kommen nur Mischformen oder gar pervertierte Formen des freien Marktes zustande, so durch die Bildung von Monopolen und Oligopolen, die Entstehung externer Kosten (Samuelson 1985: 451-460) und dadurch entstehende Gerechtigkeitsdefizite wie Allokationsschwächen.

Im politischen Prozeß findet das Marktmodell nur in modifizierter Form Anwendung, so im Wahlkampf, in dem nicht die Maximierung von Gewinn, sondern von Wählerstimmen und daraus resultierendem Einflusses das Ziel der Akteure ist. Es ist jedoch verschiedentlich versucht worden, politische Abläufe anhand des Marktmodells zu analysieren (Downs 1954; Gamson/Ryker 1961 u.a).

Das Spiel wird üblicherweise nicht als praktisch folgenreich anerkannt, ja durch seine Bezeichnung gerade aus dem Bereich des Ernsthaften ausgeklammert. Bei genauerer Betrachtung zeigt sich allerdings, daß es seit jeher ein gesellschaftlich folgenreicher Institutionentypus ist und seine strukturelle und normative Bedeutung in unserer Zeit wächst. Es wird hier daher parallel zu anderen Institutionentypen dargestellt. In seiner idealtypischen Form zeichnet sich das Spiel aus durch:

— konditionale Intrinsität (Spielwelt)
— eindeutige Erfolgsbedingungen (Spielregeln),
- immanente Beteiligungsanreize (Spielmotivation). [12]

Alle Elemente eines Spiels, zum Beispiel Spielziele, Spielstrategien und Spielmaterialien, sind Teil einer besonderen, in sich geschlossenen, sich selbst genügenden Welt. Auch wenn diese *Spielwelt* eine Imitation anderer Welten wie Technik, Wirtschaft oder Krieg darstellt, ist sie sachlich, räumlich und zeitlich scharf von diesen anderen Welten abgegrenzt. Spielen genügt sich selbst, ist intrinsisch.[13]

Die Regeln und typischen Abläufe der Spielwelt sind Außenstehenden häufig nicht, zumindest nicht voll verständlich. Außenstehende können sich aber grundsätzlich *frei an Spielen beteiligen*

---

12 In der sozialwissenschaftlichen Diskussion über Inhalt, Entstehungsbedingungen und Wirkungen des Spiels wird der Anspruch einer umfassenden Spieldefinition selten verfolgt. Verschiedene Autoren, so Scheuerl (1975) und Christ (1987), halten umfassende Spieledefinitionen angesichts der Komplexität und Subjektivität des Spielens sogar für unmöglich. Dennoch gebildete Spieldefinitionen umfassen wegen der Breite des Bedeutungsfeldes von Spiel durchweg mehrere Eigenschaften des Spiels, so auch die Definition des Klassikers der modernen Spielforschung, des niederländischen Kulturanthroposophen Juhan Huizinga: "Spiel ist eine freiwillige Handlung oder Beschäftigung, die innerhalb gewisser festgesetzter Grenzen von Raum und Zeit nach freiwillig angenommenen, aber unbedingt bindenden Regeln verrichtet wird, ihr Ziel in sich selber hat und begleitet wird von einem Gefühl der Spannung und Freude und einem Bewußtsein des 'Andersseins' als das 'gewöhnliche Leben'"(Huizinga 1991: 37).

13 Idealtypisch wird dabei selbst der Zeitverlauf eigenständig bestimmt, beispielsweise durch die Absolvierung bestimmter Spielphasen oder den Sieg eines Spielers. Spiele, in denen "Außenzeit" gilt, beispielsweise professionell ausgeübte Sportspiele wie das Fußballspiel, sind insofern keine reinen (idealtypischen) Spiele, sondern Mischformen des Spiels mit anderen Realitätsbereichen wie der Arbeit.

und dazu die jeweiligen Spielregeln erlernen. Während eines laufenden Spiels bedeutet der Versuch, sich einzumischen, vor allem aber der Austritt aus der Spielwelt allerdings eine Störung der Spielwelt und wird dementsprechend sanktioniert ("Spielverderber"). Spielwelten und die Beteiligung an ihnen entstehen durch *Beschluß* der Beteiligten. Ob ein Spielwelt existiert, hängt also von der Bedingung eines entsprechenden Beschlusses ab. Umgekehrt löst sich das intrinsische Spiel augenblicklich auf, sowie der entsprechende Beschluß zurückgenommen wird *(Konditionale Intrinsität)*.[14]

Die Spielwelt ist durch von allen Beteiligten akzeptierte Regeln *(Spielregeln)* geordnet, die die Bedingungen des Spielerfolgs eindeutig regeln. Diese können formell oder informell, fest oder variabel, vorgegeben oder selbstgeschaffen sein und zeichnen sich häufig durch vergleichsweise Einfachheit gegenüber Regelsystemen anderer Realitätsbereiche aus. Die Anerkennung der Spielregeln wird durch eindeutige Sanktionen für den Fall der Übertretung gesichert.

Die nach außen abgegrenzte nach innen eindeutig geordnete Spielwelt eröffnet für die Mitspieler/innen besondere *Möglichkeiten und Anreize*, sich aktiv zu beteiligen: Durch den Schutz gegenüber der Intervention anderer Realitätsbereiche können Alltagsfrust und besondere Belastungen abgeschüttelt werden. Motivierend in diesem Sinne wirkt also die Möglichkeit zur Befreiung von demotivierenden Bedingungen. Die vergleichsweise gute Überschaubarkeit und klare Regelung der Spielabläufe sowie eventueller Spielsanktionen erhöht die Chance zum Erfolgserlebnis der Beteiligten bei reduzierter Komplexität. Das Spiel ist damit Chancengeber für prsönliche Erfolgserlebnisse par excellance. Umgekehrt können Spiele durch besondere Anreize, so durch

---

14 Allerdings entwickeln sich durch häufiges Spielen bestimmter Spiele auch Spielkulturen, die über jeweils festgelegte einzelne Spielwelten hinausreichen und insofern nicht mehr konditional in dem hier beschriebenen Sinne sind. Die dadurch zustandekommende Verallgemeinerung konditionaler Spielwelten kann den typischen Spielcharakter insofern verstärken, als das Spiel gegenüber Nichtspiel an Bedeutung gewinnt und dadurch das Bewußtsein für die Relativität alltagskulturellen wie soziopolitischen Ernstes wächst. Werden mit der Verallgemeinerung allerdings andere Welten nicht mehr wahrgenommen, verliert sich die Konditionalität der Spieltätigkeit und damit der typische Charakter des Spiels. Anstelle einer Differenzierung von Außen- und Innenwelten, Nichtspiel und Spiel besteht wieder nur eine undifferenzierte, nichtkonditionale Welt.

Komplexitätsangebote (zum Beispiel knifflige Aufgaben), Spannung, Überraschung und Witz, dramaturgische Steigerung und Verdichtung der Abläufe der Langeweile entgegenwirken. Schließlich eröffnet das Spiel je nach Wahl besondere Möglichkeiten, zu kommunizieren, sich zu konzentrieren oder zu entspannen.

In Gruppenspielen besteht der immanente Beteiligungsreiz für alle Beteiligte nur, wenn sie gleiche Erfolgsbedingungen besitzen. Dementsprechend wird das Gruppen-Spiel häufig als Sphäre des "*Fair Plays*" betrachtet (Sternberger 1954; Oetinger 1956; Andiel 1971 u.v.a).

> *"Spielen bedeutet durchschaubare Abläufe auf demokratischer Basis - Demokratie heißt Chancengleichheit - sofern man sich für eine bestimmte Frist gleichen Regeln unterwirft, diese Regeln durchprobierend zu bestreiten. Spielen ist nicht Kampf, sondern Auseinandersetzung... mit dem Ding, mit der Spielregel und mit dem Partner, dem Mitspieler" (Glonnegger 1988: 128).*[15]

Ergänzende Literatur: Scharpf 1991, 1992, 1993; Pappi 1993; Chisholm 1989; Marin/Mayntz 1991; Naschold 1992; Huizinga 1987.

15 Der hier im Anschluß an Huizinga entwickelte Spielbegriff ist idealtypischer Natur. Er charakterisiert grundlegende Charakteristika des Spiels, deckt sich aber nicht unbedingt mit der konkreten Form vieler Spiele, zum Beispiel des Schauspiels, des Glücks-, Sport- oder Plan-Spiels. Gemischte Spiele weichen in einzelnen Punkten von den idealtypischen Spielkriterien ab: Die häufigste Form gemischter Spiele sind Spiele mit partieller Außenmotivation. Die Akteure solcher externer Motivationsspiele werden zum Beispiel durch finanzielle Anreize zur Beteiligung motiviert. Spielformen mit hoher Aussenmotivation (und Außenwirkung) vollziehen sich in annähernd allen Lebensbereichen, so allen Formen der Konkurrenz bis hin zur Sexualkonkurrenz sowie Konfliktformen (im Sinne spielerischer Drohungen), ferner vielen Formen des Übens, Trainierens, Lernens. Spiele können, so wieder besonders deutlich im Fall von Lern- und Übungsspielen, auf Wirkungen in anderen Realitätsbereichen ausgerichtet sein. Die Spielwelt verschwimmt in derartigen externen Wirkungsspielen mit den jeweiligen Bezugsbereichen. Sind Spiele bzw. Spieler nicht gegen Interventionen aus anderen Welten immun, so kann dies zu einem existenzbedrohenden Verschwimmen von Spielwelt und (sonstiger) Realität führen. So erliegen Glücksspieler leicht dem Rausch des Spielens, ein Sachverhalt, der angesichts der beträchtlichen staatlichen Einnahmen durch Lotto, Toto, Spielbanken und Glücksspiel-Steuern auch zum sozialpolitischen Problem wird.

Hierarchie, Mehrheits- und Verhandlungssysteme, Netzwerke, Markt und Spiel sind definitionsgemäß Institutionen, wenn sie als anerkannte Regel*systeme* gelten. Sie umfassen also miteinander in Verbindung stehende unterschiedliche Regelungselemente und weisen damit bereits beträchtliche Komplexität auf. Konkrete Politik vollzieht sich nun in Systemen solcher anerkannter Regelsysteme mit noch größerer Komplexität. Unter derartigen Institutionensystemen haben Regelsysteme *demokratischer Willensbildung und -umsetzung* eine besondere Bedeutung.

Während als Demokratie bis zur Französischen Revolution unter dem Einfluß der Aristotelischen Staatsformenlehre[16] die Herrschaft des Pöbels aufgefaßt wurde und der Begriff der Demokratie tabuisiert war, avancierte dieser seitdem

> *"zu einem Tendenzbegriff, der die Richtung einer sozialen Bewegung, ihr politisches und soziales Ziel bezeichnet. Demokratie bedeutet fortan nicht mehr bloß eine Verfassungsform, die der Monarchie und der Aristokratie alternativ gegenübersteht, sondern sie ist die geschichtsphilosophische Chiffre für die Summe bürgerlich-liberaler Autonomie und Mitbestimmungsforderungen wie für die Bestrebungen und Ideen zur sozialen Gleichheit. Sie wird zum zentralen Impuls und zu einem wesentlichen Element der gesamten modernen Verfassungsentwicklung" (Guggenberger 1991: 71).*

Der wörtlichen Bedeutung von "Demokratie" als *Volksherrschaft* (demos altgriechisch für Volk, kratein für herrschen) entspricht der Bedeutungskern des Demokratiebegriffs: Die für Demokratie spezifischen institutionellen Kriterien beziehen sich auf die Frage, inweit bzw. in welcher Form die Bevölkerung die politische Entscheidungsfindung bestimmt.[17] Demokratie im spezifischen Sinne

---

16 Aristoteles stellt als gute Staatsformen Königtum, Aristokratie und Politie den schlechten Staatsformen Tyrannis, Oligarchie und Demokratie bzw. Ochlokratie gegenüber.

17 Einzelne Autoren konstruieren Demokratie nach politischen Input- und Output-Aspekten und beziehen damit das allgemeine Gemeinwohl-Kriterium in das Verständnis von Demokratie ein (z.B. Scharpf 1993c: 167). Dem steht die Tatsache entgegen, daß auch nichtdemokratische Gesellschaftsordnungen mit Gemeinwohlanspruch operieren und hiernach beurteilt werden. Das Verständnis von Demokratie als bestimmte institutionelle Ordnung des gesell-

stellt daher ein politisches Konzept dar, das eng mit anderen institutionellen und Handlungskonzepten korrespondiert, so den Konzepten des Rechts- und Verfassungsstaates, des Wohlfahrts- und Sozialstaates sowie der Republik, aber nicht mit diesen identisch ist.[18]

Was Herrschaft des Volkes als Synonym für Demokratie bedeuten soll bzw. faktisch bedeutet, ist Gegenstand unterschiedlicher *demokratietheoretischer Ansätze*, in denen einzelne Eigenschaften wie Identität oder Repräsentation, Liberalität, öffentliche Diskussion, Pluralität oder Marktförmigkeit hervorgehoben werden.[19] In der politischen Praxis haben sich demgegenüber *komplexe Institutionensysteme demokratischer Willensbildung* entwickelt. Grundlegende Elemente dieser Institutionensysteme bezeichnen die Stichworte Repräsentation, Partizipation, Liberalität und Öffentlichkeit.

Repräsentation und Partizipation

Demokratie im unmittelbarsten Sinne bedeutet *Selbstbestimmung* der gesellschaftlichen Subjekte bzw. Subsysteme. Demokratische Selbstbestimmung ist nicht an Annahmen der identitären Demokratietheorie im Gefolge Rousseaus gebunden, so die Annahme eines einheitlichen Volkswillens (Volonte general). Vielmehr können auch in einer pluralen Gesellschaft selbstbestimmte Willensbildungsprozesse in unterschiedlichen Formen sinnvoll sein.

Eine naheliegende und mit den Mitteln der elektronischen Datenverarbeitung leichter denn je technisch durchführbare Form dieser Selbstbestimmung besteht in Abstimmungen der Gesamtbevölkerung. Diese sind möglich in der Form des *Volksbegehrens* (Abstimmung über Antrag zu einer Initiative), des *Volksentscheids* (Abstimmung über eine Initiative) oder des *Referendums* (Stellungnahme zu einem vorgelegten Regierungsentwurf).

Selbstbestimmung kann sich auch *sektoral* vollziehen. Demnach befinden die unmittelbar Beteiligten in bestimmten gesellschaftli-

---

schaftlich-politischen Inputzusammenhangs zeichnet sich demgegenüber durch klare Definier- und Operationalisierbarkeit sowie die Übereinstimmung mit dem herrschenden öffentlichen Verständnis aus.

18 Siehe Näheres zu diesen Konzepten im folgenden Abschnitt

19 Zum Überblick siehe u.a. Buchstein/Schmalz-Bruhns 1992; von Beyme 1992; Guggenberger 1991.

chen Bereichen autonom.[20] Beispiele hierfür sind gemeinschaftliche (z.B. hausgemeinschaftliche), betriebliche und lokale Formen der unmittelbaren Beratung und Entscheidung, aber auch die autonome Bildung von Normen unter dem Stichwort des reflexiven Rechts (Luhmann 1987).

In Gesellschaften, die über die Größe unmittelbarer Lebensgemeinschaften hinaus gewachsen sind, sind die Möglichkeiten autonomer Entscheidung allerdings immer begrenzt, da hier viele Entscheidungen zu treffen sind, die unmittelbare Lebensbereiche übersteigen und die Komplexität von Handlungsprogrammen und darauf bezogenen Entscheidungen stark wächst. Aber auch in kleinsten Lebensgemeinschaften wäre die Entscheidung jeder Sache in allen Aspekten durch alle Beteiligte hochgradig ineffizient. Hieraus ergibt sich der Sinn und die Notwendigkeit arbeitsteiliger Produktions- und Entscheidungsformen und damit zumindest partieller Willensrepräsentation.

Politische *Willensrepräsentation* dieser Art besteht zunächst darin, daß politisch nur begrenzt handlungsfähige gesellschaftliche Einheiten in der Struktur und Handlungsweise handlungsfähiger Einheiten abgebildet und von diesen in der politischen Willensbildung aktiv vertreten werden. Unterschiedliche Repräsentationsformen sind:

— die entscheidungsgebundene Repräsentation *(Imperatives Mandat)*, eine Repräsentationsform, die die Möglichkeit und Überprüfbarkeit klarer Mandatserteilung (vergleichbar dem Mandat für einen Rechtsanwalt) voraussetzt. Formen solcher Repräsentation sind die Wahl entscheidungsgebundener Wahlmänner/-frauen für bestimmte Entscheidungen und die laufende Bestimmung und Überprüfung der Entscheidungen der Repräsentanten durch ihre Basis nach dem Räteprinzip (Bermbach 1992: 13-50, 51-73).
— die strukturelle Repräsentanz nach bestimmten Proportionalitätsregeln zwischen gesellschaftlichen Strukturen, beispielsweise bestimmten Bevölkerungsanteilen und Repräsentanten *(Proporz)*. Besonders konsequent ist das Prinzip der propor-

20 Derartiges Vorgehen entspricht nicht nur dem vordemokratischen Verfahren der unmittelbaren Beratung der Beteiligten nach dem Konsensprinzip (Hennis 1975) sondern auch dem der katholischen Soziallehre entstammenden Prinzip der Subsidiarität, wonach Entscheidungsprozesse möglichst nah an die unmittelbare Betroffenenebene angenähert werden sollen (Nell-Breunig 1932).

tionalen Vertretung umgesetzt, wenn alle Repräsentanten Vetomacht erhalten und damit in jedem Fall berücksichtigt werden müssen. Solche *Konkordanzdemokratie* (Lehmbruch 1967, 1993; Czada/Schmidt 1993) kann jedoch auch mit Abstimmungen nach dem Mehrheitsprinzip kombiniert werden.

— die *Wahl politischer Repräsentanten* (Abgeordneter) mit Entscheidungsfreiheit nach dem Mehrheitsprinzip. Auch dieses Prinzip kann umgekehrt mit dem Konkordanzprinzip verbunden werden, so durch die Größenbestimmung von Wahlkreisen, die bestimmte Abgeordnetenzahlen für jeden Kreis sichert.

Demokratische Repräsentation ist nach dem *emphatischen Repräsentationsbegriff* (Fraenkel 1974; Steffanie 1980) nicht nur eine aus der Not geborene Hilfsinstitution der Demokratie. Vielmehr beinhaltet sie eine Reihe von Leistungsvorteilen im Sinne der Allgemeinheit, so größere Dauerhaftigkeit und Verläßlichkeit der Bearbeitung öffentlicher Aufgaben und Probleme, größere Verläßlichkeit, Verantwortlichkeit, vor allem aber Kompetenz der Repräsentanten. Dieser über den inputorientierten Demokratiebegriff im engen Sinn hinausreichende Gedankengang führt zur Favorisierung von Institutionenmodellen, in deren Mittelpunkt die Verantwortung von Amtsträgern und Experten, insbesondere dem öffentlichen Richteramt, steht (vergl. Habermas 1992: 324-348). Die weitestgehende Folgerung hieraus ist die Ersetzung des Demokratie- durch das Republikkonzept (Detjen 1992).

Im Rahmen politischer Willensbildung nach dem Repräsentationsprinzip stellen Plebiszite und autonome Willensbildungsprozesse quasi Einsprengsel unmittelbarer Beteiligung dar. Diese Willensbildungsformen können daher auch als themen- oder bereichsbezogene Partizipation bezeichnet werden. Allgemein wird unter *Partizipation* die Teilnahmemöglichkeit unmittelbar Betroffener an übergreifenden Willensbildungs- und -umsetzungsprozessen verstanden (Vilmar 1986, 1973). Politische Partizipation setzt in jedem Fall eine so frühe und umfassende Informationsmöglichkeit Betroffener voraus, daß diese eine reelle Chance zur einflußreichen Beteiligung an der politischen Willensbildung erhalten. Partizipation wird insbesondere durch *Bürgerinitiativen und gesellschaftliche Bewegungen* getragen (Raschke 1985, Nullmeier 1989, Roth/Rucht 1987).

Das Partizipationskonzept kann auch auf die Beteiligung *gesellschaftlicher Verbände und Interessengruppen* an der politischen Willensbildung angewandt werden. Da Verbände unmittelbar Betroffene repräsentieren, können sie allerdings auch als Form informeller Repräsentation aufgefaßt werden. Sie stehen damit zwischen den Polen der (unmittelbaren) Partizipation und der Repräsentation

Öffentlichkeit und Grundfreiheiten

Repräsentation und Partizipation stehen in engem Zusammenhang mit zwei anderen Teilinstitutionen vitaler Demokratie: Öffentlichkeit und Grundfreiheiten bzw. Liberalität. Unter *Öffentlichkeit* wird ein ausdifferenziertes Kommunikationssystem verstanden, in dem Personen, Gruppen und Organisationen bestimmte Themen aufbringen und ihre Meinungen zu Themen austauschen (Gerhards/Neidhardt 1990). Obgleich nicht alle Themen und Meinungen zum Gegenstand der öffentlichen Diskussion werden können, ist die prinzipielle Unabgeschlossenheit des Publikums eine Konstitutionsbedingung von Öffentlichkeit (Habermas 1962: 32f.). Der Zugang zu Öffentlichkeit ist prinzipiell frei, die Art der Teilnahme weder an Stand und Status noch an eine spezielle Expertenrolle gebunden; öffentliche Kommunikation ist daher *Laienkommunikation.* Als solche muß sie allgemein verständlich sein, als Kommunikation mit potentiell Unbekannten muß sie sich auf Themen beziehen, die von allgemeinem Interesse sind (Gerhards/Neidhardt 1990). Öffentlichkeit kann in mehrere *Ebenen* differenziert werden: in zufällig zustandekommende Kommunikation, in organisierte gesellschaftliche Kommunikationsformen (z.B. in Kneipen, Vereinen, Kongressen und politischen Veranstaltungen) und schließlich in die massenmedial vermittelte Öffentlichkeit. Formell institutionalisiert sind einfache Interaktionssysteme in der *Meinungs- und Redefreiheit*, organisierte Veranstaltungen in der *Versammlungs- und Demonstrationsfreiheit* und die massenmediale Öffentlichkeit in der *Pressefreiheit.* Wichtigste materielle Voraussetzungen der organisierten Kommunikation und der massenmedialen Öffentlichkeit sind die Entstehung einer entsprechenden kommunikativen Kultur, physische Sicherheit und die materielle Möglichkeit zur Beteiligung. Zwischen den genannten Öffentlichkeitsebenen und ihren formalen wie materiellen Voraussetzungen besteht ein intensiver Wechselzusammenhang.[22] *Liberalität* gründet sich auf den formellen und materiellen Teilnahmeschutz der am demokratischen Willensbildungsprozeß Beteiligten und die Offenheit für die Beteiligung aller Gesellschaftsmitglieder, die am politischen Prozeß teilnehmen möchten. *Formaler demokratischer Teilnehmerschutz* umfaßt die Sicherung aller Freiheitsrechte des/der Einzelnen gegenüber dem Staat, die formelle Sicherung aller Teilinstitutionen des politischen Gesamtsystems, insbesondere durch die Verankerung horizontaler und vertikaler Gewaltenteilung[23], sowie den wirkungsvollen Schutz und die sorgfältige Weiterentwicklung der verfaßten Normgrundlagen demokratischer Willensbildung (Grimm 1993).

Der materielle Teilnehmer- und Institutionenschutz der Demokratie hängt in erster Linie von einer entsprechenden Grundhaltung der Gesellschaftsmitglieder ab. Eine Bedingung dafür besteht in der Entwicklung und Pflege entsprechender gesellschaftlicher Wertorientierungen.

Die Demokratieelemente im Zusammenhang

Die mit den Stichworten Repräsentation, Partizipation, Liberalität und Öffentlichkeit bezeichneten Institutionen politischer Willensbildung bilden zusammen ein komplexes Institutionensystem. In

---

22 Veranstaltungen und das Rumoren an Stammtischen werden erst allgemein bedeutsam, wenn es die Massenmedien aufgreifen und zum Thema machen. Umgekehrt hängt die Wirkung der Massenmedien nicht zuletzt davon ab, ob sie in den unteren Ebenen ankommt. Öffentliche Meinungen entstehen demnach im Kreislauf über alle Ebenen. Massenmedien sind ein relativ geschlossenes System, wenn man fordert, daß möglichst viel Bürger selbst zu Wort kommen. Wird Offenheit nicht als faktische Präsenz, sondern als Repräsentanz der verschiedenen Meinungen gesehen, hängt sie von der Pluralität der Massenmedien sowie vom Spektrum der von ihnen vermittelten Themen und Meinungen ab (Gerhards/Neidhard 1990).

23 Das im Rahmen der Theorie und Praxis des europäischen Konstitutionalismus seit dem ausgehenden 17. Jahrhundert gebildete Muster der Gewaltenteilung (Montesquieu; Locke) stellt ein liberales Grundprinzip demokratischer Willensbildung dar. Es steht und fällt nicht mit der - heute häufig nicht vollständig gegebenen - Trennung von Legislative, Exekutive und Judikative. "Checks and balances" demokratischer Willensbildung können vielmehr auch anders geschnitten sein und weisen vor allem auch im Rahmen föderaler Systeme eine räumlich-vertikale Dimension auf.

diesem System ist jeder einzelne Institutionenkomplex von fundamentaler Bedeutung. Ohne die formale und materielle Sicherung grundlegender Freiheiten werden Repräsentation, Partizipation und Öffentlichkeit zu technischen Mechanismen ohne Inhalt und verschwinden gegebenenfalls überhaupt. Ähnlich werden durch Einschränkungen politischer Öffentlichkeit alle anderen demokratischen Institutionen sinnentleert oder überhaupt beseitigt. An eine funktionierende Öffentlichkeit sind vor allem auch demokratische Wahlen gebunden. Partizipation bildet nicht nur eine Ressource an Fach- und Anwendungswissen, sondern vor allem auch eine ständige Herausforderung der zu Erstarrung neigenden politischen Repräsentanten. Werden schließlich wirkungsvolle Mechanismen der Willensrepräsentation unterbunden, so sind der Diktatur Tür und Tor geöffnet, mit der üblichen Folge weiterer Einschränkungen aller demokratischen Teilinstitutionen.

Aus der Kombination angeführter Demokratieinstitutionen ergeben sich auch einige *weitere demokratische Postulate* bzw. demokratietheoretische Ansätze. So bildet die Kombination der Institution Öffentlichkeit und Partizipation mit Elementen der Repräsentationsvorstellung und der Sicherung der Grundfreiheiten der Theorien der "Civil Society" (Rödel/Frankenberg/Dubiel 1989; Buchstein/Schmalz-Bruhns 1992). Demnach konstituiert sich Demokratie als Akt der laufenden Verfassungsbegründung im aktiven Diskurs und Gestalten der Staatsbürger bzw. Gesellschaftsmitglieder. Ein zentrales Element dieser Demokratieauffassung ist der kritische Diskurs der aufgeklärten Staatsbürger und die Verbindung von übergreifenden Gemeinschaftszielen und individuellen interessenwahrnehmung, der im Rahmen der diskursorientierten Demokratietheorie (Habermas 1962, 1992) thematisiert wird.

Ein anderer Strang der Demokratiediskussion, in dem die Institutionen der Repräsentation, Partizipation und Liberalität miteinander verknüpft werden, ist die *pluralistische Demokratietheorie* (Dahl 1963; Fraenkel 1974; Steffani 1980, Kremendahl 1979). Hier steht die Verbindung gesellschaftlicher Offenheit für unterschiedliche Positionen mit der politischen Freiheit des Andersdenkenden in Verbindung. Dabei werden nicht nur formal autorisierte Parteien, sondern auch Verbände als legitime Formen gesellschaftlicher und politischer Pluralität akzeptiert.

Einzelne Demokratieelemente können allerdings auch in *Konflikt* miteinander geraten. So geraten häufig Anforderungen der

Repräsentation und der Partizipation in Spannung zueinander, wobei in der Regel übergreifende oder sachfremde Interessen (pro Repräsentation) und lokale Interessen (pro Partizipation) aufeinandertreffen. Konflikte zwischen Anforderungen der politischen Repräsentation (bzw. Interessen der Repräsentanten) und funktionierender Öffentlichkeit (Interessen der Öffentlichkeit oder Helferinteressen von Journalisten), schließlich Konflikte zwischen Öffentlichkeitserfordernissen und Freiheitsrechten (Recht auf Menschenwürde) sind im Vergleich dazu im allgemeinen von geringerer Schärfe und Bedeutung.

Ergänzende Literatur: Buchstein 1992, Rödel/Frankenberg/Dubiel 1989; Fraenkel 1974; Beyme 1992; Habermas 1992.

4.5 Politisches System und Nationalstaat

Kriterien demokratischer Willensbildung bestimmen das öffentlich-politische und politikwissenschaftliche Denken derartig stark, daß häufig die gesamte politisch-institutionelle Ordnung von Gesellschaften nach ihnen typologisiert wird. So firmieren westliche Staaten häufig als "westliche Demokratien" und autoritär strukturierte Entwicklungsländer als "Entwicklungsdiktaturen". Dem steht allerdings entgegen, daß politische Systeme nicht nur durch Regelsysteme der politischen Willensbildung und Willenskontrolle, sondern auch der Willensumsetzung geprägt sind.

Ein allgemeines Systemmodell, das diese Doppelseitigkeit politischer Systeme verdeutlicht, ist das von *David Easton stammende Input-Conversion-Output-Modell* der Politik (Easton 1965).[24] Politik vollzieht sich demnach in einem Kreislauf von Gesellschaft und Politik im engeren Sinne: Gesellschaftliche Forderungen und Interessen (demands) und legitimatorische Unterstützung (support) wirken auf das politische Subsystem ein. Dieses verarbeitet die eingehenden Inputs und setzt sie in politische Outputs (Entscheidungen, Programme, Maßnahmen, Handlungen) um.

---

24 Das Modell ist hinsichtlich der Phasen der Informationsverarbeitung in Modellen des Policy Cycle (siehe A.2.3) verfeinert worden. Es enthält jedoch eine grundsätzliche Koppelung von Institutionen- und Handlungsstrukturen, die im "Policy Cycle" nicht verarbeitet ist.

Zwischen Outputs und Inputs kommt es schließlich zu einer eigenen gesellschaftlichen Rückkopplung (feedback loop).

Berücksichtigen wir die Komplexität der öffentlichen Aufgaben und Probleme, insbesondere die Tatsache, daß Politik nicht nur gesellschaftliche Funktionen ausübt, sondern auch sich selbst reproduzieren muß (Allmond/Powell 1977), ergibt sich allerdings bereits ein politisches Systemmodell, in dem zahlreiche, teilweise auf gleicher Ebene, teilweise einander über- oder untergeordnete "Input-Conversion-Output" Zyklen ablaufen. Das System als solches wird dabei weniger durch die einzelnen Input-Output-Zirkel als durch deren wechselseitiges Verhältnis bestimmt. Diese Vorstellung führt schließlich zu dem Gedanken, daß politische Systeme nicht allein strukturelle Antworten auf funktionale Erfordernisse politischer Willensbildung und Willensumsetzung sind, sondern häufig durch ungeplante Prozesse beeinflußt werden. Sie sind dementsprechend nicht durchwegs nach funktionalen Kriterien wohlgeordnet, sondern weisen auch Überschichtungen, Überschneidungen, ja unter Umständen innere Widersprüche auf. Wer diese Systeme verstehen will, muß hierzu auch historische Bedingungen und Abläufe berücksichtigen. Dabei können alle Bedingungen und Formen des ungesteuerten Prozesses, insbesondere politisch-kulturelle Besonderheiten, eine Rolle spielen.

Ein traditionelles Konzept des politischen Systems ist das des *Nationalstaates*. Staat im engeren Sinne bezeichnet lediglich die für direktives Handeln mit Zwangsgewalt legitimierten Instanzen der Exekutive, die direktive Handlungsinstanz mit dem Anspruch öffentlichen Handelns. Staat im weiteren Sinne umfaßt dagegen die gesamte politisch-institutionelle Ordnung einer Gesellschaft einschließlich ihrer grundlegenden Werte und Normen. Da gerade Werte und Kulturformen, insbesondere die Sprache, als Inhalt von (Staats-)Nation gelten, ergibt sich eine Brücke zwischen den Begriffen des Staates und der Nationalität.[25] Staat wird daher in Europa traditionell als synonym mit Nationalstaat verstanden.

---

25 Die "Nationenbildung" vieler Gesellschaften hat sich nachweislich unter starkem Einfluß einer Staatsdoktrin, häufig durch gezielte Kampagnen von oben entwickelt. Während regionale bzw. lokale Kultur-, vor allem Sprachbesonderheiten, Teil gewachsener Kulturzusammenhänge sind, wurde nationalstaatliche Kultur häufig auferlegt, teilweise sogar gegen Widerstand aufgepreßt, ein Vorgang, der sich im 20. Jahrhundert insbesondere in Staaten mit verspäteter Nationenbildung im Zeichen unterschiedlicher religiöser und kultureller Grundorientierungen, beispielsweise in arabischen Ländern, durchsetzt.

Das Verständnis jeweiliger Nationen *variiert* allerdings zwischen einzelnen Ländern. So wird in einer wachsenden Zahl von Nationalstaaten die Staatsangehörigkeit nicht mehr (erstrangig) durch Abstammungskriterien (jus sanguinis), sondern durch Geburt im Staatsterritorium und/oder Kriterien faktischer Integration (jus soli) bestimmt. Die Vorstellung einer ethnisch und kulturell geschlossenen Staatsnation hatte angesichts einer seit Jahrhunderten vor sich gehenden regionalen und überregionalen Arbeitsmigration, Kriegs- und Armutsflucht bereits im 19. und früheren 20. Jahrhundert ideologischen Charakter (Bade 1992; Opitz 1988, 1992). An ihre Stelle tritt zunehmend die Vorstellung eines *zivilisatorisch gebundenen multikulturellen Zusammenlebens* im Rahmen von lokalen, regionalen, nationalen und internationalen Kontexten. Ein wichtiges Bindeglied zivilen Zusammlebens dieser Art besteht in dem auch wertfundierten Respekt vor Institutionen sozialen Zusammenlebens und offener politischer Willensbildung (Verfassungspatriotismus).

Politische Systeme unterscheiden sich demnach nicht nur unter dem Gesichtspunkt des Realisierungsgrades bzw. der Realisierungsformen unterschiedlicher Elemente vitaler Demokratie, sondern auch hinsichtlich ihrer dominierenden Institutionenformen und entsprechender politischer Kulturmuster. Schließlich und nicht zuletzt bestimmt sich der Charakter politischer Systeme dadurch, wie scharf und in welchen Formen sie sich gegenüber anderen Ländern und Kulturen abgrenzen.

Ergänzende Literatur: Ellwein/Hesse 1993; Beyme 1992; Böhret/Jann/Kronenwett 1988, Rudzio 1987; Sontheimer 1991; Hartwich/Wever, 1990, 1991, 1992, 1993; Böhret/Wever 1993; Schmidt 1992.

4.6 Räumliche Mehrebenensysteme: Föderalismus

Lokale, regionale, nationale und inter- bzw. supranationale Politikebenen bilden zusammen politisch-institutionelle Mehrebenen-Systeme. Diese werden häufig als föderal (von lat. foedus = Bund) bezeichnet, womit die organisatorisch-politische Zusammenfassung von selbständigen Gliedern in einem übergeordneten Ganzen ausgedrückt wird.[25] Solche politischen Organisationsformen sind der *Staatenbund* (Föderalismus im weiteren Sinne), in dem die Beteiligten ihre völkerrechtliche Souveränität behalten, und der *Bundesstaat* (Föderalismus im engeren Sinne), in dem öffentliche Aufgaben zwischen den einzelnen Funktionsebenen ("Gesamtstaat" und "Gliedstaaten") aufgeteilt sind.

Föderale Systeme umfassen mehrere räumlich-funktionale Ebenen, auf denen parallel und in wechselseitiger Verbindung miteinander operiert wird. Hierbei werden horizontale und vertikale Mechanismen der politischen Willensbildung und Willensumsetzung miteinander kombiniert. Dabei steht zunächst die vertikale Überordnung der jeweils umfassenderen räumlich-institutionellen Ebene im Vordergrund; es bestehen aber auch Willensbildungsmechanismen von unten nach oben und Kommunikationsausschüsse im Sinne horizontaler Kooperation.

Die Kommunikationsstruktur ist dicht und reflexiv und wird unter dem Stichwort der Politikverflechtungsfalle der mangelnden Aggregationsfähigkeit geziehen (Scharpf/Reissert/Schnabel 1976; Scharpf 1985). Die formelle Unterordnung wird häufig durch informelle Kommunikationsmechanismen und politisch-prozessuale geprägte Abläufe relativiert. Insbesondere die Akteure ansonsten relativ einflußarmer politischer Ebenen, so Vertreter subnationaler Regionen oder Bundesländer ("Länder"), achten auf den sorgfältigen Schutz der Mehrebenigkeit der politischen Willensbildung und Willensumsetzung.

Das politische Gegenprinzip zum Föderalismus ist der *Unitarismus*, in dem politische Funktionssysteme nicht (vertikal) aufgeteilt, sondern einheitlich organisiert sind. *Dezentralität*, das heißt der Vollzug und gegebenenfalls auch die politische Willensbildung in einzelnen Subsystemen, sowie *Regionalismus*, das heißt die an den Eigenarten jeweiliger Regionen sowie den für diese typischen Problemlagen und Kapazitäten orientierte orts- und bevölkerungsnahe Politik (Mayer-Tasch 1985), sind Teilelemente föderaler Mehrebenigkeit.

25 Diese Interpretation des Föderalismus "von oben" dominiert im angloamerikanischen Sprachbereich eindeutig; im deutschsprachigen Bereich wird mit dem Wort häufig umgekehrt die relative Selbstständigkeit der jeweils unteren institutionellen Ebenen hervorgehoben (Laufer 1991).

Entsprechend dem *Subsidiaritätsprinzip*[26] wird im Föderalismus die politische Behandlung auf orts- bzw. bevölkerungsnahen institutionellen Ebenen favorisiert; im Unterschied zum Regionalismus werden Dezentralität, Regionalität und Subsidiarität aber in Überlegungen und Handlungsmuster eingebunden, die Funktionsanforderungen der Gesamtheit bis hin zu internationalen Handlungserfordernissen Rechnung trägt. Föderale Mehrebenensysteme stellen daher eine besonders vielseitige, aber auch komplexe Form politischer Institutionalisierung und politischen Handelns dar.

Ergänzende Literatur: Beyme 1991: 327-367; Sturm 1991; Laufer 1991; Mayntz 1989; Scharpf 1985, Kühnhardt 1991; Müller-Brandeck-Boquet 1991, 1993.

4.7 Internationale Regime

Im Zeichen des nationalstaatlichen Souveränitäts- und Integritätsanspruchs stellen internationale Regime politisch-institutionelle Systeme zur Kooperation zwischen den formal unabhängigen Einheiten der internationalen Staatenwelt dar. Internationale Regime sind "Zusammenhänge von impliziten und expliziten Prinzipien, Normen, Regeln und Entscheidungsverfahren, an denen sich die Erwartungen von Akteuren in einem gegebenen Problemfeld der internationalen Beziehungen ausrichten".[27] Der Regimebegriff, der in der Diskussion über Staatsformen zur Bezeichnung antidemokratischer Herrschaft verwandt wird, erhält im Konzept internationaler Regime eine positive Wertung: Zwischen Staaten mit Souveränitätsanspruch erlauben internationale Regime die kooperative Bearbeitung grenzüberschreitender Probleme.

---

26 Das Prinzip stammt ursprünglich aus der katholischen Soziallehre und hat die Achtung vor der Besonderheit des Einzelnen im Rahmen jeweiliger spezifischer Lebensgemeinschaft zum Inhalt. Es hat politisch insbesondere in der Europäischen Union im Sinne des politisch-institutionellen Grundsatzes Verbreitung gefunden, wonach jeweils die räumlich-politische Ebene politische Funktionen übernehmen sollte, auf der sich politische Probleme und Entfatungsmöglichkeiten unmittelbar stellen. Jeweils "höhere" Handlungs-Ebenen sollen erst in dem Maße in die politische Willensbildung einbezogen werden, in dem die jeweilige Problematik auf der Ausgangsebene nicht bewältigt werden kann.

27 Krasner 1983: 2; Übersetzung nach Efinger u.a. 1990: 264f.

Internationale Regime sind heute in praktisch allen Problemfeldern der internationalen Politik, in denen es zu Kooperation kommt, so u.a. in den Bereichen Wirtschaft, Umwelt, Sicherheit und Technologie, identifiziert worden (Kohler-Koch 1989). Sie entstehen und entwickeln sich im allgemeinen in zwischenstaatlichen, zumeist multilateralen Verhandlungen. Die Ergebnisse dieser Verhandlungen werden meist in der Form von Verträgen, gemeinsamen Erklärungen etc. formal festgehalten. Der Formalisierungsgrad dieser Regelsysteme ist daher üblicherweise sehr hoch. Allerdings kann es gute Gründe für informelle internationale Abkommen geben und damit auch zumindest für informelle Bestandteile internationaler Regime (Lipson 1991).

Prinzipiell stehen internationale Regime den jeweils interessierten Staaten offen. Die Regimeakteure sind also Repräsentanten von Institutionen, was eine hohe Repräsentativität der geschaffenen internationalen Institution gewährleistet. Gemäß dem Souveränitätspostulat der Nationalstaaten ist deren Zutritt zu bzw. Austritt aus Regimen frei. Allerdings bilden sich verschiedentlich internationale Regime mit eingeschränktem Teilnehmerkreis, (Beispiel: COCOM-Regime der westlichen Länder gegen die UdSSR in den 70er und 80er Jahren). Umgekehrt üben Regimemitglieder nicht selten Druck auf außenstehende Staaten aus, einem Regime beizutreten. Da der Zutritt zu bzw. der Austritt aus internationalen Regimen jedoch grundsätzlich frei ist, gelten diese in stärkerem Maße als andere politische Institutionen als rational wählbar bzw. gestaltungsfähig.[28]

---

28 Dementsprechend haben in der Regimeanalyse und insbesondere in der Analyse der Entstehungschancen von internationalen Regimen Denkansätze des Rationalen Handelns und vor allem der Spieltheorie breite Anwendung gefunden (Stein 1983; Axelrod 1984; Oye (Hrsg.) 1986; Zürn 1992). Dagegen betonen Anhänger der 'interpretativen Schule' des Institutionalismus (Keohane 1989) die Bedeutung des sozialen Interaktionsprozesses, der mit den Bemühungen um die Errichtung eines internationalen Regimes begonnen wird. Internationale Regime sind demnach nicht nur das Ergebnis rationalen Handelns von Akteuren, die ihre Interessem verfolgen. Vielmehr begründen Regime einen sozialen Prozeß, in dem sich die Akteurpräferenzen verändern können und der so auf der Grundlage gemeinsamer Situationsdeutungen zur angestrebten Kooperation führen kann. Während in den am rationalen Handeln orientierten Deutungsversuchen die Interessen der Regimemitglieder im Mittelpunkt der Analyse stehen, werden in der interpretativen Schule kognitive Faktoren, z.B. Wissen und Ideen, betont (vgl. Haggard/Simmons 1987; Krasner 1983; Kohler-Koch 1989). Den zur Zeit populärsten Erklärungsversuch mit Hilfe kognitiver Faktoren stellt der von Peter Haas entwickelte An-

Die Regimemitglieder sind in der Regel auch die Träger des Regimes.[29] Häufig wird mit einem Regime allerdings ein Organisationsapparat errichtet. Zu Trägern der Institution, die deren Aufrechterhaltung unterstützen, können so neu eingerichtete Sekretariate und Expertenausschüsse ebenso werden wie internationale Organisationen.[30] Je nach Ausgestaltung der von Fall zu Fall zu untersuchenden institutionellen Arrangements ergibt sich so auch eine mehr oder weniger arbeitsteilige Struktur internationaler Regime, wobei die Gemeinschaft der Regimemitglieder den anderen Trägern internationaler Regime deutlich übergeordnet ist. Darüber hinaus können sich zwischen verschiedenen Regimen Verknüpfungen ergeben (Müller 1993: 42-43). Internationale Regime sind so selbst komplexe Regelmuster und zugleich Teil noch komplexerer interdependenter Regelsysteme.

Internationale Regime besitzen aufgrund der großen Überschneidung von Adressaten und Trägern der Institution sowie aufgrund der Tatsache, daß sie auf Verhandlungsprozessen zwischen den Mitgliedern beruhen, eine verhältnismäßig große innere *Transparenz*. Der Grad der äußeren Transparenz internationaler Regime schwankt dagegen von Politikfeld zu Politikfeld. So zeichnen sich Umweltregime durch relativ große Offenheit gegenüber außenstehenden Staaten und gesellschaftlichen Organisationen aus, während bei Sicherheitsregimen häufiger Geheimhaltungstendenzen anzutreffen sind.

Die *Kompetenzordnung* zwischen den zumindest formal gleichberechtigten Regimemitgliedern gilt trotz vorhandener unterschiedlicher Einflußpotentiale wegen der Exitoption als grundsätzlich horizontal. Internationaler Regime erscheinen zunächst

---

satz der "epistemischen Wissensgemeinschaften" ("epistemic communitites") dar (Haas 1990, 1992).

29 Zwar hatte die "Theorie der hegemonialen Stabilität" (Kindleberger 1973) die Sicherung der Existenz internationaler Regime von der Existenz eines Hegemons abhängig gemacht. Insbesondere durch die Arbeit von Robert Keohane (1984) konnte jedoch gezeigt werden, daß ein Hegemon zwar regimeförderlich sein kann, keineswegs aber eine notwendige Voraussetzung für das Bestehen internationaler Regime darstellt (vgl. auch Efinger u.a. 1990: 267ff.). In der Folge der neueren Regimeforschung muß die Trägerschaft des Regimes durch einen Hegemon dagegen als seltener Extremfall gelten; die neueren Forschungsergebnisse heben dagegen die Aufrechterhaltung der institutionalisierten Zusammenarbeit durch die Gemeinschaft der Regimemitglieder hervor.

30 Diese werden in der Regimeanalyse allerdings strikt von Regimen unterschieden (Young 1989: Kap. 2).

wegen der Nähe zu Verhandlungssystemen als wenig aggregationsfähig. Allerdings wird in den Verhandlungsprozessen, die zur Errichtung internationaler Regime führen, eine relativ große Kommunikationsdichte erreicht, die dem Interessenausgleich zwischen den Akteuren zugute kommt. Ob Regime aggregationsfähig bleiben, hängt nicht zuletzt davon ab, ob diese Kommunikationsdichte bewahrt oder sogar erhöht werden kann.

Bei sich verändernden Interessen der Akteure hängt die Aggregationsfähigkeit internationaler Regime nicht zuletzt von ihrer Anpassungsfähigkeit ab.[31]. Besonders im Problemfeld Umwelt, das sich bisher durch eine besonders hohe innere Dynamik ausgezeichnet hat, sind diesbezüglich in den vergangenen Jahren hochgradig flexible und innovationsfähige institutionelle Arrangements identifiziert worden, die als "evolutionäre" (List 1991) oder auch "dynamische" Regime (Gehring 1991) bezeichnet worden sind. Allerdings sind Innovationsfähigkeit und damit dauerhafte Aggregationsfähigkeit keineswegs ein durchgehendes Charakteristikum internationaler Regime. Vielmehr scheint dies vom mehr oder minder statischen versus flexiblen Regimedesign abhängig zu sein (Gehring 1994). Besonders hohe Effizienzschancen in diesem Sinne scheinen Regime auf der Grundlage eines relativ dauerhaft institutionalisierten Kommunikationsprozesses zwischen den Regimemitgliedern zu haben.

Ergänzende Literatur: Breitmeier/Gehring/List/Zürn 1993; Haas/Keohane/Levy 1993; Rittberger 1993; Oberthür 1992, 1992a.

4.8 Supranationale Institutionenansätze

Ein die Nationalstaaten überwölbender Weltstaat hat sich bis zum ausgehenden 20. Jahrhundert nicht gebildet. Es existieren allerdings Institutionenansätze, die den Nationalstaat noch stärker relativieren als internationale Regime. Dies ist im europäischen

31 Das Thema der Regimestabilität und des Regimewandels hat dabei die Regimetheorie seit ihren Anfängen beschäftigt. Regimewandel wurde zunächst allerdings schnell in die Nähe des Regimeniedergangs gerückt und erhielt so eine negative Konnotation. In der Zwischenzeit wird Regimewandel jedoch zunehmend im Sinne der Fähigkeit zur Anpassung an sich verändernde Umweltbedingungen durch Innovation und damit als Voraussetzung der Stabilität internationaler Regime interpretiert (Smith 1989; Müller 1993)

Raum die institutionelle Ordnung der Europäischen Union; auf globaler Ebene finden sich derartige Institutionenelemente im Rahmen der Vereinten Nationen, insbesondere deren Sicherheitsrates.

Die Europäische Union

Die Europäische Union wird häufig als Organisationstypus eigener Art ("sui generis") bezeichnet. Diese Bezeichnung bezieht sich zum einen auf die besondere Kombination von Institutionen und Organisationen unterschiedlicher Typen und räumlich-politischer Ebenen, zum anderen auf die Existenz supranationaler Elemente der Union, so der Europäischen Kommission und des Europäischen Gerichtshofs sowie einzelner nationenübergreifender Markt- und Steuerungsmechanismen.

Die Union wurde als das "Europa der Sechs" (Frankreich, Italien, Bundesrepublik, Niederlande, Belgien, Luxemburg) aus der früheren Montanunion, der Atomenergie und der Wirtschaftsgemeinschaft mit dem Ziel *wirtschaftlicher Integration und Leistungssteigerung* gegründet und trotz verschiedener Krisen Schritt für Schritt weiterentwickelt. Die Zielsetzung der wirtschaftlich orientierten Integration ist nach wie vor zentral, auch wenn zahlreiche ergänzende Ziele bis hin zur außenpolitischen Kooperation hinzugekommen sind. Hieraus ergaben sich zahlreiche Harmonisierungsnormen sowie ein hoher Stellenwert *konsensorientierter*, damit allerdings auch komplexer *Verfahren* der politischen Willensbildung.[32] Die Demokratiekriterien der Repräsentation, Partizipation, Liberalität und Öffentlichkeit werden dabei häufig nicht in der in Nationalstaaten üblichen Form, partiell überhaupt nicht erfüllt:

---

32 Zwar besteht der Ministerrat offiziell aus den Vertretern der nationalen Fachministerien, er wird aber durch eine Untereben der ständigen Vertreter arbeitsteilig ergänzt. Außerdem bilden Fachleute der nationalen Ministerien Kontrollausschüsse zur Überwachung der Implementation in Einzelpunkten, welche schon wieder eng mit der Verwaltung der Komission zusammenarbeiten. Durch die Teilnahme der Komission an den Ratssitzungen des Ministerrats und seiner Untergremien ist auch sie intensiv in das System Ministerrat miteinbezogen und wird zu einem, wenn auch nicht gleichberechtigten, Träger der Institution. Eine reine Repräsentation der Mitgliedsstaaten ist also im Rat nicht gegeben. Der Rat gilt nach wie vor durch sein Vorgehen nach dem Einstimmigkeitsprinzip als Verhandlungssystem.

— *Repräsentation*: Parlament und Kommission werden zwar proportional nach der Größe der Mitgliedsstaaten besetzt; die Akteure mit der stärksten Handlungskompetenz, die Mitglieder des Minister- bzw. des Europäischen Rats und die Mitglieder der Kommission, sind jedoch nur mittelbar demokratisch legitimiert: Während die Ratsmitglieder aufgrund der Ergebnisse nationalstaatlicher Wahlen zu ihrer Position kommen, werden die Europäischen Kommissare und die diesen zuarbeitenden Beamten lediglich auf Vorschlag nationaler Regierungen bestellt. Das Europäische Parlament setzt sich nach zukünftig annähernd gleichem Wahlrecht, aber in unterschiedlich großen Wahlkreisen gewählten Abgeordneten der Mitgliedsstaaten zusammen, die nicht wie in nationalen Parlamenten als Regierung und Oposition, sondern arbeitsteilig und gleichberechtigt in Sachausschüssen zusammenarbeiten. Fraktionen wurden zwar nach weltanschaulichen Kriterien gebildet, spielen für die Struktur und Arbeit des Parlaments aber eine untergeordnete Rolle.

— *Öffentlichkeit*: Die politische Willensbildung in der Europäischen Union ist schon aufgrund ihrer hohen Komplexität und des Übergewichts von Verhandlungs- gegenüber Mehrheitsmechanismen stark eingeschränkt. Denn vor und in Verhandlungen wird in aller Regel gerade mit Information taktisch umgegangen, wobei besonders einflußreiche Akteure wie die Rats- und Kommissionsmitglieder zur Informatonszurückhaltung und nur jeweilige Minderheiten sowie relativ schwache Akteure wie das Parlement zur Informations- und Argumentationstransparenz neigen. Grundsätzlich beschränkt wird die politische Öffentlichkeit der EU schließlich dadurch, daß schon aufgrund der starken sprachlichen Differenzierung eine nationenübergreifende europäische Öffentlichkeit weitgehend fehlt.

— *Partizipation*: Da Öffentlichkeit durch fehlende Transparenz und übergroße Komplexität kaum gegeben ist, sind die informatorischen Voraussetzungen für breite Partizipation beschränkt. Akteure mit entsprechenden ökonomischen, technischen und soziopolitischen Beteiligungskapazitäten, so große Verbände, haben allerdings angesichts der vergleichsweise geringen Öffentlichkeit und Komplexität des EU-Prozesses überdurchschnittlich große stille Beteiligungsmöglichkeiten.

— *Freiheits- und Beteiligungsrechte*: Lediglich die grundlegenden Freiheitsrechte erscheinen in der Europäischen Union grundsätzlich in derselben Weise gesichert wie in freiheitlichen Nationalstaaten. Praktisch können viele politische Freiheits- und Beteiligungsrechte, beispielsweise die Versammlungs- und Meinungsfreiheit, allerdings aus den angegebenen Gründen (Unübeschaubarkeit von Abläufen, Verhandlungsübergwicht u.ä.) kaum realisiert werden. Der gegenwärtige Zustand der politischen Willensbildung in der EU erscheint daher unter Demokratiegesichtspunkten als ein zu überwindender Zwischenzustand.

Die Mitgliedschaft in der Europäischen Union wird üblicherweise nach dem Kriterium des formell erklärten und akzeptierten Beitritts bemessen. Benachbarte Staaten, so die Schweiz, übernehmen allerdings, genötigt durch ihre Wirtschaftskontakte zu der EU, zunehmend Bestimmungen der Union und versuchen Einfluß auf den Willensbildungsprozeß in der EU zu rlangen. Die Union institutionalisiert ihre zahlreichen *Außenkontakte* überdies in Form von Konsultationsräten, so mit den AKP-Ländern[33] und den osteuropäischen Ländern.

Sie hat sich trotz einer Reihe von Stagnationskrisen und Rückschrittsgefahren als *institutionell entwicklungsfähig* erwiesen. Allerdings schwankt die *Aggregationsfähigkeit* der Gemeinschaft von Sachbereich zu Sachbereich. So besteht in neuen Politikbereichen wie der gemeinsamen Außenpolitik noch ein weitgehendes Aggregationsdefizit, während in anderen Bereichen, insbesondere dem internen Handelspolitik, mit der zunehmenden Realisierung des EG-Binnenmarktes bereits beträchtliche Integration erreicht wurde.

Kontrollfunktion in der Gemeinschaft wird bisher durch den Europäischen Gerichtshof geleistet, der seine Kompetenz nach und nach erweitert hat. Innerinstitutionelle Kontrolle übt aber auch das Europäische Parlament zunehmend aus; dies gilt insbesondere für Haushaltsfragen und die Besetzung der Europäischen Kommission. Öffentlichkeit als politische Kontrollinstanz fehlt dagegen nach wie vor weitgehend.

---

33 66 Länder im afrikanischen, karibischen und pazifischen Raum, mit denen die Europäische Gemeinschaft das Abkommen von Lome schloß, das neben der Einräumung weitgehender Handelspräferenzen und freiem Zugang zum Markt der EG eine Stabilisierung von Ausfuhrerlösen sowie industrielle, technische und finanzielle Zusammenarbeit vorsieht.

Die Vereinten Nationen

Im Vergleich zu der Europäischen Union erscheinen die Vereinten Nationen (UNO) im allgemeinen als weit weniger aggregationsunf auch innovationsfähig. Anspruch und Wirklichkeit bzw. formal kodifizierte Verfahren und sich real herausbildende Handlungsmuster der Vereinten Nationen unterscheiden sich häufig stark voneinander. Die UNO besitzt Merkmale eines Internationalen Regimes wie Merkmale einer supranationalen Institution. Sie ist hinsichtlich ihrer Träger wie ihrer Adressaten im Gegensatz zur EU nicht formal auf eine geographische Region beschränkt, sondern auf die Teilnahme aller Staaten angelegt. Sie hat keine der EU vergleichbare Regelungskompetenz mittlerer bis langfristiger Reichweite, die sich mit der "Gesetzgebung" auf EU ebene vergleichen lassen könnte, auch wenn sich ihr Beitrag zur Ausgestaltung des Völkerrechts[34] zukünftig ausweiten läßt. Die UNO hat aber im Vergleich zu internationalen Regimes dennoch eine erhöhte Regelungskompetenz gegenüber ihren Trägern, die sie mit Hilfe von Entschließungen der Generalversammlung und ungleich wirkungsvoller durch Beschlüsse des Sicherheitsrates ausübt.

Am ehesten lassen sich die Teilinstitutionen Generalversammlung, Sicherheitsrat, Generalsekretariat und Internationaler Gerichtshof hinsichtlich ihrer Verfahren und Kompetenzen einordnen. Die Generalversammlung als Plenum aller Mitgliedsstaaten ist horizontal gleichberechtigt organisiert und beschließt formal nach Mehrheitsverfahren. Informell hat sich jedoch eine konsensorientierte Entschlußfindung durchgesetzt, die dieses Gremium in die Nähe internationaler Regime rückt (Unser 1992: 45). Da die Beschlüsse der Generalversammlung ohne Drohpotential derselben gegenüber den Mitgliedern auf Kooperation der Betroffenen angewiesen ist, kann man von Selbstregulierung auf horizontaler Ebene sprechen.

Der Sicherheitsrat trägt stärker supranationale Züge, da hier eine Auswahl der Adressaten, die ständigen sowie die aktuellen nichtständigen Mitglieder, bindend für die Gesamtheit aller Mitglieder der UNO als Träger entscheidet. Historisch aus der Zusammenar-

---

34 Dabei spielt vor allem die Völkerrechtskommission der Generalversammlung eine herausragende Rolle, zuletzt bei der Frage eines Internationalen Strafgerichtshofes für das ehemalige Jugoslavien.

beit der vier Alliierten des zweiten Weltkrieges hervorgegangen, ist der Zugang zum Sicherheitsrat noch immer streng beschränkt. Die Nichtständigen Mitglieder werden von der Generalversammlung für eine beschränkte Periode in den Sicherheitsrat gewählt, die ständigen Mitglieder sind (mit Ausnahme Chinas) seit 40 Jahren die selben geblieben und haben die Auswahl neuer ständiger Mitglieder in ihrer Hand. Auch durch ihr Entscheidungsfindungsverfahren unterscheiden sich die beiden Kategorien von Mitgliedern. Das Vetorecht der ständigen Mitglieder zwingt diese zu einem Verhandlungsprozeß mit Konsensfindung, während die Nichtständigen nach Mehrheitsregelung abstimmen. Der Konflikt zwischen den ständigen Mitgliedern des Sicherheitsrates konnte so während des Kalten Krieges die Arbeit des gesamten Organs zum erliegen bringen. Nach dessen Ende und somit dem Ende der Selbstblokade ist das Einflußpotential des Sicherheitsrates als Gesamtinstitution durch seine Drohpotentiale beträchtlich. Ihm steht dafür ein abgestuftes Instrumentarium von der Wirtschaftssanktion bis zum militärischen Eingreifen zur Verfügung. Die Beratung findet zunehmend unter Ausschluß der Öffentlichkeit auf informellen Treffen statt, die so die Transparenz der Beschlußfindung verringern, die Konsensfindung aber erleichtern (Unser 1992: 78).

Arbeitsteilig organisiert ist die Zusammenarbeit mit dem Generalsekretariat bzw. dem Generalsekretär, der durch die Generalversammlung gewählt wird. Er bereitet neben seinen institutionsinternen Verwaltungsaufgaben vor allem die Arbeit des Sicherheitsrates vor, wobei er, im Gegensatz zur EU-Kommission, nicht das alleinige Vorschlagsrecht besitzt, das hier auch bei den Mitgliedern des Sicherheitsrates liegt. Er ist zum anderen aber auch, wieder im Gegensatz zur Kommission, ausführendes Organ, das somit die Implementation der Beschlüsse in Zusammenarbeit mit den Mitgliedern sichert. Diese Rolle des Generalsekretärs soll Konflikte um den Einfluß der Mitglieder verringern helfen. Von der eigentlichen Beschlußfassung ausgeschlossen, ist er zwar das supranationalste, aber gleichzeitig ein dem Sicherheitsrat untergeordnetes Organ der UNO.

Die selbe Bezeichnung könnte der Internationale Gerichtshof in Den Haag verdienen, wenn er sich nicht den Mitgliedern gegenüber als weitgehend machtlos und damit funktionslos herausgestellt hätte. Formal als Streitschlichtungs- und Rechtssetzungsinstitution konzipiert und damit dem EuGH ähnelnd, hat er den

Rechtsschutz des Völkerrechts mangels Sanktionsmöglichkeiten nicht garantieren können und wird auch als Streitschlichtungsinstanz kaum akzeptiert (Unser 1992: 110-111).

Das formale Regelungssystem UNO hat sich seit seiner Gründung zwar in seinen informellen Regelungsmechanismen wiederholt gewandelt, ist aber in seiner kodifizierten Form kaum verändert worden. Im Zuge der Revitalisierung des Sicherheitsrates kamen erneut Konzeptionen eines Ausbaus der Regelungskonpetenz der UNO sowie einer Umstrukturierung seiner Unterinstitutionen (so eine Neuaufnahme ständiger Mitglieder des Sicherheitsrates) in die Diskussion. Die hier erforderliche Selbstregelungskapazität über Verfahrensregelung und damit die Aussicht auf Erfolg der Reformvorhaben ist aber aufgrund der komplizierten Verfahren (Zustimmung aller Ständiger Mitglieder sowie 2/3 der Generalversammlung) gering.

Ergänzende Literatur: Kreile 1992; Kohler-Koch 1992; Weidenfeld 1992; Thränhardt 1992; Rittberger 1986;

5. Theorien

Bisher wurden einzelne Politikdimensionen behandelt, eine Betrachtungsweise, die ein vergleichsweise genaues Studium jeweiliger Variablen bzw. Konzepte erlaubt, jedoch hochgradig analytischen Charakter hat. Denn konkrete Politik vollzieht sich immer in der Verbindung unterschiedlicher Politikkomponenten. Eine für die wissenschaftliche Politikdiskussion besonders wichtige Form, analytische Konzepte und Aussagen unterschiedlicher Politikdimensionen miteinander zu kombinieren, sind Theorien. Im folgenden werden daher einige Theorien bzw. theoretische Orientierungen der Politikanalyse dargestellt.

5.1 Überblick

Darüber, was Theorie ist, streiten sich Wissenschaftler und dabei gerade auch Politikwissenschaftler traditionell mit Inbrunst.[1] Einer der Gründe dafür dürfte darin liegen, daß in den jeweiligen Theorieauffassungen das Gesamtverständnis von Wissenschaft einschließlich dessen normativer Komponenten angelegt ist. Es geht also in der Diskussion um den Theoriebegriff zumindest implizit immer auch darum, was Wissenschaft sein und wie sie gestaltet werden soll. Zum anderen existieren nicht nur wissenschaftliche Theoriebegriffe; von Theorie(n) wird vielmehr auch in der parteipolitischen Diskussion, in den Medien und im Alltag gesprochen.

Die wissenschaftliche Politikanalyse, die methodisch an der empirischen Sozialforschung orientiert ist, aber häufig mit Konzepten und Theorien operiert, die normativ aufgeladen sind und öffentlich-politisch geprägte Bedeutungsinhalte mittransportieren (Beispiel: Demokratiekonzepte bzw. -theorien), ist auf einen weiten Theoriebegriff angewiesen: In diesem Sinn bezeichnet Theorie *Aussagesysteme, die mit dem Anspruch vertreten werden, über einzelne Fälle hinaus gültig zu sein.* Die Bezeichnung "Systeme" beinhaltet dabei nicht nur die Verknüpfung, sondern auch eine zumindest gewisse Widerspruchsfreiheit von Aussagen.

---

1 Siehe z.B. Popper 1969 (1935); Kuhn 1989 (1962); Topitsch 1971; Narr/Naschold 1971; Beyme 1986 (1972); Alemann 1985 (1974); Schnell/Hill/Esser 1989; Atteslander 1991 u.v.a.

Theorien in diesem weiten Sinn umfassen istanalytische Aussagensysteme mit Erklärungsanspruch, aber auch sollanalytische Aussagensysteme mit normativem Anspruch. Politiktheorien können also zunächst einmal in sollanalytisch-normative und istanalytisch-empirische Theorien eingeteilt werden.[2]

Abbildung 12: Das Theoriefeld der Politikanalyse

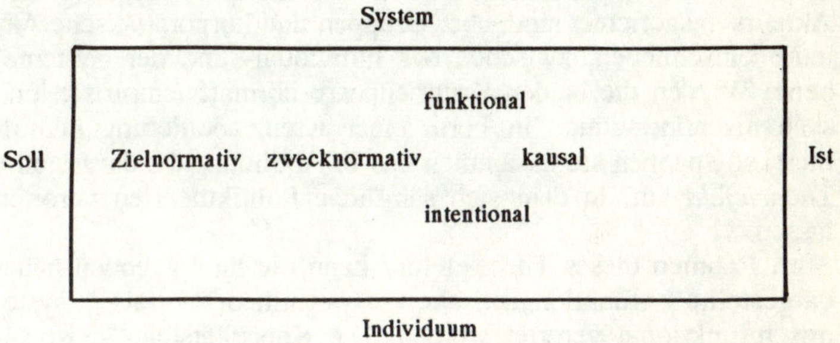

Unter den normativ ausgerichteten Theorien lassen sich ziel- und zwecknormative Theorien unterscheiden: Während es in *zielnormativen* Politiktheorien um die Begründung, Setzung und Durchführung von Zielnormen selbst geht (Beispiel Politische Ethik), haben *zwecknormative Theorien* lediglich Folgebewertungen nach einem erklärtermaßen gesetzten und damit relativierbaren Maßstab zum Gegenstand (Beispiel ökonomische Optimierungstheorien). Theorien mit dem Anspruch der Istaussage lassen sich untergliedern in *Kausaltheorien*, die Politik lediglich als Ergebnis äußerer Einflußfaktoren fassen, und *Intentional- bzw. Funktionaltheorien*, die eine Zielorientierung von Akteuren (Intention) oder Systemen /Funktion) als gegeben zugrundelegen. Damit ergibt sich ein Theoriespektrum von zielnormativem Denken über zwecknormative Optimierungs-Theorien zu intentional-funktionalen und kausalem Denken (siehe Abbildung 12).

Das Kriterienpaar Soll-/Ist-Verhalten reicht allerdings noch nicht für eine eindeutige Verortung theoretischer Orientierungen der Politikanalyse aus. Zu unterscheiden sind vielmehr noch sy-

2 Dabei wird nicht übersehen, daß zwischen Aussagen über Realität und Sollvorstellungen über diese Wechselbeziehungen bestehen (normative Einflüsse auf Konzeptbildung und Design von empirischer Forschung, empirische Fundierung normativer Theorien).

stemische und am Individuum ausgerichtete Theorien: *Systemische Theorien* haben Strukturen und Prozesse zum Gegenstand, die nicht ohne weiteres auf Individuen zurückgeführt werden können, vielmehr eine eigene Systemqualität besitzen. *Individuenbezogene Theorien* dagegen thematisieren Ist- oder Sollaussagen, die sich auf Individuen beziehen. Auch unter diesem Gesichtspunkt ergeben sich wieder Abstufungen. So stehen *akteursbezogene Theorien*, die zwar zunächst an der Vorstellung des individuellen Akteurs ausgerichtet sind, aber Gruppen und korporatistische Akteure einschließen, zwischen der Individual- und der Systemebene. Werden die beiden Kriterienpaare normativ/empirisch und systemisch/individuell in Form einer Kreuztabellierung kombiniert, so spannen sie zusammen das in Abbildung 12 dargestellte *Theoriefeld* auf, in dem sich sämtliche Politiktheorien verorten lassen.

Im Rahmen dieses Theoriefeldes kann die im folgenden näher dargestellte funktionalistische Systemtheorie als systemisch/funktional verortet werden. Die Kapazitätstheorie ist systemisch/kausal ausgerichtet, hat aber auch Funktionsbezüge. Auch die referierten modernisierungstheoretischen Ansätze sind zwischen Funktions- und Struktur- bzw. Kausalitätsüberlegungen angesiedelt und akteursübergreifend formuliert. Der situativ-akteursübergreifend angelegte Garbage-Can-Ansatz dethematisiert Kausalitäts- wie Funktionsbezüge. Der Rational-Choice-Ansatz dagegen ist klar intentional/akteursbezogen ausgerichtet. Zu diesem Denkansatz gehören die Spieltheorie einschließlich der Koalitionstheorie und die Verhandlungssystem-Theorie. Der Advocacy-Coalitions-Ansatz schließlich ist keine Theorie im strengen Sinn, sondern enthält einen allgemeinen Vorschlag zur Erfassung bzw. Modellierung bestimmter Politikvariablen, wobei Variablen aller drei Politikdimensionen eingeschlossen sind. Während funktionalistische Systemtheorie und Kapazitätstheorie keinen erklärten normativen Bezug aufweisen, verbinden verschiedene modernisierungstheoretische Ansätze, die Spieltheorie und die wohlfahrtstheoretische Verhandlungssystemtheorie empirische und normative Anteile erklärtermaßen miteinander.

Ergänzende Literatur: Beyme 1991, 1992; Zürn 1992; Giddens 1992.

Die funktionalistische Systemtheorie (Luhmann 1984), häufig als einflußreichste sozialwissenschaftliche Theorie der Gegenwart aufgefaßt, steht in der langen Tradition des funktionalistischen Denkens, wonach sich soziales Handeln aus manifesten oder latenten Funktionen für die Gesamtgesellschaft oder eine andere als übergeordnet gedachte Einheit ergibt.[3] Luhmann vertritt explizit den Erkenntniswert der funktionalen Methode und den mit ihr verbundenen Bezug auf gesellschaftliche Problemlagen (1984: 83-91). Vor allem aber gründet sich sein Verständnis der allgemeinen Systemtheorie durchgehend auf die Wahrnehmung von Funktionserfordernissen. Kerninhalte der Luhmannschen Fassung dieser Theorie (Luhmann 1984: 34-70) sind:

— *System/Umwelt*: Systeme konstitutieren und erhalten sich durch Erzeugung und Erhaltung einer Differenz zur Umwelt, und sie benutzen ihre Grenzen zur Regulierung dieser Differenz. In diesem Sinne ist Grenzerhaltung (boundary maintenance) Systemerhaltung.

— *Systemdifferenzierung*: Die Differenz von System und Umwelt zwingt als Paradigma der Systemtheorie dazu, die Differenz von Ganzem und Teil durch eine Theorie der Systemdifferenzierung zu ersetzen. Systemdifferenzierung ist nichts weiter als Wiederholung der Systembildung in Systemen. Innerhalb von Systemen kann es zur Ausdifferenzierung weiterer System/Umwelt-Differenzen kommen.

— *Selektion*: Stets wirken System und Umwelt zusammen. Daher ist zu klären, warum und wie Ursächlichkeit auf System und Umwelt verteilt wird. Ein Schlüsselbegriff zum Verständnis dieser Problematik ist der Begriff der Produktion und seiner Derivate Reproduktion, Selbstreproduktion, Autopoiesis (Selbstsetzung). Nur wenn man darauf verzichtet, die Gesamtheit der Ursachen zu "beherrschen", kommt es zu Abstraktionen, die selbstorganisierend und autoreproduktiv realisiert

---

3 Die These, daß der Funktionsbezug das eigentlich fruchtbare Prinzip der Selektion wissenschaftlicher Daten sei, gibt es, wie Luhmann feststellt (Lamy 1679: 10 nach Luhmann 1984: 87) mindestens seit dem 17. Jahrhundert. Im Anklang an das organische Denken hatte der Funktionalismus im 19. Jahrhundert große Bedeutung (Furniss 1992). Im 20. Jahrhundert wurde die "funktionale Methode" vor allem durch Robert K. Merton (1957, 1973) geprägt.

werden; nur auf diesem Weg entsteht auch ein Überschuß an Produktionsmöglichkeiten.

— *System und Relationen*: Es gibt zwei verschiedene Möglichkeiten, die Dekomposition eines Systems zu betrachten. Die eine zielt auf die Bildung von Teilsystemen bzw. internen System/Umwelt-Beziehungen im System. Die andere dekomponiert in Elemente und Relationen. In systemtheoretischer Sicht sind Elemente nicht lediglich analytisch gebildet, aber auch nicht ontisch vorgegeben, sondern werden als Einheit erst durch das System konstituiert. Der Element-Ansatz wird damit systemtheoretisch deontologisiert und funktionalisiert.

— *Konditionierung*: Eine bestimmte Relation zwischen Elementen wird nur unter der Voraussetzung realisiert, daß etwas anderes der Fall ist oder nicht der Fall ist, also Bedingungen der Möglichkeit gegeben sind. Erfolgreiche Konditionierungen, mit denen erreicht wird, daß das, was durch sie möglich ist, auch entsteht, wirken als Einschränkungen (constraints). Man kann auf sie nicht verzichten, ohne daß das, was durch sie möglich wurde, entfällt.

— *Komplexität*: Als komplex wird eine zusammenhängende Menge von Elementen bezeichnet, wenn aufgrund immanenter Beschränkungen der Verknüpfungskapazität der Elemente nicht mehr jedes Element jederzeit mit jedem anderen verknüpft sein kann. Komplexität in diesem Sinn heißt *Selektionszwang*, Selektionszwang heißt Kontingenz und Kontingenz heißt Risiko. Durch Selektionszwang und durch Konditionierung von Selektionen läßt sich erklären, daß aus einer Unterschicht von sehr ähnlichen Einheiten (z.B. sehr ähnlichen menschlichen Organismen) sehr verschiedenartige Systeme gebildet werden können. Die Komplexität der Welt, ihrer Arten und Gattungen, ihrer Systembildungen entsteht also erst durch Reduktion von Komplexität und durch selektive Konditionierung dieser Reduktion. Welche Beziehungen zwischen Elementen realisiert werden, kann nicht aus der Komplexität selbst deduziert werden; das ergibt sich auf jeder Ebene der Systembildung aus der Differenz von System und Umwelt und aus den Bedingungen ihrer evolutionsmäßigen Bewährung. Umgekehrt wird die Einrichtung und Erhaltung einer Differenz von System und Umwelt deshalb zum Problem, weil die Umwelt für jedes System komplexer ist als das System selbst. Den Systemen fehlt die "requisite variety" (Ashby), die erforderlich wäre, um auf jeden Zustand der Umwelt reagieren bzw. die Umwelt systemadäquat einrichten zu können.

— *Grenzen*: Mit Hilfe von Grenzen können Systeme sich zugleich schließen und öffnen, indem sie interne Interdependenzen von System/Umwelt-Interdependenzen trennen und beide aufeinander beziehen. Grenzen sind insofern eine evolutionäre Errungenschaft par excellance; alle höhere Systementwicklung und vor allem die Entwicklung von Systemen mit intern-geschlossener Selbstreferentialität setzt Grenzen voraus. Neben der Konstitution von systemeigenen Elementen ist die Bestimmung von Grenzen daher das wichtigste Erfordernis der Ausdifferenzierung von Systemen. In entwicklungsdynamischer Perspektive gesehen sind Grenzen steigerbare Leistungen (Ausdifferenzierung von Systemen).

— *Subjektlosigkeit*: Komplexe Systeme müssen sich nicht nur an ihre Umwelt, sie müssen sich auch an ihre eigene Komplexität anpassen. Sie müssen mit internen Unwahrscheinlichkeiten und Unzulänglichkeiten zurechtkommen. So kann Selektion nicht mehr als Veranlassung eines Subjekts handlungsanalog begriffen werden. Sie ist vielmehr ein subjektloser Vorgang, eine Operation, die durch Etablierung einer Differenz ausgelöst wird.

— *Selbstreferenz*: Der Begriff der Selbstreferenz (Reflexion, Reflexivität) wird von seinem klassischen Standort im menschlichen Bewußtsein oder im Subjekt gelöst und auf Gegenstandsbereiche, nämlich auf reale Systeme, übertragen. Der Begriff bezeichnet die Einheit, die ein Element, ein Prozeß, ein System für sich selbst ist, das heißt unabhängig vom Zuschnitt der Beobachtung durch andere. Einheit muß demnach durch eine relationierende Operation zustandegebracht werden und ist nicht als Individuum, als Substanz, als Idee der eigenen Operation immer im voraus schon da. Selbstreferentielle Systeme operieren notwendigerweise im Selbstkontakt, und sie haben keine andere Form für Umweltkontakte als Selbstkontakt, sie sind also geschlossene Systeme. Im Anschluß an Maturana (1981) spricht Luhmann in diesem Zusammenhang auch von Autopoiesis.

— *Autonomie*: Eine wichtige strukturelle Konsequenz, die sich aus einem selbstreferentiellen Systemaufbau zwangsläufig ergibt, ist der Verzicht auf Möglichkeiten der unilateralen Kontrolle. Es mag Einflußdifferenzen, Hierarchien, Asymmetrisierungen geben, aber kein Teil des Systems kann andere kontrollieren, ohne selbst der Kontrolle zu unterliegen; und unter solchen Umständen ist es möglich, ja in sinnhaft orientierten Systemen hochwahrscheinlich, daß jede Kontrolle unter Antizipation der Gegenkontrolle ausgeübt wird. Die Sicherstellung einer trotzdem noch asymmetrischen Struktur, etwa in den systemimmanenten Machtverhältnissen, bedarf daher immer besonderer Vorkehrungen. In den Vordergrund tritt also Autonomie gegenüber Design und Kontrolle.

— *Multiple Konstitution*: Selbstreferenz setzt das Prinzip der multiplen Konstitution voraus. Gemeint ist damit das Erfordernis von mindestens zwei Komplexen mit divergenten Perspektiven zur Konstitution dessen, was im System als Einheit fungiert. Die Einheit des Systems kann also nicht in Richtung auf Divergenz der sie konstituierenden Komplexe hin aufgelöst werden.

— *Gleichartigkeit der Elemente*: Selbstreferenz, also die Ermöglichung von Zusammenhängen oder Prozessen durch Rückbezug, setzt hinreichende Gleichartigkeit der Elemente voraus. Selbstreferentielle Systeme weisen damit bestimmte Codes und Funktionsmodi auf. So ist beispielsweise die Wirtschaft durch den Code Geld, Staat bzw. Politik durch den Code Macht, Regierung und Opposition bestimmt.

— *Evolution*: Auf der Grundlage selbstreferentieller Systemverhältnisse kann eine immense Ausweitung der Grenzen struktureller Anpassungsfähigkeit und entsprechender Reichweite systeminterner Kommunikation in Gang gebracht werden. Dabei geht Struktur in Differenzerfahrungen ein, die ihrerseits Information ermöglichen, ohne notwendigerweise schon zu determinieren, was daraufhin geschieht. So schafft sich ein System als eigene Kausalbasis eine eigene Vergangenheit, die es ihm ermöglicht, zum Kausaldruck der Umwelt in Distanz zu treten, ohne daß allein durch die interne Ursächlichkeit schon festgelegt wäre, was in Konfrontation mit Außenereignissen geschieht. Mit all dem geht der Operationsmodus selbstreferentieller Systeme zu Formen der Kausalität über, die ihn selbst einer zugriffssicheren Außensteuerung weitgehend entziehen. Systeme, die sich selbst Kausalität beschaffen, lassen sich dann nicht mehr kausal erklären, und dies nicht nur aus Gründen der Undurchsichtigkeit ihrer Komplexität, sondern aus Gründen der Logik. Sie setzen sich selbst als Produktion ihrer Selbstproduktion voraus.

Luhmann hat ausgehend von diesen grundlegenden Kategorien und Annahmen Aussagen zu Struktur und Zeit, Widerspruch und Konflikt sowie zu dem Verhältnis von Selbstreferenz und Rationalität entwickelt und auch konkretere Gegenstände der Sozialwissenschaften, so Funktionsmodi einzelner gesellschaftlicher Systeme oder Quasisysteme (Ökonomie, Staat/Politik, Bildung, Sport, Liebe), sowie soziopolitische Problemstellungen wie die Umweltproblematik systemtheoretisch operationalisiert. Der Kern der Theorie selbstreferentieller (autopoietischer) Systeme kann aber anhand der hier skizzierten Theorieelemente diskutiert werden.

Die funktionalistische Systemtheorie regt durch die Hervorhebung wechselseitiger System/Umwelt-Relationen dazu an, Vorstellungen unilateralen Handelns, insbesondere unilateraler Kontrolle, zugunsten einer *systemischen Sicht von Differenzen* aufzugeben. Theorieelemente wie Selbstreferenz, Selbstbeobachtung, Selbstkontrolle, Ausdifferenzierung korrespondieren mit einer allgemeinen Tendenz zur sensibleren Verarbeitung von Autonomie, Grenzen und Selbstbezug, haben diese aber ungemein verstärkt und verstärken diese auch weiterhin. So ist die Diskussion über die Formen und Instrumente der horizontalen Selbstkoordination und des reflexiven Rechts und die Analyse von Prozessen der Informationsverarbeitung in einzelnen Systemen durch die Luhmannsche Theorie (zusätzlich) angeregt worden. Es kann daher mit Luhmann (1984: 15ff.) bezüglich des systemtheoretischen Differenzdenkens durchaus von einem *neuen Paradigma* der Sozialwissenschaften gesprochen werden.

Zu beachten ist allerdings, daß die funktionalistische Systemtheorie nur ein Theorieansatz unter anderen ist, der System/Umwelt-Bezüge und Autonomie in den Vordergrund stellt. Insbesondere in der Ökonomie (Coase 1960 u.a.) wurden System/Umwelt-Ansätze schon früh entwickelt. Auch bleibt die Luhmann'sche Theorie trotz aller Versuche zur Operationalisierung in konkreteren Kontexten im allgemeinen so abstrakt, daß sie bereichsspezifischen Theorieansätzen häufig an konkreter Anwendbarkeit und Fruchtbarkeit unterlegen ist. Dies gilt insbesondere für die Abstraktion von Handlungssubjekten, deren Reduktion auf selbstreferentielle psychische Systeme (Luhmann 1984: 346-376) zwar theoretisch konsistent, aber nur um den Preis durchgeführt werden kann, die Reichhaltigkeit von Subjekttypen und individuellem bzw. Akteurs-Handeln nicht zur Kenntnis zu nehmen und damit einem entscheidenden Element von Politik, kreativem subjektgetragenen Handeln nicht gerecht zu werden.

Die Theorie der selbstreferentiellen Systeme ist unergiebig, soweit es die Diskussion politischer Handlungsformen angeht. Im systemtheoretischen Rahmen können insbesondere Formen und Instrumente *öffentlichen Handelns* nicht verarbeitet werden, da dieses den systemtheoretischen Axiomen der strikten Selbstreferenz und dem Verdikt der Handlungskategorie widerspricht. Demzufolge liegt auch die Mehrdimensionalität der Politik außerhalb der Reichweite der Systemtheorie. Gerade diese Mehrdimensionalität und das sich hieraus aufbauende Spannungsverhältnis zwischen policy, politics und polity machen aber das Besondere an Politik aus, sodaß die fehlende Operationalisierbarkeit der Luhmann'schen Theorie im Bereich der Politik kein Zufall ist. Sie resultiert vielmehr aus ihrer axiomatisch begründeten Verengung. Schließlich charakterisieren die Luhmannsche Theorie auch die klassischen *Schwächen funktionalistischen Denkens*, so die Denksperre gegenüber funktionsindifferenten Strukturen und Prozessen sowie gegenüber der Bedeutung grundlegender Struktur-, insbesondere Kapazitätsbedingungen für die Wahrnehmung von Funktionen (siehe Näheres im folgenden Kapitel "Kapazitätstheorie").

Die Kritik der Vorstellung, Gesellschaft werde durch Staat bzw. Politik zentral gesteuert, war Ausgangspunkt der *sozialwissenschaftlichen Steuerungsdiskussion* (Luhmann 1984, 1989; Mayntz 1987; Hesse 1987, 1990; Offe 1987; Scharpf 1989, Willke 1992 u.a). Während Niklas Luhmann in dieser Diskussion das Akteurskonzept und die Vorstellung unilateraler Steuerung als Theorieelemente strikt ausschloß, aber die Tatsache konkreter Steuerung nicht bestritt (Luhmann 1989), suchten die anderen Teilnehmer/innen der Diskussion nach Vermittlungsmöglichkeiten zwischen den idealtypischen Positionen zentralistischer Gesellschaftssteuerung und der Selbststeuerung funktionaler Subsysteme. Besonders klar wird dieser Vermittlungscharakter der Diskussion in Jürgen Hesses Konzept des moderierenden Staates (Hesse 1990), der von Renate Mayntz u.a. verwendeten Bezeichnung "kooperativer Staat" (Mayntz 1987) und Helmut Willkes Konzept der dezentralen Kontextsteuerung (Willke 1983, 1989, 1992). Diese Konzepte tragen der Erkenntnis der Selbstreferenz funktionaler Teilsysteme insofern Rechnung, als sie auf die Vor-

stellung einer direkten Intervention des Staates in Gesellschaft verzichten und die Anregungs- und Vermittlungsfunktion des Staates hervorheben. Willkes Konzepte der dezentralen Kontextsteuerung des Supervisionsstaates (Willke 1992) stellen von Seiten der funktionalistischen Systemtheoretiker Angebote für die Vermittlung gesamtgesellschaftlicher Steuerungsanerfordernisse mit der Autonomie gesellschaftlicher Teilsysteme dar.
Angesichts der Fruchtbarkeit des System- wie des Akteursansatzes sind schließlich Versuche unternommen worden, beide Ansätze auch kategoriell miteinander zu verknüpfen (Schimank 1985, 1988, 1992, Görlitz 1993).

Ergänzende Literatur: Luhmann 1984, 1987, 1990, 1992; Willke 1992; Schimank 1992.

5.3 Strukturalistisches Denken: Kapazitätstheorie

So sehr sich die Auffassung, funktionale Subsysteme seien selbstreferentiell, selbstsetzend und selbststeuernd, und die Auffassung, Gesellschaft würde über staatliche Einrichtungen zentral gesteuert, hinsichtlich der angenommenen Steuerungsebene und ihres Bezuges zum Akteurskonzept unterscheiden, so sehr stimmen sie unter einem anderen Gesichtspunkt überein: In beiden Ansätzen wird davon ausgegangen, daß sich Gesellschaft und dabei Politik auf (Funktions-)Probleme beziehen. Dieser Aussagekern funktionalistischen Denkens hat zwei weitreichende Implikationen:

- Die Frage, wie (sub-)systemische Funktionen entstehen, wann bestimmte Funtionen als solche wahrgenommen werden und wann nicht, bleibt unterbelichtet oder vollkommen ausgeblendet.
- Alle Einflußfaktoren, die nicht auf Funktionsmechanismen zugeschnitten werden können, werden entweder ausgeblendet oder lediglich als Restriktionsbedingungen funktionalen Verhaltens interpretiert.

Beide Fragestellungen führen zu einem Faktorenkomplex, der in der funktionalistischen Systemtheorie gerade als durch funktionale Sinnkategorien überwunden erscheint: den strukturellen Bedingungen von Gesellschaft bzw. Politik.

Strukturalistisches Denken thematisiert gesellschaftliche Strukturen, das heißt, relativ dauerhafte Variablenkonstellationen, beispielsweise dauerhafte technisch-ökonomische, soziokulturelle oder institutionelle Muster als unabhängig und damit besonders einflußreich. Hierzu gehören auch feste Bedingungsmuster des politischen Prozesses (politics) wie Einfluß- und Interessenstrukturen sowie Charakteristika von Organisationen oder Personen.[4] Demnach ist Politik in erster Linie Wirkungsfolge gesellschaftlicher Strukturen, wird also nicht funktional, sondern kausal erklärt.[5]

Die Frage, warum gesellschaftliche Probleme politisch thematisiert werden, wird nach dem funktionalistischen und dem strukturalistischen Denken grundsätzlich unterschiedlich beantwortet: Nach funktionalistischem Denken ist Komplexität eine Herausforderung von Systemen bzw. Akteuren; sie wird als gegeben betrachtet etwa durch die System-Umweltabgrenzung, durch "Rauschen", Systembelastungen o.a.; die Wahrnehmung gesellschaftlicher und damit letztlich auch politischer Sachprobleme ist damit in erster Linie Ausdruck von objektiv gegebenem und lediglich subjektiv wahrgenommenem Problemdruck. Öffentliches Handeln ist demnach eine Reaktion auf den *politischen Problemdruck*, der von Betroffenen ausgeht, mittelbar eine Reaktion auf den sachlichen Problemdruck, der auf den Betroffenen lastet. Politik erfüllt, vermittelt durch die Problemwahrnehmung und -artikulation der Betroffenen, eine gesellschaftliche Problemlösungsfunktion und entwickelt sich voraussichtlich immer nur dann, wenn ausreichend hoher sachlicher bzw. personeller Problemdruck besteht.[6]

---

4 Persönlichkeitsstrukturen werden in der Policy-Forschung und der Regierungslehre wegen der Ausrichtung an kollektiven Akteuren selten thematisiert; in diesem Sinne siehe aber z.B. Hartwich 1992; Murswieck 1991.

5 Der Kausalitätsbegriff wird traditionell monokausal im Sinne eines zeitlich und sachlich klar abgrenzbaren Wirkungszusammenhangs zwischen einer Ursache und einer oder mehreren Folgen (als Verursachung) interpretiert, kann aber auch multikausal im Sinne eines abgrenzbaren Einflusses mehrerer untereinander vernetzter Variablen verstanden werden. Ich verwende den Begriff hier im letztgenannten Sinn eines gerichteten Faktoren-Einflusses. Zum Verhältnis von theoretischem und empirischem Kausalitätsverständnis siehe Schnell/Hill/Esser 1989: 42/43.

6 Siehe hierzu Luhmann 1986, Jänicke 1990, Pehle 1993, ausführlich zur Kritik Prittwitz 1990, 1993b;

In strukturalistischer Sicht erscheinen soziale Probleme demgegenüber nicht als gegebener Bezugspunkt funktionalen Handelns, sondern als Folge bestehender oder sich verändernder Strukturen. Strukturanalysen sind dementsprechend häufig Bedingungsanalysen gesellschaftlicher oder politischer Probleme. Sie können sich aber auch auf die *Wahrnehmungsmöglichkeit gesellschaftlicher Probleme* beziehen. Dies ist zentraler Inhalt des kapazitätstheoretischen Denkens.

Kapazitätstheorie

Wird von dem Einfluß institutioneller Vermittlungsbedingungen des politischen Prozesses abgesehen, hängt die Wahrnehmung sozialer Probleme grundsätzlich von zwei Faktorenbündeln ab,

— der situativen Stärke der jeweiligen Problembelastung für unmittelbar oder mittelbar Betroffene, und
— der spezifischen Wahrnehmungs-Sensibilität der Betroffenen für die jeweilige Belastung.

Wie eng diese beiden Faktorenkomplexe zusammenhängen, ergibt sich schon anhand des allgemeinen *Problem-Begriffs*: Ein Problem besteht immer dann, wenn der gegebene Ist-Zustand und der erwünschte Soll-Zustand auseinanderfallen und zwischen Ist- und Ziel-Zustand eine mit den gegebenen Mitteln nicht überwindbare Barriere besteht (Dörner 1976). Entscheidend dafür, daß für die Beteiligten ein Problem besteht, ist also nicht allein die Feststellung eines bestimmten Ist-Zustandes, sondern immer auch der erwünschte Zustand, an dem der Ist-Zustand gemessen wird. Hinzu kommt die Voraussetzung, daß die Beteiligten den unerwünschten Ist-Zustand auch als praktisch überwindbar betrachten müssen.

Unter mehreren Gesichtspunkten (der Bemessung am jeweiligen Ziel, der Erfassung von Ist-Zustand und Lösungsmöglichkeiten) treten also die jeweiligen Wahrnehmungsformen bzw. *Wahrnehmungsbedingungen* der Beteiligten in den Vordergrund der gesellschaftlich-politischen Vermittlungsproblematik. Damit ist durchaus möglich, daß die gesellschaftliche bzw. politische Wahrnehmung von Problemen einflußreicher wird als der Kranz von problemgenerierenden Faktoren, das "faktische" Problem also. Dies drückt sich in dem häufig auftretenden Phänomen aus, daß besonders hohe zivilisatorische Gefährdungen wenig sensibel registriert und bearbeitet werden, während vergleichsweise geringe oder deutlich gesunkene Gefährdungen und Risiken zu hochgradiger Alarmierung führen (Katastrophenparadox).[7]

Spezifische Bedingungen politischer Problemwahrnehmung sind unmittelbar kognitive und affektive Muster (Strukturen), so Wert- und Normstrukturen, Muster politischer Kultur sowie institutionelle Ablaufmuster der gesellschaftlichen und politischen Problemaufarbeitung und -vermittlung. Hinzu kommen für Wissensgemeinschaften und Diskurskoalitionen typische Formen und Inhalte politischer Problemverarbeitung und -präsentation. Es fragt sich allerdings im besonderen, unter welchen Bedingungen sich derartige kognitiv-affektive Variablen quasi gegenüber ihrer sachlichen Bezugsgröße verselbständigen und daher die politische Wahrnehmung stärker als problemgenerierende Faktoren prägen. Von besonderem Gewicht hierfür sind gesellschaftliche, dabei ökonomisch-technische, soziokulturelle und institutionelle Kapazitätsvariablen. Dieser Schritt von der gesellschaftlichen Problemlösungs- zur soziopolitischen Problemwahrnehmungskapazität nach dem Muster "Das System erkennt nur die Probleme, die es bewältigen kann" läßt sich anhand der Theorie der kognitiven Dissonanz und der Theorie des postmaterialistischen Wertewandels veranschaulichen.

Kognitive Dissonanz und postmaterialistischer Wertewandel

Nach der 1957 von Leon Festinger vorgelegten individualpsychologischen *Theorie der kognitiven Dissonanz* versuchen Individuen unter allen Umständen, eine in sich stimmige ("konsonante") Wirklichkeitssicht zu erhalten bzw. behalten. Bei

---

7 Ein Beispiel hierfür ist die Entwicklung einer Politik zum Nichtraucherschutz. Ähnlich wie in vielen anderen Ländern wurden in der Bundesrepublik seit Mitte der siebziger, gehäuft seit Mitte der achtziger Jahre Maßnahmen zum Nichtraucherschutz ergriffen. Dies geschah und geschieht im Zeichen eines deutlich zurückgeganenen und weiter zurückgehenden Bevölkerungsanteils der Raucher/Raucherinnen. Während in der Zeit des allgegenwärtigen Tabakkonsums mit fatalen gesundheitlichen Wirkungen keine Nichtraucherschutzpolitik zustandekam, ja streckenweise das Rauchen für Jugendliche, etwa an Schulen, noch erleichtert wurde, ist der Nichtraucherschutz in einer Zeit des stark zurückgegangenen Tabakkonsums zu einer hochanerkannten öffentlichen Aufgabe geworden, die in rasch zunehmender Striktheit verfolgt wird. Näheres hierzu siehe in Prittwitz 1993c.

der Konfrontation mit einer Wahrnehmung des Sachverhalts, die der eigenen Wahrnehmung diametral widerspricht, streben sie danach, den entstandenen Wahrnehmungs-Widerspruch, die kognitive Dissonanz, im Sinne einer in sich stimmigen Wirklichkeitssicht zu verarbeiten. Dazu können verschiedene Mechanismen dienen, zum Beispiel der faktische oder vermeintliche Nachweis der Falschheit der gegensätzlichen Wirklichkeits-Wahrnehmung, die Korrektur der eigenen zugunsten der gegensätzlichen Auffassung (Anpassung), die Nichtwahrnehmung oder Unterdrückung der entgegenlaufenden Wirklichkeitssicht oder die praktische Veränderung von Bedingungen, die zu der Unterschiedlichkeit der Wirklichkeitswahrnehmung führen. Diese unterschiedlichen Methoden, kognitive Konsonanz zu erzielen, sind nun aber im konkreten Fall häufig nicht alle anwendbar. Beispielsweise kann die psychische Stabilität eines Menschen an eine bestimmte Wirklichkeitsinterpretation gebunden sein. In diesem Falle läßt sich die kognitive Konsonanz nur über eine subjektive Anpassung der entgegengesetzten Sicht, über Nichtwahrnehmung oder über Ersatzhandlungen erreichen, die von dem Wahrnehmungswiderspruch ablenken. Die Wirklichkeitssicht des Menschen hängt also keineswegs nur von eben dieser Wirklichkeit oder intervenierenden Variablen (einer bestimmten "Brille") ab, sondern auch von psychischen Existenzbedingungen des/der Wahrnehmenden. Hieraus können sich Wahrnehmungsformen als vernünftig ergeben, die ohne Berücksichtigung dieser Existenz- bzw. Handlungsbedingungen irrational erscheinen.

Wird angenommen, daß kognitive Dissonanzmechanismen vermittelt über Wahrnehmungsmuster der politischen Akteure auch im soziopolitischen Rahmen Bedeutung haben, so erscheint die Frage, ob Zivilisationsprobleme von den Beteiligten auf absehbare Zeit *bewältigt werden können,* von erstrangiger Bedeutung für die politische Wahrnehmung der jeweiligen Problematik: Wird eine reelle Chance gesehen, das Problem zu bewältigen, so kann es wahrgenommen werden; erscheint es auf absehbare Zeit nicht bewältigbar, kommt es zu charakteristischen Wahrnehmungsbeschränkungen wie Wirklichkeitsverdrängung, Informationsunterdrückung und Scheinhandeln. Entscheidend für die soziale und politische Wahrnehmung von Problemen wird - abgesehen von der situativen Schwere eines Problems und intervenierenden Faktoren - daher vor allem die Möglichkeit der Problembewältigung bzw. die entsprechende *Handlungskapazität.*

Strukturelle Kapazitätsbedingungen politischer Problemwahrnehmung können in allen Gesellschaftsbereichen bestehen, die Politik direkt oder indirekt beeinflussen. Bedeutung haben dabei insbesondere ökonomisch-technische, soziokulturelle, politisch-institutionelle und organisatorische Strukturen. Ein Diskurs, der den dargestellten Kapazitätszusammenhang politischer Problemwahrnehmung in anderem Rahmen thematisiert, ist die von Ronald Inglehart (1971, 1977, 1989) in Gang gesetzte Diskussion um *postmaterialistischen Wertewandel*. Nach der Inglehart'schen Theorie hat sich seit Mitte der sechziger Jahre in hochindustrialisierten Ländern ein Wandel von materialistischen Ordnungs- und Wohlstandswerten zu postmaterialistischen Liberalitäts-, Selbstentfaltungs- und Umweltwerten vollzogen. Dieser Wandel erklärt sich nach Inglehart, abgesehen von spezifischen Sozialisationsunterschieden der Kriegs- und Nachkriegsgenerationen, durch die relative Befriedigung materieller und psychischer Grundbedürfnisse der Nachkriegsgenerationen, eine Auffassung, der allerdings Modelle einer Wertüberschichtung bzw. Wertekombination entgegengestellt worden sind (Klages 1984; Rosenstiel 1987; Hillmann 1989). Wird angenommen, daß postmaterialistischer Wertewandel die Entwicklungsmöglichkeit öffentlicher Politiken im Sinne von Liberalität, individueller Selbstentfaltung und Umweltschutz verbessert, so erklärt sich das Zustandekommen etwa der modernen Umweltpolitik unabhängig von Verläufen der Umweltbelastung durch Sozialisationsveränderungen im Zeichen sich verbessernder Bedingungen materieller Bedürfnisbefriedigung (Prittwitz 1990, Jänicke 1990).

Does politics matter?

In diesen theoretischen Rahmen fügen sich empirische Ergebnisse der Policy-Forschung ein, die seit den fünfziger Jahren unter dem Stichwort "*does politics matter?*" diskutiert werden: Im Rahmen der US-amerikanischen Policyforschung der fünfziger und sechziger Jahre wurde danach gefragt, wieweit exogene Faktoren der Politik, so Reichtum, Urbanisierung und Industrialisierung, Einfluß auf die Formen und Ergebnisse öffentlichen Handelns haben. Ergebnis einer im Jahre 1963 vorgelegten Studie zum Zusammenhang sozioökonomischer Variablen mit dem Zustandekommen von Sozialpolitik war eine sehr hohe Korrelation von durchschnittlichem Jahreseinkommen, Urbanisierungsgrad und Industrialisierungsgrad und dem Zustandekommen von Wohlfahrtspolitik in den US-amerikanischen Bundesstaaten (Dawson/Robinson 1963). Weiterhin zeigte sich in der Studie, daß auch die Schärfe der Parteienkonkurrenz, die zunächst als unabhängige Variable zur Erklärung der Entstehung des öffentlichen Handelns ins Auge gefaßt worden war, mit den genannten sozioökonomischen Variablen kovariierten. Die im Anschluß an diese und andere Studien mit ähnlichem Ergebnis formulierte rhetorische Frage "Does politics matter?", die die hohe Bedeutung exogener Faktoren für Verlauf und Ergebnisse öffentlichen Handelns markieren sollte, wurde in den siebziger und achtziger Jahren zwar zugunsten einer stärkeren Gewichtung institutioneller Faktoren in Frage gestellt. Bereits die im Rahmen einer sozialpolitischen internationalen Vergleichsstudie von Manfred Schmidt getroffene Ungefähr-Aussage, daß drei Viertel der öffentlichen Politik durch exogene und ein Viertel durch spezifisch politische endogene Faktoren bedingt würden, zeigt jedoch das nach wie vor bestehende Bewußtsein für die Tatsache, daß Politik stark durch gesellschaftliche Kapazitätsbedingungen kontextuell bestimmt ist.[8]

Der Kapazitätsbegriff

Vermittelt über den Kapazitätsbegriff und die kapazitätstheoretischen Überlegungen treten die jeweiligen sozioökonomischen, kulturellen und institutionellen Strukturen einer Gesellschaft in den Vordergrund der Politikerklärung. Der Begriff hat allerdings insofern auch eine funktionalistische Komponente, als die Fähigkeit zentral gestellt wird, gesellschaftliche Aufgaben oder Probleme zu bewältigen.[9] Der Begriff bildet damit ein *Brückenkon-*

---

8 "Der Vergleich von Politik in armen und reichen Ländern in Ost und West lehrt, daß die Politk im Normalfall nicht den Unterschied aufs Ganze macht, aber immerhin einen auf rund 25 % des Ganzen. Die rund 25 % errechneten sich aus 100 minus 75 Prozent; 100 steht für vollständige, "hundertprozentige" Erklärung und 75 für die Trefferquote, die ich bei den sozialökonomischen Modellen der Erklärung von Sozialleistungsquoten nachgewiesen habe" (Schmidt 1990: 125). Jänicke (1990, 1993) bestätigt für die Umweltpolitik diese Ergebnisse.

9 Dementsprechend wird der Kapazitätsbegriff in der Policyforschung üblicherweise als Sammelbegriff von Erfolgsbedingungen öffentlicher Politik verwendet. So bezeichnet Martin Jänicke als umweltpolitische Modernisie-

zept, das funktionalistisches und strukturalistisches Denken miteinander verbindet. Zur Kapazität in diesem Sinne können alle Sachverhalte oder Potentiale werden, die die Fähigkeit, öffentliche Aufgaben bzw. Probleme zu bewältigen, positiv beeinflussen, so ökonomische und technische, soziokulturelle und institutionelle Voraussetzungen. Bedeutung haben können aber auch Bedingungen der Wissensgewinnung, -verarbeitung, -kumulation und -umsetzung, organisatorische, ja persönliche Handlungsvoraussetzungen einzelner Akteure.

Öffentliches Handeln kommt nach den Annahmen der Kapazitätstheorie nur in dem Maße zustande, in dem derartige gesellschaftliche und politische Wahrnehmungs- und Lösungskapazitäten bestehen. Dieser Umstand schlägt sich in der Aktivität bzw. Inaktivität zur Bewältigung bestimmter öffentlicher Aufgaben und Probleme, damit auch in der Herausbildung entsprechender Policy-Netzwerke nieder. Er prägt auch die Auswahl und Gestaltung der jeweiligen politischen Agenden: Die politische Agenda einer Gesellschaft mit vergleichsweise großen Handlungskapazitäten hat andere Inhalte als die einer Gesellschaft mit geringen Handlungskapazitäten, und: Die politische Agenda einer Gesellschaft unter der Bedingung reicher Handlungsressourcen unterscheidet sich von der Agenda dieser Gesellschaft bei knappen Ressourcen. Nach Abraham Maslows Modell der Bedürfnispyramide (1954) ist anzunehmen, daß bei knappen Kapazitäten die Sicherung materieller und psychischer Grundbedürfnisse politisch vorrangig ist und Entfaltungsbedürfnissen auch politisch geringeres Gewicht zugemessen wird bzw. diese überhaupt nicht auf der politischen Agenda erscheinen. Umgekehrt werden bei reichen Handlungskapazitäten politische Entfaltungsaufgaben der weiteren Planung und Entwicklung zumindest relativ an Gewicht gewinnen. Nach ökonomischen Kriterien läßt sich dieselbe Hypothese durch je-

---

rungskapazität "neben der Initialzündung eines hohen Problemdrucks... eine hohe Wirtschaftsleistung, hohe Innovationsfähigkeit im Sinne von Meinungs- und Willensbildungsstrukturen, die für neue Interessen und Innovateure offen sind, eine hohe Strategiefähigkeit im Sinne einer Politik des langen Atems und einer ausgeprägten "interpolicy cooperation" und eine hohe Konsensfähigkeit, die den Innovateur frühzeitig integriert und über Dialogstrukturen auf breiter Basis Akzeptanz für umfassenden Wandel schafft" (Jänicke 1993: 26). Goggin u.a. (1990) fassen unter den Bezeichnungen "Organizational Capacity" und "State Ecological Capacity" verschiedene ökonomische, politische und sonstige Strukturen, darunter auch den Grad der Problemschärfe.

weilige Knappheiten bzw. Saturierungsgrade öffentlicher Aufgaben begründen: Fehlen Ressourcen zur Bewältigung unmittelbarer materieller und psychischer Grundbedürfnisse, so haben politische Leistungen den größten Nutzen, die der Sicherung der unmittelbaren materiellen (Überleben, materieller Wohlstand) und psychischen Grundbedürfnisse (Ordnung und Sicherheit) dienen. In einer Gesellschaft, in der grundlegende Bedürfnisse befriedigt sind, haben dagegen Beiträge zur Bewältigung von Entfaltungsaufgaben (kulturelle Entwicklung) und Aufgaben der erweiterten Reproduktion (Umweltschutz, Daseinsvorsorge) höheren Grenznutzen als Beiträge zur Bewältigung der schon weitgehend bewältigten ökonomischen und Sicherheits-Aufgaben.

Damit ergibt sich eine grundsätzliche Unterscheidung *reichtums- und knappheitsgesellschaftlicher* Wahrnehmungsformen und Wahrnehmungsinhalte: Diese Unterscheidung kann auf Politik im synchronen Querschnittsvergleich, beispielsweise im Verhältnis zwischen Ländern der nördlichen und der südlichen Hemisphere, aber auch im diachronen Längsschnittsvergleich bezogen werden. Unter beiden Gesichtspunkten erklärt sie *politische Kommunikationsprobleme* zwischen Mitgliedern der jeweiligen Strukturkomplexe: Kommen politische Akteure unterschiedlicher Strukturkomplexe miteinander in Kontakt, so werden sie voraussichtlich wegen ihrer unterschiedlichen Funktions- bzw. Kapazitätsvorstellungen aneinander vorbeikommunizieren, eine Situation, die insbesondere bei großen Kapazitätsunterschieden, etwa im Nord-Süd-Verhältnis, eintritt.[10]

Gesellschaftliche Lösungskapazitäten sollten allerdings nicht auf ökonomische Kapazitäten reduziert werden. Bei ökonomischem Überfluß wie bei materieller Knappheit können eigenständige soziokulturelle oder institutionelle Handlungskapazitäten bestehen, die Problemwahrnehmung erleichtern. Wenn wir nur fünf Kapazitätsbedingungen (Deckung von Primärbedürfnissen, technische Flexibilität, Wissen, institutionelle Flexibilität und soziokulturelle Integrationsfähigkeit) als eigenständige Faktorenkom-

---

10 Zu ähnlichen politischen Kommunikationsproblemen kann es auch innerhalb einer Gesellschaft zwischen Akteuren kommen, deren politischer Horizont durch unterschiedliche Strukturbedingungen geprägt ist. "Gemeinsame" Situationsinterpretation durch unklare Bezeichnungen und Begriffe, die Interpretationsspielräume zulassen (Wiesenthal 1990, 1992), können unter diesen Bedingungen leicht zu einem Kommunikations- und Koordinationsboumerang werden.

plexe berücksichtigen, ergeben sich bereits zahlreiche spezifische Kombinationsmöglichkeiten der einzelnen Kapazitätsbedingungen. Ein Beispiel hierfür wäre ein vergleichsweise reiches Land mit geringer technischer Dynamik und geringer soziokultureller Integrationskraft, ein anderes Beispiel ein vergleichsweise armes Land mit gering entwickeltem, aber an die gegebene Situation angepaßtem technischen know how, entsprechend angepaßter institutionellen Strukturen und vergleichsweise integrationsfähiger soziokultureller Struktur.

Ergänzende Literatur: Inglehart 1977; Prittwitz 1990, 1993b; Jänicke 1993; Schmidt 1987, 1993

5.4 Modernisierungstheorie und Modernisierungsmodelle

Die Begriffe der Moderne und Modernisierung sind im westlichen Gesellschafts- und Kulturrahmen entstanden und transportieren, sich mit realhistorischen und geistesgeschichtlichen Wandlungen verändernd, jeweils herrschende Struktur- und Wertvorstellungen der westlichen Gesellschaften. Dies gilt auch und gerade für die globale Durchsetzung von Elementen dieses Gesellschaftsverständnisses unter dem Stichwort der Modernisierung.

Der *Begriff der Moderne* ist in zahlreichen wissenschaftlichen Disziplinen und unterschiedlichen Gesellschaftsbereichen, so der Ökonomie, Gesellschaft, Technik, vor allem aber auch der Kultur, geprägt worden. Soweit es Gesellschaft und Politik betrifft, steht Modernisierung vor allem für die leistungsorientierte Entkoppelung von traditionalen Strukturen. Grundlegend ist dafür ein evolutionäres Fortschrittmodell, wonach sich Gesellschaft und dabei Ökonomie, Technik, Wissenschaft und Politik im Zuge der Modernisierung in Richtung wachsender Rationalität und Leistungsfähigkeit entwickeln. So bezeichnete bereits im Jahre 1890 der Soziologe Georg Simmel die Auflösung traditionaler Lebensverhältnisse, Urbanisierung und zunehmende Individualisierung als Kennzeichen der Moderne (Simmel 1989). Ähnlich werden ca. ein Jahrhundert später in einem Überblick der soziologischen Moderne-Diskussion[11] als Komponenten der Moderne angegeben:

11 Klaus von Beyme (1991: 29ff) verweist auf die Unterschiedlichkeit der geisteswissenschaftlichen Diskussion von Modernekonzepten einerseits und ge-

— die Abgrenzung gegenüber der Vergangenheit (Abschaffen sozialer und semantischer Herkunftswelten);
— das Über-sich-Hinaustreiben, insbesondere in der Form funktionaler Differenzierung;
— die Rationalisierung der differenzierten Bereiche und
— der daraus entstehende Imperativ zur immanenten Leistungssteigerung (Berger 1988: 226f.).

Die moderne Entkoppelung von sozialen und natürlichen Schranken kann in positiver Konnotation als Befreiung, Emanzipation, in negativer Konnotation als Entfremdung, Vogelfreiheit aufgefaßt werden. In jedem Fall erscheint eine Gesellschaft als modern, deren Teilnehmer aus traditionalen Strukturen entbunden, deren Raum-Zeit-Bindungen, aber auch soziale Bindungen zunehmend aufgelöst sind (Giddens 1990). Die jeweiligen Wert- und Strukturbindungen treten damit in den Hintergrund der Betrachtung (Dahrendorf 1979).

Wird Moderne als eine räumlich-kulturell (Europa/Westen) und zeitlich bestimmte (seit dem Beginn des 17. Jahrhunderts entstandene) Formation sozioökonomischer und kulturell-politischer Strukturen verstanden, so bezeichnet *Modernisierung* die Durchsetzung und Universalisierung dieser Moderne. Modernisierung ist Subsumtion unter oder Anpassung an ursprünglich europäisch geprägte - inzwischen vor allem US-amerikanische - Technik-, Kultur-, Sozial- und Politikmuster im Sinne wachsender leistungsorientierter Entkoppelung. Das Wort bezeichnet dabei stärker als "Moderne" einen Veränderungsprozeß im Sinne der Moderne. Dieser Prozeß ist selbst zunehmend losgekoppelt von seinem historischen Entstehungskontext und erlangt als solcher universelle Geltung.

Bedeutung hat Modernisierung in diesem Sinne insbesondere unter *wirtschaftlich-technischem Gesichtspunkt* erlangt: Die überlegene Wirtschaftskraft der modernen Gesellschaft wurde und wird als hauptsächliche Attraktion, als Unterwerfungsmechanismus, als Motor der Modernisierung betrachtet. Seit der Mitte des neunzehnten Jahrhunderts, am wohl durchschlagendsten in den fünfziger und sechziger Jahren des zwanzigsten Jahrhunderts gal-

---

sellschaftlicher Veränderungen im Sinne der Moderne andererseits. Während der Moderne zugeschriebene Gedankliche Elemente bereits ab dem 17. Jahrhundert erkennbar sind, wird die gesellschaftliche Durchsetzung der Moderne, etwa in Deutschland, erst in der zweiten Hälfte des neunzehnten Jahrhunderts angesetzt.

ten "Modernisierung", "Fortschritt" und technisch-wirtschaftliche Innovation westlicher Prägung als synonym.[12]

Im Diskurs über eine heraufziehende *Postmoderne* (Lyotard 1979; Baumann 1992; Welsch 1987; vgl. Honneth 1991; Beyme 1991) wird zwar das Ende universeller Rationalitätspostulate, strikter Leistungsnormen und evolutionären Fortschrittsdenkens propagiert. Die Radikalisierung von Pluralitätsvorstellungen und geringer Wertebindung ("anything goes") stellen allerdings keinen strikten Gegenentwurf zu Grundvorstellungen soziopolitischer Modernisierung dar. Für die klassische Moderne grundlegende Muster der Entkoppelung von vorgegebenen Zwängen und der funktionalen Ausdifferenzierung werden vielmehr weiter ausgefächert; "postmoderne" Lebensformen und Denkansätze können daher auch als Teil weitergehender Modernisierung interpretiert werden.[13]

Zentraler Gegenstand der aktuellen sozialwissenschaftlichen Modernisierungsdiskussion ist die unter dem Stichwort der *reflexiven Modernisierung* behandelte Frage, wie sich Modernisierung auf frühere Modernisierungsformen und -ergebnisse bezieht: So betrachtet Ulrich Beck (1986, 1991, 1993) reflexive Modernisierung als einen Prozeß ungeplanter Veränderung und Auflösung älterer Grundstrukturen der modernen Gesellschaft im Gewande der Normalität. Bislang als modern geltende Strukturen werden dabei eben durch den Erfolg dieser Strukturen aufgelöst oder verändert, so das klassische Fabriksystem, soziale Klassenstrukturen mit entsprechenden Lebensstilen oder eindimensionale Fortschrittsvorstellungen. Zum Verständnis dieses Prozesses hat Beck die Kategorie der *Subpolitik* vorgeschlagen. Demnach stehen sich Gesellschaft und Politik im Zeichen der reflexiven Modernisierung anders gegenüber, als in der sozialwissenschaftlichen Steuerungsdiskussion üblicherweise thematisiert. So verlieren die traditionellen politischen Institutionen öffentlichen Handelns ihren handlungsrelevanten politischen Bezug, während sich die gesell-

---

12 Auch dabei stehen sich gegensätzliche Bewertungen gegenüber: die eindeutig negative Bewertung durch die wertkonservative Fortschrittskritik, die zwischen Faszination und revolutionärer Verdammnis schwankende Bewertung in der marxistischen Literatur und schließlich die ungebrochen positive Bewertung bei Fortschrittsfetischisten vom Schlage eines Rostow (1960) oder Kahn (Kahn/Wiener 1968).

13 Anschaulich ausgedrückt in dem Buchtitel "Unsere moderne Postmoderne" (Welsch 1987).

schaftlichen Individuen ohne starre Institutionalisierung (vor allem in Bürgerinitiativen) politisieren:

> *"Genau die Entscheidungsbereiche, die im Modell des Industriekaptalismus im Windschatten des Politischen liegen - Privatheit, Wirtschaft, Wissenschaft, Kommunen, Alltag usw. -, geraten in der reflexiven Moderne in die Stürme der politischen Auseinandersetzungen"* (Beck 1993: 157).

In diesem unwillkürlichen strukturellen Veränderungsprozeß kann es allerdings auch zu Tendenzen der Gegenmoderne kommen (Beck 1993: 99- 109).

Wolfgang Zapf sieht dagegen lediglich einen Prozeß *"weitergehender Modernisierung"* als gegeben an (Zapf 1991, 1991a). Dieser ist nach wie vor an den modernen Grundinstitutionen der Konkurrenzdemokratie, der Marktwirtschaft und der Wohlstandsgesellschaft mit Massenkonsum und Wohlfahrtsstaat orientiert, denn "Gesellschaften, die diese Institutionen entwickeln, sind erfolgreicher, anpassungsfähiger, d.h. moderner, als solche, die das nicht tun." (Zapf 1991: 34) Variationen ergeben sich lediglich durch den Kampf um Innovation seitens individueller und kollektiver Akteure gegen etablierte Interessen innerhalb der modernen Grundinstitutionen.

Nach Auffassung anderer soziologischer Autoren, so Anthony Giddens,[14] stellt reflexive Modernisierung keine historische Besonderheit des aktuellen Modernisierungsprozesses dar. Neben Entflechtung und Entkoppelung ("disembedding") sieht Giddens auch institutionelle Reflexivität als allgemeines Charakteristikum von Moderne. Individuelle Identitätsbildung ist demnach generell Resultat reflexiver Prozesse. Politisch werden reflexive Identitätsbildungsprozesse in Form eines Anspruchs auf die Realisierung bestimmter Lebensstile aktualisiert (life politics) (Giddens 1990, 1991).

Der strukturalistischen Modernisierungstheorie Becks, wonach sich Strukturen ohne korrigierendes Steuerungspotential - in welcher Richtung auch immer - ändern, und der Hervorhebung der Konstanz der Modernisierung durch Zapf, Giddens u.a. stehen Ansätze gegenüber, nach denen sich reflexive Modernisierung auf qualitativ *neue Formen und Inhalte der Selbststeuerung* gründet.

---

14 Einen allgemeinen Modernebegriff, der Reflexivität einschließt, vertritt auch Niklas Luhmann (1992) auf der Grundlage der Axiome seiner funktionalistischen Systemtheorie (siehe a.5.2).

So faßt Scott Lash (1993) den Übergang von einfacher zu reflexiver Modernisierung als Ersetzung herkömmlicher sozialer Strukturen durch moderne Informations- und Kommunikationsstrukturen. Diese erhöhen die Chance zu soziopolitischen Reflexionsprozessen.

Im Rahmen der politikwissenschaftlichen Diskussion wird Modernisierung als *zielorientierter Innovationsprozeß* verstanden, wobei das Modernisierungskonzept häufig an Stelle des in den siebziger Jahren üblichen politischen Reformkonzepts tritt. Die Modernisierung von Staat und Gesellschaft wird insbesondere im Übergang von hierarchisch-zentralistischen zu komplexeren Steuerungsformen, so Formen dezentraler und sozietaler Selbststeuerung, gesehen (Schmidt 1987; Hesse 1987; Jänicke 1993; Prittwitz 1993a; Zilleßen 1993).[15]

Die aktuelle Diskussion zur Modernisierung des öffentlichen Sektors hat vor allem die Frage zum Gegenstand, in welcher Form hierarchische Verwaltungsstrukturen mit *Verhandlungs- und Marktstrukturen* verbunden werden sollten. Hierbei stehen Ansätze, in denen und Verhandlungs- und Netzwerkstrukturen als wichtigste Innovationsform politischer Steuerung betrachtet werden (Scharpf 1992, 1993; Mayntz/Marin 1991), dem Ansatz einer stärkeren Forcierung von Marktmechanismen (Naschold 1993) und dem Ansatz einer stärkeren gesellschaftlichen Autonomisierung politischer Selbststeuerung gegenüber (Guggenberger/Offe 1984; Beck 1986, 1993; Jänicke 1986, 1993; Zilleßen 1993).

In die umweltpolitologische und umweltpolitische Diskussion wurde unter dem Stichwort der *ökologischen Modernisierung* bereits Anfang der achtziger Jahre ein modernisierungstheoretischer Akzent gesetzt (Jänicke 1986, 1993; Huber 1982). Das Konzept der ökologischen Modernisierung war zunächst lediglich ökonomie- und technikbezogen: Im Industrie-, Verkehrs- und Industriesektor sollten umweltfreundliche technische und ökonomische Innovationen eine Entkoppelung von Wirtschaftswachstum und steigender Umweltbelastung bewirken ("qualitatives Wachstum").[16] Inzwischen hat sich die umweltbezogene Modernisie-

---

15 Ein wichtiger Anstoß hierfür war die durch die Auseinandersetzung mit der funktionalistischen Systemtheorie geprägte sozialwissenschaftliche Steuerungsdiskussion (siehe a.5.2)

16 Seit dem Ende der 80er Jahre wird die programmatische Formel der ökologischen Modernisierung zunehmend von der der nachhaltigen Entwicklung (*sustainable development*) abgelöst (Haufft 1987; Marmora 1992; Simonis

rungsdiskussion mit der allgemeineren Modernisierungsdiskussion von Staat und Gesellschaft verflochten (Beck 1986, 1993; Prittwitz 1993a, Jänicke 1993, Zilleßen 1993, Zilleßen/Barbian 1993).[17]

Abbildung 13: Die Interessenspirale

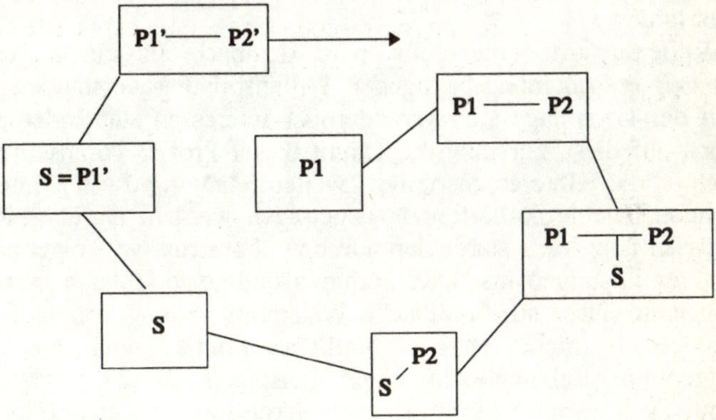

Ein interessenbezogenes Modell reflexiver Modernisierung ist das Modell der *Interessenspirale*.[18] Demnach entwickelt sich zunächst aus der Dominanz eines Primärinteresses (P_1) ein eindimensio-

---

1990). Diese ist auf den globalen Kontext der Umweltproblematik ausgerichtet und verdeutlicht, daß umweltgerechte Entwicklung ökologische und ökonomische Voraussetzungen hat.

17 Im Verlauf der umweltpolitischen Debatte wurde neben dem ökonomischen Sektor auch das bürokratische System der Verwaltung unter Innovationsdruck gesetzt. Modernität wurde "institutioneller Sklerose" (Olson) in bürokratisch-industriellen Komplexen gegenübergesellt (Jänicke 1986). Auch Institutionen und Verfahren der Demokratie wurden von dieser Diskussion erfaßt. Dezentralisierung von Entscheidungskompetenzen und Partizipation der Betroffenen - beispielsweise in umweltpolitischen Mediationsverfahren nach dem Muster des "runden Tisches" (vgl. Zilleßen 1993) - sind Formen der "Modernisierung der Demokratie", die gerade im Zeichen der Umweltproblematik an Bedeutung gewonnen haben. Systematisch wird auch das der politische Prozeß und das Spektrum öffentlicher Aufgaben nach Kriterien umweltpolitischer Modernisierung analysiert (Prittwitz 1993).

18 Für den Bereich der Umweltpolitik siehe Prittwitz 1990: 202-208, Oberthür 1992a, 1992b, Beck 1993: 246/247; Sprinz 1994.

naler Verteilungskonflikt (P_1 versus P_2), der quasi den Nährboden für die Entwicklung zumindest eines Sekundärinteresses (S), zum Beispiel eines Helferinteresses, bildet. Das damit entstandene Interessendreieck "kippt" in die Richtung des stärker werdenden Sekundärinteresses, das damit zum neuerdings dominierenden Verteilungsinteresse wird ($S = P_1'$). Dieses erweckt neue konkurrierende Verteilungsinteressen (P_2'); es ergibt sich damit ein neuer eindimensionaler Verteilungskonflikt, usw. (siehe Abbildung 13).

Reflexive Modernisierung wird demnach als ein laufender Prozeß entscheidungsbezogener Willensbildung verstanden, der auf der Grundlage sich verändernder Interessen stattfindet, aber auch auf diese zurückwirkt. Damit dieser Prozeß voranschreitet, sich "die Interessenspirale weiterdreht", müssen Interessenkonflikte artikuliert und ausgetragen werden. Darüberhinaus müssen aber auch stabilisierende bzw. konstruktive Träger innovativer Lösungen ins Spiel kommen und soziopolitisch Gewicht erlangen. Diese soziopolitische Weiterentwicklung vollzieht sich schließlich nicht ohne öffentliche Politik; vielmehr sind allgemeine Rahmenbedingungen, beispielsweise die Meinungs- und Demonstrationsfreiheit, nur durch politisch-institutionelle Sicherungen zu gewährleisten. Daneben beeinflussen inhaltliche Modernisierungspolitiken die sozio-politische Interessenentwicklung. Der Fortgang der Interessenspirale korrespondiert also auch mit Inhalten und Formen öffentlichen Handelns, beispielsweise der Weiterentwicklung des Spektrums bearbeiteter Politikfelder (Prittwitz 1993c). In einem derartigen Wandel öffentlicher Aufgaben- und Problemwahrnehmung schlägt sich schließlich auch eine wertfundierte Rückbindung von Entkoppelungen der einfachen Modernisierung nieder. Diese werte- und verhaltensmäßige Rückbindung von Verhalten ist allerdings nur solange Teil eines Modernisierungsprozesses, wie dadurch nicht Kernbestandteile der Moderne unterdrückt oder zerstört werden. Formen der Gegenmoderne von strikter Rationalitätsablehnung bis zu antizivilisatorischen Gewalt- und Bürgerkriegsformen werden demnach also im Unterschied zu Beck (1993) nicht als Optionen reflexiver Modernisierung betrachtet.

Reflexive Modernisierungsmodelle dieser Art entfalten *normative Wirkung*. Sie wirken auf den Prozeß der reflexiven Modernisierung selbst ein, aber auch auf Gesellschaften, die Orientierung suchen, und Gesellschaften, die im Gegensatz zur Moderne stehen. So gilt zunehmend nicht mehr das Modell der reinen Marktwirtschaft im Sinne des Manchester-Kapitalismus oder gar die ungezügelte Entfaltung von Gewalttätigkeit als modern, sondern das reflexive Gesellschaftsmodell der sozialen und ökologischen Marktwirtschaft.

Ergänzende Literatur: Beck 1986, 1991, 1993; Zapf 1991, 1991a; Giddens 1990, 1991; Lash 1993; Luhmann 1991, 1992; Prittwitz 1993, 1993aa; Jänicke 1993; Naschold 1992; Zilleßen 1993.

5.5 Situatives Denken: Garbage Can und Rational Choice

Im Unterschied zu den funktionalistischen und strukturalistischen Theorien wird Politik nach dem situativen Denkansatz strikt als Ergebnis situativer Konstellationen betrachtet. Dieser Denkansatz umfaßt akteursübergreifendes Situationsdenken in Form der Garbage-Can-Theorie und akteursbezogenes Denken in Form von Theorien rationalen Handelns (Rational Choice).

Die *Garbage-Can-Theorie* (Cohen/March/Olsen 1972; March/Olsen 1976) stellt eine "anarchistische" Antwort auf die traditionelle Theorie der rationalen Organisation dar, wonach sich Organisationen ziel- bzw. funktionsorientiert organisieren. Organisationsverhalten läßt sich nach der Garbage-Can-Theorie häufig nicht durch lineare Handlungsfolgen nach dem Muster: Problem - Handlungsziel - Strategie - Instrument - Handlungswirkung charakterisieren. Es treten vielmehr auch "rückwärtslaufende" Beziehungen der Art: Instrument - Handeln - Problemsituation - Ziel auf. Situative Konstellationen ergeben sich demnach angesichts der Akteurshandeln übersteigenden Komplexität soziopolitischer Prozesse, beispielsweise der nicht voraussehbaren Wechselwirkung von Abläufen in unterschiedlichen Politikfeldern und Ländern, zufällig. Die Komposition derartiger Elemente kann dementsprechend nur situativ erfaßt werden (siehe Situative Muster/A.5.3).

Nach dem Ansatz Rationalen Handelns *(Rational Choice)* erklärt sich Politik als Ergebnis rationaler Wahlhandlungen (choices) unter gegebenen Bedingungen (constraints). Dieser Denkansatz, der eine jahrhundertealte bis zum historischen Utilitarismus und der politikphilosophischen Vertragstheorie zurückreichende Tradition aufweist (Wiesenthal 1987), operiert strikt mit dem Akteurskonzept. Dieses wiederum deckte sich ursprünglich mit dem Konzept individuell Handelnder. Inzwischen gehört aber das Konzept korporativer bzw. Gruppenakteure (Coleman 1990) und das auf die Unterschiedlichkeit von Präferenzen eines einzelnen Akteurs verweisende Konzept des "multiple self" (Elster 1986; Wiesenthal 1990), zum Standardrepertoire dieses Denkens. Der Rational Choice Ansatz ist daher zu einem Standardansatz der Analyse des politischen Prozesses geworden.

Nach dem Rational Choice-Ansatz bestimmt ein Akteur seine Situationseinschätzung und sein Verhalten danach, mit welchen Handlungskonsequenzen er zu rechnen hat und mit welcher Wahrscheinlichkeit er den Eintritt dieser Konsequenzen erwartet. Handlungsrationalität wird dabei nach dem historischen Ansatz utilitaristischen Denkens mit dem Streben nach einem optimalen Nutzen-Kosten-Verhältnis des Handelns gleichgesetzt. Dieses einfache Modell des das Nutzen/Kosten-Verhältnis seiner Handlungen optimierenden Akteurs wird in der neueren Entwicklung des Ansatzes in verschiedener Hinsicht erweitert:

— Rationales Handeln kann an unterschiedlichen Ziel- bzw. Wertkriterien, beispielsweise unmittelbarem Eigeninteresse, längerfristigem Eigeninteresse oder Wertorientierungen orientiert sein.
— Rationales Handeln vollzieht sich in einem Wechselbezug zur jeweiligen Handlungs- und Wahrnehmungssituation. Dies schließt Informationsdefizite hinsichtlich der voraussichtlichen Folgen eigenen oder fremden Handelns ein (bounded rationality), woraus sich neue rationale Umgangsformen mit Unsicherheit ergeben, beispielsweise die Orientierung an komplexitätsreduzierenden Verfahren (Simon 1958). Es können aber auch psychische Wechselbeziehungen einbezogen werden. Beispielsweise "rationalisieren" Akteure ihren Verzicht auf an sich wünschenwertes Handeln in einer Sache nach dem Bild der zu hoch hängenden Trauben häufig (Wiesenthal 1987).[19]
— Rationales Handeln kann sich unter günstigen Kapazitätsbedingungen über das Streben nach kurzreichenden "lokalen Optima" hinaus auf weiterreichende "globale Optima" erwei-

19 Die Erklärung akteursübergreifender soziopolitischer Phänoneme nach Art des Katastrophenparadox (siehe a.5.3) im Rahmen des Rational Choice-Denkens verlangt allerdings eigene Vermittlungsschritte. Siehe hierzu Prittwitz 1993c.

tern. Der Rationalitätshorizont wächst in diesen Fällen, so daß das Denken im Sinne lokaler Optima relativierend reflektiert wird. Damit wächst die Bedeutung strategischen Denkens, das auch Rahmenbedingungen als veränderliche Größen einbezieht.

Situative Handlungsanalysen sind vergleichsweise detailliert, bilden situative Entscheidungsbedingungen (constraints) und Entscheidungsmöglichkeiten ab. Sie haben insofern einen über strukturalistische bzw. funktionalistische Erklärungen hinausgehenden Informationsgehalt. Ihr größter spezifischer Erklärungsbeitrag liegt in der Aufdeckung von Handlungsmomenten, die sich nicht auf funktionelle bzw. strukturelle Bedingungen zurückführen lassen, so strategisch-kreativen Handelns, das die Veränderung von Situationsbedingungen selbst zum Handlungsgegenstand macht. Situatives Denken kann vergleichsweise große Variablenmengen und komplexe Vernetzungen dieser Variablen erfassen, dies aber nur innerhalb eines zeitlich, unter Umständen auch sachlich und räumlich enggefaßten Betrachtungsraumes. Es ist grundsätzlich auf das Verständnis einzelner Situationen, nicht aber längerfristiger Entwicklungsprozesse ausgerichtet. Solche Prozesse lassen sich im situativen Denken allerdings durch den Vergleich bzw. die additive Verbindung mehrerer Einzel-Situationen abbilden.[20]

Ergänzende Literatur: Coleman 1990; Elster 1986, 1991; Wiesenthal 1987, 1990; Zürn 1992.

5.6 Spieltheorie

Die 1944 von dem Mathematiker John Neumann und dem Wirtschaftswissenschaftler Oskar von Morgenstern begründete Spieltheorie stellt eine zwecknormative Theorie rational-strategischen Handelns dar. Der Kern dieser Theorie besteht darin, individuelle und kollektive Nutzen beteiligter Akteure in jeweiligen Interes-

20 Näheres hierzu siehe in den Kapiteln "Politische Situationsanalyse" (B.2.8) und Politische Prozeßanalyse (B.2.9).

sen- und Handlungskonstellationen mathematisch herzuleiten.[21] Einbezogen werden dabei die Ausgangspräferenzen, mögliche Handlungsoptionen, die individuellen Verhaltensoptima und die kollektiven Verhaltensoptima der Beteiligten.
Auch wenn die Zahl der Untersuchungseinheiten grundsätzlich nicht beschränkt ist, stehen bislang Konstellationen mit wenigen Akteuren und wenigen Handlungsoptionen, insbesondere Spiele mit zwei Akteuren und zwei Handlungsoptionen *(2 x 2-Spiele)*, im Vordergrund der Spieltheorie. Neben der Darstellungsform des Entscheidungsbaumes ist vor allem die Matrizendarstellung (Auszahlungs-Matrix) üblich. Wie die angegebenen Untersuchungs-Größen spieltheoretisch miteinander kombiniert werden, läßt sich beispielhaft an einigen besonders bekannten spieltheoretischen Konstellationen ("Spielen") zeigen, dem Battle-of-the-Sexes-Spiel (Geschlechterkampf), dem Gefangenen-Dilemma, dem Feiglingsspiel und dem Versicherungsspiel.

In *Battle of the Sexes* (Geschlechterkampf) haben die beteiligten Akteure die vorrangige Präferenz, etwas zusammen zu tun (den Abend zusammen zu verbringen). Ihr zweitwichtigstes Interesse richtet sich darauf, etwas Bestimmtes zu tun, das die vom Partner präferierte Tätigkeit ausschließt (A möchte zum Boxen, B in die Oper). Werden zustandekommende Verhaltensweisen beider Beteiligter nach ihren Ausgangspräferenzen ordinal bewertet - dabei steht 4 für das beste Ergebnis von vier möglichen, 1 für das schlechteste, die Ziffer vor dem Komma zeigt das jeweilige Nutzenergebnis für den Zeilenakteur A, die Ziffer nach dem Komma das Nutzenergebnis für den Spaltenakteur B an; C steht für Kooperation (Cooperation), D für Nichtkooperation (Defect) - so er-

---

21 Der strategische Spielbegriff der Spieltheorie unterscheidet sich vom idealtypischen allgemeinen Spielbegriff (siehe A.4.3) unter einer Reihe von Gesichtspunkten: Eine in sich geschlossene Spielwelt (Intrinsität) wird in der strategischen Entscheidungstheorie nicht vorausgesetzt; ja im Gegenteil: Die strategische Entscheidungsanalyse wird häufig auf nichtspielerische Bereiche, beispielsweise kriegerische, politische, wirtschaftliche oder biologische Abläufe, bezogen. Während im idealtypischen Spiel eindeutige Spielregeln bestehen, die für alle Beteiligte klar zu erkennen sind, werden in der strategischen Entscheidungstheorie auch Situationen behandelt, in denen den Beteiligten die innere Ordnung der Entscheidungssituation nur teilweise bekannt ist. Die Beteiligungsmotivation schließlich wird in der strategischen Entscheidungstheorie, wie in allen Ansätzen des Rational-Choice-Denkens, als selbstverständlich vorausgesetzt. Nach dem allgemeinen Spielbegriff dagegen stellt sie eine erstrangige Bedingung von Spiel dar.

geben sich die in Abbildung 14 dargestellten Nutzenziffern (Auszahlungen).

Abbildung 14: Geschlechterkampf (Battle of the Sexes)

		B	
		C	D
A	C	1,1	3,4 N,P,P+
	D	4,3 N, P, P+	2,2 M

In der Battle-of-the-Sexes-Konstellation ergeben die Handlungsvarianten, in denen einer der beiden Akteure nicht kooperiert und der andere kooperiert (D, C bzw. C, D), die höchsten Auszahlungen (4 und 3), da die erste Präferenz, Zusammensein, für beide Beteiligte erfüllt ist. Allerdings bleibt ein unaufhebbarer Nutzenunterschied (4,3 bzw. 3,4) bestehen, da immer nur einer der Beteiligten auch sein individuelles Präferenzvorhaben verwirklichen kann.

Beharren dagegen beide Akteure auf der Realisierung ihrer individuellen Nutzen-Vorstellung, kooperieren beide also nicht (D/D), ergibt sich für beide Beteiligte nur das zweitschlechteste Ergebnis (2,2), da keine Gemeinsamkeit zustandekommt. Will jeder Akteur sich schließlich jeweils dem anderen Akteur anpassen, indem er sein favorisiertes Vorhaben zugunsten des jeweils anderen aufgibt (C, C), kommt es wieder zu keiner Einigung und zum allerschlechtesten Ergebnis (1,1), da beide Ausgangspräferenzen, Zusammensein und individuelle Zielverwirklichung, nicht realisiert werden.

Im Unterschied zur "Battle-of-the Sexes"-Konstellation geht es den Beteiligten im *Gefangenendilemma* nicht daraum, etwas zusammen zu tun. Ihr Interesse ist vielmehr darauf gerichtet, den eigenen Schaden zu minimieren. Da unter den gegebenen Bedingungen[22] das Risiko, durch kooperatives Verhalten Schaden zu

22 Die Bedingungen sind: Zwei Personen werden eines Bankraubes beschuldigt und in getrennten Zellen festgehalten. Der Staatsanwalt gibt ihnen jeweils ihre Strafaussichten wie folgt bekannt: Wer ermöglicht, daß der andere Gefangene des Bankraubes überführt wird, wird freigelassen (bestes Ergebnis

erleiden, überwiegt, ergibt sich eine individuell-rationale Präferenz für unkooperatives Verhalten (siehe Abbildung 15).

Abbildung 15: Gefangenendilemma

		B	
		C	D
A	C	3,3 P, P+	1,4 P
	D	4,1 P	2,2 M, N

Da hier nichtkooperatives Verhalten das sicher erreichbare Nutzenminimum (2) erbringt, ist Nichtkooperation für beide Beteiligte rational im Sinne der sogenannten *Minimax-Strategie*, die auf die maximale Realisierung des in jedem Fall zu erzielenden Nutzenminimums (M) abzielt. Rational ist Nichtkooperation in dieser Konstellation aber auch deshalb, weil sie die Chance eröffnet, das beste Ergebnis (4) zu erreichen. Die individuelle Rationalität der Nichtkooperation beider Beteiligter drückt sich darin aus, daß die beidseitige Nichtkooperations-Variante ein *Nash-Gleichgewicht (N)* darstellt. Dieses ist definiert als Zustand, der von allen Beteiligten individuell nur um den Preis einer Nutzenverringerung verlassen werden kann.

Handeln entsprechend dem individuell rationalen Nutzenkalkül führt allerdings im Gefangenendilemma nicht zum *kollektiven Nutzenoptimum*. Versteht man darunter den aggregierten Nutzen (die Nutzensumme) aller Beteiligter[23], wäre dieser hier nur bei

4), während der überführte Gefangene zehn Jahre Haft erhält (schlechtestes Ergebnis 1). Geben beide Beschuldigte den Bankraub nicht zu, erhalten sie wegen mehrfachen unerlaubten Waffenbesitzes jeweils ein Jahr Haft (zweitbestes Ergebnis für beide 3,3). Beschuldigen sich die Verdächtigen gegenseitig, erhalten sie jeweils fünf Jahre Haft (zweitschlechtestes Ergebnis für beide 2,2).

23 Bei kardinalen Nutzengrößen entspricht dies dem in Kapitel A.3.4 dargestellten Kaldor-Hicks-Kriterium; Michael Zürn (1992) führt hierfür die Bezeichnung "Qualifiziertes Pareto-Optimum" ein, worunter er das Pareto-Optimum versteht, welches den höchsten Wert der *multiplizierten* Nutzenwert-

beidseitiger Kooperation erreichbar. Individuelles und kollektives Interesse stehen damit in Konstellationen, die dem Gefangenendilemma ähneln, in grundsätzlichem Gegensatz zueinander.[24]

Abbildung 16: Feiglingsspiel (Chikken)

		B: C	B: D
A	C	3,3 P M	2,4 P N
	D	4,2 P N	1,1

Die Auszahlungsmatrix des *Feiglingsspiels (Chikken)* - Zwei Beteiligte fahren auf einer engen Straße mit hoher Geschwindigkeit aufeinander zu; wer ausweicht (C), ist der Feigling ("Chicken"), wer nicht ausweicht (D), ist der Held - unterscheidet sich von der Auszahlungsmatrix des Gefangenendilemmas lediglich dadurch, daß das Ergebnis beidseitiger Nichtkooperation (1,1) für beide Beteiligte schlechter ist als das Ergebnis einseitiger Nichtkooperation (4,2 bzw. 2,4). Dadurch ergeben sich unterschiedliche Nash-Gleichgewichte (D,C bzw. C,D) und ein anderer Minimax-Punkt (C,C). Das Ergebnis einer solchen Konstellation ist also spieltheoretisch nicht vorhersagbar.[25]

---

kennziffern der beteiligten Akteure aufweist. Als Pareto-Optimum (P) wird ein Zustand verstanden, gegenüber dem kein anderer Zustand möglich ist, in dem sich der Nutzen zumindest eines Beteiligten erhöht, ohne daß sich der Nutzen eines anderen Beteiligten vermindert. Da sich Pareto-Optima in spieltheoretischen Konstellationen häufig nicht nur in einer, sondern in mehreren Auszahlungsfeldern finden, so im Gefangenendilemma in den Feldern C/C, D/C und C/D, muß ein darüber hinausreichender eindeutiger Ausdruck des kollektiven Wohls gebildet werden.

24 Dies ist die spieltheoretische Fassung des Kollektivgut-Problems, das in vielen Formulierungen, zum Beispiel der Hardin'schen Formulierung der "Tragedy of the Commons", bekannt geworden ist (Hardin 1969, Olson 1965)..

25 Dies gilt eindeutig bei einmaligem Handeln. Auch bei mehrfacher Wiederholung ist im Unterschied zu Zürn (1992: 332) keine kooperationsfeindliche Grundtendenz des Spiels anzunehmen. Der angenommene Vorteil der Reputation, ein Held zu sein, der zu Nichtkooperation drängt, steht nämlich

Abbildung 17: Hirschjagd (Assurance)

		B	
		C	D
A	C	4,4 P N	1,3
	D	3,1	2,2 M, N

Hirschjagd (Assurance) ist dagegen eine eindeutig kooperationsfreundliche Abwandlung des Gefangenendilemmas: Ein zusammen erlegter Hirsch erbringt für zwei Jäger das beste und meiste Fleisch. Ein (weniger schmackhafter) Hase stellt eine sichere Beute für einen Jäger dar, während der andere Jäger leer ausgeht. Aus der beidseitigen Zusammenarbeit resultieren hier die besten kollektiven und individuellen Ergebnisse . Da aber nicht sicher ist, ob der jeweils andere kooperiert, und da aus der Nichtkooperation des jeweils anderen das schlechteste Ergebnis für den Kooperierenden folgt, bietet sich auch hier die Nichtkooperation als Minimax-Strategie und Ergebnis individueller Rationalität an, woraus sich, wie im Fall des Gefangenendilemmas, ein suboptimales kollektives Nutzenergebnis folgt (2,2). Im Unterschied zum Gefangenendilemma, einem "worst-case"-Szenario kollektiver Unvernunft, in dem allein Nichtkooperation als individuell rational erscheint, weist das Versicherungsspiel aber zwei Nash-Gleichgewichtspunkte (als Indikator individueller Rationalität) auf, die beidseitige Nichtkooperation (2,2 N) und die beidseitige Kooperation (4,4 N). Die die Nutzenkalküle einbeziehende Präferenzabschätzung zeigt also kein eindeutiges Ergebnis.

wachsender Skepsis der Gegenseite bezüglich der eigenen Überlebenschance gegenüber.

Vernetzte Spiele (nested games)

Unter dem Konzept der vernetzten Spiele *(nested games)* werden parallele und sich überlappende Akteurskonstellationen (*parallel games* und *overlapping games*) verstanden.[26] Bei ersteren verhalten sich identische Akteure parallel zueinander in unterschiedlichen Konstellationen, während bei letzterer nur mindestens ein Akteur in allen verbundenen Spielen beteiligt sein muß.[27] Nutzen Akteure Vorteile in einer Akteurskonstellation zur Einflußnahme

26 In der spieltheoretischen Diskussion werden in diesem Zusammenhang auch andere Bezeichnungen, so *connected, linked* oder *multi-level* games, verwendet. Vergleiche zum folgenden Putnam 1988 und Scharpf 1991. Scharpf (1990: 52) bestimmt *connected games* hieran anschließend als sequentiell oder hierarchisch dadurch verbunden (bzw. getrennt), daß die Aktivitäten (outcomes) des ersten Spieles die Regeln oder Ergebnisse und folglich die outcomes des zweiten beeinflussen. Ansonsten spricht er von größeren N-Personen-Spielen. Das Nebeneinander von positiver und negativer Koordination in und zwischen Netzwerkstrukturen sieht er spieltheoretisch als Variante der verbundenen Spiele.

27 Eine andere Klassifikation konzentriert sich auf die Beziehung von Strategien in verbundenen Spielen. Die Idee ist hierbei, daß die Herstellung von Verbindungen zwischen grundsätzlich seperaten Spielen analytisch fruchtbarer und leichter zu handhaben ist als die Fusion aller Teilspiele in einem einzigen n-Personen Spiel. In einem Beispiel von Shepsle (1985, nach Scharpf 1991) können derartige *interconnections* von Spielen deutlich gemacht werden. Spieler *A* spielt gleichzeitig gegen *B* und *C*; er maximiert dabei die Summe der payoffs aus beiden Spielen und ist dabei beschränkt, die gleiche Strategie in beiden Spielen zu verwenden. Eine weitere (von Scharpf kritisch gewertete) Annahme ist, daß weder *B* noch *C* von dem Doppelspiel *A*'s wissen, so daß *A*'s Startegiewahl beide überraschen kann. Wenn *B* und *C* von der Verbindung der Spiele gewußt hätten, wäre es ein gewöhnliches 3-Personen Spiel gewesen. Der Unterschied zwischen connected Games und n-Personen Spielen ist in diesem und vielen anderen Beispielen die unvollständige Information der anderen Spieler über die payoffs von wenigstens einem Spieler - zudem wissen die ersteren von diesem Informationsdefizit bzw. der Verbindung der Spiele nicht. Scharpf beklagt, daß bei diesen connected Games spieltheoretische Annahmen von Gleichgewichten und vollständiger Information nicht mehr gegeben sind. Er geht zwar auch von Verbindungen zwischen den Spielern aus, nimmt aber an, daß diese um die Verbindungen wissen - obgleich sie keine vollständige Informationen über payoffs und Strategien der verbundenen Spieler haben. Er bleibt aber bei der herkömmlichen Spieltheorie, die ihre Analyse auf wenige Spieler konzentriert und andere Interaktionszusammenhänge dieser Spieler ausklammert. Dies begründet er außerhalb der spieltheoretischen Argumentation mit der komplexität-reduzierenden Wirkung von dauerhaften Beziehungsnetzen und die damit verbundene Steigerung der wechselseitigen Erwartbarkeit in strategischen Interaktionen.

in einer anderen, so kann dies nicht nur die Akteurskonstellation und die Ausgangspräferenzen in diesem Kontext verändern, sondern auch die jeweiligen inhaltlichen Ergebnisse (Tsebelis 1990). Insbesondere gilt dies für Positionsinteressen (Interessen zweiter Ordnung), zum Beispiel Helferinteressen.

Erweiterungen und Systematisierungsansätze

Geschlechterkampf, Gefangenendilemma, Feiglingsspiel und Hirschjagd stellen nur bestimmte spieltheoretische Konstellationen unter vielen anderen dar. Erweiterungen und Systematisierungen der spieltheoretischen Betrachtung ergeben sich u.a. durch die Einbeziehung von Spielen mit höherer Optionen- und Akteurszahl, asymmetrischen Spielen, kardinalen Nutzenwertkennziffern, Nullsummen- bzw. Konstantsummenspielen sowie Spielen ohne Interessendivergenzen, Spielwiederholung (Iteration).

In den Grenzen der jeweiligen Berechenbarkeit können Spiele mit *höherer Akteurs- und/oder Optionenzahl* spieltheoretisch modelliert werden. Beispielsweise sind im allgemeinen Konstellationen von zwei Akteuren und jeweils drei Handlungsoptionen nach allen dargestellten Kriterien wie Minimax-Wert, Nash-Gleichgewicht, Pareto-Optima und dem aggregierten Nutzenmaximum berechenbar. Dabei können auch Konstellationen einbezogen werden, die durch ungleiche Handlungsmöglichkeiten und damit *Asymmetrie* der Beteiligten bestimmt sind. Anders als in den bisher behandelten symmetrischen Spielen, in denen beide Spieler jeweils dieselbe Präferenzordnung aufweisen, unterscheiden sich hierbei die Präferenzordnungen der Beteiligten. Die am häufigsten zitierte ungleiche Präferenzordnung dieser Art ergibt sich in der sogenannten *Oberlieger-Unterlieger-Konstellation*. Dabei hat der jeweilige Oberlieger eines Gewässers eine einseitige Machtstellung gegenüber Wassernutzern im Unterlauf des Gewässers inne (wenn von indirekten Folgewirkungen und sonstigen Beziehungsfeldern abgesehen wird). Infolge dessen ist der Oberlieger nicht, der Unterlieger aber extrem stark an Kooperation interessiert, eine Konstellation, die am besten einflußanalytisch zu erfassen ist (Siehe A.2.5).

Akteurspräferenzen lassen sich nicht nur ordinal, sondern auch in *kardinalen Nutzenwertkennziffern* abbilden. Steht sich beispielsweise in einer Battle-of-the-Sexes-Konstellation ein jungverliebtes Paar gegenüber, das alles dafür hingeben würde, eine Nacht zusammen zu verbringen, steigen die Nutzenwertkennziffern von C/D bzw. D/C stark an gegenüber denjenigen von D/D. Zwar ist dann immer noch nicht geklärt, wo das Paar den Abend verbringt; aber die Tatsache, daß es zusammen sein wird, steht außer Frage.

Strategische Beziehungskonstellationen lassen sich schließlich in einem übergreifenden *Spektrum von Akteursbeziehungen* nach dem in Kapitel A.2 dargestellten Muster verorten. Von überragender Bedeutung ist dabei die Frage, wie groß die Positionsdifferenzen zwischen den Beteiligten sind. Extreme stellen dabei der Typ des Nullsummen-Spiels und der Typ des Spiels ohne Positionsdifferenzen dar. *Nullsummenspiele* sind Akteurskonstellationen mit eindimensionalem Verteilungskonflikt, in dem Vorteile von A nur durch entsprechende Nachteile von B und umgekehrt zu erreichen sind. *Akteurskonstellationen ohne Interessendifferenzen der Beteiligten* stellen quasi das Gegenstück zu Nullsummenspielen dar.

Als "Mixed-motive"-Spiele, zu denen die behandelten Konstellationsbeispiele von Geschlechterkampf bis Hirschjagd gehören, werden Akteurskonstellationen bezeichnet, in denen die Beteiligten unterschiedliche Interessen (Motive) miteinander verbinden. Im Ergebnis ergibt sich damit eine Zwischenposition zwischen den dargestellten Extremformen, dem Nullsummenspiel und der Konstellationen ohne Positionsdifferenzen.

Systematisch lassen sich derartige Spiele nach unterschiedlichen Kriterien ordnen, beispielsweise der Zahl der beteiligten Akteure und Optionen, Symmetrie oder Asymmetrie, vor allem aber nach der Existenz eines oder mehrerer Nash-Gleichgewichte, Paretooptima oder Minimax-Punkte und deren beziehungen untereinander. Michael Zürn (1992: 163f.) stellt die Zahl existierender Nash-Gleichgewichte und deren Beziehung zum kollektiven Nutzenoptimum (qualifiziertes Pareto-Optimum) in den Mittelpunkt und unterscheidet 2x2-Spiele mit zwei Nash-Gleichgewichten und 2x2-Spiele mit einem Nash-Gleichgewicht. Die ersteren *(Koordinationsspiele)* unterscheidet er wiederum danach, ob sie einen Verteilungskonflikt enthalten, die zweiten danach, ob ein qualifiziertes Pareto-Optimum beide Parteien gegenüber dem Nash-Gleichgewicht besser stellt *(Dilemmaspiele)* oder nur eine Seite gegenüber dem Nash-Gleichgewicht besser stellt *(Rambospiele)*.

Damit ergibt sich die Einteilung in:

- Koordinationsspiele ohne Verteilungskonflikt,
- Koordinationsspiele mit Verteilungskonflikt,
- Dilemmaspiele und
- Rambospiele.

Die Spieltheorie ist unter einer Reihe von Gesichtspunkten weiterentwickelt worden, so zunächst im Bereich der *kooperativen Spieltheorie* (Grundlage: Verbindliche Absprachen der Beteiligten sind möglich) mit dem Schwerpunkt der Koalitionstheorie (siehe a.5.8), hierauf vor allem im Bereich der eben skizzierten nichtkooperativen Spieltheorie (ohne die Möglichkeit verbindlicher Absprachen). Neben einer Systematisierung und Ausdifferenzierung des konzeptuellen Apparates sowie der mathematischen Überprüfung von Spielen im allgemeinen ging es dabei vor allem um die Durchdringung der Wiederholung *(Iteration)* von Spielen (Abreu 1988; Fudenberg/Maskin 1986). Besonders bekannt wurden dabei Robert Axelrods Arbeiten (Axelrod 1986) unter dem Stichwort der *"Tit-for-Tat-Strategie"* (wähle die Verhaltensweise, die der Opponent im Zug vorher gewählt hat, nachdem Du im ersten Zug kooperiert hast) und generell die Einbeziehung der Möglichkeit *gemischter Strategien* (bei denen Handlungsmöglichkeiten abwechselnd aufgrund einer vorher ermittelten Häufigkeitsverteilung gewählt werden).

Ein spieltheoretischer Forschungszweig hat die Analyse von Akteurskonstellationen bei unterschiedlichem *Informationszugang der Beteiligten* (Keck 1993) zum Gegenstand, ein anderer den Versuch einer Verbindung von Netzwerk- und Spieltheorie (Scharpf 1993; Schneider 1993; Ryll 1993). In den letzten Jahren an Bedeutung gewonnen haben schließlich Entwicklungen der *biologischen Spieltheorie*, die die Bindung an das Konzept individueller Akteure zugunsten von Spielen gegen die Natur aufgegeben hat. Dabei wird die Entwicklung biologischer Populationen u.ä. im Hinblick auf den Erfolg von Verhaltensstrategien, beispielsweise Anpassungs- versus Konfliktstrategien, untersucht (Axelrod 1989).

Ergänzende Literatur: Zürn 1992; Scharpf 1993; Rubinstein 1990; Keck 1993; Axelrod 1989

5.7 Die Verhandlungssystemtheorie

Spieltheoretische Überlegungen sind der Ausgangspunkt eines in den letzten Jahren besonders einflußreichen politikanalytischen Ansatzes, der wohlfahrtstheoretischen Diskussion politischer Koordination mit dem Schwerpunkt Verhandlungssysteme, kurz Verhandlungssystemtheorie (Coase 1960; Scharpf 1992, 1993a, 1993b; Zintl 1992, Benz 1992). Im Mittelpunkt dieser Theorie stehen:

- institutionelle Formbedingungen politischer Koordination, vor allem das Verhältnis von Hierarchie und Verhandlungssystemen,
- das Verhältnis situativer Individualinteressen und aggregierter Kollektivinteressen nach spieltheoretischem Muster sowie
- Instrumente politischer Koordination im Sinne einer Verbesserung der gesamten Nutzenbilanz, insbesondere die Instrumente Kompensation und Koppelgeschäfte sowie Strategien indirekter Steuerung durch Verfahrenswahl und Institutionenbildung.

Grundlage für die theoretische Verbindung dieser drei Variablenkomplexe ist zunächst die Problematisierung einzelner (institutioneller) Koordinationsformen, so insbesondere der vertikalen Steuerung ("hierarchische Koordination").

Kollektivgutproblematik und hierarchischer Lösungsansatz

Politische Koordination richtet sich auf die Optimierung des Verhältnisses von individuellem und allgemeinen Wohl (Gemeinwohl). Das Ausgangsproblem besteht dabei in der Tendenz der einzelnen Beteiligten, jeweils allein ihr individuelles Wohl im Auge zu haben, ohne externe Effekte auf andere Beteiligte und damit allgemeine Wohlfahrtseffekte zu berücksichtigen.[28] Lange Zeit als einzige Handlungskonsequenz hieraus gezo-

---

28 Das Problem ist in den letzten Jahrzehnten unter zahlreichen Aspekten und Bezeichnungen analysiert worden, so als Kollektivgut-Problematik, Allmende-Problematik (das öffentliche Weideland, die Allmende, wird durch privates Vieh übernutzt) bzw. "Tragedy of the Commons" (Gemeinsame Güter fallen der individuellen Rationalität zwangsläufig zum Opfer / Hardin 1968), als Trittbrettfahrer-Syndrom (bei hoher Zahl der Beteiligten lassen sich positive oder negative Kollektivgut-Beiträge einzelner nicht

gen wurde die Notwendigkeit externer, insbesondere staatlicher Eingriffe, so zum Beispiel die Notwendigkeit staaatlicher Steuern (Pigou 1920). Die *Vorteile derartiger hierarchischer Steuerung*[29] liegen auf der Hand: Ist die übergeordnete Handlungskompetenz einer externen Instanz anerkannt, so kann dieses individuelles Verhalten nach Gemeinwohlkriterien beeinflussen. Möglich werden damit nicht nur Maßnahmen, die nach dem Pareto-Kriterium, sondern auch Maßnahmen, die nach dem Kaldorkriterium positiv zu bewerten sind. Und selbst innerhalb dieses Bereichs kann jeweils die Maßnahme mit dem höchstmöglichen Gemeinwohlbeitrag, also die gesellschaftlich optimale Variante, gewählt werden. Hierarchische Entscheidungsstrukturen haben allerdings nicht nur Vorteile. So ist das Zusammenfallen von hierarchischer Entscheidungsmacht und Gemeinwohlorientierung durchaus nicht selbstverständlich. Wird die anfangs eingeführte Annahme der Orientierung politischer Akteure am eigenen Vorteil auch auf die Träger hierarchischer Entscheidungsmacht bezogen, so stellt sich hier die Kollektivgutproblematik in mindestens ebenso großer Schärfe wie zwischen gleichstarken Akteuren. Denn die Inhaber legimierter Macht sind, wenn von institutionellen Begrenzungen abgesehen wird, keinen Beschränkungen *räuberischer Herrschaft* (Scharpf 1991: 17) ausgesetzt. Es ergibt sich also mit Bezug auf die hierarchisch Herrschenden eine spezifische Motivationsproblematik im Sinne des Gemeinwohls.

---

mehr ausreichend genau zurückverfolgen, um eine angemessene Beteiligung der Beteiligten zu sichern; dementsprechend entsteht unter diesen Bedingungen eine Tendenz zur privaten Übernutzung der kollektiven Güter, zum "Trittbrettfahren" (Olson 1965), als spieltheoretisches Gefangenen-Dilemma (Zwei Gefangene, die über die jeweilige Schuld des anderen Bescheid wissen und unabhängig voneinander unter Druck gesetzt werden, ihren Kumpel zu verraten, tendieren zu diesem Akt der Nichtkooperation (untereinander), wenn sie fürchten müssen, selbst verraten zu werden). Scharpf (1991), Benz (1993) und behandeln die Problematik unter dem Stichwort "Verhandlungsdilemma", wobei sie die besondere Bedeutung unterschiedlicher Verhandlungsstile und Fairneßvorstellungen betonen, die sich unter dem Gesichtspunkt der Realisierung von Gemeinwohlzielen bzw. individueller Verteilungsgewinne ergeben.

29 Die Bezeichnung "Hierarchie", wörtlich "Priesterherrschaft", bedeutet dabei lediglich die anerkannte Über- bzw. Unterordnung der Beteiligten.

Ein zweites Grundsatzproblem hierarchischer Willensbildung und -umsetzung sind deren *Kapazitätsgrenzen der Informationserhebung und Informationsverarbeitung*: Muß alle Information über Ausgangsbedingungen, Anforderungen, Formen und Ergebnisse politischen Handelns an die Spitze der Entscheidungshierarchie geleitet werden, so ergeben sich vielstufige Prozesse des Informationstransports mit zahlreichen Übermittlungsfehlern sowie die große Gefahr der Informationsüberlastung an der verarbeitenden Spitze. Hierarchisch geleitete Systeme werden daher charakteristische Leistungsschwächen der Informationsverarbeitung aufweisen.

Hieraus wiederum folgen Gefahren *mangelnder Mobilität und Innovationsfähigkeit* hierarchischer Entscheidungsstrukturen: Wer der Kontrolle durch die hierarchisch Beherrschten nicht ausgesetzt ist und daher eine unkündbare Herrschaftsposition innehat, wird wenig motiviert dazu sein, soziale Veränderungen und Veränderungsnotwendigkeiten wahrzunehmen. Er wird vielmehr zu Immobilität und Innovationsschwäche neigen und notwendige Veränderungen im Sinne des Ganzen in der Regel eher behindern als fördern.

Die Gefahren der räuberischen Herrschaft, der mangelnden Informationsverarbeitung und der Immobilität unbegrenzter Hierarchie sind in den vergangenen Jahrhunderten zunehmend sensibel wahrgenommen und zum Anlaß für die Relativierung und zunehmende Ersetzung rein hierarchischer Entscheidungsstrukturen geworden. Zunehmend üblich sind heute in den hochindustrialisierten Ländern nicht mehr rein hierarchische, sondern *majoritärhierarchische Entscheidungsstrukturen*, die vermittelt über allgemeine freie Wahlen und rechtsstaatliche Bedingungen politische Entscheidungskompetenz auf Zeit legitimieren.[30] Die Möglichkeit der Machtausübung ist dabei an die regelmäßig einzuholende Legitimation durch die Wähler gebunden und durch das Verhalten wichtiger Verbände sowie die öffentliche Meinungsbildung beeinflußt. Auch wenn eine Regierung im Augenblick formell hierarchische Entscheidungsmacht besitzt, kann sie dementsprechend in

---

30 Mit der Annahme, diese seien inzwischen die einzigen Formen hierarchischer Herrschaft, wird die nach wie vor große Bedeutung der auf Lebenszeit angestellten Beamtenschaft, der Kirchen, anderer kaum kontrollierter Verbände sowie wissenschaftlicher Einrichtungen und Expertengruppen mit quasi-hierarchischer Stellung übersehen.

der Regel keineswegs frei handeln. Sie muß vielmehr immer die Zustimmung ihrer potentiellen Wählerschaft im Auge haben. Hinzu kommen andere Einschränkungen der politischen Entscheidungshierarchie. So tobt, wie die Organisationssoziologie unter dem Stichwort der "Mikropolitik" gezeigt hat, in allen Organisationen, auch in der bürokratischen Organisation, entgegen der von Max Weber geprägten Sicht der Bürokratie als hierarchischer Herrschaftsstruktur sachlicher Rationalität ein ständiger Kampf um Einfluß- und Durchsetzungschancen zwischen den Beteiligten. Selbst dort wo formell hierarchische Strukturen der eindeutigen Unterordnung bestehen, setzen sich also in zunehmendem Maß Prozesse des Konflikts und der offenen Willensbildung durch (Küpper/Ortmann 1988).

Wenn nun aber hierarchische Entscheidungsstrukturen in der Politik (wie in der Wirtschaft und Gesellschaft) an Bedeutung verlieren, stellt sich die dargestellte Kollektivgut-Problematik in aller Schärfe: Wie können Gemeinwohl-Ziele angesichts des vorherrschenden Eigennutzes der politischen Akteure, der "Tragedy of the Commons", realisiert werden?

Ein möglicher Weg zur Bewältigung dieser Problematik wird durch das *Coase-Theorem* der ökonomischen Wohlfahrtstheorie gezeigt. Nach diesem von Ronald *Coase 1960 vorgelegten Theorem* können, sofern von den jeweiligen Transaktionskosten abgesehen wird, alle durch hierarchische Koordination (vertikale Steuerung) erzielbaren Wohlfahrtseffekte auch durch freiwillige Vereinbarungen zwischen den Betroffenen im Rahmen privater Eigentumsrechte erzielt werden. Horizontale Selbstkoordination kann also, abgesehen von den Transaktionskosten, vertikale Steuerung vollständig ersetzen.

Scharpf (1992, 1993a, b) zeigt diese Ersetzungsmöglichkeit anhand unterschiedlicher Koordinationsstrumente und Bedingungen, so der Kompensation, der Koppelgeschäfte, dauerhafter Netzwerke bzw. kooperativ-solidarischer sozialer Orientierung der Beteiligten und schließlich institutioneller Verfahren. Auch solche freiwilligen Vereinbarungen stoßen allerdings auf charakteristische Schwierigkeiten. Diese zeigen sich bei einer genaueren Betrachtung des Konstellationstypus Verhandlungssystem.

handlungs-Systeme. Ein *Zwangsverhandlungs-System* ist für den initiierenden Akteur dann gegeben, wenn er der Zustimmung anderer Akteure zur Realisierung des Vorhabens bedarf, die anderen Akteure also über Vetomacht in bezug auf das Vorhaben verfügen. Dagegen besteht ein *Freiwilliges Verhandlungssystem*, wenn der initiierende Akteur sein Vorhaben auch ohne die Zustimmung anderer Akteure verwirklichen kann, diese aber wegen ihrer Betroffenheit durch das Projekt an Verhandlungen über dessen Realisierung interessiert sind (Ostrom 1986; Scharpf 1991:62ff).

Die Chancen für gemeinwohlorientiertes Handeln sind in beiden Akteurskonstellationen zunächst ungünstig, dies allerdings aus unterschiedlichen Gründen (Scharpf 1991:63-65): In Zwangsverhandlungssystemen ist zu erwarten, daß die Akteure mit Vetomacht die für sie nachteiligen Vorhaben blockieren. Auf einvernehmliche Zustimmung können dann nur dem Pareto-Kriterium entsprechende Vorhaben rechnen, die für alle Beteiligte vorteilhafter als der Status quo sind. Die sozialen Kosten dieser Akteurskonstellation steigen dabei insbesondere bei Verhandlungen mit vielen Akteuren: Solange jeder der Beteiligten mit Vetomacht sich nur an den eigenen Vor- bzw. Nachteilen orientiert, ist das Ergebnis des Verhandlungsprozesses die *Kumulation von Vetopositionen*. Die Wahrscheinlichkeit, daß sich die Beteiligten auf irgendein Vorhaben einigen können, tendiert hier rasch gegen Null.

Auch in einem auf Freiwilligkeit gegründeten Verhandlungssystem sind nur Vorhaben konsensfähig, die allen Beteiligten Vorteile gegenüber dem Staus quo bringen. Darüberhinaus aber hat dabei jeder initiierende Akteur auch die Möglichkeit, alle in seiner Kompetenz stehende Vorhaben durch einseitige Entscheidung zu verwirklichen, auch wenn diese für andere Akteure nachteilig sind, und sogar, wenn ihr Nutzenpunkt unterhalb der Kaldor-Diagonale liegt, sie also insgesamt mehr Schaden als Nutzen erzeugen.

Beide Varianten von Verhandlungssystemen verfehlen also das durch das Kaldor-Kriterium definierte Wohlfahrtsmaximum: Bei Zwangsverhandlungen können nicht alle wohlfahrtssteigernden Vorhaben verwirklicht werden und mit steigender Zahl der Beteiligten tendiert die Wohlfahrtsproduktion gegen Null; bei freiwilligen Verhandlungen dagegen werden tendenziell zu viele Vorhaben realisiert, da die Beteiligten die Freiheit behalten, auch über die Grenze des Kaldor-Kriteriums hinaus sozial schädliche (aber individuell vorteilhafte) Absichten durchzusetzen.

Diese Koordinations-Defizite von Verhandlungssystemen bestehen nun allerdings nur dann, wenn es bei Verhandlungen ausschließlich um Ja-Nein-Entscheidungen über ein abschließend definiertes Einzelvorhaben geht. Weit günstigere Koordinationsbedingungen bestehen demgegenüber, wenn einseitige Nachteile durch *Ausgleichszahlungen* kompensiert werden können: In Zwangsverhandlungssystemen, in denen der initiierende Akteur auf die Zustimmung anderer Beteiligter angewiesen ist, kann sich der initiierende Akteur diese Zustimmung erkaufen, indem er Nachteile, die für andere Akteure durch das geplante Vorhaben voraussichtlich eintreten werden, monetär ausgleicht. Bei der Annahme, daß Kompensationszahlungen aus dem Budget des durch die Verwirklichung des jeweiligen Vorhabens voraussichtlich eintretenden Nutzens beglichen werden (Scharpf 1991: 65/66), ergibt sich die Schlußfolgerung, daß in Zwangsverhandlungssystemen Kompensationsprozesse immer dann zustandekommen, wenn der durch ein Vorhaben voraussichtlich entstehende Nutzen des initiierenden Akteurs größer ist als der für andere Beteiligte entstehende Schaden, so daß aus der Differenz zwischen beiden Größen ein *Kompensations-Budget* entsteht. Ist der entstehende Gesamtschaden dagegen größer/gleich dem entstehenden Nutzen, existiert keine Kompensationsmasse und Ausgleichszahlungen sind unmöglich. Ausgleichszahlungen können daher nur Projekte mit positivem Gesamtnutzen entsprechend dem Kaldor-Kriterium sichern.

In *freiwilligen Verhandlungssystemen* sind die Rollen gegenüber dem Zwangsverhandlungssystem vertauscht: Da nun der initiierende Akteur Vorhaben auch gegen den Widerstand betroffener Akteure verwirklichen kann, bleibt diesen nun nur noch das Mittel, die Verwirklichung des für sie schädlichen Vorhabens durch Zahlungen zu vermeiden. Solche Zahlungen können als Ausgleich für den Verzicht auf das Vorhaben durch den initiierenden Akteur interpretiert werden. Wird angenommen, daß sich die gezahlte Ausgleichssumme höchstens dem vermiedenen Schaden (der Betroffenen) entspricht, käme es auch dabei nur zu Ausgleichszahlungen, durch die Vorhaben mit negativem Nutzensaldo verhindert werden, während alle Vorhaben mit positivem Nutzensaldo entsprechend dem Kaldor-Kriterium ermöglicht würden.[31]

---

31 Mit dieser Annahme wird allerdings übersehen, daß sich freiwillige Verhandlungssysteme auf eine Akteurskonstellation beziehen, in der bestimmte Akteure auch sozial unerwünschte Vorhaben beliebigen

Abgesehen von Fällen, in denen die durch ein Vorhaben auftretenden Schäden zu gering sind, um als kompensationswürdig behandelt zu werden, können Ausgleichszahlungen aus zwei Gründen scheitern:

1) Die potentiellen Zahler sind nicht ausreichend zahlungsfähig; ein Ausgleich bleibt also aus Kapazitätsmängeln aus, ein Sachverhalt, der in der sozialen und politischen Praxis häufig ausschlaggebend ist (siehe Kapazitätstheorie).
2) Beteiligte fassen den Problemlösungsmechanismus "Ausgleichszahlungen" grundsätzlich oder zumindest in dem anstehenden Falle als nicht legitim auf.

Ein besonders wichtiger Umstand zur Erklärung des zweiten Hinderungsgrundes sind die impliziten Folgen von Kompensationszahlungen: Mit der Zahlung bzw. dem Empfang von Ausgleichsleistungen werden die gegebene Akteurskonstellation und die sie bedingenden sachlichen Bedingungen praktisch, häufig auch erklärtermaßen von allen Beteiligten *akzeptiert.* Der Mechanismus der Kompensationszahlungen ist also nicht nur ein Mittel zur Korrektur ungleicher Nutzen- bzw. Schadenssalden, sondern auch eine zumindest stille Form der Anerkennung und damit Verfestigung der bestehenden Verteilungsstruktur.
Mit dieser Akzeptanzsperre eingetretener Sach- oder Verteilungsstrukturen eng verbunden sind häufig *moralische Bedenken* gegenüber dem Mittel der Kompensationszahlungen. Beispielsweise erscheint vielen moralisch verwerflich bzw. sachlich unmöglich, den umweltbedingten biologischen Artenverlust in einer Region durch "Ausgleichszahlungen" an eine Umweltinitiative kompensieren zu wollen, ein Sachverhalt, der allerdings vom politisch-kulturellen Variablen beeinflußt wird. Monetäre Zahlungen zur

---

Ausmaßes realisieren können. Dementsprechend ist die Höhe der "Ausgleichszahlungen" der Betroffenen, durch die solche Maßnahmen zu verhindern wären, nicht begrenzt. Nur zu naheliegend ist es vielmehr, daß der initiierende Akteur seine unbegrenzte Initiativmacht auch dazu nutzt, beliebig hohe "Kompensationszahlungen" zu erzielen - eine einseitige Machtsituation, die durch Zahlungen der Betroffenen nicht vermieden wird, sondern sich darin lediglich ausdrückt. Die bekannte Folge derartiger Verwerfungen, die dem Verursacher-Prinzip diametral widerspricht, ist eine Fehlallokation von Mitteln nach Gemeinwohlkriterien, da der Verursacher sozial schädlicher Vorhaben für seine Fähigkeit zur gesellschaftlichen Schädigung belohnt wird und potentiell sogar weitere Schädigungskapazitäten aufbauen kann.

Kompensation sind nicht selten, so für gewählte politische Repräsentanten, sogar rechtlich verboten. Ausgleichszahlungen können daher zwar den Spielraum wirkungsvoller politischer Koordination bei fehlender hierarchischer Entscheidungskompetenz vergrößern; ihrer Anwendungsmöglichkeit sind aber häufig enge Grenzen gesetzt. Angesichts dessen stellt sich wieder die Frage, wie der Handlungsspielraum politischer Koordination erweitert werden kann.

Eine Antwort hierauf ist der Verweis auf die Möglichkeit von Koppelgeschäften. *Koppelgeschäfte*, mit Bezug auf mehrere Sachbereiche auch Paketlösungen genannt, sind Kompensationsvereinbarungen über unterschiedliche Politikbereiche bzw. Nutzen/Schadenskriterien hinweg. Dabei existiert kein besonderes Tauschmedium, zum Beispiel monetäre Zahlungen oder die Vergabe von personellen Ressourcen. Vielmehr werden inhaltliche Regelungen in verschiedenen politischen Einzelbereichen nach dem Kriterien eines übergreifenden Ausgleichs miteinander gekoppelt. Dadurch können Verteilungskonstellationen, die innerhalb der jeweiligen politischen Einzelbereiche Regelungen behindern, politisch in Bewegung gebracht werden. Außerdem sind politische Koppelgeschäfte unter moralischen und rechtlichen Kriterien häufig weniger angreifbar als monetäre Kompensationszahlungen. Der politische Handlungsspielraum im Sinne akteursübergreifender Nutzenkriterien wächst, wobei allerdings einzelne Beteiligte bzw. sachliche Regelungsbereiche Nutzeneinbußen erleiden können - eine Konstellation, die dem anfangs dargestellten Muster der Wohlfahrtssteigerung nach dem Kaldor-Kriterium entspricht.[32]

Die Tatsache, daß bereichsübergreifende Koppelgeschäfte trotz dieser wohlfahrtstheoretischen Vorzüge in der politischen Praxis nur selten zustandekommen, kann auf unterschiedliche Faktoren zurückgeführt werden: Da alle an Koppelgeschäften Beteiligte im Willensbildungsprozeß zumindest ex post (als Grundlage der letztlichen Absegnung und praktischen Umsetzung) beteiligt werden müssen,[33] ergeben sich vergleichsweise hohe Transaktionsko-

---

32 Auch hierbei sind allerdings sozial unerwünschte "Lösungen" möglich, wenn Beteiligte gegenüber Vorhaben mit günstigen Wohlfahrtswirkungen als Drohpotential Vorhaben mit besonders ungünstigen Wohlfahrtswirkungen in den Verhandlungsprozeß einführen (Scharpf 1991:73/74).

33 Scharpf/Zintl/Benz stellten zwischen Hamburg und Schleswig Holstein politische Paketlösungen fest, die zwar unmittelbar durch die

sten solcher Vorhaben. Vor allem aber implizieren solche Geschäfte (genauso wie Kompensationszahlungen) die stille Legitimation der getroffenen Regelungen. Gerade im Zeichen intensiver öffentlicher Diskussion von Sachanforderungen einzelner Bereiche möchten die Beteiligten vermeiden, für den "Verkauf" sachlicher Ziele geradezustehen.

Dementsprechend geht die Suche nach Elementen, durch die sich neue Handlungsspielräume politischer Koordination und Kooperation ergeben, weiter. Wichtige Elemente dieser Art sind *kooperative soziale Orientierungen* (siehe A.2.2) und *dauerhafte Netzwerke* (siehe A.4.3): Während kompetitive Orientierungen mit der Folge von funktionierendem Wettbewerb für Dritte und damit die Allgemeinheit höchst positive Wohlfahrtswirkungen haben können, sind kooperativ-solidarische Orientierungen eindeutig von Vorteil für die unmittelbar Beteiligten: Können sie eine solche Orientierung in Handeln umsetzen und damit auch selbst erfolgreich stabilisieren, so eröffnen sich hierdurch überlegene Wohlfahrtschancen durch eine Senkung notwendiger Transaktionskosten sowie überlegene Handlungsfähigkeit und Gewinnmöglichkeiten. Sich einfach als "everybody's darling" aufzufassen, hat allerdings Grenzen. Voraussetzung für die Berechtigung einer kooperativen Partnerorientierung sind bestimmte reale soziale Konstellationen. Neben einer sich wiederholenden Interessengemeinsamkeit sind hierfür insbesondere dauerhafte Netzwerke von Bedeutung.[34]

Regierungschefs der beiden Seiten in Gang gebracht, später jedoch wieder auf unteren Ebenen aufgeschnürt wurden (Scharpf 1991: 84ff)..

34 Fritz Scharpf betrachtet das Zustandekommen kooperativ-solidarischer Orientierungen als Sonderfall unter besonders günstigen Bedingungen. Demgegenüber spricht meiner Auffassung nach Vieles für die Annahme, daß der allgemeine Prozeß der Zivilisation (Elias 1978/79) nicht zuletzt auf der Grundlage bestimmter psychisch-physischer und materieller Sicherheit sowie auch auf endemischen institutionellen Sicherheitsbedingungen, zum Beispiel der Ausbildung von Mechanismen des Rechtsstaates und der vitalen Demokratie beruht, Vertrauensfähigkeit in andere also ein Grundelement zivilisatorischer Entwicklung darstellt. Überdeutlich wird dies anhand des engen Zusammenhangs zwischen sozialem Vertrauensverlust und Zivilisationsniedergang, so in Phasen des Bürgerkriegs. Die Fähigkeit zu einer kooperativen Einstellung hängt schließlich nicht allein von manifesten sozialen Beziehungen, sondern auch und nicht zuletzt von der persönlichen Einschätzung der jeweils anderen und seiner selbst ab: Nur wer vergleichsweise große Selbstsicherheit besitzt - und auch dieses scheint mir in einer modernen individualistisch geprägten Gesellschaft verbreiteter als in

Dauerhafte Netzwerke, das heißt über einzelne Interaktionen hinaus bestehende Kommunikationsstrukturen mit kooperativ-solidarischen Beziehungselementen, entstehen insbesondere durch wiederholtes Aufeinandertreffen der Beteiligten mit positiven Erfahrungen, dieses wiederum durch den Einfluß vorgegebener Einflußfaktoren wie Familie, gemeinsame kulturelle Orientierung, Sprache, oder durch positive Außeneinflüsse, zum Beispiel die netzwerkbildende Kraft institutioneller Normen. In jedem Fall ergeben sich bestimmte stille und/oder erklärte "Geschäftsvereinbarungen" der zweiten Ebene (Scharpf 1993: 148), die die Koordination der laufenden Interaktionen erleichtern. Hierzu gehören beispielsweise die (stille) Vereinbarung die Wahrheit zu sagen, Versprechen einzuhalten und dem jeweils anderen nicht schaden zu wollen. Da Angehörigen solcher Netzwerke ihre Vertrauens- und Vorteilsstellung als Teil des Netzwerkes auch in Zukunft erhalten wollen, akzeptieren sie, falls dies zum Wohle aller Beteiligter bzw. der weiteren Existenz des Netzwerkes notwendig erscheint, gegebenenfalls auch Maßnahmen zu ihren unmittelbaren Lasten. Dauerhafte Netzwerke dieser Art bilden daher eine besondere Legitimationsgrundlage für Maßnahmen zum Wohle aller Beteiligter nach dem Kaldor-Kriterium. Sie stellen ein funktionales Äquivalent zu hierarchischen Entscheidungsstrukturen dar.

---

einer auf enger Einbindung oder Unterdrückung basierenden Gesellschaft -, kann eine kooperative Grundeinstellung zu seiner Umwelt entwickeln.

Wegen der grundsätzlichen Äquifunktionalität hierarchischer und nichthierarchischer Koordinationsstrukturen durch situationsentsprechende Koordinationsmechanismen, Orientierungen und Institutionen liegt auch die Verkoppelung von Koordinationsmechanismen bzw. -strukturen unterschiedlicher Typen nahe. Eine besonders einflußreiche Koppelungsform dieser Art sind *Formen der Selbstkoordination "im Schatten der Hierarchie"* (Scharpf 1993). Dabei wirken sich zwingende Leistungsanforderungen auf höherer hierarchischer Ebene als Koordinationsanreiz für Verhandlungssysteme aus. Da in Verhandlungssystemen Interessen für Benachteiligte besser realisiert werden können, ziehen dabei Akteure einen Verhandlungserfolg gegenüber einem Scheitern von Verhandlungen auch dann vor, wenn sie dabei unmittelbar Nutzeneinbußen erleiden.

Eine weitere Koppelungsmöglichkeit von Mechanismen der Selbstkoordination über Verhandlungssysteme mit hierarchischen Entscheidungsstrukturen ergibt sich durch die Trennung zwischen formeller Entscheidungsstruktur und *informellem politischen (Verwaltungs-)Handeln* (Chisholm 1989, Wever 1991). Fritz Scharpf unterscheidet schließlich zwischen positiver und negativer Koordination. *Positive Koordination* besteht in dem Versuch, die Effektivität und Effizienz der Behördentätigkeit dadurch zu maximieren, daß die Handlungsoptionen beteiligter Ressorts erfaßt und in einer Gesamtstrategie optimal miteinander verbunden werden. Das Ziel der positiven Koordination ist identisch mit der durch Hierarchie oder Verhandlungssysteme (entsprechend dem Coase-Theorem) anstrebbaren Maximierung der aggregierten Wohlfahrt entsprechend dem Kaldor-Kriterium. *Negative Koordination* weist demgegenüber begrenzte Zielvorstellungen auf. Hierbei geht es darum zu verhindern, daß eine Handlungsinitiative einer Subeinheit in Konflikt kommt mit etablierten Politiken und Interessen anderer ministerieller Einheiten. Wohlfahrtstheoretisch formuliert geht es dabei lediglich darum, externe Effekte zu Lasten einzelner Akteure zu verhindern bzw. die Wahrscheinlichkeit bestmöglich zu erhöhen, daß Handlungsinitiativen dem Paretokriterium entsprechen.

Prozedural wird positive Koordination mit multilateralen Verhandlungen in inner- oder interministeriellen aufgabenorientierten Stäben (task force units) assoziiert, die üblicherweise vom Minister oder durch das Kabinett mit hoher Priorität initiiert und in ihrer Zusammensetzung explizit bestimmt werden. Die jeweilige Koordinationsgruppe untersteht dem Minister direkt; ihre Mitglieder sollen allerdings durchaus die durch sie repräsentierten Sachgesichtspunkte und Interessen in die Arbeit einbringen. Negative Koordination hat demgegenüber üblicherweise den Charakter bilateraler Klärungsgespräche zwischen dem initiierenden Ressort und anderen Einheiten, deren Haushalt durch die Maßnahme berührt wird, deren eigene Zielvorstellungen zur Politik jedoch nicht aktiv-strukturierend in die Gestaltung der Maßnahme eingehen. Die Koordination kann unter Umständen sogar lediglich auf einen formellen Akt reduziert sein. Während positive Koordination multilateralen Charakter hat, weist negative Koordination also in der Regel sequenzielle Form auf oder besteht sogar lediglich in einseitiger Vermeidung von Störungen durch die initiierende Einheit.

Negative Koordination reduziert also die zu bewältigende Komplexität und die politischen Transaktionskosten gegenüber der positiven Koordination. Andererseits ergeben sich hieraus auch vergleichsweise enge Grenzen für politische Innovationsmöglichkeiten. Negative Koordination kann durch eine Kumulation von Vetos sogar zu einer raschen Verminderung der Möglichkeit jeden Wohlfahrtsgewinns führen; andererseits bedeutet die Möglichkeit, Wohlfahrtsverluste zu verhindern, einen nennenswerten politischen Gewinn bei geringen politischen (Transaktions-)Kosten.

Ergänzende Literatur: Scharpf 1992, 1993a, b; Zintl 1992; Benz 1992;

5.8 Zur Theorierelativierung - der Fall Koalitionstheorie

Ein früher Gegenstand theoriegeleiteter Politikforschung war die Analyse der Bildung und Zusammensetzung von Regierungskoalitionen.[35] Diese Analyse ging von spieltheoretischen Überlegungen zur Zusammensetzung von Regierungskoalitionen unter dem Stichwort *"minimum winning coalition"* aus (Gamson 1961; Riker 1962). Demnach streben Parteien danach, mit ihren Abgeordnetenmandaten möglichst viele Ministersessel zu erreichen. Je weniger Parteien sich die Ministersessel teilen, desto größer wird der "Gewinnanteil" jeder Regierungspartei ausfallen. Daraus läßt sich die Voraussage ableiten, daß es bei nicht vorhandener absoluter Mehrheit einer Partei zu kleinstmöglichen Koalitionen kommen wird, die durch das Ausscheiden einer Partei ihre Mehrheit verlieren werden.

Diese eindimensionale Nutzentheorie der Koalitionsbildung wurde in der Folge dahingehend kritisiert, daß Regierungsbeteiligung nicht nur auf die Maximierung von Ministersesseln, sondern auch oder gerade auf die Verwirklichung bestimmter Politikinhalte gerichtet sei (Axelrod 1970; De Swaan 1970, 1973). Aus der Verbindung dieser Annahme mit der "minimum winning coalition"-Theorie wurde die Prognose entwickelt, daß sich bei nicht vorhandener absoluter Mehrheit einer Partei kleinste verbundene Koalitionen *(minimal winning connected coalitions)* bilden würden, das heißt, Koalitionen, die auf einer Politikskala, üblicherweise Links-Rechts-Skala, benachbarte Parteien umfassen, ohne daß dabei eine Partei der Skala übersprungen wird.

Die *empirische Überprüfung* der Regierungsbildung in westlichen Denokratien in den siebziger und achtziger Jahren ergab nur eine sehr geringe Voraussagekraft der "Minimal-winning-coalitions"-Hypothese: So waren von 218 Regierungen in zwanzig westlichen Demokratien zwischen 1945 und 1980 62% entweder "übergroße" Regierungen oder Minderheitsregierungen, weitere 12% waren Einparteienmehrheitsregierungen und nur 26 % kleinste Koalitionen nach dem spieltheoretischen Muster (Nolte 1988: 231). Koalitionshypothesen, die die politische Orientierung der Koalitionspartner berücksichtigen, bewährten sich in den ersten vergleichenden Studien zur Koalitionsbildung in westlichen De-

---

35 Der folgende Text ist auf Angaben in dem Überblicksartikel "Ist die Koalitionstheorie zu Ende" von Detlev Nolte (1988) gestützt.

mokratien (Browne 1970, De Swaan 1973, Taylor/Laver 1973) besser als Hypothesen, die allein auf die Größe der Koalitionen abhob. Neuere Untersuchungen, die die Merkmale "Koalitionsgröße" und "Ideologische Nähe" miteinander kombinierten (Browne u.a. 1984, Franklin/Mackie 1983), zeigten allerdings auch nur eine 15%ige Varianzerklärung der Koalitionszusammensetzung. Insgesamt zeigte sich eine starke Abhängigkeit der Ergebnisse von dem Untersuchungszuschnitt, insbesondere der getroffenen Länderauswahl und der Operationalisierungskriterien.

Der insgesamt geringe empirische Gehalt der bisherigen Koalitionstheorien und die Bedeutung von Länderspezifika im Koalitionsbildungsprozeß (Laver 1986: 33) führten zur *Suche nach zusätzlichen Erklärungsfaktoren*, um die Voraussagekraft der Koalitionstheorie zu erhöhen. Die wichtigste Forschungsrichtung zielte auf die Einbeziehung von *Charakteristika der Parteiensysteme*, die die Bildung und Erhaltung von Koalitionen beeinflussen. Dodd konnte mit drei das Parteiensystem betreffenden Faktoren 41% der Varianz im Koalitionsformat und 18% der Lebensdauer der Kabinette erklären, dem Grad der Polarisierung der Parteien auf verschiedenen Konfliktebenen, dem Fraktionalisierungsgrad des Parteiensystems und der Stabilität des Parteiensystems, was die Zahl und die relative Stärke betrifft (Dodd 1976: 137-143).[36]

Im Unterschied zu Dodd rücken Budge und Herman (Budge/Herman 1978; Budge 1984) von der Vorstellung eines Idealformats von Koalitionen ab. Stattdessen versuchen sie auf dem Weg einer Erweiterung der den Parteien bzw. Parteiführern im Regierungsbildungsprozeß unterstellten Motive, einer Berücksichtigung von Elementen der politischen Konjunktur sowie der Einbeziehung von Parteiensystemcharakteristika *kontextspezifische Voraussagen* über die Größe und Zusammensetzung von Koalitionen zu machen. Bei der Überprüfung der Voraussagekraft ihres Kriterienkatalogs anhand der Regierungsbildung in 22 parlamentarischen Regierungssystemen in der Nachkriegszeit entsprach die Zusammensetzung der Regierung in 78% der Fälle den Voraussagen (Budge/Herman 1978: 476).

---

36 Er ging dabei von der Annahme aus, daß kleinste Gewinnkoalitionen stabiler sind als "übergroße" Koalitionen und Minderheitsregierungen und daß die Regierungsstabilität um so stärker abnimmt, je mehr eine Regierung vom Format der kleinsten Gewinn-Koalition abweicht.

Anschließend an Budge/Herman gibt Nolte einige Neuerungen und Ergebnisse an, die zur Überwindung der Schwächen der bisherigen Koalitionstheorie, vor allem hinsichtlich der Erklärung der "übergroßen" Regierungen und von Minderheitsregierungen, beitragen können:

— Der *Wert*, den die demokratischen Parteien dem *politischen System an sich* zuschreiben, führt a) in politischen Krisenzeiten zu Allparteienregierungen, das heißt "übergroßen" Koalitionen, und b) grundsätzlich zum Ausschluß der antidemokratischen Parteien aus dem Koalitionsbildungsprozeß.
— Die Links-Rechts-Dimension ist nicht in allen Parteiensysten von gleicher bzw. gleichbleibender Bedeutung für die Koalitionsbildung. Zugleich ist es sinnvoll, statt von einer Dimension von einer *Dichotomie zwischen "linken" und "rechten" Parteien* auszugehen (Folge: Blockbildung).
— Das entscheidende Kriterium für die Regierungsfähigkeit einer Koalition ist weniger die absolute Mehrheit der Mandate als die *Fähigkeit, Mißtrauensvoten im Parlament erolgreich überstehen zu können*. Je nach Parteienkonfiguration (Größe, politische Ausrichtung der Parteien etc.) können deshalb Minderheitsregierungen relativ stabil sein und Parteien, die nahe an die absolute Mehrheit heranreichen, häufig auf die Suche nach Koalitionspartnern verzichten.
— Regierungsbildungsprozessen haftet ein gewisser *"Trägheitseffekt"* an, der bewirkt, daß a) in Parteiensystemen, in denen in der Regel keine Partei eine absolute Mehrheit der Mandate erzielt, auch Mehrheitsparteien Koalitionen bilden und b) die häufige Regierungsbeteiligung von Parteien ihnen einen Startvorschuß im Koalitionsbildungsprozeß verschafft.
— Die *relative Stärke einer Partei* (gemessen an ihrem Mandatsanteil) beeinflußt ihre Chance, an dem Prozeß der Regierungsbildung beteiligt zu werden. Dies gilt insbesondere für den Typus der "dominanten" Partei. Darunter sind Parteien zu vestehen, die aufgrund ihrer relativen Stärke im Vergleich mit ihren Konkurrenzparteien nur schwerlich von der Regierungsbildung ausgeschlossen werden können. Je näher eine derartige Partei mit ihrer Mandatszahl an die absolute Mehrheit herankommt, um so größer sind ihre Chancen, auch als Minderheitsregierung zu überleben (Nolte 1988: 233f.).

Luebbert (1984, 1986) versucht, Demokratietypen einschließlich des sie kennzeichnenden Koalitionsverhaltens der Parteien herauszuarbeiten: In der *konsensualen Demokratie* wird durch das Fehlen starker Antisystemparteien die Kooperation zwischern den Parteien erleichtert. Die Entlastung des Parlaments im politischen Entscheidungsprozeß und die eher kooperativen Beziehungen zwischen Regierung und Opposition verringern gleichzeitig den Anreiz, sich an einer Regierung zu beteiligen, falls diese Beteiligung große explizite Kompromisse erfordern würde. In solchen Demokratien (Norwegen, Schweden, Dänemark) sind deshalb häufig Minderheitsregierungen zu erwarten.

In *konfliktiven Demokratien* (Italien, Frankreich IV. Republik, Weimarer Republik), die durch starke antidemokratische Parteien und kompetitive Beziehungen zwischen Regierung und Opposition gekennzeichnet sind, ist zwar der Anreiz größer, einer Regierung beizutreten. Durch die zentrifugale Parteienkonkurrenz wird jedoch die Bildung von Koalitionen erschwert. Auch in derartigen Demokratien sind daher relativ häufig Minderheitsregierungen zu erwarten.

In *kompetitiven Demokratien* fehlt demgegenüber eine starke antidemokratische Partei, die Beziehungen zwischen Regierung und Opposition sind allerdings als Konkurrenzverhalten angelegt. Gibt es in derartigen Demokratien eine"dominierende" Partei, die aufgrund ihrer Mandatsstärke und ihrer Position im Parteienspektrum nur schwer von der Regierung ausgeschlossen werden kann, ist häufig mit der Bildung "übergroßer" Koalitionen zu rechnen, da sich auf diese Weise (durch ein Ausbalancieren der Präferenzen der Koalitionspartner) die Chancen der dominanten Partei vergrößern, ihre politischen Zielvorstellungen zu verwirklichen. Nur in kompetitiven Demokratien ohne eine dominante Partei sind kleinste siegreiche Koalitionen als häufigster Regierungstypus zu erwarten. Seine theoretischen Annahmen konnte Luebbert (1986: 86-88, 247) anhand der Regierungsbildung in westeuropäischen Demokratien und in Israel untermauern.

Im *Überblick* über die Koalitionsbildungsprozesse im internationalen Vergleich zeigt sich nach Nolte (1988: 244), daß diese durch sehr viel mehr Faktoren vorgeprägt sind als die verschiedenen Koalitionstheorien erfassen. Als erfolgversprechende Forschungsstrategie bietet es sich daher an, von *historisch variablen Koalitionsbildungsmustern* auszugehen. Das heißt: In einem bestimmten historischen Moment wird von den relevanten politischen Akteuren nur eine beschränkte Zahl an Koalitionen - im Vergleich zu den numerisch möglichen - ins Kalkül gezogen. Welche dieser Koalitionen verwirklicht werden, hängt a) von der numerischen Verteilung der Parlamentsmandate und b) von der Einigung der möglichen Koalitionspartner in wichtigen politischen Fragen ab. Ergeben sich in einem oder in beiden der genannten Bereiche Schwierigkeiten, so besteht die Möglichkeit von Minderheitsregierungen und die Möglichkeit, neue, bislang unerprobte Koalitionen zu konstitutieren.

Koalitionsbildungsmuster, das heißt, das Spektrum der möglichen Koalitionen innerhalb eines politischen Systems, basieren vor allem auf der ideologischen Nähe von Parteien in politischen Grundsatzfragen. In dieser Nähe spiegelt sich teilweise die Kompatibilität ihrer sozialen Trägerschichten wider, insbesondere die von Bevölkerungssektoren, die auch außerhalb der betreffenden Parteien über Organisationen zur Interessenartikulation verfügen. Darüberhinaus sind die Struktur des Parteiensystems, unter anderem die relative Stärke der Parteien und ihre Zahl, die gemeinsamen Koalitionserfahrungen von Parteien und die in einer bestimmten historischen Periode zentralen politischen Probleme von Bedeutung.

Veränderungen in den nationalen Koalitionsbildungsmustern können sich somit durch Veränderungen in der sozialen Basis oder politischen Ausrichtung von Parteien, durch Veränderungen in der Struktur des Parteiensystems (relatives Gewicht der Parteien, neue Parteien, Koalitionsfähigkeit der Parteien), durch negative Koalitionserfahrungen (Stimmenverluste, einseitige Interessendurchsetzung) und durch Veränderungen in den zentralen politischen Fragen ergeben. Nolte nimmt deshalb an, daß vermutlich die Zahl der Studien zunehmen wird, in denen Annahmen von Koalitionstheorien mit zusätzlichen *Kontextvariablen* kombiniert werden. Den größten Erkenntnisgewinn versprechen seiner Ansicht nach Studien, in denen der Frage nachgegangen wird, wie sich unterschiedliche Koalitionstypen unter unterschiedlichen soziopolitischen und/oder sozioökonomischen Kontextbedingungen bewähren.

5.9 Von der Theorie zur situativen Modellbildung - der Advocacy-Coalitions-Ansatz

Die von Nolte festgestellte *Kontextabhängigkeit* der politischen Koalitionsbildung läßt sich nun allgemeiner für politisches Handeln konstatieren: Gleich ob im intra- oder internationalen Bereich vollzieht sich Politik unter jeweiligen situativen Bedingungen, die die die Wahrnehmung und das Verhalten Beteiligter massiv beeinflussen. Anstatt einzelne unabhänge Erklärungsvariablen politischen Handelns zum Inhalt jeweiliger Politiktheorien zu machen, bietet es sich daher an, Politik anhand einer Vielzahl *situativer Variablen* zu modellieren. Da konkrete Politik generell in der Wechselbeziehung zwischen politics-, polity- und policy-Variablen zustandekommt, wäre hierbei auch systematisch nach Variablengruppen aller drei genannter Politikdimensionen zu suchen.

Ein Forschungsansatz, der einem solchen Verfahren nahekommt, ist der von Paul Sabatier (1986, 1993) vertretene Ansatz der Analyse von Meinungsführer-Koalitionen (Advocacy-Coalitions-Ansatz). Sabatier schlägt vor, Policy-Analyse unter Berücksichtigung sozioökonomischer Rahmenbedingungen und Veränderungen des politischen Prozesses, institutioneller Variablen, eines bestimmten Prozeßausschnitts, des Kampfes zwischen Meinungsführer-Koalitionen und schließlich der jeweiligen Formen und Ergebnisse öffentlichen Handelns zu untersuchen (siehe Abbildung 18).

Der Advocacy-Coalitions-Ansatz kann allerdings nur unter bestimmten *Bedingungen* sinnvoll angewandt werden. Zugrundegelegt wird öffentliches Handeln (public policy) unter maßgeblicher Beteiligung von Behörden oder anderer Policy-Vermittler; anerkannter Gegenstand des politischen Prozesses und der jeweiligen Analyse sind damit ein soziales Problem bzw. eine öffentliche Aufgabe und darauf bezogenes gezieltes Handeln. Es müssen Akteurskoalitionen in bezug auf jeweilige Entscheidungsoptionen, aber auch sozioökonomische Rahmenbedingungen und deren Veränderungen des Prozesses festzustellen sein.

Ob derlei Bedingungen in einem politischen Prozeß gegeben sind, hängt vom Einzelfall ab. Untersuchungsmuster der von Sabatier angegebenen Art können daher lediglich für Untersuchungsgegenstände bestimmten Typus und Untersuchungen bestimmter Form, Ansprüche und Bedingungen bestimmt werden.

Ein analytisches Konzept, das diesem Sachverhalt Rechnung trägt und damit zwischen Konzept und Methode steht, ist das der situativen Muster.

Abbildung 18: Der Advocacy-Coalitions-Ansatz

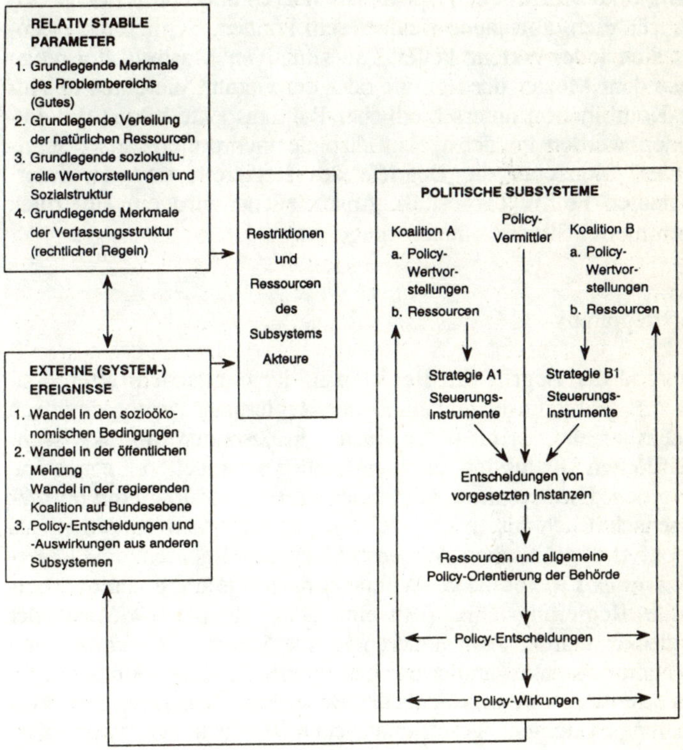

Nach Sabatier 1993: 122

6. Kombinierte Konzepte und Muster

In Theorien werden Aussagen und analytische Konzepte erklärtermaßen und grundsätzlich widerspruchsfrei miteinander kombiniert. Dies stellt allerdings nicht die einzige Möglichkeit der Kombination von Politikkonzepten bzw. - aussagen dar. Diese können vielmehr auch unerklärt in Form schillernder Begriffe verbunden werden, die je nach Betrachtungsweise oder situativem Bezug unterschiedliche Aspekte offenbaren und damit höchst widersprüchlich, aber auch flexibel sein können. Schließlich orientiert sich jeder Akteur laufend an situativen Mustern, beispielsweise dem Muster der Routine oder der Gefahr, die eine Art Ad-hoc-Kombination unterschiedlicher Politikaspekte bilden. Im folgenden werden zunächst als Beispiele mehrdimensional "schillernder" Konzepte die Begriffe des Regierens und der Internationalen Politik dargestellt. Anschließend wird ein Überblick kombinierter Situationsmuster gegeben.

6.1 Regieren

Während der Begriff des Regieren in der politischen Öffentlichkeit (als Tätigkeitsbezeichnung der Regierung) unproblematisch zu sein scheint, ist er in der sozial-, insbesondere politikwissenschaftlichen Diskussion zu einem häufig behandelten Gegenstand geworden. Dies resultiert zum einen daraus, daß Regieren politikwissenschaftlich bis in die sechziger Jahre hinein vor allem als Aspekt der politischen Willensbildung im Rahmen des *Regierungssystems* thematisiert und erst danach durch die neu aufkommende Regierungslehre (Ellwein 1966, Hennis 1966) wieder "entdeckt" wurde. Zum anderen ist die Souveränitätsvorstellung des Nationalstaates, an der das herkömmliche Konzept des Regierens orientiert war, angesichts des Bedeutungszuwachses von Verhandlungssystemen, gesellschaftlichen Bewegungen und transnationalen Beziehungen offensichtlich nicht mehr haltbar. Umgekehrt stellt sich die Frage, ob Ansätze öffentlichen Handelns auf internationaler Ebene als "Regieren" aufgefaßt werden sollen.[1]

---

1 James Rosenau (1992) interpretiert "governance" im Unterschied zu "government" als Handlungsorientierung im Zeichen gemeinsamer Ziele der Beteiligten und informeller Handlungselemente. Die Bedeutung von governance in diesem Sinn korrespondiert stark mit dem hier vorgestellten

Ausgehend vom mehrdimensionalen Politikbegriff erscheint die Gleichsetzung von öffentlichem Handeln und Regieren als unangemessen. Regieren stellt vielmehr traditionell eine besondere *Kombinationsform von policy-, politics- und polity-Elementen* mit beschreibenden und normativen Bedeutungskomponenten dar. Hierzu gehört, daß:

— im öffentlichen Interesse gehandelt, Richtung gegeben und organisiert wird und
— Ziele bzw. Handlungsprogramme auch gegenüber restriktiven Bedingungen und widerstreitenden Kräften durchgesetzt werden (policy),
— Regierende bestrebt sind, an der Regierung zu bleiben, also ihre Machtbasis zu erhalten (politics), schließlich
— dies alles in einem - wie auch immer - legitimierten institutionellen Rahmen (polity) geschieht.

Der Begriff des Regierens hat einen *normativen Kern* im Sinne öffentlichen Handelns: Regieren soll dem Wortlaut von Regierungsprogrammen, aber auch den Forderungen parlamentarischer, ja verschiedentlich sogar gesellschaftlicher Oppositionsströmungen nach Steuerungsbeiträge zur Bewältigung gesamtgesellschaftlicher Aufgaben und Probleme zu leisten. Wer von Regieren im Alltag oder in der politischen Diskussion spricht, ist sich allerdings in aller Regel darüber im klaren, wie stark politics-Anforderungen des Machterhalts das faktische Regieren bestimmen. So kann von Regieren nur gesprochen werden, wenn die Handelnden *ausreichende Direktivmacht* besitzen, um Beschlüsse etc. bei jeweiligen Adressaten durchzusetzen (Hartwich 1990:11). Fehlt diese Direktivmacht, ist politisches Handeln nicht Regieren, sondern Konflikt oder autonome Problembewältigung. Versuchen beispielsweise Einrichtungen der Vereinten Nationen in einem Bürgerkrieg friedensschaffend zu intervenieren, werden dabei aber zurückgeschlagen, so wäre die Bezeichnung "Regieren" für diesen Vorgang geradezu grotesk. Andererseits verfehlt die Bezeichnung "Regieren" Vorgänge autonomer Selbstkoordination ohne Direktivmacht gegenüber Dritten. So stellt etwa die politische Willensbildung in einer Partei keinen Regierungsprozeß,

---

analytischen Konzept des öffentlichen Handelns. Beate Kohler-Koch (1993) interpretiert Rosenaus terminologischen Ansatz unter dem Titel "Die Welt regieren ohne Weltregierung" im Sinne einer Gleichsetzung von Governance und Regieren.

sondern einen Prozeß der Selbstkoordination dar. Regierungsaspekte ergeben sich erst in dem Maße, in dem jeweilige Parteiprogramme die Chance zu einer gesellschaftlichen Umsetzung vermittelt über die Stellung der Partei als Regierungspartei erlangen.

Regieren ist andererseits nicht gleichbedeutend mit jeder Durchsetzung politischer Ziele. Hat beispielsweise eine Bürgerinitiative mit ihrem Widerstand gegen den Bau einer Autobahn Erfolg, so wird im allgemeinen nicht die Rede davon sein, daß die Bürgerinitiative nun "regiere". Voraussetzungen für die Verwendung der Bezeichnung "Regieren" bestehen vielmehr auch darin, daß entsprechende Durchsetzungsakte nicht einmalig, sondern als *generelles Muster legitimiert* sind. Der Regieren-Begriff ist insofern enger an den Regierungs-Begriff gekoppelt, als dies manche Autoren wahrhaben möchten. Andererseits ist die Abgrenzung des Gegenstandsbereichs von Regieren gerade unter diesem Gesichtspunkt fließend, wie sich etwa an der nicht seltenen Entwicklung von Protestgruppierungen oder -parteien zu Regierungsparteien zeigt. Schließlich wird in einem wie auch immer gearteten *institutionellen Rahmen* regiert, der die Legitimation der Regierenden unabhängig von Meinungsschwankungen faktisch sichert, andererseits zumindest potentiell immer auch die Handlungs-freiheit der Regierenden beschränkt. Selbst diktatorische Regierungen können in der Regel nicht umhin, ihr Handeln zu legitimieren zu suchen. Der Begriff des Regierens hat insofern auch einen institutionell-legitimatorischen Aspekt.

Alle diese Elemente des Regierens können auch mit dem Begriff der Regierung, das heißt der legitimierten machthabenden Instanz zur Ausführung und Gestaltung gesamtgesellschaftlich verbindlicher Entscheidungen, verbunden werden. Es bleibt daher festzuhalten, daß üblicherweise Regierungen regieren. Existiert keine formal ausgewiesene Regierung, so setzt Regieren strukturelle bzw. funktionale Äquivalente zu dieser voraus. Lediglich in einem *Übergangsbereich* zwischen offenem politischem Prozeß und direktiver Durchsetzung von Beschlüssen ergeben sich politische Koordinationformen, die quasi im Vorgriff als Regieren bezeichnet werden können, ohne daß im Augenblick eine übergeordnete Instanz der politischen Willensbildung besteht. Dies ist bei politischen Willensbildungsprozessen der Fall, in denen hohe Wahrscheinlichkeit einer Einigung und hohe Chancen bestehen, Ergebnisse der Willensbildung bei Dritten direktiv durchsetzen zu können. Der Regieren-Begriff wird in diesem Fall *zweiebenig*, indem politische Willensbildung und direktive Willensdurchsetzung gekoppelt werden. Hier kann nicht nur die Umsetzung, sondern auch die Bildung von politischem Gesamtwillen, etwa im Fall der Bildung internationaler Regime, auch als Form des Regierens aufgefaßt werden.[2]

Daß Regieren *formelle wie informelle* Formen der Bildung und Durchsetzung von Entscheidungen zum Inhalt haben kann, ist in der aktuellen sozialwissenschaftlichen Politikdiskussion keine Frage mehr (Hartwich/Wewer 1991, Beyme 1991, Böhret 1991 u.a.). Eingeschlossen sind alle Formen direkter wie indirekter vertikaler Steuerung, beispielsweise die Setzung institutioneller Rahmenbedingungen des Aushandelns bzw. marktförmiger Kommunikation, im Zweiebenen-Modell des Regierens auch alle Formen der horizontalen Koordination mit folgender direktiver Durchsetzung.

Regieren ist also nicht synonym mit öffentlichem Handeln, das ja bis zum Einzelnen reichen kann und dabei auch Handeln von unten, beispielsweise Zivilcourage, einschließt. Vielmehr ist es (im besten Falle) öffentliches Handeln durch legitimierte *Repräsentanten* des allgemeinen Willens. Faktisch wird auch das Regieren immer zu einem guten Teil durch das Interesse der Regierenden am Machterhalt, im schlechtesten Fall durch Tendenzen der Selbstbereicherung geprägt. *Regierungsgeschick* besteht daher insbesondere darin, institutionell vorgegebene Spielräume im Sinne öffentlichen Handelns und der eigenen Machterhaltung zu nutzen. Von zunehmendem Gewicht sind dabei Formen indirekter vertikaler Steuerung, durch die Freiräume horizontaler Selbstkoordination zumindest scheinbar ausgeweitet werden.

> Ergänzende Literatur: Hartwich 1990, 1991; Beyme 1991b; Willke 1991, 1992; Böhret/Wewer 1993; Kohler-Koch 1993; Rosenau 1992

2 Man beachte den nicht ohne weiteres harmonischen Bedeutungsdreiklang: "Regime" im allgemeinen (für autoritative, unter Umständen diktatorische Herrschaft) / "Internationales Regime" (für einen problembezogenen internationalen Regelungskomplexe) / "Regieren" (für eine Kombination von policy-, politics- und polity-Aspekte im hier dargestellten Sinn).

Ausgehend von dem skizzierten Verständnis des Regierens als spezieller Kombinationsform von policy-, politics- und polity-Elementen entdramatisiert sich auch g
2
der Unterschied zwischen inter- und intranationaler Politik: Geprägt durch die Sicht der "Realistischen Schule" (Morgenthau 1967) gilt das internationale System traditionell als Politiksphäre, die sich fundamental von der nationalstaatlicher Systeme unterscheidet. Demnach wird internationale Politik durch souveräne Akteure, dabei insbesondere Nationalstaaten, in einem nicht oder nur marginal institutionalisierten Kontext bestimmt. Im damit entstehenden internationalen System herrscht zwar nicht unbedingt Chaos, da sich prozessuale Gleichgewichtslagen bilden können; entscheidendes Strukturmerkmal ist jedoch das Fehlen einer übergeordneten Herrschaftsinstanz insofern *strukturelle Anarchie* (Bull 1977). Dieser Zustand unterscheidet sich grundsätzlich von den Bedingungen innerhalb von Nationalstaaten, die durch einen geschlossenen Herrschafts- und Institutionenrahmen geprägt sind. Politikanalytisch formuliert erscheint internationale Politik in dieser Sicht als Inbegriff des ungesteuerten Prozesses, der lediglich marginal durch intervenierende Institutionen modifiziert wird, während nationalstaatliche Politiksysteme durch einen geschlossenen institutionellen Rahmen (polity) und öffentliches Handeln (policy) charakterisiert sind.

Diese Auffassung erscheint aufgrund zahlreicher Sachverhalte *plausibel.* So bestehen nach wie vor wirkungsvolle nationalstaatliche Grenzen und Souveränitätsansprüche, die übergreifende Ordnungs- bzw. Herrschaftsansprüche konterkarieren oder häufig gar nicht aufkommen lassen; obwohl größere Unternehmen seit vielen Jahrzehnten multinational agieren und häufig auch multinational aufgebaut sind, sind gerade internationale Wirtschaftsvereinbarungen, beispielsweise das internationale Handelsabkommen (GATT), nur äußerst mühsam zustandezubringen, noch mühsamer und bruchstückhafter praktisch umzusetzen. Und selbst unübersehbar öffentliche Aufgaben wie der Schutz globaler Umweltgüter sind regelmäßig Gegenstand erbitterter Verhandlungsprozesse, ja offener Konflikte zwischen Akteuren des internationalen Systems (Prittwitz/Wolf 1993; Oberthür 1992; Simonis 1992).

Bereits die Tatsache, daß sich Institutionenkomplexe und Organisationen mit inter- und supranationalen Elementen gebildet haben (Völkerrecht, internationale Organisationen wie die OECD, Europäische Union, UNO), zeigt jedoch, daß die *Vorstellung reiner*, bestenfalls durch systemische Gleichgewichte geordneter *Anarchie der internationalen Beziehungen abstrakt* ist: Die internationalen Beziehungen sind heute durch ein dichtes Netz allgemeiner und politikfeldbezogener Vereinbarungen und grenzüberschreitender Organisationen beeinflußt. Diese institutionalisierten Ordnungs- oder Gestaltungsformen können häufig als Beiträge zu internationalem öffentlichem Handeln und, einmal erfolgreich, als Elemente eines institutionellen Regelsystems von öffentlichem Interesse aufgefaßt werden. Das Stichwort einer insbesondere mit Bezug auf Umweltbelange geforderten *"Weltinnenpolitik"* verdeutlicht die öffentliche Handlungsdimension internationaler Politik.[3]

Schließlich existieren durchaus Ansätze einer Weltöffentlichkeit auf der Grundlage einer gewissen Gemeinsamkeit grundlegender kognitiver Muster, Werte und sozialer Normen. Dieses Element einer "Weltgesellschaft", "Internationalen Gesellschaft" oder "Gesellschaft von Staaten" (Bull 1977), das auch als Grundlage "reflexiver Politik" (Keohane 1989) gefaßt worden ist, ähnelt im besonderen Maße den klassischen Grundlagen, die für Nationen-, Staatsbildung und die Tätigkeit nationalstaatlicher Regierungen als grundlegend betrachtet wird.

Die internationalen Beziehungen sind also keineswegs "im wesentlichen" anarchisch strukturiert, sondern weisen auch institutionelle Verfestigungen, gemeinsame Wertgrundlagen und Ansätze öffentlichen Handelns auf. Vergleichen wir hiermit die *Politik innerhalb von Nationalstaaten*, so zeigt sich umgekehrt, daß diese Politik keineswegs durchweg institutionell geordnetes öffentliches Handeln darstellt. Vielmehr ist auch und häufig gerade intranationale Politik durch Formen und Bedingungen *des ungesteuerten Prozesses* geprägt - siehe beispielsweise die Problematik des Schwangerschaftsabbruchs oder Gewaltprobleme zwischen Bevölkerungsgruppen unterschiedlicher Herkunft. Die dabei auf-

3 Institutionelle Konstitutionsmerkmale des internationalen Systems werden in der Tradition von Grotius durch Neofunktionalisten wie Robert O. Keohane (1984), vor allem die Vertreter des Analyseansatzes der internationalen Regime (Young 1989, Kohler-Koch 1989 u.a.) und der völkerrechtlichen Beziehungen vertreten.

tretenden Konflikte können durchaus gewaltsame Formen annehmen.

Internationale wie intranationale Politik weisen also Elemente des ungesteuerten Prozesses, des institutionellen Systems und des öffentlichen Handelns (Governance) auf. Nicht nur internationale, sondern auch intranationale Politik, beispielweise lokale oder sektorale Politikbereiche, sind jeweils besondere Politik. Die traditionelle Grundregel der Analyse internationaler Politik, hier stehe die Politics-Dimension gegenüber der polity- und Policy-Dimension im Vordergrund, gilt nur mehr bedingt; die speziellen Besonderheiten internationaler Politik können nur mehr im Einzelfall, beispielsweise in jeweiligen bilateralen Beziehungen zwischen Nationalstaaten, im Rahmen regionaler Komplexe der Willensbildung und Willensumsetzung wie der Europäischen Union und einzelnen Fällen des Eingreifens der Vereinten Nationen beurteilt werden.

Ergänzende Literatur: Rosenau 1992; Kohler-Koch 1993; Zürn 1992; Breitmeier/Gehring/List/Zürn 1993; Prittwitz/Wolf 1993; Rittberger 1990; Haftendorn 1989.

6.3 Situative Muster

Wie bereits anhand der Analyse politischer Koalitionsbildung und des Advocacy-Coalitions-Ansatzes dargestellt, bilden situative Bedingungen keinen folgenlosen Kontext politischer Prozesse, sondern beeinflussen das Akteursverhalten und dessen Ergebnisse massiv. Theorien, das heißt, Aussagensysteme mit dem Anspruch einer zumindest gewissen Allgemeingültigkeit, die spezielle Kontexte nicht einbeziehen, können daher politische Abläufe im Einzelfall nicht erklären. Sie liefern bestenfalls Hypothesen, die in *situationsspezifische Modelle* eingehen.

Aus dieser grundsätzlichen Relativierung von Politiktheorien kann die Folgerung gezogen werden, daß Politik nur im Einzelfall angemessen analysierbar ist. Eine andere Folgerung besteht darin, Situationsmuster zu bilden, auf die dann wieder verallgemeinerungsfähige Aussagen bezogen werden können. Vorbild dieses Vorgehens ist die *alltägliche Wahrnehmung* sozialer Realität: Akteure reduzieren Komplexität, indem sie ihre Wahrnehmung an allgemeinen Situationsmustern orientieren. Sehen sie ein solches

Situationsmuster, beispielsweise das Muster Gefahr, als erfüllt an, so ordnen sie einzelne Wahrnehmungen diesem Muster zu und entwickeln dementsprechende Verhaltenserwartungen an andere und sich selbst. Derartige Muster, die wichtige Variablen des politischen Prozesses darstellen, können als *kognitive Muster* analysiert werden (siehe A.2.2). Es ist allerdings auch möglich, situative Muster auf der Grundlage theoretischer Überlegungen zu rekonstruieren. Ausdifferenzierte Kombinationsmodelle dieser Art sind bisher besonders in der Spieltheorie entwickelt worden.

Spieltheoretische Situationsmuster

Typisch für die spieltheoretische Modellbildung sind:

— die Betrachtung in situativen Konstellationen,
— der Bezug auf handlungsrelevante Probleme, so insbesondere das Problem kollektiven Handelns (Policy-Dimension),
— die Modellierung bestimmter politischer Prozeßbedingungen, insbesondere von Akteurs- bzw. Nutzenkonstellationen (Politics-Dimension) und
— die zumindest implizite Berücksichtigung Institutioneller Situationsbedingungen (Polity-Dimension).

Zusammen genommen ergibt sich hieraus eine spezifische Form der Modellierung sozialer und politischer Handlungssituationen. Ein Modellbildungsvorschlag dieser Art ist von Michael Zürn (1992) zur Frage der Institutionenbildung in der internationalen Politik gemacht worden. Im Mittelpunkt des hierauf bezogenen *situationsstrukturellen Ansatzes* stehen spieltheoretische Situationstypen, die nach der Häufigkeit von Nash-Gleichgewichten und deren Beziehung zu kollektiven Nutzenoptima gebildetet wurden, nämlich Koordinationsspiele ohne Verteilungskonflikt, Koordinationsspiele mit Verteilungskonflikt, Dilemmaspiele und Rambospiele (siehe Spieltheorie/A.5.6). In diesen Situationstypen sollen neben den spieltheoretischen Grundlagen der Situationsstruktur weitere Einflußvariablen berücksichtigt werden. Solche Einflußfaktoren sind die bei Iteration entstehenden Veränderungen der Nutzenprofile der Beteiligten, die Transaktionsdichte zwischen den Beteiligten, unter Umständen über mehrere Politikfelder hinweg, tradierte Handlungs- (hier z.B. Außenpolitik-Strategien), die Einflußverteilung, das Vorhandensein bereits geltender Regelungen sowie der Faktor ins Auge springender Lösungen, die Anzahl der beteiligten Akteure und schließlich die Qualität der Gesamtbeziehungen zwischen den Beteiligten (Zürn 1992: 137 ff, insb. 168 - 173).

Auch wenn diese Auflistung unsystematisch ist - insbesondere die "Gesamtbeziehungen" zwischen den beteiligten Akteuren umfassen offensichtlich zahlreiche, darunter auch bereits andere genannte, Faktoren - markiert sie jedoch einen Weg, Politik systematisch anhand situativer Muster zu analysieren. Spieltheoretisch gebildete Muster, sei es nun nach den anschaulichen Modellfällen bestimmter "mixed-motive"-Konstellationen (Gefangenendilemma, Geschlechterkampf usw.) oder systematischer nach ausgewiesenen Kriterien, beispielsweise der Zahl der Nash-Gleichgewichte, können dabei allerdings nur in den Fällen hilfreich sein, in denen die grundlegenden Problemstellungen und Bedingungen erfüllt sind, die in der Spieltheorie axiomatisch angenommen werden (Kooperatives Handeln als normativ leitende Frage, grundsätzliche Souveränität der Beteiligten, rationales Entscheidungsverhalten). In dem Maße, in dem diese axiomatischen Voraussetzungen der spieltheoretischen Modellierung nicht erfüllt sind, müssen situative Muster gebildet bzw. aufgenommen werden, die den veränderten axiomatischen Bedingungen gerecht werden. So stößt die Berechnung von Einflußresultanten unterschiedlicher Faktoren an Grenzen, wenn Einflüsse inkonsistent mit axiomatischen Grundannahmen der Spieltheorie sind. Beispielsweise können ausgeprägte Machtbeziehungen psychische Auswirkungen, etwa Überanpassung, Selbstzerstörung oder kognitive Dissonanz, zeitigen, die im Rahmen des spieltheoretischen Denkens nicht begründet analysiert werden können. In dem Maße, in dem derartige intervenierende Strukturfaktoren zu dominieren beginnen, müssen Situationsmuster im Rahmen des strukturalistischen Denkens berücksichtigt werden, so Kapazitätsmuster.[4]

---

4 Von daher greift die spieltheoretische Fassung machtbegründeter Rambospiele (Zürn 1992) zu kurz: Entweder das spieltheoretische Axiom grundsätzlich souveräner rational agierender Akteure wird aufrechterhalten - dann kann es keine völlige Abhängigkeit eines Beteiligten geben. Oder aber es wird angesichts der Massivität der intervenierenden Faktoren im Fall von vollkommen einseitigen Abhängigkeitsbeziehungen aufgegeben - dann treten andere Erklärungszusammenhänge an die Stelle der spieltheoretischen interpretation.

Kapazitätsmuster

Im Anschluß an die Kapazitätstheorie kann angenommen werden, daß die jeweilige gesellschaftliche Kapazitätssituation bezüglich einer Sachproblematik zu charakteristischen politischen Akteurskonstellationen und Prozeßformen führt. So schlägt sich ausreichende Problemlösungskapazität in vergleichsweise großer Problemsensibilität und der Bildung veränderungsorientierter Helferkapazitäten und Helferinteressen nieder, während Kapazitätsmängel statische Interessenstrukturen und ausgrenzende Prozeßformen fördern (siehe A.5.3 und A.5.4). Aus Mustern der gesellschaftlichen Kapazitätssituation ergeben sich also Folgerungsmöglichkeiten für Konstellationen und Umgangsformen der Akteure sowie Wahrscheinlichkeitsannahmen über die politische Wahrnehmung und Thematisierung eines Problems.
Die klarste Strukturierung situativer Muster im Sinne der Kapazitätstheorie ergibt sich mit Bezug auf *technische Lösungsvoraussetzungen*: Sind technische Voraussetzungen der Problemlösung gegeben oder absehbar, verbessert sich die Kapazitätssituation, vice versa. Hierzu gehören auch Wissenskonstellationen, insbesondere Konstellationen wissenschaftlicher Forschungs- und Entwicklungskapazität. Weniger leicht lassen sich sozioökonomische Muster typologisieren, da ökonomische Konstellationen häufig nicht klar auf bestimmte politische Problemstellungen bezogen sind. So können Konstellationen des *Reichtums* bzw. des Überflusses gegebenenfalls sogar Probleme erzeugen. Im allgemeinen allerdings erleichtern sie die gesellschaftliche Handlungskapazität mit den oben dargestellten Folgen für politische Prozeßformen und Akteurskonstellationen. Die im Abschnitt "Kapazitätstheorie" dargestellte Beziehung zwischen ökonomischer Kapazitätssituation und soziopolitischer Problemsensibilität rechtfertigt deshalb die Unterscheidung *reichtumsgesellschaftlicher von knappheitsgesellschaftlichen* Konstellationen. Technische und ökonomische Kapazitätskonstellationen können allerdings, wie dargestellt, durch soziokulturelle Konstellationen überdeckt oder sogar überkompensiert werden (Beispiel: eine trotz Einkommensknappheit umweltpolitisch hochsensible studentische Wohngemeinschaft). Gerade auch *Wertkonstellationen* können daher Grundlage für die Bildung politisch relevanter gesellschaftlicher Kapazitätsmuster sein.

Werden situative Kapazitätsmuster unterschiedlicher Problemfälle und auf längere Sicht verbunden, ergeben sich *kapazitätsbezogene Strukturmuster*, die eine Rahmenbedingung politischer Prozesse mit entsprechenden Auswirkungen auf die politische Kultur darstellen. Muster gesellschaftlicher Handlungskapazität erlauben zwar begründete Hypothesen über die Chance, daß bestimmte Probleme wahrgenommen werden und sich dynamische Akteurskonstellationen entwickeln; genauere Konstellationen im Verhältnis gesellschaftlicher Problemlagen und politischer Handlungslegitimation können sie jedoch nicht ausdrücken. Diese Konstellation ist Inhalt situativer Problem- bzw. Legitimationsmuster. Demnach können Routinesituationen, Situationen starken öffentlichen Handelns, Situationen schwachen öffentlichen Handelns und Mischsituationen unterschieden werden.

Routinesituationen

Im Situationsmuster der *Verfahrensroutine* vollzieht sich politisches Handeln in institutionell vorgegebenen Bahnen. Im Vordergrund stehen Normen, dauerhafte institutionelle Zwänge und sich routinehaft wiederholende Organisationsmuster sowie schwer änderbare Orientierungen. Politisches Handeln ist unter diesen Situationsbedingungen in erster Linie *Ausführung* bestehender Ordnungsmuster. Es geht also vor allem um die Umsetzung von Programmen bzw. Anpassung und Gehorsam seitens der jeweiligen Normadressaten.

Beherrschenden Einfluß üben hierbei die Repräsentanten und Kontrolleure von Normen, insbesondere Verwaltungsangehörige, sowie subalterne Meinungs- und Normmultiplikatoren aus. Andere Akteure haben nur ein Chance, ihre Interessen wahrzunehmen, wenn sie diese als normgerecht oder normunterstützend ausweisen können, oder aber herrschende Routine still unterlaufen. Öffentliches Handeln zugunsten einer Norm- oder Verfahrensveränderung stößt auf massive Gegenmacht in Form geltend gemachter Sachzwänge, unter Umständen auch offener Blockade der Repräsentanten der herrschenden Institutionen bzw. Verfahren.

Situationen, in denen eine *Entscheidung durch Verfahren* gesucht wird (Beispiel: Verhandlungspartner, die sich im Augenblick nicht einigen können, entscheiden sich dazu, einen Ausschuß zu gründen), haben zwar auch Handlungs- und Prozeßelemente; dennoch ist das institutionell vorgegebene Entschei-dungsverfahren mit seinen Wertimplikationen von grundlegender Bedeutung. Auch hier verlagert sich der entscheidende Einfluß zu den Repräsentanten jeweiliger Institutionen bzw. Verfahren. Auch hier müssen sich die Beteiligten an die jeweiligen Normen und Entscheidungen der Institutionenrepräsentanten anpassen. Im Unterschied zu reinen Routinesituationen wächst in diesem Situationsmuster allerdings der Einfluß gezielten öffentlichen Handelns, nun durch die Repräsentanten des Verfahrens.

Situationen starken öffentlichen Handelns

Wird in einer politischen Situation öffentlich anerkannt, daß gemeinsam gehandelt werden muß, so wird öffentliches Handeln legitimiert oder gefordert. Solche Situationen starken öffentlichen Handelns sind insbesondere *Gefahrensituationen für die Allgemeinheit* einschließlich Situationen der äußeren Bedrohung oder Katastrophe: Wird eine Gefahr für die Allgemeinheit oder wichtige Teile der Gesellschaft politisch wahrgenommen, entsteht hierdurch ein Legitimationsschub für öffentliches Handeln zur Abwehr dieser Gefahr. Da Zeit- und Handlungsdruck besteht, also Komplexität rasch verringert und entschieden durchgegriffen werden muß, richtet sich dieser Legitimationsschub insbesondere auf zentralstaatliche Einrichtungen. In Phasen der Bedrohung öffentlicher Ordnung und Sicherheit wächst dementsprechend traditionell das Gewicht der jeweils Herrschenden, der exekutiven Spitzen und der öffentlichen Verwaltung. Einfluß- und Gestaltungsrechte der Allgemeinheit dagegen verringern sich demgegenüber. So sind bei Gefahr im Verzuge auch Maßnahmen des Staates legitimiert, ja unter Umständen sogar gefordert, durch die Beteiligte, dabei auch zufällig Beteiligte Dritte, unter Zwang zu bestimmten Verhalten herangezogen werden können.

Damit wird häufig auch die institutionelle Position der jeweils Herrschenden gestärkt. Die starke Legitimation öffentlichen Handelns in öffentlichen Gefahrensituationen bedeutet einen situationsbezogenen *Einfluß-bzw. Machtzuwachs der Herrschenden* bzw. einen relativen Einfluß- Kontroll- und Widerstandsverlust der Beherrschten, ein Zusammenhang, der Regierende nicht selten dazu veranlaßt hat, Gefahren zu überzeichnen, bewußt zu beschleunigen oder zu verstärken.[5] Die typischen *Prozeßformen* im Zeichen der Gefahrenabwehr sind, soweit es horizontale Beziehungen gibt, das gemeinsame Problemlösen bzw. als noch konfliktträchtigste Form das Aushandeln. Im Vordergrund allerdings steht die hierarchische Koordination von Anstrengungen zur Gefahrenabwehr, eine Vorgehensweise, die allerdings mit wachsender Vertrautheit der Beteiligten mit der Gefahrensituation durch dezentrale Formen des Gefahrenmanagements ergänzt bzw. im Extremfall sogar ersetzt werden kann.

Das soziopolitische Erfahrungswissen der modernen Demokratien schließt dementsprechend die Vorsicht gegenüber der Erklärung öffentlicher Gefahrensituationen ein. Solche Situationen werden dementsprechend im allgemeinen (räumlich, zeitlich und sachlich) scharf abgegrenzt. Umgekehrt kann die Handlungs-Legitimation im Zeichen der Gefahrenabwehr bis zur nachdrücklichen Forderung nach gezielter Gefahrenabwehr an die jeweils politisch und administrativ Verantwortlichen reichen, woraus sich massive *Delegitimation der Herrschenden* bei zu schwachem oder fehlendem Handeln ergeben kann.[6]

Eine besonders ausgeprägte Gefahrensituation für die Allgemeinheit nach dem eben dargestellten Muster ergibt sich angesichts *äußerer Bedrohungen* einer Gesellschaft. Bedroht ein Land ein anderes, so hat dies sowohl in dem bedrohten Land als im bedrohenden Land im allgemeinen wachsende iunnere Geschlossenheit in der Situations- und Interesseninterpretation zur Folge. Dementsprechend wächst zumindest zunächst der Legitimationsgrad und die Handlungsmacht der jeweiligen politischen Repräsentanten. Politische Spannungslagen (Kalter Krieg)[7] und schließlich offene *Kriegssituationen* prägen die Beziehungen zwischen Ländern in diesem Sinne, vor allem aber die inneren Ein-

---

5 Siehe Bismarcks Veröffentlichung der "Emser Depesche" mit der auch innenpolitisch motivierten Zielsetzung, einen Konflikt mit Frankreich zu provozieren, das Verhalten von Maggie Thatcher in der Falkland-Krise, u.v.a. mehr).

6 Typisch sind Regierungs- oder Staatskrisen bis hin zur gesellschaftlichen Revolution nach dem Verlust eines Krieges, so die tiefe politische Krise in Deutschland nach dem 1. Weltkrieg oder der Sturz der Diktatur in Argentinien nach dem verlorenen Falkland-Krieg.

7 So der Kalte Krieg vom Ende der vierziger bis zum Beginn der sechziger Jahre und die durch die Afghanistankrise und die Nachrüstungsproblematik geprägte Spannungslage Ende der siebziger/Anfang der achtziger Jahre (des zwanzigsten Jahrhunderts).

fluß- und Interessenstrukturen in den beteiligten Ländern im Sinne einer dauernden Situationsinterpretation der Gefahrenabwehr. Damit besteht große Gefahr für den Verlust von allgemeinen Freiheitsrechten und demokratischen Beteiligungsrechten sowie praktischen Einrichtungen vitaler Demokratie, so einer funktionierenden politischen Öffentlichkeit.

Äußere Herausforderungen müssen allerdings nicht die Form territorialer Bedrohungen haben. Eine ähnlich handlungslegitimierende Wirkung haben politisch wahrgenommene soziale (ökonomische, technische) Herausforderungen, die häufig sogar als soziale *Krise* aufgefaßt werden (Bildungskrise, Ökologiekrise, Technologielücke u.ä.). Unter diesen Bedingungen wird öffentliches Handeln zur Bewältigung der jeweiligen Krise gefordert; Schritte zu dessen Realisierung werden zum Beispiel in Wahlen positiv bewertet. Eine ähnliche Funktion üben auch Formen eines sich verdichtenden *Wert- und Einstellungswandel* in großen Teilen einer Gesellschaft aus. Auch hieraus kann ein politischer Legitimationsschub für bestimmte Optionen öffentlichen Handelns entstehen.

Situationen schwachen öffentlichen Handelns

Von den institutionendominierten Situationen wie von den Situationen starken öffentlichen Handelns heben sich Situationen scharf ab, in denen der jeweilige Ablauf sowohl von seiner Form als seiner Wirkung her offen ist. Zu solchen prozessual geprägten Situationen gehören alle in Kapitel A.2.6 dargestellten Formen des Formenzyklus mit Ausnahme des gemeinsamen Problemlösens (als Form öffentlichen Handelns), insbesondere die Konfrontation, die Handlungsblockade und die Regierungs- oder Staats-Krise.

Situationen der *politischen Konfrontation* mit ihren Teilformen des Konflikts in der Arena, des Konflikts um Zutritt zur Arena und der Selbstverweigerung bis hin zum Bürgerkrieg sind deshalb im allgemeinen prozeßdominiert, weil die Beteiligten den Ablauf der Ereignisse in der Regel nicht (mehr) kontrollieren können und dadurch Prozeßformen und -ergebnisse entstehen, die die Akteure nicht unbedingt wünschen. Diese werden dann in den Strudel der Ereignisse hineingezogen, sind also zunehmend mehr Objekt als Subjekt des Prozesses. Hierbei verändert sich der Stellenwert und teilweise auch der Charakter gemeinsamer politischer Institutionen und öffentlicher Handlungsformen gegenüber anderen Situationen fundamental: Alles, was vordem als gemeinsam und orientierend akzeptiert wurde, gerät nun in den Sog der jeweiligen Lagermentalität, wird bestenfalls im eigenen Sinne kurzschlüssig interpretiert, bei schärferer Konfrontation als Machwerk des jeweiligen Gegners bzw. Feindes abgelehnt oder gar zerstört.

Der Horizont des öffentlicher Einrichtungen und Handlungsformen verengt sich in solchen Situationen darauf, die eigene Position unter Ausschluß der jeweiligen gegnerischen Position zu stabilisieren. Die politischen Prozeßformen sind dementsprechend scharf abgegrenzt zwischen dem Binnenverhalten einerseits (Bündnis, Verbrüderung, Solidarität, gemeinsames Problemlösen, straffe Organisation bis hin zu strikter Unterordnung) und dem Verhalten gegenüber dem Feind (Passive/aktive Bekämpfung, Gegenargumentation, Entzug von Mitteln, Beschimpfung bis hin zu Versuchen der physischen Vernichtung). Ülicherweise verengt sich in derartigen Konfrontations-Situationen das politische Meinungsspektrum und das *Spektrum wichtiger Politikfelder*: Da kaum mehr gemeinsames öffentliches Handeln besteht, reduziert sich auch der Bereich öffentlichen Handelns. Dabei werden "investitive" Politikbereiche mit relativ weitem Handlungshorizont, z.B. Umwelt, allgemeine Kulturentwicklung, als erste abgebaut. In den Vordergrund treten eng gefaßte konfrontativ ausgerichtete Politikfelder wie innere Sicherheit, Rüstung, ideologische Aufrüstung, Sicherung wirtschaftlicher Grundlagen.

Der Situationstypus der *Handlungsblockade* ist insofern der reinste Typus des ungesteuerten politischen Prozesses, als hier die Beteiligten nicht in der Lage sind, wünschenswerte gemeinsame Handlungsoptionen zu verfolgen. Im Unterschied zur Konfrontation sind dabei gemeinsame Überlegungen darüber, wie die Blockade (im gemeinsamen Interesse) aufgelöst werden könnte, allerdings nicht ausgeschlossen, da die Beteiligten nicht unbedingt gegeneinander eine konfrontative Orientierung aufweisen. Typisch für diese Wendung zu öffentlichem Handeln sind üblicherweise Verhandlungen oder verhandlungsnahe institutionelle Ansätze, so Vermittlungsansätze wie die Schlichtung oder Mediationsansätze. Zu Handlungsblockaden kann es allerdings auch durch miteinander konfligierende Verfahrensnormen, ja sogar durch konfligierende Stränge öffentlichen Handelns kommen. Die jeweiligen Institutionen bzw. öffentlichen Handlungsformen relativieren sich dann in einem übergreifenden Prozeßzusammenhang.

Auch im situativen Muster der *Regierungskrise* tritt der Prozeßaspekt in den Vordergrund: Die bisher legitimierte Regierung wird handlungsunfähig, da sie über die notwendigen Handlungsressourcen, insbesondere die Handlungsressource der notwendigen Stimmenmehrheit, nicht mehr verfügt. Dieses situative Muster ist dem Typus der Verfahrensroutine insofern entgegengesetzt, als herkömmliche eingefahrene Routinemuster des Regierens außer Kraft gesetzt werden. Insbesondere in Ländern mit häufigen Regierungskrisen wie Italien hat sich allerdings über Jahrzehnte eine *Routine der Regierungskrisen* und der oberflächlichen Krisenbewältigung entwickelt, die ihrerseits als Phänomen einer allgemeineren Staatskrise aufgefaßt wurde. Das Muster der Regierungskrise stellt auch ein Gegenstück zum Typus der äußeren, die Regierung zusätzlich legitimierenden Krise dar, da hier die Handlungsblockade, also genau das Gegenteil zusätzlicher Handlungslegitimation charakteristisch ist. Die Krisen im allgemeinen häufig zugesprochene "reinigende Wirkung" ist im Zusammenhang mit Regierugnskrisen keine verbreitete Assoziation. Häufig wird sogar mit dem Wort die Assoziation einer dauerenden Handlungsunfähigkeit der Regierung mit der Folge ihres politischen Endes verbunden.

Als *"Staatskrise"* wird die Gefährdung der politisch-institutionellen Ordnung einer Gesellschaft durch das Handeln der an der Regierungsmacht Befindlichen oder durch institutionelle Schwächen verstanden. Als Staat gilt dabei die politisch-institutionelle Ordnung einschließlich der in ihr verbrieften gemeinwohlbezogenen Werte. Da die Wahrnehmung einer Staatskrise die Wahrnehmung von Gemeinsamkeiten zwischen Beteiligten voraussetzt, ähnelt dieser Krisentypus eher dem Typus der Gefahrenabwehr. Im Zeichen einer Staatskrise wird Helfern, unter Umständen den Regierenden, die Legitimation zu verstärktem Handeln zur Überwindung dieser Krise zugesprochen.

Gemischte Situationstypen

In politisch anerkannten *Risikositutionen* wird das sachpolitische Kalkül der Gefahrenabwehr ausgeweitet. Risikosituationen sind insofern also Situationen starken Handelns derjenigen, die sich als kompetent für die Risikobewältigung ausweisen können. Risiken sind allerdings im Unterschied zu Gefahren nicht, zumindest nicht vollständig, von außen gegeben, sondern von den Betroffenen gewählt (Wer mit einer Entscheidung den möglichen Eintritt einer bestimmten Gefahr bewußt ins Kalkül zieht, nimmt ein *Risiko* auf sich). Risikomanagement vollzieht sich also in einer Situation, die in der Regel durch politische Divergenzen über die Wahl jeweiliger Risiken belastet ist. Zudem lassen sich Risiken schwerer erkennen als Gefahren und erscheinen als weniger dringlich.. Dementsprechend sind Risikosituationen dem Muster des offenen politischen Prozesses näher als allgemeine Gefahrensituationen. Hauptsächliche Träger des Risikomanagement sind (meist halbstaatliche) Experten sowie Experten innerhalb der öffentlichen Verwaltung.

Zum Risikomanagement werden häufig Experten-Systeme begründet oder ausgebaut und entsprechende Helferinteressen gestärkt. Wegen der dabei üblicherweise notwendigen weit greifenden und kontinuierlichen Aktivität ist Risikomanagement häufig mit hohen Kosten verbunden. Die Auffassung einer Situation als Risikosituation bedeutet daher politisch üblicherweise keine ungebrochene Legitimation öffentlichen Handelns, sondern unterliegt in der Regel einer nicht selten öffentlichen Kosten/Nutzen-Abwägung. Die Handlungsträger werden in der Regel nicht zu derartig weitreichenden Eingriffen ermächtigt wie die Handlungsträger unmittelbarer Gefahrenabwehr. Daher treten Kontroversen und offene Prozeßformen, insbesondere der Konflikt und die Verhandlung, stärker in den Vordergrund.

Zu einem *Skandal* kommt es, wenn eine schwerwiegende Normverletzung einer einflußreichen Person oder Organisation öffentlich gemacht wird. Dies gilt insbesondere dann, wenn die jeweilige Person oder Organisation die jeweilige Norm zu schützen vorgibt. Als Norm gelten dabei allgemeinverbindliche Verhaltensorientierungen, so die gute Sitte, vor allem aber rechtlich festgeschriebene Verhaltensanforderungen im Sinne der jeweiligen Gemeinschaft. Im *politischen Skandal* werden als schwerwiegend betrachtete Normverletzungen politischer Repräsentanten bzw. politisch Herrschender aufgedeckt und öffentlich thematisiert. Zum Skandal führen also nicht Normverletzungen im allgemeinen, sondern Normverletzungen, deren Nichtaufdeckung die politische Ordnung gefährden könnte. Dies gilt insbesondere für Normverstöße politischer Repräsentanten. Wird ein Widerspruch von Herrschaftsanspruch und Normverfehlung offensichtlich, so delegitimiert dies die politische (gegebenenfalls auch soziale) Herrschafts-Position des/r jeweils Verantwortlichen.

Das situative Muster "Politischer Skandal" setzt nicht nur Normverfehlungen politisch Herrschender, sondern auch die gesellschaftliche und politische Fähigkeit voraus, diese Normverfehlungen politisch delegitimierend öffentlich zu thematisieren. Politische Skandale sind daher nur unter politisch-institutionellen Rahmenbedingungen möglich, die entsprechende Normverfehlungen als politisch relevant erscheinen lassen, so der gesellschaftlichen Geltung entsprechender Normen und die Existenz intakter kritischer Öffentlichkeit. Während die skandalträchtigen Akteure selbst keinerlei *Interesse* an (sie betreffenden) Skandalen haben, besteht ein allgemeines Interesse an der Möglichkeit, skandalträchtige Vorgänge aufzudecken und die Verantwortlichen zur Rechenschaft zu ziehen. Die massenmedialen Träger der Skandalinformation haben darüberhinaus ein besonderes *Helferinteresse* an Skandalen, da sich durch entsprechende Information für sie ökonomische Vorteilen wie die Erhöhung ihrer Auflage ergeben können. Zwischen konkurrierenden politischen Akteuren können schließlich wechselseitige Schadensinteressen an der Aufdeckung von Skandalen des jeweils anderen Akteurs bestehen.

Im Hinblick auf die Einflußstruktur einer Gesellschaft wirken Skandale potentiell angleichend. Zumindest erwecken sie bei den Beteiligten den Eindruck, daß sich auch die Herrschenden "nicht alles leisten können". Skandale können daher als eine Institution vitaler Demokratie mit *politischer Kontrollfunktion* interpretiert weden. Sie sind daher nicht nur Ausdruck von Normverfehlungen, sondern auch, soweit es um die Aufdeckung geht, eine vermittelte Form öffentlichen Handelns.

Wechselbeziehungen

Die skizzierten Akteurskonstellations-, Kapazitäts- und Legitimationsmuster überschneiden sich partiell. So umfassen situative Legitimationsmuster Akteurskonstellationen, die spieltheoretisch analysiert werden können. Dies gilt insbesondere für prozessuale Konstellationen schwachen öffentlichen Handelns, da die Beteiligten in diesen Situationen weitgehend souverän sind und sich in den typischen "Mixed-motive-Konstellationen" begegnen, die Gegenstand der Spieltheorie sind. Situative

Legitimationsmuster lassen sich allerdings nicht auf herkömmliche Muster der Spieltheorie vollständig reduzieren, da sie Machtelemente und stille Interpretationselemente enthalten, die überragendes Gewicht erlangen können. Kapazitätsmuster stellen demgegenüber einen Typus des Situations- bzw. Strukturmusters dar, dessen analytischer Wert klar in der Modellierung von Rahmenbedingungen des politischen Prozesses liegt. Kapazitätsmuster können daher besonders gut mit Akteurskonstellations- und legitimationsmustern kombiniert werden.

Ergänzende Literatur: Majone 1993; Prittwitz 1990: Zürn 1992; Ostrom 1990; Käßler 1992.

B) Methoden und Verfahren

Im ersten Teil des Buches wurden inhaltliche Konzepte und damit operierende Theorieansätze bzw. Modelle der wissenschaftlichen Politikanalyse behandelt; im zweiten Teil geht es nun um die Frage, mit welchen Methoden und Verfahren diese Konzepte und Modelle politikanalytisch genutzt werden können. Unter *Methoden* werden dabei die Vorgehensweisen zur Gewinnung, Verarbeitung und Darstellung von Information verstanden. Als wissenschaftliche Methoden gelten die allgemeinen Methoden der empirischen Sozialforschung. *Politikanalytische Verfahren* sind demgegenüber gegenstands- oder aufgabenspezifische Kombinationsmuster von Konzepten und Methoden. Während die Methoden der Politikanalyse also aus der empirischen Sozialforschung übernommen werden, sind die politikanalytischen Verfahren an jeweilige Aufgaben- bzw. Gegenstandstypen gekoppelt und damit ein originärer Teil der Politikanalyse.

1. Methoden der empirischen Sozialforschung

1.1 Quantitative und qualitative Sozialforschung

Empirische Sozialforschung verlangt die Erhebung oder sonstige Gewinnung von Daten, die Verarbeitung dieser Daten zu Information, die Speicherung der gewonnenen Information als Grundlage von Vergleich und Lernen, die Darstellung der gewonnenen Wissens als Grundlage wis-senschaftlicher und praxeologischer Kommunikation. Was als Information bzw. Wissen gilt, hängt dabei nicht nur von den verfügbaren Daten, sondern auch von Denk- und Wahrnehmungsmustern des/der Analysierenden sowie der Festlegung der Fragestellung, des Untersuchungsbereichs und der strukturierenden Konzepte ab.[1] Sozial- bzw. Politikforschung ist damit immer auch ein *Konstruktionsprozeß*, in

1 Die sich hierauf beziehende Vorstellung des "hermeneutischen Zirkels" hat das sich spiralförmig entwickelnde Wechselspiel zwischen deduktivprüfenden und induktiv verallgemeinertem Vorgehen zum Inhalt (Spöhring 1989: 50; List 1980: 675).

dem Deutungsmuster, Hypothesen und theoretische Aussagensysteme sowie methodische Rahmenüberlegungen eine Rolle spielen. Neben der Wechselbeziehung von Deutungsmustern und Festlegungen einerseits und der sinnlichen Realitätswahrnehmung andererseits existieren andere potentiell problemhaltige Beziehungen der empirischen Sozialforschung, so die Beziehung von Forscher und Forschungsgegenstand, von Beschreiben und Messen sowie die Beziehung zwischen künstlichen und natürlichen Untersuchungsbedingungen.

Forscher und Forschungsgegenstand stehen zunächst in einem eindeutigen Subjekt-Objekt-Verhältnis. Da im Rahmen sozialwissenschaftlicher Forschung Menschen zum Forschungsgegenstand werden, die durch die jeweiligen Forschungsergebnisse betroffen sein können, die den Forschungsprozeß in bestimmter Weise einschätzen und diesen zum Beispiel durch Manipulation bewußt mitprägen können, vergrößert sich allerdings die Beziehungskomplexität des Forschungsprozesses. Zu einfachen Subjekt-Objekt-Beziehungen treten wechselseitige Subjekt-Subjekt-Beziehungen zwischen Forschern und sozialen bzw. politischen Akteuren. Angesichts dessen wird gefordert, das Verhältnis der sozialwissenschaftlichen Forschung zu ihrem Gegenstand bewußt als offenes Subjekt-Subjekt-Verhältnis aufzufassen und damit zu "entkolonisieren" (Spöhring 1989:11).

Beschreiben versus Messen: Dem Methodenansatz ganzheitlich interpretierender Beschreibung steht das am naturwissenschaftlichen Modell orientierte Genauigkeitsideal des Messens gegenüber. Messungen setzen allerdings ein (ganzheitliches) Modell des Gegenstands und der Meßkriterien voraus. Strukturmodelle können umgekehrt sehr wohl in quantitativen Größen gefaßt werden.

Natürliche versus künstliche Untersuchungsbedingungen: Gegenübergestellt werden die Feldforschung unter den gegenstandstypischen Rahmenbedingungen einerseits und die Sozialforschung unter künstlichen Bedingungen. Als typische Form "natürlicher" Feldforschung gilt die ganzheitliche Beschreibung von Vorgängen bzw. Strukturfeldern; typische Formen der Forschung unter konstruierten Bedingungen sind vor allem das Labor-Experiment bzw. die Simulation, aber auch die hypothesentestende Untersuchung einzelner isolierter Variablen. Während der Ansatz natürlicher Feldforschung der ganzheitlichen Widerspiegelungsvorstellung von Forschung entspricht, hebt die statistische und die Experimental-Untersuchung auf die Vorteile und Notwendigkeit der Festlegung bzw. Isolierung von Faktoren ab.

Auch diese Gegensatzpaare schließen sich wechselseitig nicht zwingend aus, sondern können einander ergänzen. So stellt sich die Frage nach den unumgänglichen Konstruktionsanteilen der "natürlichen" Feldforschung und umgekehrt die Frage nach dem Realitätsbezug von statistischer Untersuchung und Experiment. Mit Bezug auf die dargestellten methodologischen Spannungsfelder existiert in den Sozialwissenschaften eine Fülle fein abgestufter methodologischer Positionen. Mit dem Schlagwort der *quantitativen Sozialforschung* werden dabei im allgemeinen Positionen bezeichnet, die eindeutig oder zumindest vergleichsweise ausgeprägt am Muster der naturwissenschaftlichen Forschung orientiert sind (z.B. Atteslander 1991; Schnell/Hill/Esser 1989). Hierfür stehen insbesondere:

- ein empirisch-analytischer auf Verallgemeinerbarkeit der Aussagen gerichteter Theoriebegriff,
- die Wertschätzung des Tests (theoriegestützter) Hypothesen,
- die Forderung präziser Definition und Operationalisierung grundlegender Konzepte,
- die strikte intersubjektive Überprüfbarkeit der Aussagen und des Forschungsgangs,
- die Favorisierung von Methoden, die an der großen Zahl orientiert sind, so insbesondere statistische Methoden, und
- die Wertschätzung von Erklärungen und Forschungsmethoden der Variablenisolation (bis hin zum Laborversuch).

Als typisch für die *qualitative Sozialforschung* gelten demgegenüber (Lamnek 1988; Spöhring 1989; Garz/Kraimer 1991):

- das Bewußtsein für die Einmaligkeit jeden sozialen und politischen Vorgangs,
- die Favorisierung interpretativ-beschreibenden Vorgehens gegenüber der Erklärung,
- die Favorisierung der Ganzheitlichkeit gegenüber der Variablenisolation,
- die Favorisierung natürlicher gegenüber künstlichen Untersuchungsbedingungen.

Quantitative und qualitative Forschungsmethoden der Sozialforschung wurden lange als gegensätzlich aufgefaßt. Zunehmend setzt sich aber die Erkenntnis der starken Aufgaben- und Kontextorientierung, damit auch der *kontextbezogenen Verbindungsmöglichkeit* beider methodischer Ansätze durch. Demnach sollten, anstatt quantitative und qualitative Methoden verschiedenartigen Methodologien zuzuordnen, bestimmte Methoden der empirischen Sozialforschung lediglich pragmatisch danach bestimmt werden, wieweit sie dazu beitragen können, bestimmte Erkenntnisziele in bezug auf bestimmte Forschungsgegenstände bei gegebenen Erkenntnisressourcen wie Zeit, Geld, Personal, Vorkenntnisse, Hilfsmittel zu erreichen (Mayntz 1985: 70).

Bevor in diesem Sinne unterschiedliche Verfahren der Politikanalyse mit spezifischem Bezug auf Gegenstands- und Aufgabentypen dargestellt werden, geht es im folgenden um einige generelle Formen empirischer Sozialforschung.

> Ergänzende Literatur: Spöhring 1989; Atteslander 1991; Garz/Kraimer (Hg.) 1991; Schnell/Hill/Esser 1989;

1.2 Untersuchungsanordnungen und Methoden

Im Spannungsfeld zwischen qualitativen und quantitativen Methoden lassen sich eine Reihe unterschiedlicher Untersuchungsanordnungen bzw. Formen der empirischen Sozialforschung verorten (siehe Abbildung 19):

Abbildung 19: Untersuchungsanordnungen

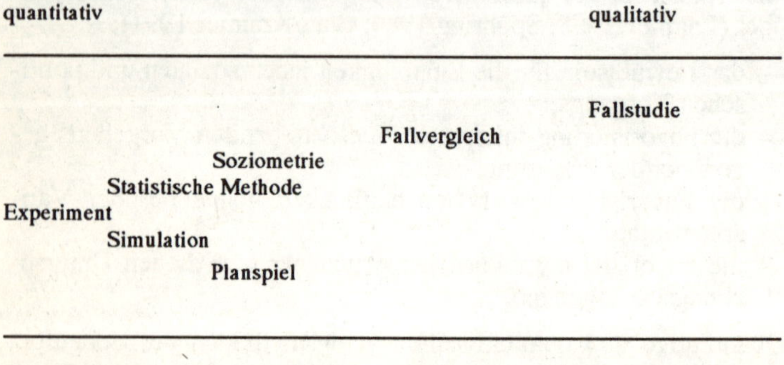

Die Fallstudie wird häufig lediglich als qualitative Beschreibung geschlossener Abläufe interpretiert; sie kann jedoch auch erklärende Anteile besitzen, ja den Charakter einer Fallanalyse in einem Vergleichs- oder Theoriekontext annehmen. Der *Fallvergleich* ist noch durch die qualitative Fallstudie beeinflußt, weist aber bereits überwiegend Züge der quantitativen Studie auf. Ausgeprägt quantitativen Charakter haben die statistische Methode, die Soziometrie und vor allem das Experiment: Während die *statistische Analyse* eine große Zahl von Untersuchungseinheiten voraussetzt und insofern dem Idealtypus quantitativen Vorgehens entspricht, ist die *Soziometrie* am Kriterium optimaler Meßgenauigkeit orientiert, ein anderes allgemeines Charakteristikum quantitativ-empirischer Orientierung. Das *Experiment* schließlich gründet sich auf die Annahme, daß ausgewählte Faktoren in ihrem Verhalten wiederholbar überprüft werden können - ein Kriterium, das als strengste Form quantitativen Vorgehens betrachtet wird. Die *(Computer-)Simulation* kann als gedanklich-fiktives Experiment aufgefaßt werden und gilt deshalb sowie wegen der Verwendung mathematischer Methoden als Form quantitativen Vorgehens, weist aber insofern qualitative Züge auf, als hier die Gesamtheit der jeweiligen Systemabläufe im Bewußtsein für den hohen Konstruktionsanteil des Analysierenden dargestellt wird. Das *Planspiel* schließlich wird zwar nicht selten (hinsichtlich der Simulation der Ausgangs- und Rahmenbedingungen) computergestützt durchgeführt, stellt aber eine in strengem Sinn nicht wiederholbare qualitative Simulation des Verhaltens Beteiligter dar.

Fallstudie

Gegenstand der Fallstudie ist ein in sich zusammenhängender abgrenzbarer thematischer Zusammenhang. Was als Fall betrachtet wird, hängt in hohem Maße von der Interpretation des/r Analysierenden ab. Dabei kann es um einen besonderen Vorgang (Der Fall Guillaume), um einen räumlichen Ausschnitt (Sozialpolitik - der Fall Frankreich), um einen zeitlichen Ausschnitt (Die Entwicklung der deutschen Demokratie - Die Weimarer Republik) oder sachlichen Ausschnitt (Internationale Regime - Der Fall Ozon) aus einer thematischen Gesamtheit gehen. Die Fallstudie bezieht sich auf *komplexe Strukturen bzw. Vorgänge*, ist also nicht mit der Darstellung einer einfachen Untersuchungseinheit (n=1) zu verwechseln (Alemann/Ortlieb 1975). Grenzen und detaillierte Inhalte des Gegenstandes einer Fallstudie können sich sogar im Laufe der Untersuchung verändern, so daß neue Variablen, Zusammenhänge und Kontexte einbezogen werden.

Grundsätzlich können qualitative und hypothesentestende (quantitative) Fallstudien unterschieden werden.[2] In *qualitativen Fallstudien* sollen Einflußfaktoren und Wirkungszusammenhänge im natürlichen Zusammenhang erfaßt werden; die Anzahl der einbezogenen Erklärungsvariablen ist groß. Studien dieser Art werden häufig als explorative Fallstudien zur Vorbereitung der Hypothesenbildung und zur Abgrenzung des Untersuchungsbereichs bzw. Untersuchungsthemas eingesetzt. Qualitative Fallstudien eignen sich dazu, einen Fall in den Besonderheiten seines Kontextes und seiner ganzen Komplexität zu erfassen. Die Forschungsressourcen werden auf die intensive Analyse einzelner Fälle konzentriert. Die Flexibilität offener Untersuchungsmethoden kann dazu genutzt werden, um Zusammenhängen nachzugehen, die erst im Laufe der Untersuchung entdeckt worden sind. Hypothesen und Theorieelemente werden hierbei am Fall gewonnen und durch den Vergleich mit anderen Fällen induktiv verallgemeinert. Entsprechend wird bei der Datenerhebung mit qualitativen Methoden vorgegangen (qualitative Interviews, teilnehmende Beobachtung, qualitative Dokumentenanalyse). Bei der Strukturierung des Falles kommt der Inhaltsanalyse formeller Regelungen, so Rechtsvorschriften, Organisationsplänen oder Selbstdarstellungen von Organisationen, hier große Bedeutung zu. Um formelle Dimensionen des Falles nicht überzubewerten, sollten über andere Datenerhebungstechniken, d.h. Inteviews und sofern möglich teilnehmende Beobachtung, informelle Muster erfaßt werden (Hucke/Wollmann 1980: 225ff).

Hypothesentestende Fallstudien sind dagegen durch vergleichsweise wenige Untersuchungsvariablen und einen stark strukturierten Untersuchungsrahmen geprägt.[3] Hier ist das metho-

---

2 Alemann (1984: 172ff) führt als mittleren Typ zwischen deskriptiven und theorietestenden Studien die "analytische Untersuchung" an, die ebenfalls auf das Aufspüren von Variablenbeziehungen sowie die Entwicklung neuer Theorien gerichtet ist, sich allerdings vor allem standardisierter Verfahren der Datenerhebung bedient und damit von Ansätzen einer qualitativen Heuristik unterscheidet.

3 Lijpart (1971: 891) differenziert diese Unterscheidung und führt atheoretische Fallstudien und interpretative Fallstudien an. *Interpretative Fallstudien* unterscheiden sich von der atheoretischen Form durch die implizite Verwen-

dische Vorgehen durch das vorhande Theoriewissen und die enge Fragestellung gekennzeichnet. Um die ausformulierte Hypothese möglichst genau zu testen, werden statistische oder quasiexpirimentelle Datenerhebungs- und Analysetechniken verwendet.[4] Mit standardisierten Meßinstrumenten (strukturierte Befragung, quantitative Inhaltsanalyse, statistische Datenauswertung) werden in quasiexperimentellen Anordnungen Messungen vor und nach einer Intervention vorgenommen.

Bei Fallstudien geht es um die Analyse von *Normalfällen oder abweichenden Fällen.* Ein Normalfall dient zur Untersuchung der 'typischen' Merkmalsbeziehungen an einem Fall. Die begründete Auswahl des Falles kann mangelnde Verallgemeinerungsfähigkeit durch zu wenige Fallstudien ausgleichen. Die Analyse eines abweichenden Falls dagegen dient üblicherweise dazu, Hypothesen bzw. Theorien zu testen.

Fallvergleich

Der Fallvergleich steht zwischen der Studie eines einzelnen komplexen Falles und der statistischen Untersuchung mit geringer Anzahl von Untersuchungsvariablen. Der Idealtypus des Fallvergleichs ist dementsprechend durch eine mittlere Anzahl von Fällen und Variablen gekennzeichnet (Aarebrot/Bakka 1987: 46ff). Der Vergleich ermöglicht auf induktiven Weg begrenzte Verallgemeinerungen und dient als Ersatz für nicht mögliche oder moralisch nicht wünschenswerte Experimente.

Es werden unterschiedliche Vergleichsmethoden genutzt: Nach der *Differenzmethode* sollen durch den Vergleich von Fällen mit ähnlichen Kontextbedingungen ("most similar systems design") unterschiedliche Ausprägungen der interessierenden Variable(n) herausgearbeitet und erklärt werden. Der Fallvergleich nach der *Konkordanzmethode* ist dagegen darauf gerichtet, gemeinsame Ausprägungen interessierender Variablen bei verschiedenartigen

---

dung von etablierten theoretischen Positionen. Die in der Theorie vorgenommene Verallgemeinerung wird hier auf einen Fall angewandt, ohne diese dabei zu prüfen. Es handelt sich demnach um angewandte Sozialwissenschaft, die vor allem praktische Bedeutung hat. Atheoretische Fallstudien sind reine Deskriptionen.

4 Einzelfalluntersuchungspläne besitzen wegen der mangelnden Zufallsordnung der Intervention keinen experimentellen Charakter (Spöhring 1989: 39).

Rahmenbedingungen zu erklären.[5] Verglichen werden können beliebige Untersuchungseinheiten zu einem Zeitpunkt *(Querschnittsvergleich)* oder die Ausprägungen einer oder mehrerer Variablen zu verschiedenen Zeitpunkten *(Längsschnittvergleich)*.

Die von Pionieren der Vergleichsmethode wie John Stuart Mill (System of Logic) angenommene Möglichkeit, Kausalbeziehungen vermittelt über den Vergleich aufzudecken, wird heute allerdings skeptischer beurteilt (Friedrichs 1985: 335, Berg-Schlosser; Müller-Rommel 1987). Neben der in gewissem Grad gegebenen Möglichkeit der Falsifikation hat der Vegleich vor allem heuristische Funktion.

Statistische Untersuchung

Die Anwendung statistischer Methoden dient drei Zwecken:

1) der Beschreibung von Untersuchungseinheiten in bezug auf einzelne Variablen,
2) der Beschreibung der Beziehung zwischen Variablen einer Untersuchungseinheit,
3) der Prüfung der Verallgemeinerungsfähigkeit gewonnener Information zu einer Stichprobe.

1) und 2) werden als beschreibende (deskriptive), 3) als schliessende Statistik bezeichnet (Atteslander 1991: 293/294; Benningthaus 1990: 11-16). Die *Beschreibung* eines bestimmten Gegenstandes in Hinblick auf eine bestimmte Eigenschaft (Variable) ist ein alltägliches Verfahren (z.B. die Kennzeichnung eines Tages als heiß). Statistische Konzepte ermöglichen es, Beobachtungen genauer zu benennen und verschiedene Beobachtungen zusammenzufassen. Dies ist z.B. durch die Angabe von Häufigkeitverteilungen oder Mittelwerten möglich. Die Abweichung von Mittelwerten kann durch Streuungswerte angegeben werden. Beson-

5 Die Unterscheidung geht in der Grundkonzeption auf John Stuart Mills "A System of Logic" (estmals erschienen 1848) zurück. Mill faßte die beiden Verfahren allerdings spezifischer. So sah seine "method of difference" den paarweisen systematischen Vergleich möglichst ähnlicher Fälle vor mit der Zielsetzung, die jeweils entscheidende Differenzvariable herauszuarbeiten. Nach der "method of agreement" dagegen sollte versucht werden, beim Vergleich unterschiedlicher Fälle jeweils spezifische Faktoren auszusondern und einen Kernbereich an Gemeinsamkeiten zu ermitteln (Berg-Schlosser/Müller-Rommel 1987: 12-13).

ders häufig verwendete statistische Maßzahlen zur Beschreibung einzelner Variablen sind dementsprechend das arithmetische Mittel ("Durchschnitt") und die Standardabweichung ("Streuung"). Übliche Maßzahlen sind auch der Modalwert (Kategorie mit der größten Häufigkeit/am häufigsten vorkommender Wert), der Median (teilt Häufigkeitsverteilung in zwei gleichgroße Hälften) und die Normalverteilung (theoretische Häufigkeitsverteilung, charakterisiert durch Standardverteilung und arithmetisches Mittel in Glockenform: gesamte Fläche unter der Kurve ist gleich 1).

Die Beziehung zwischen zwei Variablen kann mit Hilfe statistischer Maßzahlen genauer als durch alltagssprachliche Beschreibung wiedergegeben werden. Eine Maßzahl für die Stärke eines linearen Zusammenhangs zweier Merkmale ist der *Korrelationskoeffizient*. Bei hohem Korrelationskoeffizient kann der Punkteschwarm durch eine Gerade angenähert dargestellt werden - die ihrerseits durch die Regressionsanalyse ermittelt wird (Atteslander 1991: 305 - 308). Dabei sind positive Koeffizienten (Merkmal a nimmt mit Zunahme von Merkmal b zu) und negative Koeffizienten (Merkmal a verringert sich mit zunehmendem Merkmal b) möglich.

Unter Verwendung wahrscheinlichkeitstheoretischer Methoden der schließenden Statistik lassen sich begründete Angaben zur *Generalisierungsfähigkeit* von Beobachtungsresultaten machen. Dabei werden Schlüsse von den errechneten Zahlenwerten einer Auswahl (Stichprobe) auf die entsprechenden Zahlenwerte der Grundgesamtheit gezogen. Zugrundegelegt werden können dabei Zufallsstichproben und systematische Stichproben. Zu den *Zufallsstichproben-Typen* gehören:

— die einfache Zufallsstichprobe (bei Homogenität der Grundgesamtheit hat jede Einheit die gleiche Chance gezogen zu werden),
— die geschichtete Zufallssstichprobe (bei Heterogenität der Grundgesamtheit Aufteilung in Klassen, so daß in jeder Klasse wiederum einfache Zufallsstichprobe gezogen werden kann),
— die Klumpenstichprobe (es werden jeweils "Klumpen" nebeneinander liegender Elemente der Grundgesamtheit berücksichtigt, beispielsweise Häuser in der Nachbarschaft; die Auswahl der Klumpen erfolgt wiederum nach dem Zufallsprinzip) und die
— die mehrstufige Stichprobe (Kombination verschiedener angegebenen Verfahren).

Systematische Stichproben-Typen sind:

— das Quotenverfahren (Aufteilung der Grundgesamtheit nach bestimmten Quoten, z.B. Geschlecht, Bildungsstand; aufgrund der durch vorliegende Statistik bekannten Anteile der jeweiligen Quoten an der Grundgesamtheit wird deren Untersuchungszahl bestimmt; innerhalb der Quotenbereiche kann der Interviewer frei auswählen) und die

— systematische Auswahl (Rückgriff auf vorliegende Strukturierung der Grundgesamtheit in Listen o.ä.; ausgehend von einem zufälligen Merkmalsträger (a) wird dann jeder a+i-te ausgewählt) (Atteslander (1991:312 - 317).

— Ein weiteres statistisches Vergleichsverfahren sind Varianten des Längsschnittvergleichs in Form von *Zeit-Serien-Analysen*. Das Prinzip beruht auf einem Vorher-Nachher-Vergleich.

Über die elementaren statistischen und mathematischen Verfahren hinaus reichen varianzanalytische und multivariate Methoden. Die *Varianzanalyse* hat die Frage zum Gegenstand: Wie läßt sich die Variabilität (Varianz) eines abhängigen Merkmals durch den Einfluß einer oder mehrer unabhängiger Variablen erklären? *Multivariate Methoden* dienen zur statistischen Analyse in Fällen, in denen mehrere unabhängige und mehrere abhängige Variablen berücksichtigt werden müssen. Dabei kann es sich um multivariate Mittelwertvergleiche, multivariate Varianzanalysen wie multiple Korrelations- und Regressionsanalysen handeln. Besonderen Stellenwert hat darunter die *Faktorenanalyse* gewonnen, mit deren Hilfe versucht wird, mehrere hochkorrelierende Faktoren auf einen Faktor zurückzuführen, welcher diese Faktoren erklärt (Atteslander 1991).

Soziometrie

Unter Soziometrie werden Techniken verstanden, die Beziehungen der Mitglieder einer abgrenzbaren Einheit zu untersuchen. Dies kann eine einzelne Person, eine Gruppe, Organisation, Netzwerk o.a. sein. Besonderes Gewicht haben Untersuchungen des Zusammenhangs zwischen faktischen Kommunikationsstrukturen und wechselseitigen Einschätzungen der Mitglieder jeweiliger Gruppen. Hierbei wird z.B. untersucht, wer am häufigsten mit wem interagiert, ob es Führer, Untergruppen, Cliquen gibt, wer von den anderen Mitgliedern einer Gruppe abgelehnt wird oder nur mit einem anderen Mitglied zusammenarbeitet.

Soziometrische Verfahren sind in drei Varianten durchführbar. Als genuine Erhebungstechnik gilt der soziometrische Namensgenerator. *Soziometrische Namensgeneratoren* (Friedrichs 1985: 257ff) sind spezielle Formen der Befragung, mit denen die Beziehungen innerhalb einer abgrenzbaren Einheit (z.B. Netzwerk) oder die einer einzelnen Person unter dem Gesichtpunkt einer besonderen Dimension erhoben wird. Diese Dimensionen, z.B. bestimmte Leistungen, Beliebtheit u.a., sind in Fragen zu operationalisieren. Mit der Frage soll ein spezifischer Teil der Beziehungen erfaßt werden. Diese Frage, Kriterium genannt, wird an alle Mitglieder der Gruppe gestellt ("Mit wem möchten Sie am liebsten zusammenarbeiten?", "Mit wem haben sie in den letzten Jahren wichtige Angelegenheiten besprochen?"). *Bei der Verwendung eines eindimensionalen Namensgenerators* besteht die Gefahr, daß die relevante Mitglieder einer Gruppe falsch eingeschätzt werden, weil sie von Auskunftsperson schlicht vergessen werden. *Mehrdimensionale Namensgeneratoren* versuchen, diese Schwächen um den Preis eines beträchtlichen Erhebungsaufwandes zu vermeiden. Es werden mehrere und präzise gefaßte Fragen gestellt, so daß die Befragten detailliertere Informationen geben (Diewald 1991: 64/65).

Die Soziometrie kann auch indirekt als *Auswahlverfahren* benutzt werden. Bei dieser Form der bewußten Auswahl der Untersuchungseinheiten geht man von einer für die Fragestellung wichtigen Person oder Gruppe aus. Die Personen werden interviewt und es wird nach weiteren wichtigen Personen gefragt, mit denen der Teilnehmer häufig interagiert, bestimmte Probleme bespricht. Im Anschluß wird die genannte Person befragt und wiederum die wichtigen Interaktionspartner ermittelt und diese befragt ("Schneeballverfahren"). Es entsteht eine Stichprobe aufgrund der Kette von Personen, die durch eine bestimmte Beziehung, das soziometrische Kriterium, miteinander verbunden sind. Auf diese Art lassen sich soziale Beziehungsnetze über formelle Grenzen hinweg erheben. Eine andere Möglichkeit ist die Erhebung eines Soziogramms durch Beobachtungen, so durch die Beobachtung von Besuchshäufigkeiten.

Die Analyseergebnisse soziometrischer Untersuchungen werden üblicherweise mit Hilfe von Diagrammen, Matritzen und Indizes dargestellt (Friedrichs 1985: 259).

Als wissenschaftliches Experiment wird eine Versuchsanordnung bezeichnet, bei der situative Kontextvariablen der Untersuchungsvariablen im Höchstmaß kontrolliert werden. "Vom Experiment wird erwartet, daß es die strengste Form der Hypothesenüberprüfung darstellt.[6] Dieses gilt gleichermaßen für Hypothesen als Aussagen erklärender wie auch voraussagender Art" (Atteslander 1991: 205).

Als Formen des sozialwissenschaftlichen Experiments[7] werden das Labor- und das Feldexperiment, hierbei das Simultan- und das sukzessive Experiment, sowie Simulation und Planspiel unterschieden. Nach den dargestellten Verständnis stellt das *Laborexperiment* die reinste Form des Experiments dar, eine Untersuchungsanordnung, deren naturwissenschaftliche Prägung ins Auge sticht und die innerhalb der Sozialwissenschaften nur in naturwissenschaftsnäheren Bereichen (wie der Sozialpsychologie und der Linguistik), nicht aber der Politikanalyse bisher nennenswerte Bedeutung hat. Im Laborexperiment, bei dem ein Sachverhalt unter planmäßig vereinfachten "reinen" Bedingungen untersucht wird, werden eine Experimentalgruppe und eine Kontrollgruppe darauf hin beobachtet, ob ein Kausalfaktor (unabhängige Variable) auch tatsächlich die ihm zugeschriebene Wirkung (abhängige Variable) hervorbringt (Atteslander 1991:210).

In einem *Feldexperiment* wird der zu untersuchende Gegenstand nicht aus seiner üblichen Umgebung gelöst. Die Bezeichnung "Experiment" erscheint hierbei dann berechtigt, wenn günstige Forschungsbedingungen erlauben, daß zwei kontrastierende Gruppen in ihrer realen Umwelt nach dem Muster der Experimental- und Kontrollgruppe untersucht werden können. Die Möglichkeit zur Manipulation der gegebenen Situation ist in diesem

---

6 So müssen die einflußreichen Variablen bzw. Faktoren identifiziert sein. Eine Hypothese, die eine Kausalbeziehung enthält, muß aufgestellt sein. Die zu betrachtenden Variablen müssen von anderen Variablen isolierbar sein. Die unabhängige Variable muß variierbar sein.

7 Hiervon unterscheidet sich der umgangssprachliche Begriff des Experiments, der allein auf das Ausprobieren oder Abwarten der Wirkung eines versuchsweisen Eingriffs ausgerichtet ist (z.B. versuchsweise Exploration ihrer sozialen Stellung gegenüber Autoritäten durch Jugendliche).

Falle beschränkt. Diesem Nachteil und der damit gegebenen größeren Anfälligkeit von Feldexperimenten gegen Störeinflüsse, nichteinbezogene Variablen und nichterwartete Konsequenzen, steht der Vorteil der größeren Realitätsnähe gegenüber.

Bei *Simultanexperimenten* werden zwei oder mehrere Gruppen gleichzeitig untersucht bzw. beeinflußt. Bei *sukzessiven Experimenten* wird dagegen ein und dieselbe Gruppe vor und nach der Einwirkung eines Reizes beobachtet. Diese Unterscheidung impliziert die Unterscheidungsmöglichkeiten danach, ob mit einer oder mehreren Gruppen vorgegangen wird und ob zu einem oder mehreren Zeitpunkten Messungen vorgenommen werden (Atteslander 1991: 211).

Der wichtigste Vorteil des Experiments besteht in der Möglichkeit, soziale Zusammenhänge unter Kontrolle zu erfassen und darzustellen und hierbei auch Verhaltensweisen unter Extrembedingungen testen zu können. *Als nachteilig* gelten demgegenüber die Veränderlichkeit sozialen Verhaltens im Experiment und die damit gegebene Beschränktheit der Aussagekraft von Experimenten sowie die ethische Problematik des möglicherweise nicht verantwortbaren Eingriffs in soziale bzw. individuelle Freiheitsräume.

Simulation und Modellbildung

Die Simulation kann als *Gedankenexperiment* aufgefaßt werden. Dabei werden entsprechend dem Idealtypus des Experiments bestimmte Variablen, Variablenbeziehungen und Randbedingungen einschließlich möglicher Zufallseinflüsse angenommen. Um die interessierenden Beziehungen und Abläufe deutlicher werden zu lassen, wird von bestimmten Komponenten und Beziehungen der Grundgesamtheit abgesehen. Diese Anordnung kann auch als Modellierung oder *Modellbildung* bezeichnet werden. Modellbildung ist eine Abbildung aus einem Urbildbereich (Realität) in einen Bildbereich. Dabei werden nicht alle Elemente der Grundgesamtheit abgebildet (Stachowiak 1973: 155-157). Besonders wichtige Abbildungsformen sind die bildlich-plastische Darstellung (z.B. Spielzeugeisenbahn), die verbale und die formal-mathematische Abbildung.

Nach Troitzsch (1990) können Formalmodelle noch einmal unterteilt werden in mathematische Modelle (mathematische Ableitungen aus den das Modell beschreibenden Gleichungssystemen) und Computersimulationsmodelle (numerische Berechnung von Lösungen des Gleichungssystems). Die Abgrenzung zwischen diesen Modelltypen ist allerdings keineswegs klar, da etwa auch die Sprache syntaktische Formkriterien aufweist und sich auch die plastische Modellierung auf bildlichen Abbildungsformen gründet. Die verbale Abbildung rechnen zudem viele Autoren nicht zur Modellierung im engeren Sinn. Folgenreicher erscheint die Abgrenzung zwischen

— *statischen Modellen* (Merkmale der Objekte und Relationen ändern sich im Laufe der Zeit nicht) und *Prozeßmodellen* (Merkmale und Relationen unterliegen zeitlichen Änderungen), hierbei noch zwischen zeitdiskreten und zeitkontinuierlichen Prozeßmodellen, ferner zwischen
— *deterministischen* Modellen (Jedes künftige Ereignis kann mit beliebiger Präzision aus der Vergangenheit vorhergesagt werden) und *stochastischen* Modellen (Für das Eintreten bestimmter zukünftiger Ereignisse kann lediglich eine im allgemeinen von 0 und 1 verschiedene Wahrscheinlichkeit angegeben werden),
— schließlich zwischen *linearen* und *nichtlinearen* Modellen.

Simulationsmodelle sind meistens zeitdiskrete stochastische Prozeßmodelle. Wird ein Modell zum Laufen gebracht - Simulationsexperimente bzw. -modelle sind immer dynamischer Art - ist es möglich, Erkenntnisse über die Entwicklung der jeweiligen (abhängigen) Variablen zu gewinnen. Im Unterschied zum Realexperiment vollzieht sich der abgebildete Prozeß jedoch nur gedanklich bzw. in durch jeweilige Abbildungsmedien abgebildeter Modellform.

Soziale Prozesse lassen sich nur simulieren, wenn ausreichende (Computer-)Kapazität zur Abbildung und Verarbeitung großer Datenmengen vorhanden ist. Ist diese Kapazität gegeben, hängt die *Aussagekraft von Simulationsmodellen* von der Realitätsnähe der Variablenauswahl, der Variablen-Funktionen und der angenommenen Randbedingungen ab. Letztere lassen sich durch klassische Techniken der empirischen Sozialforschung wie Beobachtung, Quellenauswertung und Befragung im jeweiligen Fall erschließen. Die Randbedingungen können - einer der Vorteile der Simulation - bis zu Extremsituationen variiert werden. Kritische Punkte der Simulation bleiben damit die Variablenauswahl und die Bestimmung der Variablen-Funktionen (Beziehungen). Diese sind den allgemeinen Schwierigkeiten und Unzulänglichkeiten der sozialwissenschaftlichen Theorie- bzw. Modellbildung ausgesetzt.

Szenarien (Beispiel: Weltmodelle von Forrester/Meadows u.a.) sind zeitdiskrete stochastische Prozeßmodelle, in denen bestimmte Entscheidungsvarianten "durchgespielt" werden. Getroffen werden Wenn-Dann-Aussagen unter bestimmten angegebenen Bedingungen zu bestimmten (in der Zukunft liegenden) Zeitpunkten mit bestimmter Wahrscheinlichkeit. Während Szenarien keine umfassenden Aussagen über die weitere Entwicklung von Rahmenbedingungen enthalten, also - streng genommen - nur Wenn-Dann-Aussagen darstellen, beinhalten *Prognosen* Aussagen über die weitere reale Entwicklung. Die Entwicklung der Rahmenbedingungen kann zwar auch dabei differenziert betrachtet werden; in jedem Fall aber wird ein Gesamtset an Zukunftseinschätzung entwickelt.

Planspiel

Im Planspiel soll das Verhalten der Spieler/innen das Verhalten der Beteiligten an einer entsprechenden realen Situation simulieren. Dazu werden die jeweilige Ausgangssituation und gegebenenfalls Rahmenbedingungen des Handlungsprozesses (z.B. äußere Ereignisse) vorgegeben. Ort und Zeit des Handlungsbeginns, die Ausgangslage und die Rollenträger in Planspielen liegen also fest. Die Teilnehmer/innen eines Planspiels müssen sich das notwendige Wissen erschließen, das ihnen die Teilnahme ermöglicht. Es können Computer eingesetzt werden, um die für die Spieler notwendigen Informationen schneller zu erhalten.

Die Planspieltechnik setzt entgegen der Computer-Simulation nicht voraus, daß die Beteiligten alle Variablen und Variablen-Funktionen kennen. Diese sollen vielmehr häufig gerade anhand des Verhaltens der Planspieler/innen erkannt werden. Den Spielern werden vorgegebene Situationen mit definierten und limitierten Handlungschancen zugeordnet, ihr eigenes Verhalten ist ihnen aber freigestellt.[8] Zu einem Planspiel gehören deshalb die

8 Planspiele lassen sich demnach zunächst als Modelle sozialen Verhaltens verstehen, in denen ein Teil der Wirklichkeit vorgegeben, unter Umständen durch Computerprogramme dargestellt wird Sie können aber auch als Computersimulationsmodelle verstanden werden, in denen ein Teil der Funktionen nur durch Angabe des Vor- und des Nachbereichs spezifiziert sind.

genaue Beschreibung der Ausgangslage, die Bedingungsanalyse des Konfliktfalles, die genaue Beschreibung von Ort und Zeit, die skizzenhafte Beschreibung der Rollen, die sich auf die Positionen in den Organisationen beziehen, die aber dennoch exakt von den Spielern erarbeitet werden müssen (Freudenreich 1979:35 ff).

Als Planspieltypen sind das *handlungsorientierte Planspiel* und das kommunikationsorientierte Planspiel zu unterscheiden:

— Das *handlungsorientierte Planspiel* wird häufig in der öffentlichen Verwaltung mit dem Ziel durchgeführt, die Wirkungen einer geplanten Maßnahme zu simulieren.[9]

— Im *kommunikationsorientierten Planspiel* dagegen sollen Kommunikations- und sonstige Verhaltensprozesse zwischen den Beteiligten studiert werden.[10]

Als typischer Planspiel-*Effekt* gilt die hohe Motivation der Beteiligten. Die Lerneffekte im Vergleich zu anderen Lernformen sind allerdings umstritten.[11]

Ergänzende Literatur: Atteslander 1991, Friedrichs 1985, Spöhring 1989; Schnell/Hill/Esser 1989; Jann 1985;

Diese Funktionen geben ihren Input an eine Gruppe von Mitspielern weiter und leiten deren Reaktion als ihren Output an das Programm zurück (Mensch-Maschine-Simulation).

9 Beispiel: Planspiel des Bundesumweltministeriums von 1990, in dem es um eine Umweltverträglichkeitsprüfung ging, die einige Änderungen der Verwaltungsstruktur nach sich ziehen würde. Mit rund 80 Beamten wurde das Planspiel an insgesamt zwei Tagen durchgespielt (Böhret 1991).

10 Beispiel: Planspiel der IG Bau-Steine-Erden Hamburg/Schleswig Holstein und der Europäischen Gemeinschaft im Februar 1993 (Prittwitz u.a. 1993).

11 Schiffler gibt einige Beispiele dafür an, daß sich ein Lernzuwachs durch Spiele gegenüber dem traditionellen Buchlernen bei Erst- und Drittkläßlern nachweisen ließ (Schiffler 1982: 115). Amerikanische Wissenschaftler, die drei Simulationsspiele für Studenten entworfen, gespielt und ausgewertet haben, kamen demgegenüber zu dem Ergebnis, daß inhaltliches Faktenwissen nicht besser gelernt und behalten wurde als mit üblichen Lernmethoden. Auch die These, daß Simulationsspiele durch ihre Wirklichkeitsnähe zu kritischerem Denken anregen und größere Fähigkeiten zur Problemlösung zum Ergebnis haben, wurde nicht bestätigt (Lehmann/Portele 1976: 181). Sozialpsychologische Untersuchungen über die Effekte von Rollenspielen auf die Spieler bestätigen diese Ergebnisse. So stellte man fest, daß das Spielen bestimmter Rollen die Einstellung gegenüber den tatsächlichen Rollenträgern positiv beeinflußt. Auch eine stärkere Identifizierung mit Rollen, die Macht, Stärke und Erfolg beinhalten, war zu bemerken.

1.3 Der Forschungsprozeß

Wer ein Forschungsprojekt erfolgreich durchführen will, muß dessen Thema und Untersuchungsbereich klären, den Forschungsstand erheben, die notwendigen Forschungsressourcen beschaffen, die Untersuchung strukturieren und konzeptuell wie methodisch gestalten, Information (durch Erhebung und Aufbereitung) gewinnen und schließlich die gewonnene Information angemessen darstellen.

Thema und Untersuchungsbereich

Gerade im Zuge explorativer Politik-Studien kann sich die Notwendigkeit ergeben, die ursprüngliche Thematik einer Untersuchung zu verändern. Untersuchungsthema und Untersuchungsbereich sollten dennoch in jeder Phase eines Forschungsprojekts möglichst präzise bestimmt sein; denn je klarer das Thema einer Untersuchung ist, desto leichter fällt deren Strukturierung - von der Bestimmung des Untersuchungsbereichs über die Festlegung der Konzepte und Teilfragen bis zur Informationsgewinnung und Darstellung der Forschungsergebnisse. Die im Thema angelegte(n) Leitfrage(n) strukturieren nämlich die einzelnen Untersuchungsfragen, Untersuchungsbereiche und Antwortkategorien, drängen den/die Untersuchenden geradezu zu bestimmten Aktivitäten. Wer die *komplexitätsreduzierende Funktion klarer Thematisierung* nicht nutzt, tut sich in der Regel schwer damit, ein erfolgversprechendes Untersuchungsdesign zu entwickeln. In einer unklaren Themenbestimmung ist nicht selten sogar das Scheitern sozialwissenschaftlicher Qualifikations- bzw. Forschungsarbeiten angelegt. Demzufolge stellt die möglichst frühe und präzise Bestimmung zumindest eines Arbeits-Themas ein grundlegendes Erfordernis empirischer Sozialforschung dar.

Forschungsthemen haben zumindest implizit Fragen von wissenschaftlichem oder sozialem Interesse zum Inhalt, die mit dem bisher vorliegenden Wissen nicht, zumindest nicht ausreichend genau oder begründet beantwortet werden können.[12] Zu den wis-

---

12 **Hiervon können sich Fragestellungen im Rahmen der angewandten "Forschung", beispielsweise in von Fachverwaltungen finanzierter Res-**

senschaftsinternen und praxisnahen *Forschungszielen*, die sich in der Wahl des Forschungsthemas niederschlagen können, gehören, eine Forschungslücke zu füllen, zur Überprüfung oder Weiterentwicklung (z.B. Differenzierung) einer Hypothese oder eines Forschungsansatzes beizutragen, einen methodischen Ansatz zu überprüfen oder weiterzuentwickeln, Information für Dokumentationszwecke oder praktisch nutzbare inhaltliche Erkenntnisse zu gewinnen, neue Forschungshypothesen zu entwickeln.

Forschungsfragen unterscheiden sich von Alltagsfragen dadurch, daß sie allein mit wissenschaftlichen Methoden bewältigt werden können. In den Sozialwissenschaften und damit auch in der Politikanalyse ist die Unterscheidung zwischen Alltags- und wissenschaftlichem Wissen sowie entsprechenden Methoden allerdings weniger scharf als in den Naturwissenschaften. Keinen Forschungscharakter haben eindeutig Themen, aus denen sich keine Forschungsfragen ableiten lassen, da sie zu offen formuliert (z.B. "Der Wald"), generell nicht intersubjektiv beurteilbar (z.B. "Ist der Glaube der Presbyterianer wahr?") oder nicht von wissenschaftlichem Interesse sind (Liebt mich meine Freundin Jennifer?).

Die Festlegung des Untersuchungsthemas und des Untersuchungsbereichs stehen in einer Wechselbeziehung: Erst wenn der sachliche, räumliche und zeitliche Untersuchungsbereich eindeutig abgegrenzt ist, kann ein Untersuchungsthema als ausgereift gelten.[13] Denn die Entscheidung darüber, ob bestimmte Sachas-

---

sort"forschung" unterscheiden, in denen es lediglich um die Realisierungsform von Aufgaben geht. Die Übernahme, ja streckenweise sogar "Domestizierung" des Forschungsbegriffs durch die öffentliche Verwaltung ist selbst Ausdruck der gegebenen Entwicklung von Ressourcen, Einfluß und Reputationsmechansimsen in einem System häufig stark bürokratisierter Problembehandlung.

13 Die Festlegung des *räumlichen Untersuchungsbereich* ist insbesondere in Vergleichsstudien von höchster Bedeutung. Häufig wird sie stark durch Gesichtspunkte der Durchführbarkeit (Datenzugang, Kosten-Nutzen-Verhältnis) bestimmt. Der *zeitliche Untersuchungsbereich* enthält häufig Untersuchungsphasen unterschiedlicher Untersuchungsintensität, so Vorphasen, zeitlich abgeschlossene Untersuchungsphasen und gegebenenfalls aktuelle nicht abgeschlossene Phasen. Trotz der naheliegenden Neigung insbesondere praxisnaher Forscher/innen, aktuelle nicht abgeschlossene Vorgänge untersuchen zu wollen, empfiehlt es sich unter dem Gesichtspunkt der Validität (Gültigkeit) und Reliabilität (Zuverlässigkeit) der Erhebung, zeitlich abgeschlossene Phasen streng von unabgeschlossenenen Untersuchungsphasen zu trennen. Aktuelle Politikanalysen und Szenarien bzw. Prognoseversuche er-

pekte, bestimmte Regionen oder Phasen in einer Arbeit berücksichtigt werden sollen, wirken meistens auf die Themenauffassung zurück. Ein unklarer oder zu spät bestimmter Untersuchungsbereich führt daher häufig zu Komplikationen. Umgekehrt sind im Untersuchungsthema räumliche, zeitliche, vor allem aber sachliche Hinweise auf den Untersuchungsbereich angelegt. Es empfiehlt sich daher, Thema und Untersuchungsbereich parallel zueinander festzulegen.

Der *Titel* einer Untersuchung benennt in der Regel Forschungsthema und Untersuchungsbereich. Er ist häufig in Ober- und Untertitel aufgegliedert, wobei der Obertitel häufig die grundlegende Frage, der Untertitel den Forschungsbereich, Forschungshypothesen oder Forschungsform angibt. Hierbei sind aber vielfältige Variationen möglich.

Forschungsstand

Den Forschungsstand zu einem Thema aufzuarbeiten, stellt nicht nur eine Standardvoraussetzung der finanziellen Förderung eines Forschungsprojektes dar; hieraus ergeben sich auch wichtige inhaltliche Anregungen für Untersuchungsprojekte: Der Stand des erreichten Wissens soll in weiterer Forschung zumindest durch Ausdifferenzierung überschritten werden und bildet damit eine Art *Meßlatte wissenschaftlicher Innovation*. Aus dem Forschungsstand ergeben sich aber auch Anregungen für *Forschungshypothesen* und die Kategorienwahl bzw.- bildung, vor allem aber *Hinweise auf zu füllende Forschungslücken*. Die Aufarbeitung des Standes der Forschung ist damit, sofern das Thema nicht durch in der Literatur bewanderte Wissenschaftler festgelegt wurde, ein wichtiges Moment der präzisen Themenfestlegung bzw. zumindest der Operationalisierung von Untersuchungsfragen.

Zum Forschungsstand gehören der aktuelle Stand der themenbezogenen Sekundärliteratur des jeweiligen Fachgebietes. Dieses deckt sich häufig mit der jeweiligen akademischen Disziplin, kann aber auch Disziplinen überschreiten (wie in der sozialwissenschaftlichen Umweltforschung). In der Politikanalyse muß häufig

---

fordern eigene Untersuchungs- und Darstellungstechniken. Der *sachliche Untersuchungsbereich* ist grob durch das festgelegte Thema bestimmt. Auch er sollte aber bewußt abgegrenzt und durch Indikatoren operationalisiert werden.

auch der Stand des öffentlichen Wissens, insbesondere der Zeitungsberichterstattung, berücksichtigt werden. Dies gilt insbesondere dann, wenn zum Thema bisher wissenschaftlich nur wenig geforscht worden ist.

Forschungsressourcen

Zu den erforderlichen Ressourcen für die Durchführung empirischer Sozialforschung gehören neben Personalmitteln Sachmittel (Infrastruktur, Kommunikationskosten, insbesondere Reisekosten) sowie vor allem Zeit. Während sich in allein ausgeführten Qualifikationsarbeiten die Ressourcenproblematik häufig auf die Eigenfinanzierung beschränkt (zahlt BaföG noch?), tritt die Frage nach der Finanzierung von Personal-, Sach- und Reisemitteln in größer angelegten Forschungsprojekten zunehmend in den Vordergrund. Alle notwendig erscheinenden Ressourcen sollten zumindest am Beginn, nach Möglichkeit auch in einer Zwischenbilanz eines Forschungsvorhabens, bilanziert werden.

Die Länge einzelner Forschungs-Phasen wird insbesondere in Forschungsanträgen vorrangig an den vorhandenen bzw. als realistisch erachteten Budgetierungsmöglichkeiten oder aber an institutionell festgelegten Fristen orientiert. Davon abgesehen sollte berücksichtigt werden, daß echte Forschung häufig eine *Eigendynamik* entwickelt, die vorab nicht fest geplant werden kann. Es empfiehlt sich daher für Forschende wie Begutachter von Forschungsvorhaben, *Rahmenplanungen* empirischer Forschungsprojekte, die von vorneherein Spielraum für unvorhergesehene Abläufe lassen, gegenüber linearen Forschungsplanungen zu favorisieren. Sofern vor Beginn eines Forschungsprojektes die Angabe bestimmter linear aufeinander folgenden Forschungsphasen verlangt wird, sollten zumindest Brüche und mögliche Verzögerungen eingeplant werden.[14] Denn es gilt:

---

14 Gerade unter diesem Gesichtspunkt liegt allerdings die Bedeutung prozessualer und institutioneller Forschungsbedingungen auf der Hand: Ausreichend Geld für Forschung und Entwicklung muß in einem Streit unterschiedlicher Interessen und Einflußmomente sowie institutioneller Routionebarrieren erkämpft bzw. durchgesetzt werden.

Murphys Gesetz: Wenn etwas schiefgehen kann, dann wird es auch schief gehen.
Das ausgeweitete Gesetz Murphys: Wenn eine Kette von Ereignissen schiefgehen kann, wird das auch in der schlimmstmöglichen Reihenfolge geschehen.
Schnatterleys Zusammenfassung der Ableitungen: Wenn etwas nicht schiefgehen kann, wird es trotzdem schiefgehen.
Silvermanns Paradox: Wenn Murphys Gesetz schiefgehen kann, wird es auch schiefgehen (Bloch 1983: 15).

Verdoppelungen und Phasenverschiebungen des Forschungsprozesses ergeben sich häufig durch die Notwendigkeit, eine Forschungsarbeit fremdzufinanzieren und dazu zunächst begutachten zu lassen. Zumindest informell muß annähernd jede Arbeit empirischer Sozialforschung beantragt und dazu in Kurzform vorgestellt werden. Forschungsstiftungen schreiben Antragstellern bzw. Gutachtern manchmal die Einhaltung spezieller *Kriterienkataloge* für Forschungsanträge bzw. Gutachten vor. Ansonsten empfiehlt es sich, in Forschungsanträgen folgende Punkte zu behandeln Thema und Themarelevanz, Forschungsstand, Untersuchungsziele, Forschungsansatz, Untersuchungsbereich, Untersuchungsfragen und gegebenenfalls Hypothesen, Untersuchungsmethoden (Datenerhebung, -aufbereitung, -auswertung) und Darstellungsmethoden, Organisation, Kooperationsbeziehungen, Ablaufplan, notwendige Forschungsressourcen, Mittelanforderungen. Verschiedentlich, so insbesondere in der praxisnahen Forschung, ist der schriftliche Forschungsantrag lediglich Zwischenschritt oder gar vorläufiger Abschluß eines längeren Kommunikationsprozesses zwischen der finanzierenden Stelle und dem/n beantragenden Wissenschaftler(n).

Forschungsansatz und Konzeptualisierung

Unter dem Forschungsansatz wird der theoretische und methodologische Rahmen einer Untersuchung verstanden. Dieser kann innerhalb einer Fachdisziplin (intradisziplinär) oder mehrere Fachdisziplinen hinweg (interdisziplinär) festgelegt werden und wird üblicherweise an bestimmten Theorien und/oder methodischen Ansätzen orientiert. Nach dem gewählten Forschungsansatz wird das Forschungsthema in leitende Untersuchungsfragen und ein bestimmtes Forschungsdesign umgesetzt. Optimale Voraussetzungen der Strukturierung einer Arbeit bestehen, wenn Untersuchungsfragen und Hypothesen aus einer im Thema gegebenen Leitfrage abgeleitet werden, so daß alle Teile der Untersuchung einen erkennbaren Beitrag zur Beantwortung der übergeordneten Themafrage erbringen.

Die entwickelten Fragen werden zunächst *hypothetisch* beantwortet. Untersuchungshypothesen haben zumindest heuristischen Wert, regen die Untersuchung an. Insbesondere in Untersuchungen mit großem Anteil quantitativer Untersuchungsmethoden sind explizite Forschungshypothesen auch inhaltlicher Gegenstand der Forschung. Ihre Überprüfung ist also inhaltlicher Teil des Forschungsergebnisses. Voraussetzung dafür, daß die Untersuchungsfragen bzw. Untersuchungshypothesen überprüft werden können, sind abgrenzungsfähige aussagefähige Kategorien und Bezeichnungen. Diese Konzepte, die in der Regel explizit *definiert* werden, müssen in einem zweiten Schritt *operationalisiert*, das heißt, für die empirische Untersuchung handhabbar gemacht werden. Zentral hierfür ist die Bildung von Indikatoren und dimensionslosen Indikatorenkombinationen, Indizes. Die *Reihenfolge*, in der diese Forschungsanforderungen realisiert werden, muß sich nicht mit der hier angegebenen Reihenfolge decken. Häufig kommt es zu Querbezügen, Rückkopplungen und Überlagerungen zwischen den einzelnen Forschungsphasen. Zudem werden diese üblicherweise mehrfach durchlaufen, wodurch eine Forschungsspirale unter Einschluß aller Phasen entsteht.

Datenerhebung

Empirische Sozialforschung kann auf die neue Erhebung von Primärdaten oder die Aufbereitung bereits vorliegender Sekundärdaten gestützt sein. Primärdaten werden durch Beobachtung oder Befragung gewonnen; wichtige Formen der Sekundäranalyse sind die Inhaltsanalyse und die Quellennutzung.

Beobachtung ist die Erfassung von Ablauf und Bedeutung einzelner Handlungen und Handlungszusammenhänge in unmittelbarer Konfrontation mit dem Untersuchungsgegenstand.[15] Beobachtung als sozialwissenschaftliche Technik der Datenerhebung läßt sich im Anschluß an Friedrichs (1985: 273) nach fünf Kriterien unterscheiden:

— *Offen* ist eine Beobachtung, wenn die beobachteten Personen von der Beobachtung wissen. Werden die Personen nicht in Kenntnis gesetzt, ist die Beobachtung *verdeckt*.
— Der Beobachter kann an den Interaktionen teilnehmen oder die ablaufenden Handlungen lediglich protokollieren (*teilnehmend / nichtteilnehmend*).
— Erfolgt eine Beobachtung nach einem detaillierten Beobachtungschema oder liegt nur eine grobe Anweisung auf die Beobachtungsinhalte vor (*standardisiert / unstandardisiert*)?
— Beobachtet werden kann unter Feld- oder Laborbedingungen (*natürlich / künstlich*).
— Unterschieden werden können schließlich *Selbst-* und *Fremd*beobachtungen sowie *Überblicks-* und (bewußte) *Ausschnittsbeobachtung*.[16]

Wegen ihrer Nähe zu alltäglichen Techniken der Informationserhebung gilt die Beobachtung als ursprünglichste Datenerhebungstechnik. Als unstandardisierte teilnehmende Beobachtung in natürlichen Feldsituationen ist sie die klassische Form qualitativer Sozialforschung. Die Ergebnisse der Beobachtung können in Alltagssprache nichtstandardisiert oder standardisiert protokolliert werden. Quantitative Beobachtungsverfahren sind durch die Anwendung von Kategorienschemata und die Auszählung von Beobachtungen charakterisiert.

Für die Politikanalyse bestehen vielfältige Anwendungsmöglichkeiten von Beobachtungsverfahren. *Grenzen der politikanalytischen Beobachtung* sind durch beschränkte Zugangs- und Durchführungsmöglichkeiten gegeben. Informelle und formelle Abläufe, z.B. Kabinettssitzungen, sind nur selten zugänglich. In offen zugänglichen Abläufen passen Beteiligte häufig ihr Verhalten, vor allem aber ihr Erscheinungsbild den (vermeintlichen) Anforde-

---

15 In diesem Sinne, wenn auch nicht exakter Formulierung: Kromrey 1991: 255.

16 Jede Form der Beobachtung ist selektiv; wissenschaftliche Beobachtung geschieht aber nach ausgewiesenen Selektionskriterien.

rungen der Beobachtenden an und verlagern wirkliche Sachentscheidungen in nichtöffentliche Prozesse. Die Aussagekraft unmittelbarer Beobachtung in der Politikanalyse ist unter diesen Bedingungen eingeschränkt. Beispielsweise ist der öffentlich zugängliche Teil von Parteitagen nur in Ausnahmefällen so aussagekräftig wie die nicht zugänglichen Konfliktaustragung hinter den Kulissen.

Beobachtende Wissenschaftler beeinflussen mit ihrem Tun leicht den politisch-sozialen Entscheidungsprozeß. Bewußt teilnehmende Beobachtung, die auf die Beeinflussung und die Erhebung von Abläufen gerichtet ist (Aktionsforschung), macht aus der Not eine Tugend. Ob politisch relevante Abläufe beobachtet werden können, hängt von der politischen Situation, dem generellen Verhältnis des Beobachtenden zu den (eigentlichen) Akteuren, insbesondere seiner Beteiligung an Beziehungsnetzwerken, und der Geschicklichkeit des Beobachtenden ab.[17]

Befragung

Die Mehrzahl der Daten in der empirischen Sozialforschung wird durch *Befragung* gewonnen. Befragungen lassen sich nach ihrer Funktion (exploratives, repräsentatives Interview), der technischen Form ihrer Durchführung (mündliche, schriftliche Befragung, Telefoninterview), dem Grad ihrer Strukturierung (wenig strukturiert, teilstrukturiert, stark strukturiert), ihrer Standardisierung (standardisiert, teilweise standardisiert, nicht standardisiert), dem Interviewerverhalten gegenüber dem Interviewten (weiches/hartes Interview; direkte/indirekte Befragung, Dialog-Befragung u.ä.) sowie ihrem Wiederholungsgrad (Einfach- Mehrfachinterview, Interview-Reihe) unterscheiden.

Besonders wichtige idealtypische Kombinationsformen verschiedener Merkmalsausprägungen des Interviews sind das qualitative und das quantitative Interview. Grundtyp des *qualitativen Interviews* ist die nichtstandardisierte Befragung einzelner Personen. Die Fragen werden hierbei offen gestellt. Dabei sind indirekte Frageformulierungen wie "Bitte beschreiben Sie..., erklären

---

17 "Under-Cover"-Analyse, die dem investigativen Journalismus entspricht, ist in der wissenschaftlichen Sozialforschung nicht ausgeschlossen, erscheint jedoch wegen der notwendigen längerfristigen Beteiligung schwieriger und in ihren möglichen Folgen noch schwerwiegender.

Sie" typisch. Geschlossene Ja/Nein-Antwort-Kategorien haben hier dagegen keinen Platz. Das Interview erfolgt nach dem Dialogprinzip. Dabei stellt der Interviewer eine Frage und bezieht die nächste Frage auf die Antwort des Befragten. Wegen der Offenheit des Interviews und der starken Involvierung des Befragers erscheint eine Dokumentation durch Dritte bzw. auf Tonband besonders sinnvoll. Qualitative Interviews werden in einer frühen Phase des Forschungsprozeß explorativ eingesetzt, um Fragestellungen und Hypothesen zu gewinnen. Dazu dient insbesondere die Expertenbefragung, das heißt, die offene, lediglich an einem Leitfaden orientierte Befragung von Menschen, die die jeweiligen Probanden, das jeweilige Sachgebiet bzw. die erkundeten Abläufe besonders gut kennen. Eine andere typische Interviewform dieser Art ist das rezeptive (oder *narrative) Interview*, bei dem die Befragten lediglich auffordert werden, Situationen und Prozesse aus ihrer Sicht zu schildern. Qualitative, das heißt nichtstandardisierte, informelle und offene Interviews können auch schriftlich, beispielsweise bei *Experten*, durchgeführt werden.

Qualitative Interviews sind wegen ihrer geringen Strukturierung, wegen möglicher Suggestivformulierungen und anderer schwer kontrollierbarer Einflüsse des Befragenden oder auch besonders starker Einflüsse von Rahmenbedingungen häufig schwer auszuwerten. Sie haben aber insbesondere in explorativen Studien häufig hohen heuristischen Wert.

Quantitative Befragungen sind großteils oder vollständig standardisiert. Typisch für die Strukturierung und Durchführung solcher Befragungen ist folgender Ablauf: Zum Thema werden klare Hypothesen formuliert, die in Form repräsentativer Fragekategorien in einem Fragebogen überprüft werden. Dazu wird - häufig nach einem Pretest - eine repräsentative Stichprobe aus der Grundgesamtheit gezogen. Die Interviewer werden im Sinne der Neutralität und hypothesengerechten Befragungsform geschult. Die Befragungsergebnisse werden in quantitativer Form ausgewertet (Codierung, Datenverarbeitung, Tabellen, Kommentierung, Rückbezug auf Hypothesen). Hierbei werden die jeweiligen Antworten der Befragten lediglich als Indikatoren für das Vorliegen bestimmter Ausprägungen der interessierenden Merkmale des Gegenstands behandelt. Zur Feststellung nicht direkt erfaßbarer Einstellungen werden Kombinationen direkt erfaßbarer Einstellungen genutzt. Dabei stellt sich häufig das Problem der Abweichung zwischen den Indikatoren und tatsächlichen Merkmalsausprägungen. Typisch ist die postalische oder telefonische Meinungsbefragung nach einem repräsentativen Zufalls-Sample.

Inhaltsanalyse

Zeitungsartikel werden von jedem/r Leser/in im Hinblick auf ihren Bedeutungsinhalt, die Verwendung bestimmter Formen und Formulierungen oder die politische Einstellung des Verfassers interpretiert. An derartige alltagskulturelle Interpretation schließt die wissenschaftliche Inhaltsanalyse *(Dokumenten-, Aussagen- oder Textanalyse)* an, nach der jede Art von inhaltlichen Bedeutungsträgern (Texte, Sendungen, Töne oder Bilder) systematisch analysiert wird. Inhaltsanalyse umfaßt die Datenerhebung zu Inhaltsträgern und die Auswertung bereits erhobener Daten. Besondere Bedeutung hat im allgemeinen die Textanalyse.

Nach der Zeichenlehre *(Semiotik)* unterscheidet man zwischen der inhaltlichen Bedeutung des bloßen Textes (semantische Dimension), dem formalsprachliche Aufbau des Textes (syntaktische Dimension) und der sozialen Bedeutung eines Textes in seiner praktischen Verwendung (pragmatische Dimension). Nimmt man die semantische Dimension als Ausgangspunkt, wird dem Text eine eigenständige Bedeutung zugesprochen. Texte sind nicht gleich dem Kontext und werden daher immanent, unabhängig vom Kontext, ausgelegt (Hermeneutik). Sollen aus vorgegebenen Inhalten Aussagen über die Entstehung von Datenträgern, die Absicht des Senders, die Wirkung auf den Empfänger und/oder die soziale Situation gemacht werden, gewinnen die pragmatische und syntaktische Dimension an Bedeutung. Alle Dimensionen der Inhaltsanalyse können durch quantitative oder qualitative Techniken vorgenommen werden. *Qualitative Inhaltsanalyse* besteht in der freien Interpretation geronnener Kommunikationsergebnisse, insbesondere Texte, im Hinblick auf inhaltliche Bedeutung, Herkunft, Intentionen der Verfasser u.ä. Sie kann Teil umfassender Analyse sozialer Kommunikationsprozesse sein (Inferentielle und kommunikative Inhaltsanalyse / Atteslander 1991: 240-245).

In der Politikanalyse kommt qualitativen Inhaltsanalysen von Dokumenten, Gesetzen, Akten, Organisationsplänen, Korrespondenz, Programmen u.a. bei der Rekonstruktion von Prozessen, der Rolle einzelner Akteure und deren Absichten eine wesentliche Bedeutung zu. Dieses Vorgehen ist insbesondere für Fallstudien typisch. Qualitative Inhaltsanalysen werden aber auch dazu verwendet, quantitative Inhaltsanalysen durch die explorative Suche und Formulierung von Analysekategorien über die inhaltlich wesentlichen Untersuchungsdimensionen vorzubereiten. Qualitative Inhaltsanalysen haben in der Politikanalyse schließlich in Form der *historischen Methode* Bedeutung. Diese umfaßt den gesamten Weg des sprachlich-inhaltlichen Verstehens eines Textes bis zur Bestimmung seiner Aussagekraft und seiner Einordnung in einen größeren historischen Zusammenhang (Borowsky u.a. 1989: 157).

Quantitative Inhaltsanalysen erfassen zuvor festgelegte Merkmale von Inhalten. Dies erfolgt durch die Anwendung eines Kategorienschemas in der Zuordnung von Texteinheiten und die Kodierung des Textmaterials in Form standardisierter Daten. Hierbei sind vier gebräuchliche Typen zu unterscheiden (Schnell u.a.: 371):

— Bei *Frequenzanalysen* werden Textelemente klassifiziert und nach der Häufigkeit ihres Auftretens ausgezählt. So können z.B. programmatische Äußerungen von Politikern gezählt werden.
— *Valenzanalysen* (auch Bewertungsanalysen) beinhalten zudem die Angabe von Bewertungen (negativ, neutral, positiv), die im Zusammenhang mit der Nennung von bestimmten Begriffen stehen. So können Presseartikel nach der Bewertung einer politischen Maßnahme oder Programmatik untersucht werden.
— *Intensitätsanalysen* erfassen zusätzlich die Intensitäten von Bewertungen.
— *Kontingenzanalysen* untersuchen schließlich die Verkoppelung bestimmter sprachlicher Elemente mit Begriffen. So kann z.B. analysiert werden, ob und wie häufig der Begriff "Grundgesetzänderung Art. 16" mit anderen Kategorien (z.B. "Asylantenflut") kombiniert wird.

Politikanalytische Anwendungen quantitativer Inhaltsanalyse bestehen in der Erforschung politischer Kommunikation (Propagandaforschung, Medienforschung u.a.). Die Bedeutung bestimmter Formen der Politikvermittlung kann durch diese Techniken erfaßt werden.

Inwieweit in einem Forschungsprojekt Daten besonders aufbereitet werden müssen, hängt von der Art der Untersuchung ab: Zahlenmaterial einer quantitativen Erhebung bedarf einer besonderen Aufbereitung, da hier die Datenerhebung per se noch keine schlüssige Information liefert. In qualitativen Studien hat die besondere Aufbereitung der Informationen dagegen geringes Gewicht, da die Informationserhebung durchgehend strukturiert wird, Daten also immer per se als Information aufgefaßt und gehandhabt werden. Eine nachträgliche Ordnung und vergleichende Auswertung von Einzelergebnissen ist allerdings auch hier üblich.

Die Auswertung quantitativer Informationsträger erfolgt über statistische Auswertungsverfahren und hypothesenbezogene Interpretation der Einzelergebnisse. *Sekundäranalyse* ist die Auswertung vorliegender Analysen zu einem Thema. Ausgewertet werden können verbale, schriftliche, zahlenmäßig-statistische oder graphische Präsentationsformen von Themenanalysen. Vor allem geht es dabei um die Sammlung, den Vergleich und die Bewertung des vorliegenden Materials. Vorliegende Analysen können aber auch anhand neuer Fragestellungen ausgewertet werden (womit die Sekundär- zur neuerlichen Primäranalyse wird). Besonders wichtig ist die Wiederaufnahme der Analyse vorliegenden Materials mit Hilfe verbesserter Analyse-Techniken und -Instrumente. So wird die Literaturanalyse durch die rasche Entwicklung der Dokumentations- und Informationstechnik angeregt. Mit der rasch fortschreitenden Verbreitung des "elektronischen Buches" (CD-ROM) potenziert sich die Speicher-, Vergleichs-, Kommunikations- und Bewertungsmöglichkeit vorhandenen Wissens.

Informationsdarstellung

Im Forschungsprozeß gewonnene Information muß dem jeweils angestrebten Verwendungszewck entsprechend dargestellt werden. Im allgemeinen ist dies gleichbedeutend mit der Anforderung, Forschungsergebnisse aussagekräftig und verständlich darzustellen. Hierzu stehen neben der verbalen Darstellungsform die Zahlendarstellung, die tabellarische, die mathematische und die graphische Darstellungsform zur Verfügung. Neben singulär-deskriptiven Aussagen können verallgemeinernde Aussagen sowie Modelle, diese wiederum in bildlich-plastischer oder Computerform, präsentiert werden. Im allgemeinen empfiehlt es sich, unterschiedliche Darstellungsformen zielorientiert miteinander zu kombinieren.

Ergänzende Literatur: Atteslander 1991; Alemann 1984; Wollmann/Hucke 1980;

2. Politikanalytische Verfahren

Gibt es Muster, nach denen politikanalytische Konzepte bzw. Theorieansätze und die eben dargestellten Methoden der empirischen Sozialforschung miteinander kombiniert werden? Um diese Frage geht es im folgenden Kapitel, das einige politikanalytische Verfahren zum Gegenstand hat, nämlich die theoriegebundene Politikanalyse, verschiedene Formen der politischen Handlungsanalyse (Analyse öffentlichen Handelns, Programm- und Implementationsanalyse, Evaluation, individuelle Handlungsanalyse), die politische Institutionen-, Netzwerk-, Situations und Prozeßanalyse.

2.1 Theoriegebundene Politikanalyse

Politikanalytische Konzepte weisen immer einen allgemeineren Assoziationsrahmen auf. Keineswegs immer aber wird Politik auf der Grundlage einer Theorie und der für diese charakteristischen Fragestellungen, Konzepte und Hypothesen analysiert. Nur in diesen Fällen sollte von theoriegebundener Politikanalyse gesprochen werden.

Politikanalyse dieser Art steht eine Vielfalt systematisch konzeptualisierter Aussagen zu Strukturen, Inhalten, Bedingungen und Wirkungen von Politik und deren Verknüpfungen, kurz Theorien, zur Verfügung. So können alle in Kapitel A.5 dargestellten theoretischen Grundorientierungen, nämlich funktionalistische, strukturalistische und situative Denkansätze, und beliebige Einzeltheorien Grundlage politikwissenschaftlicher Analyse sein. Ein *Beispiel* hierfür ist die Verhandlungssystemtheorie (siehe A.5.7). Das in dieser Theorie aufgenommene Coase-Theorem oder die Wirkung der Steuerungsinstrumente Kompensation und Koppelgeschäfte lassen sich in vielen Kontexten überprüfen, desgleichen die These der koordinationsförderlichen Wirkung dauerhafter Netzwerke. Andere Beispiele analysestrukturierender Theorieansätze sind die *Spieltheorie*, die ein geschlossenes Analyse- und Bewertungsinstrumentarium von Interessenkonstellationen und Verhaltensoptionen beinhaltet, der auf den Zusammenhang von Problemwahrnehmung und Problemlösungskapazität ausgerichtete *kapazitätstheoretische Denkansatz*, der insbesondere in Kontexten mit unterschiedlichen oder sich verändernden Kapazitätsbedingungen anwendbar ist, und der *"International Regime"-Ansatz*, in dessen Rahmen die Beziehung zwischen unterschiedlichen Faktorenkomplexe der internationalen Politik untersucht werden kann. Theoriegebundene Politikanalyse dieser Art hat für den/die Analysierende(n) mehrere *Vorteile*:

— Da Theorien bereits etablierte Denkansätze darstellen, ist auch für Arbeiten, die durch solche Theorien geprägt sind, die Anerkennung als ernsthafte wissenschaftliche Anstrengung vergleichsweise sicher.
— Der üblicherweise hohe Stand der Ausarbeitung anerkannter Theorien bedeutet eine gewisse Garantie dafür, daß Arbeiten, die auf solchen Theorien fußen, weit ausgearbeitete Konzepte nutzen, also zumindest unter diesem Gesichtspunkten wissenschaftlichen Anforderungen Genüge leisten.
— Die Anbindung von Politikanalyse an einen Theoriekomplex reduziert die Komplexität der Gestaltungsanforderungen des jeweiligen Forschungsvorhabens besonders stark: Sowohl die zentralen Fragestellungen wie Konzepte und Hypothesen sind bereits durch die jeweilige Theorie vorgegeben. Es geht lediglich noch um die angemessene Ausführung, Differenzierung bzw. Operationalisierung.

Politik theoriegebunden zu analysieren, empfiehlt sich daher insbesondere für Verfasser akademischer Qualifikationsarbeiten (die im besonderen um Anerkennung und gute rasche Durchführbarkeit der jeweiligen Studie besorgt sein müssen). In der sozialwissenschaftlichen Grundlagenforschung ist die sorgfältige Aufnahme und Verarbeitung theoretisch strukturierter Konzepte eine Selbstverständlichkeit.

Die *Art des Theoriebezugs* kann dabei allerdings variieren: Nach dem Muster der Naturwissenschaften können theoretisch begründete Hypothesen getestet werden - eine Vorgehensweise, die eine genaue Konzeptualisierung der jeweiligen Hypothese im Sinne des jeweiligen theoretischen Ansatzes und eine präzise Operationalisierung der jeweiligen Prüfbedingungen erfordert. Übliche Testmethoden sind dabei die hypothesentestende Fallstudie, der vergleichende und vor allem der statistische Hypothesentest. In allen Fällen dominieren die quantitative Methodik und die szientistische Betonung methodischer Prüfbedingungen. Demgegenüber kann Forschung im Rahmen einer Theorie durchgeführt werden. Dabei geht es entweder darum, den Forschungs-Wert einer Theorie durch ihre Anwendung oder Ausdifferenzierung zu verdeutlichen, oder aber darum, eine bestimmte Theorie zur Aufhellung einer Sachproblematik zu nutzen - ein Mittelbereich zwischen theorie- und anwendungsorientierter Politikforschung. Schließlich können politische Theorien auch untereinander diskutiert werden. Politikanalyse dieser Form weitet sich bis hin zur *Politischen Theorie* unter Einschluß historischer Denkansätze. Teil der Politikanalyse ist eine derartige Theorie-Diskussion jedoch nur insoweit, wie die politikanalytischen Grundfragen nach der Erfassung, Erklärung und Wirkungsabschätzung von Politik zugrundeliegen und die Diskussion systematisch und mit der ständigen Rückkopplungsmöglichkeit zur Empirie geführt wird.

Theorien beinhalten allerdings nur Aussagen mit selektiver Erklärungskraft, nicht aber synoptische, auf jeweilige Anwendungsbereiche zugeschnitte Aussagen, wie sie für die Praxis erforderlich sind.[1] Wer anwendungsfähiges Wissen über Politik erlangen möchte, kann daher zwar theoretisch geprägte Konzepte und Modelle instrumentell nutzen, muß sich aber vor allem auf die *praxisbezogenen analytischen Anforderungen* einlassen. Der Idealtypus praxisorientierter Politikanalyse in diesem Sinne ist die politische Handlungsanalyse. Diese wiederum läßt sich aufgliedern in die Analyse öffentlichen Handelns (Policy-Analyse), die Programm-, die Implementations- und Evaluationsanalyse sowie die akteursbezogene (individuelle) Handlungsanalyse.

> Ergänzende Literatur: Heritier 1993; Berg-Schlosser 1992; Beyme 1992.

2.2 Analyse öffentlichen Handelns (Policy-Analyse)

Politikanalyse, die an Zielen der Allgemeinheit, insbesondere dem Ziel, bestimmte öffentliche Aufgaben und Probleme zu bewälti-

1 Demzufolge kann die strikte Übersetzung einzelner Theorien in Handlungsanweisungen sogar kontraproduktiv, ja gefährlich sein. Ein Beispiel hierfür sind die teilweise verheerenden Folgen der ungebrochenen Umsetzung einzelner wirtschaftswissenschaftlicher Theorien, beispielsweise der Friedman'schen Geldmengentheorie. Derartige "wissenschaftliche Beratung" ist nur realitätsnah gedämpft durch den Einfluß gesellschaftlicher Interessengruppen und institutioneller Schutzbarrieren.

gen, orientiert ist, gehört dem Typus der Analyse öffentlichen Handelns an. Dieser Analysetypus, im Angloamerikanischen als Public Policy Analysis, im Deutschen kurz als *Policy-Analyse* bezeichnet[2], umfaßt - entsprechend der Grundsätzlichkeit der Orientierung - unterschiedliche Ansätze und Themenbezüge. In der angloamerikanischen Policy Analysis-Diskussion stehen sich dabei insbesondere eine stärker interdisziplinäre praxisorientierte Analyserichtung, gefaßt *als Policy Sciences* (Lerner/Lasswell 1951; Lasswell 1971; Majchrzak 1984; De Leon 1992, 1988), und eine stärker theoretisch-analytische Richtung, firmierend als *Policy Analysis* (Dye 1976) gegenüber. Eine eigene Subdisziplin bildet die *vergleichende Policy-Analyse* (Heidenheimer/Heclo/Adams 1983; Schmidt 1982, 1986; Beyme/Schmidt 1990; Jänicke 1990, 1993). Unterschiedlich stark werden politische Prozeß- und Institutionenaspekte im Zeichen des "New Institutionism" (March/Olson 1989) sowie der Relativierung des Policy Cycle (Sabatier 1986, 1993; Heritier 1993) einbezogen.

Alle Formen der Analyse öffentlichen Handelns sind jedoch auf ähnliche Grundannahmen gestützt. Zentrale Annahmen sind:

— Auch wenn Akteure unterschiedliche Interessen und Wertorientierungen aufweisen, besteht ein gewisser Konsens über die Ziele bzw. den Bewertungsmaßstab öffentlichen Handelns; die Analyse gründet sich daher auf zumindest zum gewissen Grad gemeinsame *Bewertungsmaßstäbe*, insbesondere die Annahme bestimmter sozialer Probleme, die zu bearbeiten sind.
— Öffentliche Instanzen, seien es staatliche Regierung und Verwaltung, gesellschaftliche Repräsentanten oder das politische System im ganzen, erscheinen zumindest potentiell in der Lage, die jeweiligen Aufgaben bzw. Probleme sinnvoll zu bearbeiten; Politik wird daher als politischer Gestaltungsprozeß *(policy-making)* analysiert.

In der Policy-Forschung geht es dementsprechend grundsätzlich darum, Inhalte, Bedingungen und Erfolgsaussichten öffentlichen

---

2 Unter zahlreichen Autoren, die für diesen Ansatz im angloamerikanischen Sprachraum stehen, gelten Harold Lasswell (1951), Theodor Lowi (1964, 1972), Thomas Dye (1976) und John Y. Kingdom (1984) als herausragende Repräsentanten; im deutschen Sprachraum versuchten sich vor allem Werner Jann (1981, 1983, 1987), Helmut Wollmann (1980a, 1980b) Adrienne Windhoff-Heritier (1987; 1993) und Hans-Ulrich Derlien (1981, 1985) daran, den Ansatz zu etablieren (siehe auch Hartwich 1985; Schubert 1991).

Handelns zu erfassen und damit dessen Realisierung zumindest implizit zu fördern. Nur Nebenziele der Policyforschung bilden die methodische Weiterentwicklung[3], die Schärfung des konzeptuellen Apparates und die Anregung für sozialwissenschaftliche Theoriebildung.[4]

Die Analyse öffentlichen Handelns im idealtypischen Sinn deckt sich nicht vollständig mit der historisch gewachsenen Policyforschung: Während die Policyforschung spezifisch US-amerikanische Voraussetzungen und Vorstellungen in ihren Kategorien und Hypothesen transportiert (z.B. die Annahme einer "termination" -Phase von Verwaltungshandeln), stellt die Analyse öffentlichen Handelns eine *allgemeine Analyseorientierung* dar. Im Unterschied zur gewachsenen Policy-Analyse, die herkömmlicherweise nur wohlfahrts-, nicht aber ordnungs-politische "policies" thematisiert, thematisiert die Analyse öffent-lichen Handelns *alle öffentlichen Aufgaben und Probleme*, dabei gerade auch Probleme der Realisierung von Fragen der inneren oder äußeren Sicherheit. Die institutionalisierte Policyforschung weist schließlich enge Verbindungen mit Formen der Verwaltungsforschung auf.[5] Öffentliches Handeln ist demgegenüber nicht durch seinen Verwaltungsbezug, sondern durch seine sowohl output- wie inputseitige Orientierung am öffentlichen Wohl bestimmt. Auch

---

3 Methodisch hat die Policy-Analyse als Katalysator hochentwickelter qualitativer und quantitativer empirischer Politikforschung gewirkt. Sie ist Vorreiter der Methodenentwicklung insbesondere in der Konzeption und Durchführung von Fallstudien und vergleichenden Studien gewesen (Hucke/Wollmann 1980; Wollmann 1984; Beyme 1985; Hesse 1985; Schmidt 1987).

4 In der Vergangenheit wurde die Policyforschung vom Standpunkt der etablierten (auf den politischen Prozeß, Institutionen und Theoriediskussion ausgerichteten) Sozialwissenschaften dementsprechend häufig als praxisnah abgewertet - eine Position, die sich allerdings inzwischen nur mehr selten findet. Hierzu beigetragen haben dürften die unübersehbaren empirischen Leistungen von Policy-Forschern, ihre häufig erwiesene Fähigkeit, ihre Ergebnisse in herkömmliche Theorieansätze einzuordnen, und die Tatsache, daß die herkömmliche Gliederung der Sozialwissenschaften durch die Policyforschung weitgehend unbedroht erscheint.

5 Zum historischen Entwicklungsprozeß der Policy Analysis in den USA im - teilweise konfrontativen - Wechselverhältnis mit der älteren Schule der "Public administration" siehe DeLeon 1988; Jann 1987. Typische Vertreter der Gleichsetzung von Policy- und Verwaltungsforschung sind Helmut Wollmann, Werner Jann und Böhret. Auch in den Lehrbüchern von Windhoff-Heritier (1987) und Klaus Schubert (1991) erscheint Policyforschung als amerikanisierte Verwaltungsforschung.

wenn die öffentliche Verwaltung als hierzu explizit legitimierte Instanz häufig ein besonders wichtiger Träger öffentlichen Handelns darstellt, kann sich daher die idealtypische Analyse öffentlichen Handelns auf *beliebige Träger* beziehen.

Öffentliche Handlungsanalyse nach diesem Verständnis weist typische Analyseanforderungen auf, die in den in folgenden dargestellten *Standardverfahren* der öffentlichen Handlungsanalyse wiedergegeben sind. Grundzüge dieses Verfahrens finden sich nicht nur in praxisnahen Formen der Analyse öffentlichen Handelns, so der journalistischen Handlungsanalyse und der Politikberatung, sondern auch in der akademischen Politikforschung mit Handlungsbezug. Nach diesem Verfahren wird in folgenden Schritten vorgegangen:

1) Skizzierung der sachlichen Ausgangssituation und der darauf bezogenen Handlungsziele *(Situations-/Zielskizze)*
2) Darstellung von Handlungsoptionen *(Optionsüberblick)*,
3) Darstellung und Bewertung der zustandegekommenen und ausgebliebenen Maßnahmen zur Problembewältigung *(Handlungsbilanz)*,
4) Analyse der Bedingungen, die wirkungsvolles Handeln erschweren bzw. erleichtern *(Restriktionsanalyse)*,
5) Folgerungen aus den vorangegangenen Analyseschritten *(Empfehlungen)*.

Ausgangspunkt des Verfahrens ist eine *Skizze der Ausgangssituation*, insbesondere der gegebenen Sachprobleme, und der darauf bezogenen Handlungsziele. Da Handlungsziele nicht nur als Reaktion auf Handlungsprobleme zustandekommen, sondern häufig auch Ausdruck von Wertwandel, wachsenden Handlungskapazitäten und Programmdiskussion sind, werden hierbei nicht unbedingt nur gegebene Sachprobleme, sondern auch soziopolitische Problembedingungen skizziert.

Handlungsoptionen sind die möglichen und wünschbaren Handlungsvarianten im Sinne der gesteckten Handlungsziele. Hinweise auf Handlungsoptionen können sich aus der öffentlichen Diskussion ergeben, lassen sich aber auch aus dem Stand der wissenschaftlichen Strategie- und Instrumentendiskussion sowie durch empirische Studien erschließen. Empirische Anregungen zur Erweiterung und Überprüfung des Spektrums von Handlungsoptionen ergeben sich insbesondere aus dem internationalen, interregionalen und intersektoralen Vergleich.

Die *Darstellung und Bewertung der zustandegekommenen Maßnahmen* richtet sich zunächst üblicherweise auf die implementierten, zumindest aber in Kraft getretenen politischen Entscheidungen. Es können aber auch politische Schritte zur Verabschiedung oder Durchsetzung von Maßnahmen einbezogen werden (Agendabildung, Programmentwürfe). Durch die Gegenüberstellung wünschbarer und realiter zustandegekomme-ner Maßnahmen lassen sich die jeweiligen Handlungsdefizite feststellen. Die *öffentliche Handlungsbilanz* ergibt sich damit aus dem Vergleich von Handlungsoptionen und Handlungsrealität.

Die *Restriktionsanalyse* ist die Analyse derjenigen Bedingungen, die die Realisierung der jeweiligen Handlungsziele erschweren oder verhindern, die aufgetretenen Handlungsdefizite also erklären. Erhoben werden sollten aber auch Bedingungen, die sich förderlich auf die Realisierung bestimmter Handlungsoptionen auswirken. Inhalt der Bedingungsanalyse sind vor allem Formen der Problemwahrnehmung und Diskursinhalte, politische Prozeßformen, Interessen-, Wert- und Einflußstrukturen, institutionell-organisatorische Bedingungen einschließlich informeller Routinemuster sowie ökonomisch-technische Bedingungen. Besonders wichtige Methoden der Restriktionsanalyse sind die Fallstudie und die Simulation. Vergleichsstudien können jedoch zusätzlich Hinweise auf Bedingungskonstellationen liefern.

Der Inhaltsbereich politikanalytisch fundierter *Handlungsempfehlungen* ist im allgemeinen weiter als der Bereich von Empfehlungen, der sich aus einer juristischen oder wirtschaftswissenschaftlichen Analyse ergibt. Handlungsempfehlungen können sich demnach nämlich auf alle Faktoren beziehen, die Politik unmittelbar oder mittelbar beeinflussen. Hierzu gehören nicht nur Formen und Instrumente direkter Steuerung, sondern auch indirekte Steuerungsformen, institutionelle Muster, Akteurskonstellationen, politische Kommunikationsformen oder Problemfeldkonstellationen. Wird das Verfahren mehrmals durchlaufen, so verbessert sich die Möglichkeit für alle Beteiligten, im Gang des Analyseverfahrens dazuzulernen. So vertieft die politische Bedingungsanalyse das Verständnis des Ausgangsproblems, und die Handlungsempfehlungen können zum Ausgangspunkt für eine differenziertere Handlungsbilanz und Bedingungsanalyse werden.

2.3 Programm- und Planungsanalyse

Eine besondere Form der Analyse öffentlicher Handlungsziele und -optionen (Schritte 1 und 2 des eben dargestellten Standardverfahrens) ist die Programm- bzw. Planungsanalyse (Derlien 1985, 1989; Wollmann 1984; Hanf 1991; König 1985; Böhret 1985). Deren *Ziele* waren in der Aufbruch- und gleichzeitig Hochphase der verwaltungsorientierten Programmforschung, in den sechziger Jahren, hochgesteckt. So sollte ein unter dem US-amerikanischen Präsidenten Johnson initiiertes System der integrierten Aufgaben- und Finanzplanung (Program Planning Budget System/PPBS)

> *"neue Aufgaben schneller, besser und billiger erfüllen; durch mehr Informationen soll es bessere Entscheidungsfähigkeiten garantieren...kurz und gut, wir wollen den Einspänner durch Kraftfahrzeuge und unsere alten Kanonen durch neue Raketen ersetzen" (zitiert nach Rürup/Färber 1985:18).*

Auch in der Bundesrepublik wurde seit dem Ende der sechziger Jahre die staatliche Haushaltsplanung als Endprodukt aller Aufgaben- und Finanzplanungsbemühungen interpretiert.[6] Das rasche Ende dieser Planungseuphorie Mitte der siebziger Jahre mit der Auflösung entsprechend ausgerichteter öffentlicher Planungsstäbe in den USA und der Bundesrepublik ist nicht nur auf lobbyistische Widerstände, etwa der in Deutschland durch Juristen beherrschten Beamtenschaft, zurückzuführen, sondern spiegelt die grundsätzlichen konzeptuellen Probleme wissenschaftlich-autoritativer Planungskonzeption wider: Programmbildung und Planung vollziehen sich in einer intakten Demokratie in einem gesamtgesellschaftlichen, durch Parteien, Verbände, Öffentlichkeit und Verwaltung beeinflußten Willensbildungsprozeß. Dessen Auffassung als planloses Durchwursteln, dem ein wissenschaftliches Planungssystem mit vertikaler Steuerungskapazität entgegenzustellen ist, greift zu kurz.[7]

---

6 "Einzige Aufgabe des Haushaltes ...ist es, die Planungsergebnisse wiederzugeben" (Heinrich Reinermann, Programmbudgets in Regierung und Verwaltung, Baden-Baden 1975: 191, zitiert nach Rürup/Färber 1985: 19/20).

7 Das von David Lindblom (1959, 1979) stammende Konzept des "Muddling through" widerspricht denn auch der deutschen Wortassoziation zu

Wird die Programm- und Planungsanalyse dementsprechend um die Vorstellung der autoritativ-wissenschaftlichen Planungssteuerung entschlackt, kann sie durchaus relevante Ergebnisse für den praktischen Planungsprozeß und das tiefere Verständnis politischer Willensbildungsprozesse erbringen. Dabei geht es nicht primär um die Einführung wissenschaftlich legitimierter Bewertungsmaßstäbe. Im Vordergrund stehen vielmehr die systematische Erfassung von Programm- bzw. Planungsinhalten und Programmstrukturen, deren erklärende Analyse aus Bedingungen des politisch-administrativen Willensbildungsprozesses, die Abschätzung der Wirkungen der festgestellten Programminhalte bzw.-strukturen auf die weitere Willensbildung und die Programmimplementation, Schlußfolgerungen für die Chancen-Verbesserung öffentlichen Handelns nach den vorgegebenen Handlungszielen.

Die grundlegenden *Konzepte* derartiger Programm- und Planungsanalyse sind in Kapitel A dargestellt. Besondere Bedeutung haben dafür die Ziel- und Bewertungskriterien, Handlungsmodelle, Strategien und Instrumente öffentlichen Handelns sowie die Kriterien der Institutionenanalyse. Anregend ist auch die Auseinandersetzung mit Konzepten der International-Regime-Analyse. Spezielle Konzepte der Programm- und Planungsanalyse betreffen Planungstechniken und rechtliche Planungskriterien. Grundlegende *Methoden* der Programm- und Planungsanalyse sind Fallstudie, Programmbildungs-Vergleich, Simulation und Planspiel.

2.4 Implementationsanalyse

Die Analyse der rechtlichen und praktischen Umsetzung politischer Handlungsprogramme, die Implementationsanalyse, hat zeitweise unter einer ähnlichen Anspruchs-Überlastung gelitten wie die Programmanalyse: Nachdem sich die hochgespannten politischen Programm- und Planungsvorstellungen zu Beginn der siebziger Jahre zunehmend als unrealisierbar herausstellten, wurde dies auf Implementationsschwächen an sich sinnvoller

---

eine prozessuale Form rationaler Willensbildung, die der zentralen Planung nach dem Muster des "comprehensive view" häufig überlegen ist, da sie prozessuale Anpassungsprozesse, direkte Formen der Informationserhebung und -verarbeitung sowie die Berücksichtigung von Kontextbedingungen fördert.

Handlungsprogramme in Deutschland unter dem Stichwort "Vollzugsdefizite" (Mayntz u.a. 1978), zurückgeführt. Implementationsanalyse (Mayntz u.a. 1978, 1980, 1983; Wollmann 1980) avancierte dementsprechend zum Inbegriff der Policy-Analyse. Da Schwächen der Implementation allerdings offensichtlich eng mit Schwächen der jeweiligen Programmstruktur bzw. Charakteristika der Programmbildung zusammenhängen, wurden unter dem Stichwort "Implementation" auch Wechselbezüge zwischen Programmbildung und Vollzug sowie nachgeordnete Programmbildungsprozesse thematisiert, wodurch das Implementationskonzept schließlich zum - unausgewiesenen und diffusen - Untersuchungskonzept des gesamten Policy-Zyklus avancierte.

Ein zentrales Problem der Implementationsanalyse, die grundlegend an der Vorstellung vertikaler Steuerung über Programme orientiert ist, wurde zu Beginn der 80er Jahre von Sabatier und Hijern mit dem Stichwort der "bottom-up-Implementation" gefaßt (Sabatier/Hjern 1981, Sabatier 1986). Demnach kommt es häufig zu einer dezentralen Rückkopplung zwischen Implementation und Programmbildung, indem Implementationsadressaten oder neue Akteure eigenständig implementationsgeeignete Programme bzw. Programmteile entwickeln. Dadurch wird unübersehbar, daß die Analyse öffentlichen Handelns zwar Implementationsaspekte einbeziehen kann, für eine angemessene Analyse aber auch ein fundiertes konzeptuelles Instrumentarium des politischen Prozesses (politics) und der institutionell-organisatorischen Bedingungen (polity) voraussetzt (Wollmann/Hellstern 1984).[8]

Anhand der Überlastung der klassischen Implementationsforschung nach dem Konzept des "policy-making" wird damit die Notwendigkeit unübersehbar, zu einer Politikanalyse auf der Grundlage des mehrdimensionalen Politikbegriffs überzugehen. Als spezifischer Untersuchungsaspekt der (mehrdimensionalen)

8 Folgende Diskurse in der angloamerikanischen und deutschen Diskussion waren die Debatte über "New Institutionalism" und die sozialwissenschaftliche Steuerungsdebatte. Neuere Versuche, die Implementationsforschung als Forschung mit universellem Erkenntnisanspruch von Implementationsvorgängen aufrechtzuerhalten, so der von Goggin u.a. (1990) vorgelegte Ansatz zu einer allgemeinen Implementationstheorie als Inbegriff der Implementationsanalyse "der dritten Generation", haben keine nennenswerte Verbreitung gefunden. Sie scheitern auch logisch an der Grundsatzproblematik des komplexen Verhältnisses von policy und politics, dessen "theoretische" Bearbeitung allein nach Implementationsgesichtspunkten nicht tragfähig ist.

Politikanalyse hat die Implementationsanalyse allerdings nach wie vor Bedeutung, ein Sachverhalt, der für alle Analyseausschnitte des Policy Cycle (Programmbildungs-, Programmstruktur-, Implementations-, Evaluations, Lernanalyse) gilt. Implementationsanalyse in diesem Sinn kann am Standardverfahren der Analyse öffentlichen Handelns (siehe B.2.2) orientiert werden. Implementationsaspekte können darüberhinaus in die politische Situations- und Prozeßanalyse einfließen. Als *konzeptuelle bzw. theoretische Grundlagen hierfür kommen alle* in Kapitel A dargestellten Konzepte, Modelle und Theorien grundsätzlich in Frage. Die wichtigsten *Untersuchungsanordnungen* sind auch hier die Fallstudie und der Fallvergleich, ergänzt von der Simulation und dem Planspiel.

2.5. Evaluation

Die Bezeichnungen "Evaluation" und "Evaluationsforschung" werden in vielfältiger Form verwendet. Wörtlich bedeutet Evaluation Bewertung. Abhängig von dem unterschiedlichen Verständnis, wer bewertet, was bewertet wird und wozu dies geschieht, ergeben sich aber unterschiedliche Evaluationsbegriffe.

Wird unter Bewertung jede Form der *Beurteilung* verstanden, so finden sich Bewertungselemente in annäherend allen Formen der Berichterstattung und Verarbeitung politischer Sachverhalte. Jede Form von Kommunikation und Handeln, somit auch gerade Politik, ist durch offene und verdeckte Bewertungsvorgänge beeinflußt. Politik enthält daher einen laufenden Prozeß der Fremd- und Selbstbewertung der beteiligten Akteure.

Üblich ist allerdings das Verständnis von Evaluation als *systematischer Bewertung*. So entwickelte sich ausgehend von betriebswirtschaftlichen Modellen in den USA seit den dreißiger Jahren eine Tradition der Kosten-Nutzen-Bewertung (cost-benefit-analysis) von Maßnahmen privater Firmen, die später auch auf öffentliche Maßnahmen angewandt und darauf bezogen weiterentwickelt wurde (Hill 1968). Angesichts der breiten Akzeptanz dabei zugrundegelegter Bewertungskriterien, so insbesondere des Bewertungskriteriums der betriebswirtschaftlichen bzw. volkswirtschaftlichen Effizienz, wurde Evaluation als *wirtschafts-, später auch sozialwissenschaftliche Tätigkeit* aufgefaßt. Traditioneller und bis heute im Vordergrund stehender

Gegenstand von Politik-evaluation in diesem Sinne sind öffentliche Maßnahmeprogramme, die entweder ex post oder ex ante bewertet werden. In diesem Verständnis wird Evaluation häufig gleichbedeutend mit *sozialwissenschaftlicher Politikberatung* (Landfried 1986) oder sozialwissenschaftlich gestützter öffentlicher Planung (Shefer/Voogd 1990) verstanden. Mit Verweis darauf, daß Evaluation (in den USA) großteils privat finanziert wird und dementsprechend ausschließlich nach den jeweiligen Problemanalyse-, Bewertungs- und Lösungsanforderungen der Auftraggeber ausgerichtet ist, diskutieren Rossi/Freeman (1993) dagegen die Auffassung von Evaluation als eine Mischung aus *handwerklich-künstlerischer* und wissenschaftlicher Tätigkeit.

Inhalte

Programmbewertung ist in dem Maß praktisch bedeutsam, in dem Politik durch Programme gesteuert wird. Die politische Bedeutung geschlossener Handlungsprogramme, die durch institutionelle Grenzen hindurchwirken, ist jedoch in vielen Ländern weit geringer als in den USA. So kommen in der Bundesrepublik Deutschland politische Maßnahmen unter stark verrechtlichten Bedingungen zustande, so daß Politikbewertung weit mehr der Zersplitterung von Handlungskompetenzen Rechnung tragen muß als nach dem Denkmuster eines geschlossenen Handlungsprogramms (Hellstern/Wollmann 1980: 66/67), ein Charakteristikum, das verstärkt in dem Maß gilt, in dem Politik von außerstaatlichen Akteure bestimmt wird.

Spezieller Gegenstand von Politikbewertung können alle Politikergebnisse bzw. Realisierungserfordernisse im Sinne des Policy Cycle sein, so die Problemwahrnehmung, das Themenspektrum der politischen Agenda, politische Handlungsprogramme oder Einzelentscheidungen, das praktische Handeln von Verwaltung oder Handlungsadressaten, schließlich wahrnehmbare Veränderungen all dieser Produkte, z.B. Gesetzesveränderungen, Überarbeitungen usw. Politikbewertung kann sich aber auch, was häufig übersehen wird, auf Prozeß-bedingungen und Formen von Politik beziehen, beispielsweise die Umgangsweise der politischen Akteure miteinander. Systematisch bewertbar sind schließlich die Struktur und Tätigkeit politischer Institutionen und das Verhalten politischer Repräsentanten. So unterscheidet Robert V. Bartlett entsprechend dem mehrdimensionalen Politikbegriff Outcomes Evaluation (Project evaluation, Programm evaluation, Policy Performance Evaluation) im Sinne vorgegebener Ziele, Policy Process Evaluation, die den Kampf um Kriterien u.ä. zum Gegenstand hat, sowie Institutional Evaluation, die auf die Bedeutung von Routine abhebt (Bartlett 1993).

Kriterien

Politik wird in der öffentlichen Diskussion vor allem wert- und interessenorientiert, beispielsweise nach den sich ergebenden Wahlaussichten für einzelne Parteien, bewertet. Die sozialwissenschaftliche Programmevaluation operiert demgegenüber traditionell mit dem Anspruch, Politik *instrumentell* nach übergeordneten Kriterien öffentlichen Handelns zu bewerten. Übliche Kriterien dieser Art sind Effektivität und Effizienz, gegebenenfalls die Verträglichkeit mit anderen Zielen oder Werten, insbesondere Gerechtigkeits- bzw. Gleichheitskriterien. Die Leitkriterien der Effektivität und Effizienz können nach den in Kapitel A.3.4 dargestellten Einzelkriterien operationalisiert werden (Wirkungsbreite, Wirkungsgeschwindigkeit, Wirkungsschärfe und Wirkungstiefe für Effektivität, unterschiedliche Kostentypen als zusätzliche Kriterien der Effizienz). Ein kombiniertes Konzept der Effektivitätsbewertung ist das der Problemverschiebung. Politikevaluation im Auftrag politischer Interessengruppen, Parteien oder Einzelpersonen kann zwar ebenfalls mit instrumentellen Kriterien operieren, wird aber üblicherweise die speziellen Interessen des jeweiligen *Klienten* als übergeordnetes Kriterium zugrundelegen. Hierbei ergeben sich Übergänge zur politischen Situationsanalyse (B.2.9) und der individuellen Handlungsanalyse (B.2.6)

Methoden

Die Methoden der Politikbewertung variieren stark, abhängig von der Stellung der Evaluatoren im politischen Prozeß: Praxisnahe Evaluation innerhalb des politischen Prozesses, beispielsweise im Rahmen parlamentarischer Enquetekommissionen, ist zwar üblicherweise auf Zahlenangaben gestützt, operiert aber häufig mit qualitativen Ausdrucksformen. Dies gilt insbesondere, insofern Evaluation mit prozessualer bzw. institutioneller Evaluationsanalyse verbunden wird (Hellstern/Wollmann 1984). In der Politikbewertung mit explizit wissenschaftlichem Anspruch dominieren dagegen quantitative Erhebungs- und Darstellungsformen, insbesondere Methoden des intertemporalen, intersektoralen und internationalen Vergleichs sowie statistische und soziometrische Methoden (Rossi/Freeman 1993; Spiro/Yuchtman-Yaar 1983).

Standardverfahren

Wird von den üblichen Akzentunterschieden zwischen stärker quantitativ und stärker qualitativ angelegten Studien abgesehen, so kann auch die systematische Evaluation grundsätzlich am Standardverfahren der Analyse öffentlichen Handelns (B.2.2) orientiert werden. Besonders sorgfältig gehandhabt und ausdifferenziert werden hierbei alle bewertungsrelevante Tätigkeiten im engeren Sinn, so die die Entwicklung bzw. Sammlung adäquat erscheinender Bewertungskriterien, die Durchführung der Politikbewertung nach den aufgestellten Bewertungskriterien, die systematische Auswertung und (vergleichende) darstellung der Bewertungsergebnisse.

Ergänzende Literatur: Bartlett 1993; Rossi/Freeman 1993; Hellstern 1991; Patton 1987.

2.6 Individuelle Handlungsanalyse

Auch wenn Interessenunterschiede zwischen Trägern öffentlichen Handelns in der Policy-Analyse berücksichtigt werden müssen, wird hier doch grundsätzlich von gesamtgesellschaftlichen Sachproblemen und der Existenz von Allgemeininteressen ausgegangen. Politische Handlungsanalyse wird aber nicht immer an Gemeinwohlkriterien orientiert. Politische Handlungschancen können vielmehr auch unter dem Gesichtspunkt von Partikularinteressen (Interessengruppen, Verbänden, Parteien oder politischen Bewegungen) analysiert werden. Dabei geht es üblicherweise vor allem darum, Handlungschancen und -restriktionen im Sinne des jeweiligen Partikularinteresses, das heißt, des jeweiligen Auftraggebers, zu erfassen.

Anders als in der Policy-Analyse ist hier die *"Policy-making"-Perspektive* von vorneherein *unrealistisch*, da Repräsentanten von Partikularinteressen üblicherweise den öffentlichen Politikprozeß und seine Ergebnisse nicht federführend gestalten, "machen" können. Im Vordergrund der akteursbezogenen Handlungsanalyse steht damit die Erfassung von Bedingungen, an die sich der jeweilige Akteur *anpassen* muß bzw. die es für ihn im Sinne des eigenen Interesses zu nutzen gilt. Grundlegend ist also das Prozeß- bzw. Situationsmodell der Politik. Individuelle Handlungsanalyse ist insofern interessenorientierte politische Situationsanalyse. Hinzu kommt die Analyse der durch den jeweiligen Akteur steuerbaren Faktoren, insbesondere seine Organisationsstruktur, seine Ressourcengewinnung und Personalstruktur.

Ähnlich wie die Analyse öffentlichen Handelns hat auch die individuelle Handlungsanalyse stark evaluativen Charakter; sie wird in der Regel mit Methoden der qualitativen Forschung durchgeführt. Das *Standardmodell* der Analyse öffentlichen Handelns kann modifiziert auch für die individuell-akteursorientierte Handlungsanalyse verwendet werden. Folgende Reihenfolge von Schritten erscheint in diesem Verfahren sinnvoll:

1. Skizze des jeweiligen politischen Gegenstands
2. Bestimmung der zu verfolgenden Interessen in bezug auf diesen Gegenstand;
3. Politische Situationsbestimmung; insbesondere Positions- und Einflußanalyse anderer Akteure, die die Durchsetzung der "eigenen" Interessen positiv oder negativ betreffen;
4. Analyse des Handlungsprogramms, der Organisations- und Personalstruktur des Klienten;
5. Aussagen über Handlungsspielräume und -restriktionen des Klienten; Handlungsempfehlungen.

2.7 Politische Institutionenanalyse

Politische Institutionen, das heißt, anerkannte Regelsysteme der politischen Willensbildung und -umsetzung, können sich auf den politischen Prozeß und seine Ergebnisse massiv auswirken. Vor allem insoweit sie gestaltbar sind, also Gegenstand "institutionellen Designs" werden, liegt es nahe, sie unter Handlungsgesichtspunkten zu analysieren. Institutionenanalyse dieser Art geht in *Handlungsanalyse* über, wobei die Institutionengestaltung als Handlungsform aufgefaßt wird. Sofern dabei instrumentelle Leistungskriterien zur Realisierung gesellschaftlicher Aufgaben und probleme zugrundegelegt werden, wird sie Teil der Analyse öffentlichen Handelns, soweit Nutzenkriterien einzelner Akteure im Vordergrund stehen, Teil individueller Handlungsanalyse. Teil politischer Handlungsanalyse ist zunächst auch Institutionenanalyse nach politischen Inputkriterien, so Kriterien der demokratischen Willensbildung, da es sich um eine (inputorientierte) Leistungsbilanzierung handelt.

Entscheidend dafür, ob von einer eigenständigen Institutionenanalyse gesprochen werden kann, ist nicht der grundsätzliche (output- oder inputorientierte) Leistungs- bzw. Kostenbezug, sondern der *Stellenwert* der besonderen Betrachtung *struktureller Institutionenvariablen*: In dem Maße, in dem die Abgrenzungs- und inneren Strukturkriterien von Institutionen zum speziellen Analysegegenstand werden, ist Politikanalyse Institutionenanalyse.

In ihrer *Durchführungsform* unterscheidet sich die politische Institutionenanalyse von der unsystematischen Institutionenbeschreibung oder - kommentierung vor allem dadurch, daß die jeweiligen Analysekriterien ausgewiesen und systematisch angewandt werden. Die notwendige Komplexitätsreduzierung kommt hierbei grundsätzlich dadurch zustande, daß von Prozeß- und Handlungsmustern abstrahiert wird.[9] Im Unterschied zur theoriegebundenen Analyse werden dabei nicht unbedingt bestimmte theoretische Hypothesen verfolgt; das Spektrum der möglichen Analysekriterien ist offen. Zugrundegelegt werden können u.a. alle in Abschnitt A.4.2 und 3 dargestellten Einzel-

9 Da Strukturen in der Regel doch einem gewissen Wandel unterliegen, ist es allerdings häufig sinnvoll, Muster der Strukturanalyse mit Verfahrensmustern der Prozeßanalyse zu kombinieren. Näheres hierzu siehe im folgenden Abschnitt.

kriterien und Institutionentypen. Von besonderer Bedeutung sind hierbei traditionell demokratiebezogene Institutionenkriterien.[10]

Üblich ist die *konfigurative Analyse* einzelner Untersuchungseinheiten bzw. Fälle, zum Beispiel einzelner Institutionen oder nationaler Systemstrukturen ("Das politische System der Bundesrepublik Deutschland"), sowie der internationale, interregionale oder intersektorale *Vergleich* (Beispiel: "Politikstile in Großbritannien, Deutschland, Frankreich und Schweden"). Auf der Grundlage derartiger Analyse können auch andere Analyseformen, so die *qualitative Modellierung* und das *Planspiel*, zur Erhebung und Verdeutlichung politischer Systemstrukturen genutzt werden. Insbesondere das Planspiel erfordert allerdings eine enge Verbindung der politischen Institutionenanalyse mit der Handlungsanalyse.

Ein *Standardverfahren der politischen Institutionenanalyse* bietet sich trotz der Vielfalt der möglichen Erkenntnisziele und Untersuchungsanordnungen in folgenden groben Untersuchungsschritten an:

1. Bestimmung von Untersuchungskriterien und Untersuchungsdesign;
2. Recherche formeller Institutionen-/Organisationsstrukturen (Abgrenzungs-/Strukturkriterien);
3. Recherche informeller Strukturen und institutioneninterner Abläufe;
4. Recherche innerer oder/und äußerer Leistungs- und Kostenwirkungen;
5. Vergleich/Kombination jeweiliger Rechercheergebnisse nach dem Gesichtspunkt der übergreifenden Untersuchungskriterien.

Ergänzende Literatur: Berg-Schlosser 1987, Hartmann 1987; von Beyme 1991; Bartlett 1993; March/Olson 1984, 1989; Weaver/Rockman 1993.

---

10 Die Politische Wissenschaft der Nachkriegsjahrzehnte in der Bundesrepublik Deutschland war schwerpunktmäßig demokratiebezogene Beschreibung und typologische Fassung politischer Institutionen (Buchstein 1993). Die sich hierin ausdrückende politische Bildungsfunktion von Politikanalyse hat zwar gegenwärtig nicht mehr den damaligen Stellenwert, ist aber nach wie vor aktuell (Siehe Rechtsextremismus und Gewaltentwicklung).

2.8 Politische Netzwerkanalyse

Die politische Netzwerkanalyse hat sich methodisch aus der Forschungstradition der Soziometrie (Moreno 1967) und Sozialanthropologie (Mitchell 1969), inhaltlich aus der Pluralismus- und Korporatismusforschung (Atkinson/Coleman 1992; Heclo/Wildavsky 1974) entwickelt. Hieraus erklärt sich das ausdifferenzierte methodische Instrumentarium der politischen Netzwerkanalyse sowie die Gleichsetzung horizontaler Policy-Netzwerke mit politischen Netzwerken (Marin/Mayntz 1991; Schneider 1991, König 1993).

Kern der bisherigen Netzwerkanalyse ist die Erhebung und der Vergleich von Netzwerken *bestimmter* inhaltlicher Dimension(en), beispielsweise realer Interaktionen, potentieller Interaktionen und wechselseitiger Einschätzungen.[11] Besonders große *Erkenntnispotentiale* ergeben sich dabei aus dem Vergleich von Beziehungsnetzen a) nach unterschiedlichen Beziehungsdimensionen, b) zu unterschiedlichen Zeitpunkten und dem Vergleich ähnlicher Beziehungsnetze (Inhalt, Zeitpunkt) zwischen unterschiedlichen Akteuren, der Entwicklung von Strukturmodellen politischer Akteursbeziehungen und schließlich der Entwicklung von Netzwerkmodellen und Modellen des Verhältnisses von Netzwerkstrukturen und privatem wie öffentlichem Handeln.

Für die Politikanalyse zentral sind Studien, die Aussagen zur politischen Handlungswirkung erlauben. Allgemeinere Hypothesen hierfür ergeben sich durch Theorieansätze, so die Spieltheorie. Politikanalytisch relevant sind auch Institutionen-Kriterien, so Zutritts- und Austrittsmöglichkeit, Informa-tionszugang, vertikale/horizontale Arbeitsteilung, innere Transpa-renz, Responsivität, Aggregations- und Innovationsfähigkeit). Hinsichtlich ihres

11 Diese systematisiert Pappi (1987:17/18) für soziale Netzwerke wie folgt: 1) Potentielle Interaktionen: a) objektiver Art, so Gelegenheitsstrukturen, z.B. die Mitgliedschaft in einem Aufsichtsrat, die Gelegenheit für Kommunikation schafft), b) subjektiver Art, zum Beispiel das In-Rechnung-Stellen dritter Personen; 2) Tatsächliche Interaktionen a) Kommunikation, b) Tausch von Gütern und Dienstleistungen, c) Andere Interaktionen, z.B. private Kontakte; 3) Dauerhafte soziale Beziehungen, z.B. Freundschaftsbeziehungen. Albach (1993:23) unterscheidet im betriebswirtschaftlichen Bereich Netzwerke von Gütern und Dienstleistungen, Information, geteilten Normen und Werten sowie monetäre Netzwerke.

Gegenstandsspektrums kann und muß die politische Netzwerkanalyse schließlich um politikfeldübergreifende dauerhafte und hierbei insbesondere mafiose Netzwerke erweitert werden.

Methodisch eröffnet der hoch entwickelte handwerklich-methodische Entwicklungsstand der Soziometrie der Politikanalyse ein großes, bisher nur wenig genutztes Potential. Die wichtigste Methode zur *Datengewinnung* der Netzwerkanalyse ist die repräsentative Befragung aktueller bzw. potentieller Akteure bezüglich ihrer sozialen bzw. politischen Vernetzung nach den jeweiligen inhaltlichen Dimensionen. Hierbei ist die wechselseitige Befragung und die daraus zu gewinnende Gegenüberstellung von Selbst- und Fremdkonzepten der soziopolitischen Vernetzung von Bedeutung. Wichtige ergänzende Funktion kann die Erhebung objektiver Sachverhalte, beispielsweise jeweiliger Mitgliedschaften in Organisationen, haben. Netzwerkdaten werden im allgemeinen systematisch in Matrizen und/oder graphischer Form dargestellt.

Ergänzende Literatur: Atkinson/Coleman 1992; Schneider/Werle 1991, Marin/Mayntz 1991, Diewald 1991; Pappi/Knoke/Bisson 1993; Pappi 1987;

2.9 Politische Situationsanalyse

Während in der Institutionen- und Netzwerkanalyse relativ dauerhafte Variablenkonstellationen untersucht werden, hebt die politische Situationsanalyse auf relativ kurzzeitig bestehende Variablenkonstellationen ab, politische Situationen. Der damit getroffenen zeitlichen und sachlichen Komplexitätsreduktion steht ein *weiteres Spektrum berücksichtigter Variablen* gegenüber: Politische Situationsanalyse thematisiert den aktuellen Stand veränderlicher Größen, so der jeweiligen Einfluß-, Werte- und Meinungskonstellation, unter Umständen aber auch den Einfluß politischer Strukturen und Zufalls-Faktoren. Sie ist damit ein flexibles Analyseverfahren mit leicht veränderlichen Inhalten. Diese Veränderlichkeit wird dadurch verstärkt, daß die politische Situationsbestimmung stark von der jeweiligen subjektiven Situationswahrnehmung der Teilnehmer/innen und Beobachter/innen des politischen Prozesses abhängt.

Die politische Situationsanalyse hat große praktische Bedeutung für die Abschätzung von Handlungsmöglichkeiten bzw. Handlungsrestriktionen; sie ist damit Kern der individuellen Handlungsanalyse. Daneben ist sie aber auch Voraussetzung für die Analyse längerfristiger politischer Prozesse. Da politische Situationen Konstellationen zwischen mehreren Variablen zum Inhalt haben, ist die politische Sitationsanalyse eine *Kombinationsform unterschiedlicher Einzelanalysen.* Entsprechend dem unbegrenzten Spektrum möglicher Situationsvariablen können alle denkbaren Variablen und Variablenkonstellationen des politischen Prozesses bzw. des politischen Handelns ihr Gegenstand sein. Besondere situative Bedeutung haben allerdings in der Regel politische Positionen, Interessenlagen, Einflußpotentiale und aktuell dominierende Prozeßformen.

Analyse von Akteurspositionen, Präferenzen und Interessenlagen

Während öffentliche Akteurspositionen vergleichsweise leicht, häufig sogar mit Alltagstechniken (wie dem Zeitungslesen), erhoben werden können, verlangt die Erhebung von Akteurspräferenzen in der Regel eine Kombination sozialwissenschaftlicher Erhebungstechniken, so insbesondere der Inhaltsanalyse, der (wechselseitigen) Teilnehmer- und der Expertenbefragung sowie der Auswertung von Sekundärberichten. Voraussetzung dafür ist eine genaue Kenntnis der jeweiligen Entscheidungsinhalte, vorliegenden Programme und Implementationsbedingungen, da sich Akteurspräferenzen häufig in einer taktischen Kombination von Vorgehensweisen unter verschiedenen Entscheidungsgesichtspunkten niederschlagen. Situative *Interessenlagen*, deren Erhebung die Präferenzanalyse vertiefen kann[12], lassen sich

12 Die Bestimmung situativer Interessenlagen unabhängig von der Wahrnehmung der Interessenträger ist deshalb ein analytischer Notbehelf, weil die Zuordnung "objektiver" und "subjektiver" Interessenmomente zwangsläufig stark durch die Auffassung des/r Analysierenden beeinflußt wird (Zürn 1992). Da die Interessenartikulation durch Gruppen und Verbände in der Regel taktische Komponenten enthält, reicht allerdings eine schlichte Wiedergabe der Aussagen von Interessenverbänden zur Indikation von Interessen nicht aus. Die Erhebung situativer Nutzungskonstellationen kann zumindest eine Hilfe dafür sein, undeutlich erkennbare

mit unterschiedlichen Methoden erheben, so dem Rückschluß aus Experteninterviews und der systematischen Indizierung anhand festgelegter Indizes ökonomisch-technischer oder anderer situativer Variablen (Prittwitz 1984, 1990; Zürn 1992). Im allgemeinen empfiehlt sich eine Kombination von Positions- und Interessenanalyse, wobei von offenen Positionen zur Bestimmung interner Präferenzen und schließlich der Erhebung situativer Interessenlagen vorgegangen werden sollte, um voluntaristische Kurzsschlüsse aus der Erhebung von Situationslagen zu vermeiden.

Einflußanalyse

Einflußpotentiale, wahrgenommener Einfluß und bestehende Abhängigkeiten sind unterschiedliche Teilkonzepte der Einflußanalyse (A.2.4). Alle Konzepte können als qualitative Konzepte eingesetzt werden, aber auch mit quantitativen Methoden definiert, operationalisiert und analytisch genutzt werden. Besonders wichtige Untersuchungstechniken im qualitativen Sinne sind die offene Beobachtung, die qualitative Inhaltsanalyse und Experteninterviews. Wichtigste quantitative Untersuchungsmethode von Akteurseinfluß ist die repräsentative Befragung (zahlreicher Teilnehmer und Beobachter). Ein weit ausgearbeiteter sozialwissenschaftlicher Verfahrenskomplex, der Einflußvariablen berücksichtigt, ist die Netzwerkanalyse.

Analyse von Kommunikations-/Prozeßformen

Die in einer Situation vorherrschenden politischen Prozeßformen von der politischen Lethargie bis zu existentiellem Konflikt und gemeinsamem Problemlösen sind meistens leicht wahrzunehmen. Auch zu ihrer Beobachtung können qualitative und quantitative Methoden mit den jeweiligen Standardinstrumenten genutzt werden. Generell sollten dabei die jeweils angenommenen Prozeßformen definiert und operationalisiert werden. Vergleichsweise schwierig gestaltet sich die Prozeßformenanalyse, wenn Akteure

---

Interessenorientierungen zu rekonstruieren. Schließlich ist die Frage danach, unter welchen Bedingungen Akteure welche Interessen vertreten und äußern, politikanalytisch gehaltvoll.

verdeckt kommunizieren. Methoden der *investigativen Sozialwissenschaft*, so verdeckt teilnehmende Beobachtung und Befragung, sowie die geduldige Erhebung und Kombination zugänglicher Informationen, eröffnen allerdings auch in diesem Fall Chancen empirischer Analyse. Weiterhin kann bereits die Tatsache, daß Akteure verdeckt handeln, in Zusammenhang mit anderen Sachverhalten aussagekräftig sein.

Politikanalyse nach situativen Mustern

Die in einer Situation gegebenen Variablenzustände bilden zusammen eine spezifische situative Variablenkonstellation. Politische Situationsanalyse besteht gerade darin, derartige spezifische Konstellationen zu erfassen. Wie dargestellt (A.2.2/A.6.3), spielen allerdings bei jeder - auch und gerade außerwissenschaftlichen - Situationsinterpretation kognitive Muster eine beträchtliche Rolle. Die Qualität der jeweiligen Analyse bemißt sich dabei nicht zuletzt daran, ob Bewußtseins-Kurzschlüsse, ausgehend von bestimmten Vorannahmen (z.B. über einen Skandal oder eine Krise), zugunsten einer genauen Fakten-Recherche und einer nüchteren Konstellationsanalyse vermieden werden.
Ein anderer Weg der Analyse besteht darin, explizite Hypothesen über den jeweiligen Situationscharakter im Anschluß an die in A.6.3 dargestellten situativen Muster zu bilden und die Untersuchung anhand dieser Muster zu strukturieren. Dabei können spieltheoretische Muster der Akteurskonstellation, Kapazitätsmuster und mehrdimensionale Situationsmuster für sich oder in Kombination genutzt werden. Für die Anwendung dieser Muster gelten die allgemeinen Erfordernisse hypothesengestützter empirischer Sozialforschung. In einem *Standardverfahren* hypothesengestützter Situationsanalyse bieten sich folgende Untersuchungsschritte an:

1. Vorabskizze des gegebenen situativen Musters,
2. Erhebung situativ einflußreicher und abhängiger Akteure,
3. Erhebung der politischen Akteurspositionen und der sich damit ergebende Positionskonstellation,
4. Erhebung der dominierenden Prozeßform(en),
5. Abschätzung der Handlungsauswirkung.

2.10 Politische Prozeßanalyse

Die politische Prozeßanalyse ist eine Kombinationsform einzelner Situationsanalysen. Sie stellt auf Variablenkonstellationen ab, die sich in der Zeitachse relativ leicht und stark *verändern*. Dabei stehen entsprechend dem Modell des ungesteuerten Prozesses Faktoren im Mittelpunkt, die nur *beschränkt gesteuert* werden können, so politische Prozeßformen, Wertorientierungen, Interessen, Einfluß sowie sozioökonomische und soziokulturelle Rahmenbedingungen. Übergreifende Steuerungsversuche und politische Strukturen können als Teilelemente des politischen Prozesses mit begrenzter Wirkung auftauchen. *Typische Ziele* der politischen Prozeßanalyse bestehen darin, politische Abläufe genauer zu erfassen, zu erklären und Handlungsspielräume (ex ante oder ex post) aufzudecken.

Die häufigste *Untersuchungsanordnung* der politischen Prozeßanalyse ist die Fallstudie. Es können jedoch auch andere Anordnungen bzw. Methoden eingesetzt werden, so die statistische Untersuchung und die Simulation bis hin zu Prognose und Szenario. Politische Prozesse sind häufig außerhalb des wissenschaftlichen Bereichs, so in Theater und Film, schauspielerisch dargestellt worden. Ihre Aufarbeitung in planspielerisch gestützter Simulation erscheint als anregende Perspektive. Ein *Standardverfahren der Prozeßanalyse* umfaßt die Schritte Prozeßbeschreibung, Prozeßerklärung, unter Umständen Prozeßprognose.

Prozeßbeschreibung

Um einen politischen Prozeß analysieren zu können, muß er zunächst erfaßt bzw. dargestellt werden. Im Unterschied zu unreflektierten Beschreibungsformen, bei denen der/die Autor(in) sich der jeweiligen Auswahl- und Darstellungskriterien der Beschreibung nicht bewußt ist, wird die politikanalytische Prozeßbeschreibung an bestimmten, dem/r Analysierenden bewußten Kriterien orientiert. Werden diese offengelegt, so läßt sich die jeweilige Darstellung leichter nachvollziehen und kontrollieren. Zusätzlich wird der/die Beschreibende dazu angeregt, Prozesse in allen Abschnitten vergleichbar darzustellen, Informationslücken zu füllen oder aber, falls dies nicht möglich ist, diese offen auszuweisen.

Zur analytischen Beschreibung politischer Prozesse sollten der Gegenstand der Beschreibung zunächst sachlich, räumlich und zeitlich klar *abgegrenzt* werden. (Ergeben sich im Laufe des Forschungsverfahrens notwendige Veränderungen, können diese später bewußt eingefügt werden.) Sollen nur wenige Variablen des politischen Prozesses dargestellt werden und liegen Daten weitgehend kontinuierlich vor, reicht die Abgrenzung eines Beschreibungszeitraums. In dem Maße, in dem die Menge der beschriebenen Politikvariablen zunimmt, vergrößert sich die Bedeutung der Festlegung bestimmter Beschreibungszeitpunkte (Stationen). Im Minimum müssen Anfangs- und Schlußpunkt als solche Beschreibungspunkte für alle beschriebenen Variablen festgelegt sein. Politische Prozeßanalyse kann in diesem Sinne auch als kombinierte, zumindest vergleichende Analyse aufeinander folgender politischer Situationen verstanden und bezeichnet werden.

Die *Kriterien* der politischen Prozeßbeschreibung orientieren sich an der jeweiligen Untersuchungs-Thematik und den hieraus resultierenden spezifischen Gegenstandsausschnitten. In der Regel besonders wichtige Kriterien der Prozeßbeschreibung aber sind die beteiligten Akteure, deren Positionen und Verhaltensweisen sowie die damit zustandekommenden politischen Prozeßformen, insbesondere Konflikt-, Verhandlungs- und Kooperationsformen. Beschreibungskriterien im Überblick sind mögliche Wiederholungen oder Ähnlichkeiten bestimmter Abläufe bzw. Konfigurationen sowie die Zunahme oder der Rückgang der Ausprägung bestimmter Variablen. Prozeßverläufe können schließlich im Lichte von *Ablaufhypothesen oder -modellen* betrachtet und beschrieben werden, beispielsweise der systemtheoretisch inspirierten Vorstellung fortschreitender Ausdifferenzierung, zyklischer Muster oder komplexerer Modellvorstellungen.

Prozeßerklärung

Ist der Verlauf eines politischen Prozesses nach den vorgegebenen Krite-rien dargestellt, kann der Frage nachgegangen werden, *warum* sich der Pro-zeß in der beschriebenen Form vollzogen hat. Hierzu können sämtliche in Teil A dargestellten Variablen und

Zusammenhänge auf ihren Einfluß in einzelnen Prozeßsituationen bzw. dem Gesamtprozeß geprüft werden. Üblicherweise besonders wichtige politische Einflußfaktoren sind Entscheidungspräferenzen und hinter diesen stehende Interessenlagen und Orientierungen der beteiligten Akteure, Abhängigkeiten und Beziehungsnetzwerke, Normen und Verhaltensroutinen, Sachargumente, besondere situative Bedingungen (Möglichkeits-"Fenster", Krisen u.ä.)

Politische Prozesse werden mit üblichen Methoden der empirischen Sozialforschung erklärt: Aussichtsreiche *Erklärungshypothesen* können durch den Augenschein, den Fallvergleich, den Vergleich unterschiedlicher Prozeßabschnitte sowie statistische Methoden angeregt werden. Mit grundsätzlich den gleichen Methoden werden gebildete Erklärungshypothesen überprüft. So können beispielsweise die Akteurspräferenzen aufgrund von Dokumenten- und Zeitungsauswertung, wechselseitigen Befragungen der Beteiligten und Experteninterviews, Datenauswertung der situativen Akteursbedingungen, aber auch anhand statistischer Daten geklärt werden. Hierbei wird üblicherweise zunächst dem Einfluß einzel-ner Prozeßbedingungen nachgegangen. In einem weiteren Analyseschritt können diese Erklärungsfaktoren vergleichend gewichtet werden, wozu entsprechende statistische Methoden, vor allem die Faktorenanalyse, hilfreich sein können.

Eine besondere Schwierigkeit der politischen Prozeßanalyse ergibt sich dadurch, daß Prozeßergebnisse, zum Beispiel bestimmte politische Entscheidungen, die in einer früheren Prozeßphase zustandegekommen sind, in späteren Prozeßphasen zu Einflußvari-ablen werden. Die Einordnung von Variablen als abhängig oder unab-hängig kann also immer nur für abgegrenzte Prozeßabschnitte sinn-vollerweise getroffen werden. *Untersuchte Prozesse* müssen also in einzelne Unter-suchungsphasen eingeteilt werden. Dabei liegt es nahe, hypothesengestützt im Sinne realhistorischer Abschnitte vorzugehen. So wichtig dies gegenüber einer blind-ökonometrischen Vorgehensweise erscheint, so wenig löst sich dadurch die methodische Auswahl- bzw. Abgrenzungsproblematik der jeweiligen Abschnitte. Gerade unter diesem Gesichtspunkt wird daher deutlich, wie stark sinnvolle Politikanalyse davon abhängt, daß qualitative und quantitative Untersuchungsmethoden miteinander verbunden werden und Zeit zumindest für einen zweiten "Forschungslauf" bleibt.

Prozeß-Simulation und Politik-Prognose

Eine besonders anspruchsvolle, aber auch erkenntnisträchtige Form der politischen Prozeß-analyse ist die Simulation politischer Abläufe.[13] Diese kann nämlich nicht nur zukunftsorientiert, sondern auch auf aktuelle und vergangene politische Prozesse bezogen werden. Sie regt die Analysierenden dazu an, ihr Instrumentarium (aus Konzepten und Methoden) zu schärfen sowie kreativ und präzise anzuwenden. Davon abgesehen beinhaltet sie, sowie sie einen gewissen Entwicklungsstand erreicht hat, große Potentiale praxisnaher Anwendung, so die Vermeidung überflüssiger Konflikte bei der Programmbildung und Implementationskosten.

In der Politiksimulation werden Elemente der systematischen Prozeßbeschreibung bzw. - beobachtung und der Prozeßerklärung miteinander kombiniert. Dabei werden politische Prozesse - in der Regel computergestützt - in einem Gedankenexperiment nachgebildet, wobei üblicherweise verfügbare empirische Daten einfließen. Prozesse können vor allem aber als datengestützte Planspiele verwirklicht werden. Ist ein Modell eines Realprozesses vorhanden, kann dieses schließlich in "Als-Ob-Modelle" eines politischen Prozesses überführt werden, indem neue *Bedingungen* gewählt werden und diese nach den vorher erarbeiten Über-setzungsregeln in neue Prozeßaussagen übersetzt wer-den. Bei einer solchen Überführung nach dem Muster "Wie wäre der Prozeß verlaufen, wenn..." stellen sich allerdings weitreichende Probleme der Kontextbindung und der Verläßlichkeit gebildeter Erklärungsrela-tionen, ein Problem, das auch und gerade den Ver-such der Prognose politischer Prozesse betrifft: *Prognose-Modelle* sind unter rechnerisch-technischem Gesichtspunkt ohne weiteres korrekt zu erstellen. Entscheidend für die Treffsicherheit solcher Modelle wird jedoch die Abschät-

13 Die Geschichte vereinzelter politikwissenschaftlicher Bemühungen um politische Prozeßsimulation reicht bis zum Anfang der siebziger Jahre zurück. Im Unterschied zu diesem Zeitpunkt, zu dem ein gemeinsames Set grundlegender Analyse-Konzepte vollkommen unrealistisch erschien und der Simulationsansatz ein ausschließlich methodisches Projekt beinhaltete, steht inzwischen ein ausgefächertes konzeptuelles und methodisches Instrumentarium zur Verfügung.

zungsmöglichkeit der Veränderung bisher zugrundegelegter Variablenkonstellationen einschließlich des möglichen Auftauchens neuer Variablen. Angesichts dessen erscheint bislang die aktuell-beschreibende, rückwärtsgerichtet-vertiefende Simulation von erstrangiger Bedeutung. Soweit Simulation auf Zukunft ausgerichtet ist, kann sie, ähnlich wie die meteorologische Voraussage, nur über kurze Zeitperioden hinweg aussagekräftig sein.

2.11 Verfahrenskombinationen?

Die anwendungsnahe Policyforschung favorisiert traditionell einen nicht näher spezifizierten Methodenmix (Majchrzak 1984). Demgegenüber treten inzwischen in vielen Bereichen der Politikanalyse, beispielsweise der Netzwerkanalyse, Evaluationsforschung oder dem international vergleichenden Hypothesentest, zunehmend geschlossene "Designformen" der Politikforschung in den Vordergrund. Im Anschluß daran erscheint es mir sinnvoll, Politikanalyse in möglichst geschlossener Form durchzuführen. Dabei sollte allerdings die Anwendung bestimmter Methoden der empirischen Sozialforschung kein Selbstzweck sein, sondern dem jeweils gewählten Gegenstand bzw. der jeweiligen analytischen Aufgabenstellung gerecht werden. Eine Orientierung hierfür können die dargestellten Analyseverfahren geben, von der theoriegebundenen Politikanalyse über die unterschiedlichen Formen der Handlungsanalyse, die Institutionen- und Netzwerkanalyse bis zu der politischen Situations- und Prozeßanalyse. Die politikanalytischen Verfahren umfassen selbst in aller Regel unterschiedliche Elemente und stellen damit ausdifferenzierte Formen des "Methodenmix" dar. Sie können daher zur Orientierung dienen, ohne daß auf ein anderes Verfahren "umgestiegen" werden müßte.[14]

Der *künstlerischen Freiheit* auch in der Politikanalyse sollen damit keine Grenzen gesetzt werden: Im Einzelfall können sich

14 Die Annahme, doppelte Sicherheit durch die Nutzung mehrerer Verfahren, beispielsweise eines theorie- *und* eines anwendungsorientierten Verfahrens zu erreichen, täuscht. Denn einzelne Verfahren implizieren bestimmte Orientierungslinien, Akzente und - höchst notwendige - Komplexitätsbegrenzungen, die durch einen unreflektierten Verfahrensmix wieder verloren gehen.

auch neue Kombinationsformen als sinnvoll herausstellen. Der wahre Könner kombiniert frei Methoden und Verfahren, spielt mit ihnen, anstatt sich ihnen zu unterwerfen... Dies kann bis zur methodischen Provokation als Stilmittel reichen, wie sie im politischen Kabarett gang und gäbe ist. Hier ergeben sich Aha-Effekte gerade durch den überraschenden Übergang aus einer Denk- und Sprechweise in eine andere, durch gezielt aufgebaute logische Brüche, überraschende Wendungen und Kombinationen. Das Kabarett zum Orientierungsrahmen der Politikanalyse zu erklären, wäre allerdings wohl zumindest verfrüht. Um die Begründung dieser Aussage und andere Praxisbezüge der Politikanalyse geht es im folgenden Schlußkapitel.

C) Politikanalyse in der Praxis

Unter welchen Bedingungen und in welchen Formen wird Politik praktisch analysiert und welche Chancen ihrer Weiterentwicklung zeichnen sich ab? Darum geht es im Schlußkapitel dieses Buches.

Ausgangspunkt ist eine Skizze der Situation der Politikwissenschaft in der Bundesrepublik Deutschland. Hierauf aufbauend werden einige kurrikulare und institutionelle Vorschläge zur Weiterentwicklung der Politikwissenschaft gemacht. In den folgenden Kapiteln werden Bedingungen und Formen der journalistischen Politikanalyse, der Politikberatung und Ressortforschung, der politischen Bildung, des politischen Kabaretts und des Spiels behandelt. Abgeschlossen wird das Kapitel mit Überlegungen über gegebene und mögliche Bezüge zwischen unterschiedlichen Formen der Politikanalyse.

1. Politikwissenschaftliche Forschung und Lehre

1.1 Entwicklung und aktuelle Situation

Politik ist Gegenstand unterschiedlicher wissenschaftlicher Disziplinen:

- der *Politikwissenschaft* mit ihren Unterdisziplinen der Politischen Philosophie und Politischen Ideengeschichte, der Innenpolitik, der Politischen Ökonomie und Regierungslehre, des internationalen Politikvergleichs (Komparatistik) und der Internationalen Beziehungen bzw. Außenpolitik,
- der Lehre des öffentlichen *Rechts* und der zwischen Rechts- und Politikwissenschaft stehenden *Staatslehre*,
- der *Verwaltungs- und Policy-Forschung*,
- der *Politischen Soziologie* einschließlich der Organisationssoziologie,
- der neuen *institutionellen Ökonomie*,
- ferner der *Politischen Psychologie*, der *Anthropologie*, *Geographie* und *Ethnologie*.

In allen diesen Disziplinen werden bestimmte Teilaspekte von Politik erforscht bzw. gelehrt; nur eine Disziplin, die Politikwissenschaft[1], beschäftigt sich allerdings mit sämtlichen Politikdimensionen, dem öffentlichen Handeln nach Gemeinwohlkriterien, dem konflikthaften Prozeß und dem politisch-institutionellen System sowie deren Verbindungen. Das mehrdimensionale Politikmodell wird hier daher auch als politologisches Dreieck bezeichnet. Die Politikwissenschaft ist eine Spezialwissenschaft der Politik mit politikanalytischen *Spezialisierungsvorteilen.* Sie ist dadurch am ehesten in der Lage, die Bedingungen, Formen und Ergebnisse von Politik systematisch und in der notwendigen Intensität aufzuarbeiten. Schließlich sind in der Politikwissenschaft in den letzten Jahrzehnten beträchtliche Anstrengungen unternommen worden, die Lehre und die Qualifikationsbedingungen ihrer Absolventen/innen zu systematisieren. So wurden in einigen Instituten Ansätze einer differenzierten Berufsfeldorientierung des Studiums entwickelt.[2]

Derlei Anstrengungen bedeuten allerdings nicht, daß die heutige Politikwissenschaft ihr Potential zur Entfaltung von Politikanalyse auch nur annähernd ausgeschöpft hätte. Soweit *Forschung* angesichts enger finanzieller Grenzen und starker Anspannung von Hochschullehrern und Mittelbau in der Lehre überhaupt zustandekommt, ist sie in der Regel durch starke angebotsseitige Spezialisierungen geprägt. Die einzelnen wissenschaftlichen "communities", die verschiedentlich nur aus einem Hochschullehrer und dessen Mitarbeitern bestehen, kommunizieren häufig wenig miteinander. Bearbeitet werden dementsprechend Themen, in denen sich der/die jeweilige Politikwissenschaftler(in) sicher fühlt, weitgehend unabhängig davon, ob es für diese Forschung Nachfrage gibt. Die Ergebnisse dieser Forschung erlangen demzufolge nur selten über den engsten Kreis ihrer Träger hinaus Bedeutung. Dem entspricht, daß es in der Politikwissenschaft, im Vergleich etwa

1 Die Bezeichnung Politologie ist synonym, die teilweise noch verwendete Bezeichnung "Politische Wissenschaft" dagegen hebt stärker auf die politisch-didaktische Komponente der Disziplin, ausgehend von ihrem Charakter als Demokratielehre nach dem Zweiten Weltkrieg ab.

2 Siehe hierzu z.B. berufsfeldorientierte Spezialisierungskurse für Planung und Verwaltung, politikwissenschaftliche Beratung und Politikvermittlung, Internationale Dienste und Politische Erwachsenenenbildung am Fachbereich Politische Wissenschaft der Freien Universität Berlin (Kommentiertes Vorlesungsverzeichnis zum SS 1994).

zur Soziologie, in geringem Maß zu übergreifenden wisssenschaftlichen Diskursen kommt.

Trotz beträchtlicher Bemühungen der Beteiligten um Systematik und Nutzerfreundlichkeit stellt die politikwissenschaftliche *Lehre* bisher ein weitgehend durch individuelle Vorlieben von Dozenten und Studenten bestimmtes Sammelsurium von Einzelinhalten dar. Ein kompaktes Basiswissen politischer Bildung und wissenschaftlicher Beschäftigung mit Politik wird im Grundstudium nicht geliefert. Jede(r) in der politikwissenschaftlichen Lehre Tätige weiß, daß auch bei fortgeschrittenen Studierenden kein Basiswissen politikwissenschaftlicher Konzepte bzw. politischer Strukturen oder Inhalte vorausgesetzt werden kann, so daß in jedem Kurs eine Art kleines Grundstudium zum jeweiligen Kursinhalt im Schnellgang durchgeführt werden muß.

Andererseits liefert das politikwissenschaftliche Studium in der heutigen Form *keine nennenswerten beruflichen Spezialisierungsvorteile*. Zu Spezialisierungen kommt es, dem Vorbild der Dozenten entsprechend, bestenfalls angebotsseitig nach dem Motto: "Ich habe mich mit dem Land X oder dem Ansatz Y besonders beschäftigt". Absolventen des politikwissenschaftlichen Studiums weisen daher, abgesehen von Spezialkenntnissen aus ihrer Qualifikationsarbeit und einem, im besten Fall, gewachsenen Selbstvertrauen, kaum beruflich nutzbare Qualifikationsvorteile auf. Daß Politikwissenschaftler(innen) in den vergangenen Jahren seltener arbeitslos wurden, als es das Vorurteil von der politikwissenschaftlichen Standardkarriere als Taxifahrer nahelegt, dürfte angesichts dessen vor allem auf die ausgeprägte Flexibilität politikwissenschaftlicher Absolventen, nicht aber auf Vorzüge des Studiums zurückzuführen sein. Zu berücksichtigen ist auch, daß politikwissenschaftliche Absolventen häufig in vergleichsweise niedrig bezahlten und unsicheren Stellungen unterkommen, so daß sie in wirtschaftlichen Krisenphasen besonders gefährdet sind.[3]

Diese unbefriedigende Situation der politikwissenschaftlichen Forschung und Lehre resultiert aus einem Gemenge unterschiedlicher Faktoren:

Die Politikwissenschaft hat sich nicht als institutioneller Ausdruck eines disziplinübergreifenden wissenschaftlichen Diskurses

3 Siehe zu diesen Ergebnissen die am Fachbereich für Politische Wissenschaft der FU Berlin und dem Institut für Politische Wissenschaft der Universität Hamburg durchgeführten Verbleibsstudien (Grottian u.a. 1990, Raschke u.a.1993/1994).

nach dem Popper'schen Falsifikations- oder dem Kuhn'schen Paradigmen-Modell entwickelt; sie bildete sich vielmehr in einem wissenschaftspolitischen Prozeß, in den neben forschungsbezogenen Leistungskriterien sehr unterschiedliche Nutzungsinteressen und Wertorientierungen eingingen, so Orientierungen der politischen Bildung, insbesondere der Demokratielehre, antikapitalistische Systemkritik und hochschulpolitische Alternativmodelle, Wertvorstellungen verschiedener gesellschaftlicher Bewegungen, Erfordernisse der Lehrerausbildung und Versuche weiterer Berufsfeld-Qualifikationen.

Organisatorisch gliedern sich politikwissenschaftliche Fachbereiche bzw. Institute in bestimmte wissenschaftliche *Untereinheiten*, nämlich die "Politische Theorie" mit ihrem Schwerpunkt Politische Ideengeschichte, die Innenpolitik-Analyse (Politisches System/Regierungssystem der Bundesrepublik Deutschland), den internationalen Politikvergleich (Komparatistik, Vergleichende Regierungslehre) und die Internationalen Beziehungen (Außenpolitik). Diese wissenschaftlichen Einheiten weisen wiederum besondere, teilweise durch Zufallseinflüsse entstandene und dann reproduzierte, inhaltliche und methodische Charakteristika auf. So entstammen etwa die klassischen Inhalte des Bereichs "Politische Theorie" der bis auf die griechische Antike zurückgehenden europäischen Ideengeschichte, während der Bereich der internationalen Beziehungen traditionell stark durch angloamerikanische Theorieansätze und Konzepte bestimmt ist (wenn auch als einer der Klassiker der griechische Schriftsteller Thukydides gilt). Im Bereich der Innenpolitik-Analyse verbinden sich Elemente der klassischen politischen Demokratie- und Institutionenlehre, der Politischen Ökonomie, der Policyforschung und anderer Disziplinen, z.B. der Politischen Psychologie. Die Komparatistik schließlich umfaßt neben methodisch ausgewiesenen Vergleichsstudien Elemente der System- und der Policyforschung sowie Regionalstudien.

Durch diese Vielfalt unterschiedlicher Organisationseinheiten und Untereinheiten verfügt die Politikwissenschaft ohne Zweifel über eine große substantielle Streubreite und Lebendigkeit. Probleme ergeben sich aber leicht dadurch, daß wissenschaftliche Einheiten sich vom wissenschaftlichen, ja teilweise sogar gesellschaftlichen Kommunikationsprozeß über Politik so stark abschotten, daß sie gesellschaftlich bereits überholte Denkstrukturen reproduzieren.[4]

Ein wichtiger Einflußfaktor derartiger Kommunikationssperren ist das bestehende beamtenrechtliche *System der Leistungsvergütung*, das (im besten Fall) vor Antritt der Stelle erbrachte Leistungen, nicht aber mehr nach Antritt der Stelle zu erbringende Leistungen sensibel honoriert. Wissenschaftliche Generationswechsel dauern, verzögert durch das Prinzip der Lebenszeitstellen und das dieses verstärkende Kooptationsprinzip, wonach die auf Lebenszeit berufenen Hochschullehrer über die Vergabe der Mittelbau- und der frei werdenden Hochschullehrerstellen bestimmen, weit länger als übliche Generationszeiten. Bei der Stärke dieser feudalartigen Strukturen sind Ansätze zu einer marktwirtschaftlichen Leistungskonkurrenz und dementsprechenden Leistungssteigerung der Gesamtdisziplin bisher noch die Ausnahme. Dementsprechend sind die bürokratisch-überheblichen Umgangsformen seitens derjenigen, die gerade Stellen innehaben, und Opportunismus und Duckmäusertum bei denjenigen, die hoffen, im Rahmen dieses wissenschaftlichen Feudalsystems Karriere zu machen, keine Ausnahme, und dies in einer Disziplin, die als Demokratiewissenschaft konzipiert wurde.

Angesichts der durch institutionelle Bedingungen verfestigten Aufteilung der Politikwissenschaft in eine Vielzahl konzeptueller und methodischer "Clans" erscheint die Auffassung, es gäbe keinen konzeptuellen und methodischen Konsensbereich in der wissenschaftlichen Politikanalyse, nur zu naheliegend. Häufig wird die Politikwissenschaft dementsprechend gar nicht als geschlossene Disziplin betrachtet. Weit verbreitet, insbesondere unter älteren Repräsentanten des Fachs, ist vielmehr die Auffassung, Politikwissenschaft fasse lediglich verschiedene andere Einzeldiszi-

---

4 So haben sich beispielsweise klassische Theorieansätze der Subdisziplin Internationale Beziehungen (so die sogenannte Realistische Schule) jahrzehntelang widerstandsfähig gegen einen breiten Strom allgemeiner Forschungserkenntnisse über Wechselbeziehungen von Hierarchie- und Verhandlungslösungen erwiesen. Die "Kritik der Politischen Ökonomie", das heißt, die Erklärung von Politik nach vereinfachenden marxistisch geprägten Grundformeln, war an politikwissenschaftlichen Fachbereichen noch lange einflußreich, als entsprechende Formeln in der Gesellschaft schon lange als Lachnummern gehandelt wurden. Die deskriptive Lehre politischer Institutionen hielt sich noch lange, als sich ihre Aussagearmut im Vergleich zu analytischen Anforderungen in der Verbindung von inhaltlichen, prozessualen und institutionellen Bedingungen schon lange erwiesen hatte, usw.

plinen *synoptisch* zusammen; dementsprechend bestünde die beste Ausbildung für Politologen darin, einige Semester Recht, einige Semester Wirtschaft zu studieren, u.ä. Bestätigt wird diese Sicht durch gängige Lehrbücher und Handwörterbuch-Artikel, in denen als eine Art fester Lehrsatz vertreten wird, es gäbe angesichts unterschiedlicher Politik- und Theoriebegriffe, so dem normativ-ontologischen, dem empirisch-analytischen und dem kritisch-dialektischen Denkansatz, *keine konsensuale Arbeitsgrundlage der Politikwissenschaft* (Alemann 1991, 1994: 123ff; Beyme 1986; Böhret/Jann/Kronenwett 1986; Rohe 1986).

Dieser bislang herrschenden Auffassung stehen allerdings mehrere Tatsachen entgegen, so die Bemühungen um eine Systematisierung und stärkere Berufsfeldorientierung des politikwissenschaftlichen Studiums, die gemeinsame Grundlagenverständnisse voraussetzt, das wachsende Bewußtsein für die Notwendigkeit kompakter Wissens-, Konzept- und Methodengrundlagen und schließlich die in den Teilen A) und B) dieses Buches referierte Tatsache, daß sich inzwischen ein Satz wissenschaftlich breit anerkannter politikanalytischer Konzepte und Methoden herausgebildet hat. Die im folgenden dargestellten Vorschläge zur inhaltlichen und institutionellen Weiterentwicklung der Politikwissenschaft verstehe ich daher nicht als Alternative zur herkömmlichen Politikwissenschaft, sondern als Konkretisierung und Zuspitzung eines Innovationsprozesses, der sich bereits, wenn auch zögerlich und mit Schwierigkeiten, in Gang gesetzt hat.

1.2 Grund- und Spezialisierungsstudium

Die Tatsache, daß politisch gelernt werden kann und muß - denken wir etwa an die Vermeidung von Krieg - sollte auch die wissenschaftliche Beschäftigung mit Politik selbstverständlich bestimmen. Dazu gilt es, alle Lernpotentiale zu nutzen, die der Wissenschaft zur Verfügung stehen, so:

- die Wissensentwicklung aller angeführten Teildisziplinen der Politikanalyse,
- wissenschaftliche Diskurse, vor allem aber
- Lernmöglichkeiten *zwischen* wissenschaftlichen Gemeinschaften und Diskursen,
- Lernmöglichkeiten in außerwissenschaftlichen, insbesondere alltagskulturellen Kontexten.

Damit sich Lernen mit Bezug auf Politik rascher als bisher entwickelt,[5] muß die Vorstellung, Politik sei lediglich ansichts- oder interessenbestimmt, aufgegeben werden: Politik hat zwar Elemente des ungesteuerten Prozesses, die bis tief in ihre Analyse hineinwirken; übergreifende institutionelle und inhaltliche Gemeinsamkeiten der an Politik Partizipierenden und durch sie Betroffenen ermöglichen aber auch kumulatives *instrumentelles Lernen* nach Gemeinwohlkriterien. Eine andere Voraussetzung für politisches Lernen besteht in dem dauernden Versuch, vorhandene Gemeinsamkeiten und Bezugsmöglichkeiten zwischen Beteiligten, beispielsweise den in diesem Buch zugrundegelegten mehrdimensionalen Politikbegriff, wahrzunehmen und zu verstärken. Es wäre daher übergreifenden Lernprozessen dienlich, wenn einzelne Forschungsprojekte, Theorien oder Diskurse, in übergreifenden Modellen von Politik verortet und damit bezugsfähig werden.

Die politikwissenschaftliche *Lehre* sollte nach übergreifenden Zielkriterien strukturiert und ausgestaltet werden. Solche Kriterien bestehen meines Erachtens zum einen darin, ob es gelingt, die Fähigkeit zu selbständiger Orientierungs- bzw. Beurteilungsfähigkeit von Politik auf der Basis kompakten Grundwissens zu den Formen, Bedingungen und Folgen von Politik im intranationalen und internationalen Rahmen zu vermitteln, zum anderen in der Vermittlung berufsrelevanter Spezialisierungspotentiale. Im Sinne dieser Zielsetzungen scheint es sinnvoll, das politikwissenschaftliche Studium funktional stärker aufzugliedern, als dies bisher der Fall ist. Das in Abbildung 20 dargestellte Konzept eines Grund- und Spezialisierungsstudiums entspricht diesen Zielsetzungen.

---

5 Daß ein einfaches Kumulationsmodell des Wissensfortschritts nicht angemessen ist, ist spätestens seit den Arbeiten von Thomas Kuhn zum Paradigmenwechsel deutlich (Kuhn 1961). Im Unterschied zur simplem Gegenvorstellung eines beliebigen Wechsels herrschender Paradigmen und Theorien (im Rahmen der Paradigmen) ist die wachsende Präzision, Verläßlichkeit etc. wissenschaftlicher Aussagen auch in Bezug auf Politik allerdings durchaus feststellbar, überprüfbar und folgenreich. Es geht also um praktikable Wissensvermehrung (Know-how) im Rahmen von Theorie-Empirie-Praxis-Komplexen.

Abbildung 20: Politikwissenschaftliches Grund- und Spezialisierungsstudium

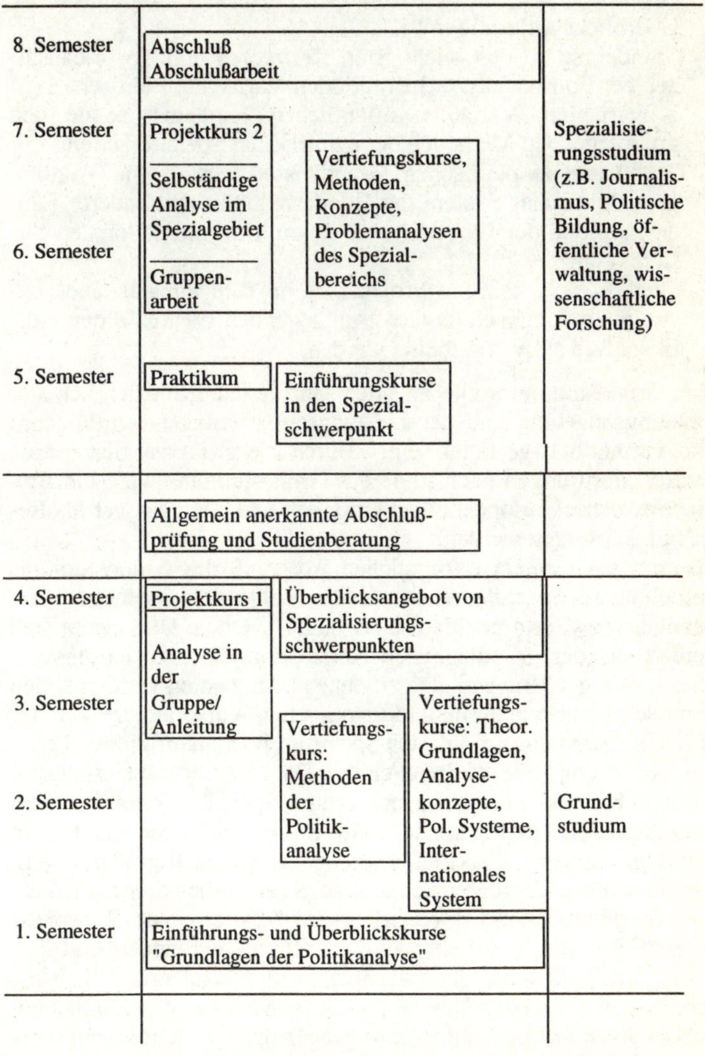

Das kompakte *Grundstudium* der Politikwissenschaft umfaßt demnach:

- einen Überblick über die konzeptuellen und methodischen Grundlagen der Disziplin (Textbuch, Computerprogramm mit entsprechenden leichten Übungen, ergänzend möglicherweise Überblicksvorlesung mit Klausur),
- Grundkurse zu den wichtigsten Konzepten und Theorieansätzen der Politikanalyse (Institutionen-Variablen, Politische Prozeßvariablen, Variablen öffentlichen Handelns) sowie den grundlegenden Methoden der empirischen Sozialforschung,
- Grundkurse zu politischem Grundwissen (Historische Grundlagen, Politisches System der Bundesrepublik und anderer Länder, Aufbau der Europäischen Union, des internationalen Systems) und
- einen zweisemestrigen Projektkurs, in dem anhand eines bestimmten Analysefalls alle grundlegenden Elemente der Politikanalyse aktiv verarbeitet werden.

Das Grundstudium sollte an allen Universitäten hinsichtlich der Leistungsangebote und der Leistungsanforderungen vergleichbar und verbindlich gestaltet sein. Durch die strikt vergleichbaren Zwischenprüfungen nach Ende des Grundstudiums wäre ein Studienortwechsel besonders leicht möglich und könnte sogar als Regelfall empfohlen werden.
Das nur nach einem erfolgreichen Abschluß des Grundstudiums aufnehmbare *Spezialisierungsstudium* sollte demgegenüber universitäts- bzw. ortsspezifisch ausgestaltet werden. Dies ergibt sich bereits aus der grundlegenden Konzeption, Spezialisierungsvorteile jeweiliger Universitäten zu nutzen. Angeboten werden sollen demnach nicht nur berufsfeldorientierende Kurse auf freiwilliger Basis, sondern ein bestimmtes Spektrum hochqualifizierter Lehre und Forschung zu speziellen Feldern. Da jeder Spezialisierungsbereich Lehre und Forschung mit echten Spezialisierungsvorteilen betreiben soll, werden kleine politikwissenschaftliche Institute in der Regel nur einen Spezial-Studiengang und auch größere Fachbereiche nur eine begrenzte Zahl solcher Studiengänge anbieten können. Hierbei sind praxisorientierte Schwerpunkte, beispielsweise Forschung und Lehre zu Verwaltung, Verbänden und Parteien, zum politischen Journalismus, zu Politikfeldern, z.B. Wirtschafts-, Sozial- oder Umweltpolitik, sowie spezielle Studienangebote für künftige Lehrer- und Träger der Erwachsenenbildung

denkbar. "Im Angebot" sein können aber auch Schwerpunkte der sozialwissenschaftlichen Grundlagenforschung.

Auch das Spezialisierungsstudium sollte bestimmte Standards enthalten, so einen Projektkurs, spezielle Konzepte und Methoden sowie Wissenskurse, vor allem aber ein entsprechendes Praktikum. Weiterführende Qualifikationsarbeiten *(Dissertation/ Habilitation)* könnten zur Weiterentwicklung der Politikanalyse im allgemeinen oder zur Fundierung von Forschung und Lehre in bestimmten Spezialbereichen beitragen. Spezielle politikwissenschaftliche Fortbildung sollte ausdifferenziert außerhalb des eigentlichen Universitätsstudiums betrieben werden. Die Zugangsschwellen zum politikwissenschaftlichen Grundstudium sollten allerdings sowohl für junge Leute als für Senioren niedrig gehalten werden, sodaß die Politikwissenschaft ihre traditionelle Bildungsfunktion intensiv weiter ausüben kann.

Institutionelle Vorschläge

Die Rahmenbedingungen politikbezogener Forschung und Lehre müssen so gestaltet sein, daß Gefahren des Markt- wie des Staatsversagens vermieden bzw. optimal bewältigt werden. Angesichts der beamtenrechtlichen Grundstruktur und den daraus erwachsenden Mißbildungen von Forschung und Lehre steht hierbei das Gebot marktwirtschaftlicher Flexibilisierung im Vordergrund. Sinnvolle Maßnahmen in diesem Sinne bestehen darin, die Bedeutung von Projektmitteln und zeitlich befristeten Stellen gegenüber Lebenszeitstellen rasch und stark zu erhöhen, Projekt- und Stellenausschreibungen transparent und praktisch für alle möglichen Interessenten zugänglich zu gestalten, nicht nur die Stellenvergabe, sondern auch die laufende Entlohnung akademischer Arbeit in einen spürbaren Zusammenhang mit den in Forschung *und* Lehre erbrachten Leistungen zu bringen. Sofern Wissenschaftler nur für Forschung *oder* Lehre eingestellt werden (eine sinnvolle Variante, solange die indirekte Rückbindung von Lehre an Forschung vermittelt über Konkurrenz gewährleistet ist) gilt entsprechendes.

Eine entscheidende Voraussetzung für den Erfolg marktwirtschaftlicher Flexibilisierung der Politikanalyse besteht allerdings darin, daß für die Bewältigung der wachsenden Aufgaben sozialwissenschaftlicher Forschung und Entwicklung angemessene Ressourcen zur Verfügung stehen. Hierbei sind neben dem Staat zunehmend gesellschaftliche Träger gefordert.

2. Politischer Journalismus

2.1 Einfluß und Funktionen

Der Politische Journalismus[6] stellt die zur Zeit *einflußreichste Form praktischer Politikanalyse* dar: In Gegenwartsgesellschaften konstituiert sich die öffentliche Meinung als veröffentlichte Meinung in erster Linie durch die Massenmedien. Auch die auf anderen Öffentlichkeitsebenen (Veranstaltungen, Stammtisch etc.) artikulierten Themen und Meinungen werden in der Regel erst dann politisch wahrgenommen, wenn sie die Massenmedien aufgreifen. Damit wirkt der Politische Journalismus bis hin zur Informationsrecherche und -verbreitung der Nachrichtenagenturen nicht nur als Spiegel politischer Prozesse und Meinungen, sondern auch als Instanz der Meinungsbildung und der politischen Themensetzung (agenda-setting). Massenmedien fungieren in einer intakten Demokratie als Kontrollorgan öffentlichen Handelns. Insbesondere die Aufdeckung politischen oder sozialen Fehlverhaltens von Inhabern öffentlicher Ämter (Watergate, Spiegel-Affäre, Vermengung persönlicher und öffentlicher Angelegenheiten) gilt als journalistische Aufgabe.[7] Journalistische Berichte, Analysen und Kommentare vermitteln kulturelle und soziale Orientierungen. Schließlich haben die Medien, dabei allerdings weniger der Politische Journalismus, Unterhaltungsfunktion.

Politikanalytische Stärken des Journalismus bestehen in der Effizienz im Verhältnis von Rechercheaufwand und Produkt, dabei insbesondere der Fähigkeit zur schnellen Textproduktion und ra-

---

6 Unter Journalismus, ursprünglich eine Bezeichnung für die berufsmäßige schriftstellerische Tätigkeit bei der Presse (Silbermann 1982: 198), wird die hauptberufliche Sammlung, Prüfung, Auswahl, Verarbeitung und Verbreitung von Nachrichten, Kommentaren sowie Unterhaltungsstoffen durch Massenmedien verstanden.

7 Während in der historisch durch das Politikmodell der Entgegensetzung von Staat und Gesellschaft geprägten mitteleuropäischen politischen Kultur soziale Normverstöße (etwa sexuelle "Verfehlungen") im allgemeinen nicht als Anlaß für einen politischen Skandal gelten, ist in der am Leitbild der "civil society" orientierten angloamerikanischen Politikkultur der soziale Normverstoß ein häufiger Skandalanlaß.

schen Einstellung auf überraschende Ereignisse oder Entwicklungen, der Sicherheit in der Verwendung von Techniken der Informationsgewinnung und -wiedergabe sowie der Entwicklung einer flexiblen Organisationsstruktur. Dem stehen gravierende *Defizite und ungenutzte Entwicklungsmöglichkeiten* gegenüber. Hierzu gehören die Tendenz zu kurzschlüssigen Betroffenheits-Berichten ("Mitleids-Journalismus"), der Mangel an Hintergrundanalysen, die Verwendung leicht erreichbarer Informationssymbole an Stelle inhaltsbezogener Information (beispielsweise die "Illustration" von Verhandlungen anhand vorfahrender Dienstwagen), mangelnde Frühinformation über drohende Probleme und Entwicklungen, der Mangel an längerfristig vorbereitender Information zu politischen Ereignissen, fehlende Implementationsanalysen, das weitgehende Fehlen von Querschnitts- und Längsschnittsvergleichen und einer entsprechenden mangelhaften Wahrnehmung der journalistischen Kontrollfunktion, Ungleichgewichte der medialen Präsentation von Interessengruppen, die häufig sichtbar werdende Unfähigkeit, in Krisensituationen ruhig und überlegt zu analysieren, und eine häufig wenig anschauliche und unterhaltsame Form der Politikberichterstattung. Die Entstehung, aber auch die Chancen der Bewältigung dieser Defizite hängen mit den Rahmenbedingungen des Mediensystems, so Nachfragemustern politischer Information und Unterhaltung, zusammen.

2.2 Nachfragemuster politischer Information

Journalistische Information muß in einem freien Informationsmarkt mit üblicherweise hartem Konkurrenzdruck vermarktet werden. Insbesondere im Zeichen der Medien-Privatisierung wird daher der journalistische Erfolg an der Auflagenhöhe bzw. den Zuschauer- oder Zuhörerzahlen der jeweiligen Medienangebote gemessen. Eine häufig gezogene Folgerung aus dem Vermarktungserfordernis journalistischer Angebote besteht darin, diese vor allem am Kriterium der *leichten Aufnahmefähigkeit* zu orientieren. Demnach werden Themen bevorzugt, die Gefühle beim Publikum ansprechen, "Betroffenheit" auslösen, an bekannte Denkmuster anschließen und diese leicht faßlich, zum Beispiel durch Überraschungseffekte, variieren.[8] Dem liegt die Annahme zugrunde, es gäbe einen sich im freien Medienmarkt zunehmend durchsetzenden Massengeschmack, der durch Unterhaltungsorientierung und geringe Aufnahmekapazität für analytische Information charakterisiert sei. Nach Neil Postman realisiert sich dieser Wandel im unterhaltenden, aber sinn- und reflexionszerstörenden Kommunikationsmodus des Fernsehens, so daß wir uns schließlich "zu Tode amüsieren" (Postman 1985).

Ergebnisse der *neueren Massenkommunikations-Forschung* zeigen allerdings, daß diese Annahmen nur teilweise zutreffen.[9] So

---

8 "Die journalistischen Aufmerksamkeitsregeln bevorzugen ... das Normwidrige, das Außergewöhnliche, die Abweichung." (Hömberg 1988:141).

9 Während die drei Medien Fernsehen, Hörfunk und Tageszeitung 1964 nur 3 Stunden 39 Minuten genutzt wurden, wendete der einzelne Bürger 1990 im Schnitt zwischen 5,5 (West) und 6 Stunden (Ost) auf. Dabei blieb die Zeit, die für das Lesen der Tageszeitung verwandt wurde, mit einer halben Stunde annähernd konstant. Verdoppelt hat sich seit 1964 die Fernsehzeit auf rund 2 1/2 und die Benutzung des Hörfunks auf drei Stunden. Hierzu ist jedoch anzumerken, daß Radiosendungen häufig nur begleitend, zum Beispiel bei der Arbeit, gehört werden.

Tabelle 2: Zeitbudget für Mediennutzung (pro Werktag in Stunden:Minuten)

Jahr	1964	1980	1990	
		WEST	OST	
Fernsehen	1:58	2:05	2:13	2:47
Hörfunk	1:11	2:15	2:57	3:00
Tageszeitung	0:34	0:38	0:30	0:35
Drei Medien insg	3:39	4:46	5:27	6:04

Im *Printmarkt* ist ein erheblicher Titelzuwachs und eine Differenzierung insbesondere bei den Publikums- und Fachzeitschriften zu verzeichnen. Die Zahl von Publikumzeitschriften stieg von 223 (1975) auf 589 (1991), während bei den Fachzeitschriften im gleichen Zeitraum einen Zuwachs von mehr als 250 auf insgesamt über 900 Titel zu verzeichnen ist. Die Auflagenentwicklung war unterschiedlich: So konnten die Publikumszeitschriften ihre Auflagen auf insgesamt 119,5 Mio. fast verdoppeln, während die Fachzeitschriften seit 1975 einen Rückgang um drei auf 16,3 Mio. hinnehmen mußten. Die *Zahl von Tageszeitungen* stieg in der Bundesrepublik nach einem deutlichen Rückgang in den sechziger Jahren seit 1975 zwar nur unerheblich, die verkauften Auflagen erhöhten sich jedoch von 21,5 auf 28,7 Mio. Exemplaren (Media Perspektiven 1992: 55). Während sich die Titelzahl hat sich zwar der durchschnittliche Fernsehkonsum seit den sechziger Jahren annähernd verdoppelt; der Konsum von Tageszeitungen aber ist konstant geblieben und die Zahl der Publikums- und Fachzeitschriften ist erheblich angewachsen. Konsumentengruppen bilden sich nicht analog der Nutzung bestimmter Medien (Fernsehen vs. Zeitung/Magazin); vielmehr korreliert die Unterhaltungsnutzung beim Fernsehen mit der Unterhaltungsnutzung bei Hörfunk, Tageszeitung und Zeitschriften und die informative Nutzung von Fernsehen und Radio mit dem Lesen von Büchern, von anspruchsvollen Zeitschriften und der Präferenz entsprechender Teile der Tageszeitung (Fritz 1990: 590f.; Berg/Kiefer 1992: 184ff.).

Es existieren also unterschiedliche Nutzertypen von Massenmedien: Der Nutzer mit *Unterhaltungsorientierung* (Hälfte der Befragten) sieht häufig und lange fern, hört regelmäßig Radio, wobei er unterhaltende Sendungen bevorzugt. Unter Zeitungen zieht er anspruchslosere vor, während er Zeitschriften nur gelegentlich liest. Der Nutzer mit *Informationsorientierung* (ein Viertel der Befragten) dagegen nutzt häufig anspruchsvolle Printmedien (Bücher, Zeitschriften), sieht eher unterdurchschnittlich häufig und lange fern, wobei er Informationssendungen bevorzugt. Er ist ein eifriger Hörer von Radiosendungen, insbesondere Radiojournalen. Zeitung liest er nur unregelmäßig, aber dann bevorzugt er die anspruchsvolleren. Er liest als informatives Printmedium eher Nachrichtenmagazine. Der Anteil informationsorientierter Medienrezipienten erweist sich mit ca. 25% (gegenüber ca. 50% der unterhaltungsorientierten) stabil (Fritz 1990:592).

Bereits aufgrund dieser Daten erscheint die Annahme begründet, daß fundierte Politikberichterstattung und Politikanalyse auch in Zukunft vermarktungsfähige Produkte darstellen. Denn ein Viertel der potentiellen Mediennutzer/innen (die Gruppe der "Informationsnutzer") wird demnach voraussichtlich auch weiterhin präzise und fundierte Politikinformation und Hintergrundanalyse goutieren, weitgehend unberührt von Änderungen der

---

von Wochenzeitungen im gleichen Zeitraum auf 29 halbierte, blieben die verkauften Auflagen konstant. Die Zahl von Publikumzeitschriften stieg von 223 auf 589, die der Fachzeitschriften von ca. 250 auf über 900. Die Auflagenentwicklung war aber recht unterschiedlich: So konnten die Publikumszeitschriften ihre Auflage auf insgesamt 119,5 Mio. fast verdoppeln, während die Fachzeitschriften seit 1975 einen Rückgang um drei auf 16,3 Mio. hinnehmen mußten (Fritz 1990:590f.; Berg/Kiefer 1992: 184ff.).

technisch-kulturellen Medienlandschaft (einschließlich der wachsenden Computerisierung des Informationsaustausches).

Zwischen politischer Information und Unterhaltung muß allerdings kein Gegensatz bestehen: Fundierte politische Information kann durchaus *unterhaltend* sein. Ob dies der Fall ist, hängt von der (klaren, anregenden oder überraschenden) Strukturierung von Information, vor allem von dem *Wechselverhältnis zwischen Informationsinhalt und Informationssituation* ab: Interessante Information wird auch als unterhaltend empfunden. Dementsprechend reißen sich Reporter und Redaktionen geradezu um "heiße" Information, etwa zu Kriminalfällen oder Skandalen, da diese üblicherweise sehr gut abgesetzt werden kann. "Heiße" Information zu Politik entspricht diesem Muster insbesondere in zugespitzten politischen Situationen, etwa politischen Skandalsituationen oder Regierungskrisen, Situationen, in denen starkes öffentliches, dabei auch von der Öffentlichkeit erfaßbares Handeln gefordert wird. Unterhaltungswert für ein großes Publikum hat politische Information auch insoweit, wie klar zu erkennende Rollenverteilungen in einer gewissen Zuspitzung und (rhetorischen oder handlungsbezogenen) Brillianz nach Art von Schauspielern vorgeführt werden. Unter diesem Gesichtspunkt konkurrieren Repräsentanten unterschiedlicher Gesellschaftsbereiche, so des Kulturbereichs (z.B. Filmschauspieler), des Spitzensports und der Spitzenpolitik, miteinander.

In dem Maße, in dem politische Information Unterhaltungswert erhält, erhöht sich die Nachfrage nach politischer Information über den Bereich der informationsorientierten "Stammkunden" hinaus. Andererseits verschärft sich die Konkurrenz um die Beschaffung sowie die Qualität der Aufbereitung und Präsentation derartiger Information. Angesichts dessen zeichnet sich die Ausdifferenzierung bzw. funktionale Spezialisierung der massenmedialen Politikanalyse ab.

Funktionale Spezialisierung

In der europäischen Medienlandschaft ist es bislang nur in geringem Maße zur funktionalen Ausdifferenzierung bzw. Spezialisierung von Politikinformation bzw. -analyse gekommen: Es existieren zwar spezielle politische Journale bzw. Magazine; im Regelfall liefert eine Zeitung, eine Rundfunk- oder Fernsehanstalt aber immer ein journalistisches Vollprogramm, ein Sachverhalt, der bislang insbesondere mit Bezug auf politische Information weitgehend selbstverständlich zu sein scheint. Erfolgreiche Ansätze zur medialen Spezialisierung sind aber nicht nur in dem massenmedialen Vorreiter-Land USA festzustellen, wo neben vier Universalgiganten des Fernsehens hunderte kleinere Sender Fernsehen liefern, das zum beträchtlichen Teil spezialisiert ist. Auch in Deutschland zeichnen sich bereits seit längerem Entwicklungstendenzen dieser Art auf dem Zeitschriften-Markt und beginnend auch im TV-Bereich ab (siehe z.B. Sport- und Kulturinformation). Lediglich der Sektor der politischen Information, hat sich bisher, abgesehen von regionalen Aspekten, kaumm ausdifferenziert.

Im Gegensatz zur Postmanschen These eines laufenden Niveauverlustes des informativen und analytischen Journalismus ist daher gerade im Zeichen zunehmender Medien-Privatisierung *wachsende Qualitätskonkurrenz des Politischen Journalismus* zu erwarten. Dementsprechend werden sich voraussichtlich die bisher nur wenig entwickelten Arbeitsteilungsansätze des Politischen Journalismus verstärken. Große Medienunternehmen, so Nachrichtenagenturen, werden ihre Aktivitäten und Strukturen zunehmend zwischen politischen Berichts- und Analyseformen, aber auch zwischen politischen Ressorts und Fragestellungen ausdifferenzieren und im Verhältnis zwischen diesen neue Kommunikations- und Kombinationsformen zu entwickeln haben. Kleinere Unternehmen werden sich zunehmend in übergreifende Arbeitsteilungsmuster dieser Art einfügen müssen, um ökonomisch überleben zu können.

2.3 Inhaltliche und formale Anforderungen

Unter den dargestellten Rahmenbedingungen werden die Anforderungen der Recherche, der Aufbereitung und Darstellung politischer Information aller Voraussicht nach eher zu- als abnehmen. Von besonderer Bedeutung sind dabei Anforderungen der Aktualität, dabei der Analysepräzision und -tiefe, der Bearbeitung von Kurz- und Langzeitthemen, Einordnung von Information, der Erfassung unterschiedlicher Realisierungsphasen (policy cycle) und Prozeßformen öffentlichen Handelns, der Analysekapazität in Krisensituationen und der Formen von Informationsdarstellung und Vermarktung.

Aktualität

Journalistische Politikanalyse muß aktuell sein. Die sich aus diesem Erfordernis ergebenden Arbeits- und Produktanforderungen des Politischen Journalismus reduzieren sich allerdings nicht auf das Diktat, am schnellsten zu berichten. Aktualität schließt vielmehr eine Palette unterschiedlicher Kombinationen von Geschwindigkeit und Qualität der Politik-Berichterstattung bzw. -analyse ein: Aktuell ist eine Meldung, solange sie neu ist; aktuell ist aber auch eine Hintergrundanalyse mit neuen vertiefenden Erkenntnissen zu einem Vorfall, über den bereits breit berichtet wurde. Aktuell können schließlich Analysen sein, die zu einer neuen Bewertung eines bekannten und breit analysierten Gegenstandes führen. Zusammengefaßt ergibt sich damit als Aktualitätsmaß die Neuheit einer Information oder Bewertung, wobei im allgemeinen mit zunehmendem zeitlichen Abstand von einem Ereignis die analytischen Qualitätsanforderungen wachsen. Aktuelle Politikberichterstattung und -analyse kann also von einem Ad-hoc-Bericht bis zu einem analytischen *Präzisionsjournalismus* (Zeh 1987: 145ff.) reichen.

Im Zeichen wachsender Konkurrenz zwischen privaten sowie zwischen öffentlichen und privaten Medienunternehmen nimmt die Bedeutung des Aktualitätskriteriums im Sinne der *bestmöglichen Kombination von Geschwindigkeit und analytischer Qualität* weiter zu. Politikanalytisches Know-how bekommt in dieser Situation unter mehreren Gesichtspunkten Gewicht:

- Wer über dieses Know-how verfügt, kann politische Vorgänge schneller, tiefer und treffsicherer, damit potentiell verständlicher und ansprechender analysieren. Politikanalytisch versierte Journalisten bzw. Medieneinheiten, die mit solchem Know-how operieren, erreichen damit Konkurrenzvorteile.
- In dem Maße, in dem sich entsprechende analytische Konzepte und Methoden verbreiten, wächst die Anspruchshaltung der Mediennutzer; der Konkurrenzdruck zugunsten von qualitativ hochwertiger Politikanalyse wächst damit zusätzlich.
- Ansätze zu einer Differenzierung journalistischer Politikrecherche und Textgestaltung bzw. Textwiedergabe durch Nachrichtenagenturen werden angesichts dessen durch generell und fachspezifisch operierende Analyse-Agenturen ergänzt werden.

Alternativen zum Fetzen-Journalismus

Der insbesondere in bezug auf internationale Angelegenheiten übliche Journalismus der Ad-hoc-Meldung ohne inneren Zusammenhang und verständliche Einordnung (Fetzen-Journalismus) erfüllt das Bedürfnis nach Komplexitätsreduktion der Nachrichtenkonsumenten auf besondere Weise: Die Wiedergabe von Bildern, Ausschnitten, Szenen ohne analytische Einordnung oder Erklärung wird dem Konsumbedarf an Aktion, aber auch dem Bedarf an Information in einer bewältigbaren Form gerecht. Bildhaft angedeutete Probleme oder Strukturen sind nur für Augenblicke "vorhanden", können psychisch leicht durch neue Bilder, Szenen etc. ersetzt werden. Politischer Fetzen-Journalismus wird daher aller Voraussicht nach auch auf längere Sicht eine einflußreiche Form der politischen Berichterstattung bleiben; dies gilt insbesondere in dem Maß, in dem sich der politische Aufmerksamkeitshorizont in Ländern wie der Bundesrepublik immer mehr globalisiert.

Viele Medienrezipienten, insbesondere aus der Gruppe der "Informationsnutzer", haben allerdings ein ausgeprägtes Bedürfnis, Information einordnen und verstehen zu können. Konkurrenzfähige journalistische Alternativen in diesem Sinne stellen andere Formen der Komplexitätsreduzierung des politischen Weltgeschehens dar. Eine dieser Formen besteht darin, Analysegegenstände unter dem Gesichtspunkt der Fähigkeit zur Analyse und Einordnung sorgfältiger auszuwählen und nur dann zu berichten, wenn dies ausreichend fundiert geschehen kann. Eine weitere Alternative zum Fetzen-Journalismus ist der analysierende Vergleich politischer Abläufe oder Strukturen in unterschiedlichen Ländern bzw. Regionen, wie er in politischen Weltjournalen zunehmend praktiziert wird. Es ist anzunehmen, daß im Zeichen wachsender Qualitätskonkurrenz diese Formen stärkerer Informationsverarbeitung im Politischen Journalismus an Bedeutung gewinnen werden.

Policy-Zyklus und politische Prozeßformen

Journalistische Politikanalyse bezieht sich bisher fast ausschließlich auf Aspekte des *politischen Entscheidungsprozesses*, berücksichtigt also Aspekte der frühen politischen Willensbildung, der

Entstehung politischer Themen, der Implementation und der nachträglichen Politikbewertung nur beiläufig oder überhaupt nicht. Diese verengte Politikinterpretation entspricht dem Bedarf an Komplexitätsreduktion ("Reduzierung auf das Wesentliche") in einer Form, die nur auf den ersten Blick sinnvoll erscheint. Häufig sind nämlich Implementationsdefizite, mangelnde gesellschaftliche Problemwahrnehmung u.ä. mindestens so folgenreich wie formale politische Willensbildungsprozesse.

Im Zeichen zunehmender Qualitätskonkurrenz journalistischer Politikanalyse ist daher zu erwarten, daß neben der politischen Willensbildung im engeren Sinn Implementation, nachträgliche Evaluation, aber auch die soziopolitische Problemwahrnehmung und die Abschätzung von Handlungsoptionen in wachsendem Maße zum Gegenstand journalistischer Recherche und Analyse werden. Ein Beispiel des bisher kaum genutzten Potentials dieser Art ist der *journalistische Behördentest*, durch den die Qualität öffentlicher Dienstleistungen in gewissen Abständen überprüft und öffentlich bekannt gemacht wird. In Zusammenhang mit dieser Entwicklung wird sich die Kontrollkompetenz des Politischen Journalismus erhöhen. Dabei kann es zu (verschärfter) Konkurrenz um journalistische Kontrollkapazität beispielsweise zwischen politischen Magazinen aus dem Druck und TV-Bereich kommen.

Hinsichtlich *politischer Prozeßformen* dürfte sich der journalistische Berichts- und Analysehorizont allerdings nur zögerlich weiten. Die bisher eindeutig im Vordergrund stehenden Prozeßformen "Konflikt in der Arena" und "Verhandeln" sowie am Rande "Kampf um Zutritt zur Arena" entsprechen klassischen Mustern des um Neuheit und Komplexitätsreduzierung bemühten Journalismus. Mit einer wachsenden sozialwissenschaftlichen Bewußtheit dürfte aber die Sensibilität für die Bedeutung soziopolitischer Diffusionsprozesse (Internationaler Vergleich von Wert- und Normentwicklung, Beziehungen zwischen Bewegungen etc.) zunehmen. Ähnliches gilt bereits beginnend für die analytische Erfassung von Formen des Aussitzens und der Lethargie und ihre Gründe.

Journalistische Analyse in Krisensituationen

Journalisten, die lediglich über technische Fertigkeiten, jedoch über keine analytisch fundierten Orientierungsmuster zur Verarbeitung komplexer Situationen verfügen, spiegeln Krisensituationen durch chaotisches Berichtsverhalten (Beispiel: Tschernobyl-Unfall)[10] oder durch Mechanismen nicht sachgerechter Komplexitätsreduzierung wieder, beispielsweise durch Berichterstattung nach dem Muster früherer, ähnlich erscheinender Abläufe, ohne Berücksichtigung anderer Bedingungen (Beispiel: Russischer August-Putsch)[11]. Auch wenn die Fähigkeit, Ratlosigkeit auszudrücken, ein wichtiges Element lebendigen, überzeugenden Journalismus darstellt, ersetzt diese nicht analytisch fundierte Information. Die Entwicklung analytischer Kapazität, die auch in Krisensituationen Orientierungskraft besitzen kann, ist deshalb eine wichtige Entwicklungsaufgabe des Politischen Journalismus.

Eine Voraussetzung dafür, daß auftretende Krisen analytisch besser bewältigt werden können, ist die *längerfristige Einarbeitung* politischer Journalisten in bestimmte Analysekontexte, seien sie regionaler Art (Länderberichte und -analysen) oder sachlicher Art (Problem, Prozeß, Strukturanalysen). Hierdurch werden Journalisten nämlich auch mit Krisenpotentialen bzw. Krisenbedingungen des jeweiligen Kontextes vertraut gemacht. Zum anderen setzt auch journalistische Politikberichterstattung und -kommentierung bestimmte analytische Kompetenz im allgemeinen voraus, ein Sachverhalt, der ausgehend von dem Bild des gefühlsbetont schreibenden Jornalisten leicht übersehen wird.

---

10 So äußerte der Leiter der 'Programmgruppe Wissenschaft des Westdeutschen Fernsehens' bezüglich der Behandlung des Tschernobyl-Desasters durch die Medien Selbstkritik : "Es gab, sieht man genauer hin, zwei Katastrophen - die nukleare und die publizistische. Speziell das Supermedium Fernsehen agierte wie in Trance, brachte wahllos jede Geisterstimme, die sich ihm aufdrängte, überschwemmte sein Publikum mit einer Flut der widersprüchlichsten Botschaften und produzierte damit exakt jene Mischung aus Hysterie und Lethargie, die man stets als die natürliche Folge gründlicher Desinformation zu beobachten hat" (in Hömbach 1988:141).

11 Der Großteil der deutschen Journalisten interpretierte die Absetzung von Gorbatschow durch eine Clique von Putschisten im August 1991 tagelang als unabwendbar. Widerstandsaktionen gegen den Putsch wurden als aussichtslos nach dem Muster des vom Militär überrollten Widerstands chinesischer Studenten auf dem Platz des Himmlischen Friedens eingeschätzt.

Responsiver Journalismus

Der Politische Journalismus wird durch entsprechende technische Kapazitäten in rasch wachsendem Maß in die Lage versetzt, das Publikum an der Planung und aktuellen Gestaltung von Sendungen etc. interaktiv zu beteiligen. Publikumsdiskussionen, Frage-Antwort-Spiele, gekoppelt mit der Einblendung passender Materialien und Zuschauerbefragungen haben bereits stark an Bedeutung gewonnen. In Zukunft ist noch weit intensivere Responsivität öffentlich-politischer Kommunikationsprozesse möglich.

Darstellungsformen

Bisher wird gerade in TV-, also Bildmedien oft wenig bildhaft-anschaulich über Politik berichtet. Potentiale der bildhaften Berichterstattung und Analyse von Politik liegen demgegenüber in der stärkeren Nutzung von Graphiken und/oder Bildsymbolen, filmischer Elemente, wie sie in der Unterhaltungsbranche seit langem üblich sind, und der anschaulicheren Kombination von Wort- bzw. Text-, Zahlen- und Bildelementen.

2.4 Politische Journalistenausbildung

In der bisherigen Journalistenausbildung vor Ort (Volontariat), in Journalistenschulen und Weiterbildungsprogrammen für Journalisten spielen (in Deutschland) inhaltliche Politikaspekte und inhaltsbezogene Analysekonzepte nur eine geringe Rolle.[12] Nicht nur die Informationsproduktion in Nachrichtenagenturen, sondern

---

12 Das Fehlen ausgereifter Ausbildungsmodelle der universitären Journalistenausbildung wird seit längerem kritisiert (Rühl 1987: 76). Inhaltlich bestückte Qualifikationsstandards sind praktisch nicht vorhanden. Während in den USA die Studenten 25% ihrer Studien im journalistisch-kommunikationswissenschaftlichen Bereich und 75% in den "arts and sciences" machen und daher eine starke Gewichtung auf die Sachstudien zu verzeichnen ist, ist diese Relation in der BRD eher umgekehrt (Quandt 1987: 256), wodurch eine Vernachlässigung des Faktors Sachkompetenz zum Ausdruck kommt. In Deutschland herrscht noch immer das Prinzip des freien Berufszugangs von Journalisten. Man betrachtet den Verzicht einer zentralen Instanz zur Steuerung der Journalistenausbildung als ein Moment der grundgesetzlich reglementierten Kommunikationsfreiheit.

auch die laufende Aufbereitung politischer Information in Druck- und TV-Medien setzt allerdings inhaltliche Orientierungsfähigkeit und Analysefähigkeit voraus.

Diese Voraussetzungen können weder aus den bisher üblichen akademischen Studiengängen noch schlicht aus der Praxis per se gewonnen werden. Notwendig ist damit die systematische Verarbeitung politikanalytischer Elemente in der Journalistenausbildung. Journalistische Methodenkenntnisse und Erfahrungen sollten generell, das heißt, in der Aus- und Weiterbildung, politikanalytisch aufgefrischt werden. Hierzu können sämtliche politikanalytischen Konzepte, so die in Teil A) dargestellten Konzepte und Modelle, sowie alle politikanalytischen Verfahren eine Rolle spielen. Inhalt politikanalytisch fundierter Journalistenbildung wären insbesondere die speziellen Verbindungsformen politikanalytischer Konzepte mit journalistischen Recherche-, Strukturierungs- und Darstellungsmethoden (journalistische Verfahren der Politikanalyse). Hierbei können sich besondere Kombinationen nicht nur in der Textproduktion, sondern vor allem auch in der Bild-Konzept-Nutzung, so etwa in filmischen Auf- und Verarbeitungsformen von Politik, ergeben.

Immerhin wurde inzwischen mit der Institutionalisierung von Ausbildungsgängen für Journalisten sowie der Einrichtung von Teil-, Voll- und Aufbaustudiengängen an einigen Universitäten auch formal kenntlich gemacht, daß die Neukombination technischer und inhaltlicher Ausbildungselemente eine höhere journalistische Qualifikation der Ausgebildeten erwarten läßt. Auch journalistische Aus- und Weiterbildungsgänge der Wirtschaft enthalten zunehmend gegenstandsbezogene Inhalte. Die grundlegende Defizitsituation in diesem Punkt besteht aber weiterhin.

Ergänzende Literatur: Gerhards/Neidhart 1990; Kleinsteuber 1985, 1991; Jarren 1991; Landfried 1991.

3. Politikberatung

3.1 Adressaten und Träger

Politikberatung wird üblicherweise als wissenschaftliche Beratung, d.h., als Beratung von Politik durch Wissenschaftler, verstanden. Im Gegensatz zur Auffassung, diese Beratung sei ein Kommunikationsprozeß zwischen Angehörigen der öffentlichen Verwaltung und Sozialwissenschaftlern (Wollmann 1991: 493), existiert ein breites Spektrum staatlich-administrativer wie soziopolitischer Adressaten und ein großer Kreis politikberatender Disziplinen und Organisationen: Die im Auftrag von Ministerien und Verwaltungen stattfindende Politikforschung bzw. Politikberatung wird auch als *Ressortforschung* bezeichnet. Diese ist entsprechend dem organisatorischen Zuschnitt der beauftragenden Einrichtungen in der Regel auf Probleme bzw. Strukturen im Rahmen einzelner Politikfelder wie der Sozial- und Arbeitsmarktpolitik, der Wohnungsbaupolitik und Stadtplanung, der Umwelt- oder Verkehrspolitik, zugeschnitten. Im weiteren Sinne gehören hierzu auch beratende Forschungstätigkeiten im Auftrag von Parlamentsgremien, beispielsweise des wissenschaftlichen Dienstes des Deutschen Bundestages. Dem steht die Politikberatung *gesellschaftlicher Einrichtungen*, insbesondere von Verbänden, Parteien und Unternehmen gegenüber. Beispielsweise versuchen Banken, Versicherungen und größere Industrieunternehmen, durch systematische Länderstudien und Entwicklungsszenarios Investitionsbedingungen fundiert abzuschätzen. Punktuell findet ferner durch Expertenstellungnahmen in den Massenmedien, Ausarbeitung öffentlich zugänglicher systematischer Bewertungsschemata und ähnliches eine Art Politikberatung der Öffentlichkeit statt.

In der Politikberatung engagieren sich häufig *Politikwissenschaftler*.[13] Die Bedeutung sozialwissenschaftlicher Politikberatung ist aber im Vergleich zum beratenden Einfluß der Verbände und den von diesen angestellten Fachleuten gering. Als sachverständige Experten gelten in erster Linie vor allem *Interessenvertreter*, wie ein Blick in die Mitgliederlisten der Enquete-Kommis-

---

13 In einer unter Mitgliedern der Deutschen Vereinigung für Politische Wissenschaft und der Deutschen Gesellschaft für Politikwissenschaft durchgeführten Befragung gaben von 203 befragten Politologen 156 an, schon einmal politische Gremien oder Organisationen beraten zu haben (Landfried 1986: 104).

sionen zeigt. Unter den beratenden Wissenschaftlern wiederum überwiegen die *Juristen* (Landfried 1986:105). Wachsende Bedeutung erlangt die Politikberatung durch Organisationsfachleute und Betriebswirtschaftler, so etwa in der Behördenberatung. In anwendungsnahen Policy-Bereichen politischer Programmbildung besitzen schließlich technische und naturwissenschaftliche Experten großen Einfluß.

In den letzten Jahren haben *autoritative Prüf- und Beratungseinrichtungen*, so Landesrechnungshöfe und Bundesrechnungshof, Sachverständigenräte und Enquete-Kommissionen, stark an Gewicht gewonnen. Derlei Gremien operieren in der Regel mit wissenschaftlich und politisch-rechtlich legitimiertem Beratungsanspruch. Insbesondere die Rechnungshöfe können einen derart starken Veränderungsdruck in bezug auf bereits getroffene Entscheidungen ausüben, daß ihnen zunehmender Einfluß auch im Vorfeld administrativer, ja partiell sogar parlamentarischer Entscheidungsfindung zuerkannt wird (Derlien 1992).

3.2 Formen und Inhalte

Zwischen den Beteiligten der Politikberatung besteht ein komplexer Kommunikationszusammenhang, der sich nicht auf die Zulieferung von verwendbarem Wissen oder überlegener analytischer Kapazität durch die Wissenschaftler reduzieren läßt.[14] Wissenschaft und Administration sind vielmehr Kulturen mit unterschiedlichen Handlungs- und Wirkungsanforderungen, ein Sachverhalt, der häufig zu Kommunikationsproblemen und wechselseitigen Akzeptanzdefiziten führt (Coleman 1972; Bruder 1980; Beck/Bonß 1989). Die in Deutschland und anderen Ländern immer noch bestehende Berufsstruktur des auf Lebenszeit berufenen Wissenschaftlers und die Bürokratisierung von akademischer For-

---

14 Ulrich Beck und Wolfgang Bonß spezifizieren diesen Gedanken unter dem Stichwort der *"Reflexiven Verwissenschaftlichung"*. Demnach haben außerwissenschaftliche Bereiche bereits selbst Erkenntnisse sozialwissenschaftlicher Forschung (vermittelt über Bücher, Zeitungen, Massenmedien u.a.) wahrgenommen. Diese "alltägliche Versozialwissenschaftlichung" bewirkt, daß die "soziologielosen Eingeborenen...bereits missioniert (sind)" (Beck/Bonß' 1984: 383f). Die jeweiligen Adressaten können mittels ihres impliziten Wissens die Wissenschaft und ihre Erkenntnisse (be)nutzen. Außerdem macht sich die Praxis zusehends mit Wissenschaft von Wissenschaft unabhängig (Beck/Bonß 1984: 398).

schung und Lehre (einschließlich der Großforschungseinrichtungen) begrenzt die Unterschiedlichkeit beider Bereiche allerdings wiederum.

Politik kann *formell* und *informell beraten werden*. Während formelle Beratung nach einem geregelten Verfahren zustandekommt und in der Regel öffentlich überprüft werden kann (Anhörung von Sachverständigen in Parlamentsausschüssen und Enquete-Kommissionen, öffentlich ausgeschriebene Forschungsprojekte und Stellen), besteht informelle Politikberatung in wenig transparenten, unter Umständen nur durch Binnenverträge still geregelten Formen. Die Tatsache, daß in der Bundesrepublik eon Großteil von Mitteln der Ressortforschung im Freihandverfahren oder durch beschränkte Ausschreibung vergeben wird, damit also bestimmte Bewerber "gleicher" als andere sind und die kostensenkenden und leistungsförderlichen Wirkungen des Wettbewerbs weitgehend ausgeschaltet sind, führt allem Anschein nach zu massiver Ineffizienz der Ressortforschung. Der Verdacht, daß ohne Transparenz und offenen Wettbewerb Vorteilsannahme und Kumpanei nach dem Muster des Baubereichs - siehe zum Beispiel die aufgedeckten Fälle im Raum Frankfurt - entstehen, ist für die Vergabe öffentlicher Mittel auch im Forschungs- und Beratungsbereich nicht auszuschließen.

Die formelle Politikberatung geht häufig in die öffentliche Politikbewertung und -prüfung über. So ist die Prüfarbeit der Bundes- und Landesrechnungshöfe an formell festgelegten Legalitäts- und Wirtschaftlichkeitskriterien orientiert; sie schließt zunehmend auch die ex ante betriebene Wirkungs- und Effizienzabschätzung von Behördenhandeln ein. Dieser Kontrollevaluation von "oben" steht die *Kontrollevaluation von "unten"* gegenüber. Dabei bewerten die Klienten öffentlicher Dienstleistungseinrichtungen die Leistung, eventuell auch die Strukturen unter Stichworten wie "Bürgerbefragung" oder "Behördentest".

Neben der Außen-Evaluation durch Kontrollbehörden sind zunehmend *innere Evaluationsverfahren* in Betrieben oder öffentlichen Einrichtungen üblich. Dabei können wissenschaftliche Gutachten anregend sein; im Vordergrund steht jedoch der innengeleitete Lernprozeß. Dieser kann sich mit Formen der klientenorientierten oder -induzierten Leistungskontrolle überschneiden.

Politikberatung kann grundsätzlich *alle Politikaspekte* zum Gegenstand haben:

— Implementationsprozesse und Programmstrukturen,
— "Begleitforschung", das heißt die analytische Unterstützung laufender oder geplanter Vorhaben, beispielsweise des Verwaltungsaufbaus,
— Frühwarnung vor zivilisatorischen Problemen,
— interregionale, intertemporale und internationale Norm- und Leistungsvergleiche,
— die Stabilitätsabschätzung soziopolitischer Strukturen,
— Abschätzung von politischen Konstellationen und Entwicklungen, zum Beispiel Wertwandel.
— Organisationsstudien u.v.m.

Faktisch sind die Inhalte sozialwissenschaftlicher Politikberatung aufgrund der dargestellten Herrschafts- bzw. Kulturen-Problematik von Sozialwissenschaft und Beratungsnehmern bislang im allgemeinen *enger* gefaßt, als es das Aussagepotential der Politikanalyse erlauben würde. Sozialwissenschaftliche Politikberatung wird vielmehr häufig als vergleichsweise billig einkaufbarer Ersatz für technisch-naturwissenschaftlichen oder juristischen Sachverstand eingesetzt, ohne spezifische Vorteile politikanalytischer Qualifikation zu nutzen. Noch die größte Bedeutung spezifisch-sozialwissenschaftlicher Politikberatung haben Verwaltungsstudien, die auf Organisationsentwicklung und Implementationsbedingungen ausgerichtet sind, so Begleitstudien zur Realisierung bestimmter Handlungsprogramme oder Prozesse des Vewaltungsaufbaus. In vielen möglichen Nachfragebereichen sind politikanalytische Beratungspotentiale wie die Analyse soziopolitischer Implementationsbedingungen, die Erfassung soziopolitischer Trends oder die Nutzung von Planspieltechniken unter professioneller Einarbeit soziopolitischer Rahmenbedingungen bislang überhaupt nicht bekannt.

Ergänzende Literatur: Rossi/Freeman 1993; Hellstern 1991; Bruder 1980; Badura 1984; Hellstern/Wollmann 1984.

4. Politische Bildung

4.1 Inhalte und Intentionen

Politische Bildung ist eine Sammelbezeichnung für Aktivitäten, durch die Heranwachsende und Erwachsene befähigt werden sollen, Aufgaben in Staat und Gesellschaft mündig wahrzunehmen (Hilligen 1985). Der dabei implizierte *Bildungsbegriff* umfaßt Wissens-, Analyse- und Verhaltensanforderungen: Vermittelt werden sollen nach dem Stand der politischen Bildungs-Diskussion in der Bundesrepublik Deutschland grundlegende Kenntnisse des politischen Systems, insbesondere der demokratischen Willensbildung und -umsetzung, grundlegende Konzepte zum Verständnis von Politik, zum Beispiel das Interessenkonzept, sowie Wert und Verhaltensorientierungen im Sinne eines zwar konfliktfähigen, dabei aber doch parterschaftlichen Umgangs bis hin zu Erfordernissen umweltreundlichen Verhaltens (Breit/Massing 1992; Kuhn/Massing 1990, 1992; Claussen 1985).

Politik wird dabei entsprechend dem Modell des politologischen Dreicks verstanden: Die Vermittlung von Kenntnissen der institutionellen Politikdimension, d.h. in vitalen Demokratien vor allem, die Vermittlung von Verfahrensbedingungen, Wert- und Norminhalten demokratischer Willensbildung, gilt als Brücke zu bewußtem und verantwortlichem Verhalten in eben dieser Willensbildung. Die Politikdimension des offenen konflikthaften Prozesses wird durch die Vermittlung analytischer Konzepte von Politik, so des Interessen-, des Bewegungs- oder des Wertekonzepts, vermittelt. Öffentliches Handeln schließlich wird Gegenstand der politischen Bildung durch die geschichtliche Aufarbeitung staatlichen Handelns, aber auch die Veranschaulichung gesellschaftlicher Integrations- und Aktionsnotwendigkeiten, eine Betrachtungsweise, die in die normative Betrachtung des institutionellen Systems übergeht.

Nach dem Zweiten Weltkrieg stand die politische Bildung zwar zunächst klar im Auftrag der Vermittlung demokratischer Orientierung; hierbei kam es aber bereits rasch zu Akzentunterschieden zwischen Vertretern einer stärker alltagskulturell-partnerschaftlichen Ausrichtung und einer stärker auf die Vermittlung politischer Kenntnisse und Analysefähigkeit ausgerichteten Konzeption. Die Frage "Politisch bilden - aber wie?" wurde und wird weiterhin unterschiedlich, entsprechend der unterschiedlichen Gewichtung von Leitwerten wie Freiheit und Ordnung, Freiheit und Gleichheit, Pluralität und Integration, Konflikt und Konsens (Partnerschaftlichkeit), Partizipation und Repräsentation, Utopie und Realität, beantwortet (Kuhn/Massing 1992: 30).

Daß politische Bildung selbst politischen Charakter hat und damit in ihrer Ausrichtung zwischen Trägern unterschiedlicher gesellschaftlicher Strömungen und Wertorientierungen *umkämpft* ist, erwies sich von ihren Anfangsgründen an. So führte Wilhelm II. die staatliche Staatsbürgerkunde mit der erklärten Intention der Abwehr der Sozialdemokratie bzw. der Rettung der Monarchie ein (Kuhn/Massing 1990:16f.). Politische Bildung ist in Deutschland aber auch traditionell durch *soziale Bewegungen* und deren Wertorientierungen geprägt. Als früheste Form politischer Bildung in diesem Sinne können in Deutschland Aktivitäten der Arbeiterbildungsvereine, Grundformen der Sozialdemokratischen Partei, gelten (Der Allgemeine Deutsche Arbeiterverein wurde im Jahr 1863 gegründet). Politische Bildung diente dabei der kulturellen und gesellschaftlichen Emanzipierung des vierten Standes und der Erzeugung von Klassenbewußtsein. Neuere soziale Bewegungen, die Anstrengungen zur politischen Bildung beeinflußt haben und/oder beeinflussen, sind verschiedene Friedensbewegungen, die Anti-Atom-, die Umwelt- und Frauenbewegung. Ein aktueller Einflußfaktor dieser Art sind neue Wertorientierungen und Konzepte in bezug auf die Integration von Bürgern ausländischer Herkunft (Stichwort Multikulturelle Gesellschaft). Politische Bildung stellt sich somit im historisch-gesellschaftlichen Überblick als Multiplikator bzw. Diffusionsinstanz gesellschaftlicher Wertorientierungen dar.

4.2 Adressaten und Träger

Adressaten der politischen Bildung im engeren Sinne sind Heranwachsende, insbesondere Schüler/innen. In einer Gesellschaft, an deren bewußter Gestaltung grundsätzlich alle Menschen zumindest durch den Wahlakt beteiligt sein sollen, wird politische Bildung allerdings zu einem kontinuierlichen, wenn auch keineswegs immer in gleichbleibender Intensität verfolgten Erfordernis. Neben Schülern werden insbesondere jugendliche Berufstätige sowie erwachsene "Neueinsteiger" in die Gesellschaft durch politische Bildung angesprochen.

Träger politischer Bildung sind dementsprechend zunächst Lehrer/innen sowie Träger von Maßnahmen der politikbezogenen Weiterbildung. Nach weitem Verständnis politischer Bildung wird diese dagegen durch alle getragen, die Politik analysieren oder darstellen, so nicht nur durch Lehrer und Dozenten in weiterbildenden Studiengängen, sondern u.a. auch durch Hochschullehrer, politische Journalisten sowie die öffentlichen Repräsentanten politischer Institutionen. Politische Bildung in der *Schule* vollzieht sich in den Unterrichtsfächern Sozialkunde/Politik. Nach einer Befragung der dieses Fach unterrichtenden Lehrerinnen und Lehrer liegt das Fach in einer Krise. Als Gründe dafür werden der Bedeutungsverlust gegenüber dem Fach Geschichte, der hohe Anteil fachfremder Lehrkräfte, der geringe Stundenanteil und die fehlende Unterrichtskontinuität genannt (Harms/Breit 1990:141). Die politische Sozialisation wird allerdings zunehmend über Massenmedien vermittelt. So gehört die "Vorstellung, Politik werde von dem Bürger vornehmlich oder gar ausschließlich im Rahmen politischer Bildungsarbeit vermittelt, ...zu den kardinalen und vielfach folgenschweren Fehleinschätzungen und fachdidaktischen Selbstüberschätzungen" (Sarcinelli 1988:11).

Journalisten kommt insofern besondere Bedeutung für die politische Bildung zu, als sie die alltägliche Wahrnehmung der großen Mehrzahl der Bürger durch ihre Art der Politikbetrachtung stark beeinflussen. Öffentlichkeitswirksam auftretende *Politiker* sind wichtige Träger der politischen Bildung insofern, als ihr Verhalten auf Erwachsene und Jugendliche ausstrahlt. *Sozialwissenschaftler* schließlich bilden Multiplikatoren, dabei auch gerade Lehrer, aus und nehmen damit über ihre meinungs- und konzeptbildnerische Wirkung hinaus Einfluß auf die politische Bildungsarbeit. Der wichtigste explizite Multiplikator und Organisator der erklärten politischen Bildungsarbeit in der Bundesrepublik Deutschland sind die *Landeszentralen und die Bundeszentrale für politische Bildung* (Bildungsarbeit). Diese Einrichtungen wenden sich in ihrer Arbeit gleichermaßen an Schulen, Weiterbildung und Öffentlichkeit.

Im historischen Überblick zeigt sich eine charakteristische *Schwankung der Nachfrage* nach politischer Bildung: Angesichts politischer Krisen und Umbrüche, also eines großen soziopolitischen Stabilisierungsbedarfs, wird der politischen Bildung traditionell ein hoher Stellenwert zugemessen (so nach dem Zweiten

Weltkrieg und im Zeichen der Wiedervereinigung).[15] In Phasen der politischen Stabilität dagegen sinkt ihre Bedeutung spürbar.[16]

4.3 Politische Bildung mit analytischem Akzent

Durch Politikanalyse soll das jeweils bestmögliche konzeptuelle und methodische Instrumentarium zur Verfügung gestellt werden, um Formen, Bedingungen und Wirkungen von Politik erfassen und beurteilen zu können. Wird dieser Ansatz auf die Politische Bildung angewandt, so ergibt sich politische Bildungsarbeit mit analytischem Akzent. Diese ist vor allem darauf gerichtet, Menschen in die Lage zu versetzen, Politik eigenständig zu analysieren, das heißt, als Konstellation einzelner Größen erfassen und beurteilen zu können.

In einem solchen Ansatz mag zunächst die Gefahr des *Wertrelationismus* gesehen werden, da nicht die Bindung an Grundwerte, sondern deren kognitiv-analytische Wahrnehmung im Vordergrund steht. Dem ist jedoch entgegenzuhalten, daß in der reflexiv-modernen Gesellschaft Wertebindung zunehmend über bewußte Wahrnehmungs- bzw. Diskussionsprozesse vermittelt wird. Darüberhinaus legt differenzierte Politikanalyse die grundsätzliche Ablehnung von Sprechblasen, Phrasen und kurzschlüssig-ideolo-

---

15 Unmittelbar nach der Wiedervereinigung wurde der Bedarf an politischen Bildungsmaßnahmen durch Mittelzuweisungen des Bundes für Erwachsen- und Weiterbildungsmaßnahmen zusätzlich geweckt (Tietgens 1989; Schneider 1991).

16 Seit den siebziger Jahren zeigt sich für die Nachfrage nach außerschulischer Bildung eine rückläufige Tendenz. In den Volkshochschule etwa wird die politische Bildung immer mehr durch anwendungsbezogene und berufsqualifizierende Kurse verdrängt (Hufer 1985: 29). Schon sieht sich manch einer vor der Alternative:"Berufliche versus Politische Bildung?" gestellt (Meisel 1987: 30). Im Zuge des Wiedervereinigungsprozesses hat sich der Trend zur beruflichen Qualifizierung gegenüber der politischen Bildung noch weiter verstärkt. Die Bezeichnung "Politische Bildung" ist für die Bürger der vormaligen DDR ohnehin negativ besetzt, da sie diese an die zentral gelenkte und zu Propagandazwecken benutzte "Staatsbürgerkunde" erinnert. Vor allem aber ist angesichts der prekären wirtschaftlichen Lage der neuen Bundesländer und den daraus resultierenden und nicht unbegründeten Gefühl der sozialen Unsicherheit vieler Bürger beruflich anwendungsorientiertes Wissen weit mehr als allgemein-politisches Wissen gefragt (Schneider 1991: 11f.)

gischen Lösungsmustern nahe, eine Wertorientierung, die im Sinne politischer Bildungsarbeit liegt.

Ein zweiter Einwand gegen eine analytisch akzentuierte politische Bildung kann sich auf die Gefahr beziehen, daß hierdurch die Vermittlung ***notwendiger Faktenkenntnisse*** vernachlässigt wird. Diesem Einwand kann zum einen durch den Verweis darauf Rechnung getragen werden, daß politische Sachkenntnisse, etwa des Aufbaus bestimmter politischer Institutionen, eine gute Ergänzungsfunktion zur Politikanalyse haben können. Zum anderen erleichtert Politikanalyse die Wahrnehmung und damit auch Speicherung politischer Strukturen und Verläufe, da jeweilige Fakten an kognitiv-analytische Muster angekoppelt werden können. Politikanalyse entspricht damit zentralen Intentionen der politischen Bildung, so der Befähigung zur eigenständigen Beurteilung politischer Strukturen und Prozesse und der sich darauf gründenden Befähigung zu verantwortlichem politischem Verhalten.

Ergänzende Literatur: Harms/Breit 1990; Ellwein 1990; Claußen 1990, 1985; Mickel/Wolfgang/Zitzlaff/Dietrich 1990; Schneider 1991; Kuhn/Massing 1990, Kuhn/Massing 1992; Breit/Massing 1992;

5. Politikspiel

Politik vollzieht sich verschiedentlich in Formen, die die Assoziation zum Spiel nahelegen. So erinnern parlamentarische Debatten, die im Zeichen parlamentarischer "Spielregeln" ausgetragen werden (Angriffe der Opposition gegen die Regierung mit festgelegten Mitteln, wie Kleine und Große Anfrage, Haushaltsdebatte etc., Verwarnungen einzelner Abgeordneter durch die Parlamentspräsidentin wegen unstatthafter Zwischenrufe, Zeitüberschreitung u.ä.) an Spiel. Das Grundprinzip demokratischer Willensbildung, daß sich Vertreter bestimmter Auffassungen mit anderen Auffassungen politisch auseinandersetzen, deren Vertreter jedoch nicht physisch zu vernichten suchen, entspricht dem ersten Element des idealtypischen Spiels, der konditionalen Intrinsität (siehe A.4.3).

Derartige Assoziationen ändern jedoch nichts daran, daß *Politik grundsätzlich kein Spiel* ist. Denn im Unterschied zu diesem zielt Politik auf Wirkungen außerhalb ihres Bereichs ab, ist also kein Selbstzweck. Auch die Tatsache, daß in der praktischen Politik Berufspolitiker dominieren, zur Beteiligung an Politik also nicht nur durch politikinterne Anreize motiviert wird, stellt einen Unterschied zum idealtypischen Spiel dar. Eindeutige Spielregeln sind in der Politik zudem nur in bestimmten Bereichen gegeben, so in Wahlen oder parlamentarischen Debatten , und dies im besten Fall bei funktionierender Demokratie. Ansonsten mischen sich hier unterschiedliche Bewertungs- und Regelungskriterien, beispielsweise Machtregeln, Abhängigkeiten, Handlungsspielräume, Parteiorientierungen, Interessen und vieles andere mehr. Damit sind, ein weiterer Unterschied zum idealtypischen Spiel, die Handlungschancen der potentiellen Teilnehmer von Politik häufig ungleich verteilt. Schließlich motiviert Politik ihre Träger nicht unbedingt; nicht selten prägen vielmehr Lustlosigkeit und Zwänge das Verhalten der Beteiligten, alles Charakteristika, die dem Idealtypus des Spiels zuwiderlaufen.

Politik und Spiel bilden damit unterschiedliche Sphären, die sich nur in besonderen Formen verbinden. Eine dieser Verbindungen ist die politische Instrumentalisierung des Spiels zur Machterhaltung nach dem altrömischen Motto "Brot und Spiele", eine ganz andere die Verarbeitung der Politik im Politikspiel.

Die dargestellte Unterscheidung zwischen dem idealtypischen Spiel (mit abgeschlossener Spielwelt, eindeutigen Spielregeln und immanenter Spielmotivation) und gemischten Spielformen läßt sich auch auf Spiele mit dem Gegenstand Politik anwenden. So stellt die in der wissenschaftlichen Diskussion bekannteste Politikspielform, das *Planspiel*, eine Form des gemischten Spiels dar. Dieses hat, anders als das idealtypische Spiel, einen erklärten Gegenstandsbezug außerhalb der Spielsphäre und ist auf praktische Folgerungen außerhalb der Spiel-Sphäre angelegt. Dabei kann es insbesondere darum gehen, Kommunikationsprobleme oder Realisierungsbedingungen eines Handlungsprogramms zu erfassen (siehe auch B.1.2). *Didaktische Politikspiele* sind in erster Linie auf Wirkungen der politischen Bildung ausgerichtet. Sie reichen von Planspielformen (z.B. Kommstedt) bis zu Brett- und Computerspielen mit aufklärerischem Charakter (z.B. Ökolopoly, Eine Welt).

Den idealtypischen Spielanforderungen am ehesten entspricht das lediglich auf *Unterhaltung* abzielende *Politikspiel*. Während im Mittelpunkt didaktischer Politikspiele in der Regel gesellschaftliche Sachprobleme, zum Beispiel Umweltprobleme, und darauf bezogene Verhaltensanforderungen stehen, hat das lediglich auf Unterhaltung ausgerichtete Politikspiel vor allem den *politischen Prozeß* zum Gegenstand. Es geht also für die Mitspieler/innen darum, sich in der Auseinandersetzung mit anderen "Machthabern", "Ministern", "Präsidenten", "Parteiführern", "Militärs", "Aufständischen" o.ä. möglichst geschickt zu verhalten und so Einfluß, Geld, Wählerstimmen, Popularität o.ä. zu maximieren oder optimieren. Entsprechend der Grundtendenz des Spiels zur Vereinfachung bzw. Überzeichnung bestimmter Strukturen und Abläufe wird die Komplexität des politischen Prozesses dabei noch einmal zugunsten besonders krasser Erscheinungsformen oder Verhaltensmuster reduziert. Im Vordergrund der bisher auf dem Markt gängigen Politikspiele stehen dementsprechend Diktaturspiele (Junta, Kreml) sowie mit dem Wahlmodus operierende Einflußsspiele (Candidate, Res Publica).

Derartige Spiele entsprechen dem reinen Spieltypus auch insofern, als sich die Beteiligten alltäglicher Selbstkontrolle entledigen und einmal "richtig auf den Putz hauen" können; die Skurrilität bestimmter Spielrollen bietet zudem reichlich Anlaß für ironische

Spitzen, Witz und theaterhafte Darstellungsmöglichkeiten. Der politische Bildungswert vieler derartiger Spiele dagegen erscheint als gering: Es wird kaum politische Information vermittelt, etwa hinsichtlich des Aufbaus politischer Systeme oder typischer Politikabläufe, noch werden gesellschaftliche Problemlagen bzw. Problemlösungsoptionen deutlich. Spiele wie Junta oder Kreml dürften bestehende Primitivvorstellungen von Politik eher verfestigen als auflösen.

Die *Möglichkeiten* witziger, kreativer und dabei doch vergleichsweise wirklichkeitsnaher Politikspiele sind bisher kaum genutzt. Denkbar sind u.a.:

— Lehrspiele über Strukturen, z.B. Europäische Gemeinschaft, UN-Gremien, nationale politische Systeme, regionale und lokale Strukturen der politischen Willensbildung und Implementation, spielerisch abrufbare Institutionen-Modelle, zum Beispiel Ablaufkonflikte unter den institutionellen Bedingungen der Europäischen Gemeinschaft; computergespeicherte Informationsrückkopplungen mit witzigen Elementen,
— die spielerische Simulation öffentlichen Handelns und darauf bezogener politischer Prozesse, beispielsweise Spiele zu Wirtschafts-, Finanz-, Umwelt-, Landwirtschafts-, Sozial-, Forschungs-, innen- und außenpolitischen Problemen,
— komplexere Demokratiespiele,
— Simulationsformen politischer Konflikte und möglicher Formen ihres Austrags innerhalb von Nationalstaaten und im internationalen System,
— Wissens-/Fragespiele, insbesondere Quizspiele zu politischen Strukturen, Prozessen und Politikinhalten.

Politiksspiel und Politikanalyse

Da das Spiel methodische Anforderungen aufweist, denen Wissenschaft in der Regel nicht entsprechen kann, so die eindeutige Regelung von Handlungschancen oder die Vereinfachung von Sachverhalten, kann wissenschaftliche Politikanalyse die Politikspielentwicklung methodisch kaum anregen. Anders ist dies in bezug auf *Politikinhalte*. So lassen sich zahlreiche Sachverhalte spielerisch verarbeiten, beispielsweise besonders trickreiche Formen der Konfliktaustragung, taktische Formen der Politikimplementation oder institutionelle Strukturen, die bisher spezieller Gegenstand politikwissenschaftlicher Analyse sind. Im Spiel modelliert werden können grundsätzlich alle Politikaspekte, wobei sich alle Kommunikationsaspekte als Gegenstand von Gruppenspielen, Strukturaspekte als Gegenstand von Konstruktionsspielen nach dem Baukastenprinzip und Aspekte öffentlichen Handelns als Gegenstand von didaktischen Gruppenspielen, aber auch Allein-, zum Beispiel Computerspielen, anbieten.

Wissenschaftliche *Analysekonzepte und Theorien* können grundsätzlich spielerisch umgesetzt bzw. demonstriert werden, denn Spiel und Wissenschaft haben Gemeinsamkeiten, so vor allem die Systematik des Vorgehens und den in beiden Bereichen notwendige Freiraum zur Entfaltung eigener Handlungslogiken gegenüber Alltagszwängen, schließlich die grundsätzlich positive Bewertung von Denkfähigkeit und Kreativität. Eine sich entwickelnde Politikspiel-Kultur könnte daher ihrerseits zumindest didaktisch, unter Umständen aber auch inhaltlich anregend für die wissenschaftliche und praxisnahe Politikanalyse wirken.

Ein anderer Zusammenhang von Politik und Spiel besteht darin, daß Politik immer Elemente des Schauspiels und der Unterhaltung aufweist und zumindest durch latente *Spiel- bzw. Unterhaltungsansprüche*, insbesondere der Politikkonsumenten und Medien, beeinflußt wird. Öffentlich-politische Prozesse sind demnach als Dramen, Tragödien und Komödien strukturiert. Das jeweilige Publikum fordert zumindest latent die Einhaltung der jeweiligen Dramaturgie. Beispielsweise müssen die Bösen die Bösen und die Guten die Guten bleiben; es dürfen nicht zu viele Akteure ins Spiel kommen, und die Dramatik des Ablaufs muß zunehmen ansonsten werden alle Schauspieler durch mangelndes Interesse bestraft. Da die beteiligten Akteure diese Konsumansprüche vermittelt über Sehbeteiligung, Stimmverhalten u.a. erfahren, beginnen sie sich zunehmend bewußt als politische Schauspieler zu verhalten und verstärken damit den Spielcharakter der Politik. Das (Schau-)Spiel und seine Anforderungen bestimmen also zu einem Teil, wie Politik gesehen und gestaltet wird.

Ergänzende Literatur: Kurzrock (Hg.) 1983; Hagedorn 1987; Andiel 1971; Schmidtchen 1988; Preiser 1980; Glonegger 1988; Christ 1987.

6. Das Politische Kabarett

Die Tradition der Troubadours, der Minnesänger und sogar das antike Satyrspiel werden als Vorläufer des Kabaretts genannt (Greul 1967: 17-33). Fleischer (1989) betrachtet die Tradition des politischen Chansons in Frankreich als wahrscheinlichere Traditionslinie.[17] In der uns geläufigen Form besteht Kabarett jedoch erst seit den achtziger Jahren des neunzehnten Jahrhunderts.[18] In Deutschland und Österreich standen dabei bis in die Zwischenkriegszeit hinein politisch-literarische Inhalte und Formen im Vordergrund. Kabarett war nicht zuletzt Autoren-Bühne, die Künstlern die Möglichkeit zur Selbstdarstellung gab. Die antibürgerliche Attitüde (in der Tradition der politischen Chansons), die polemische Schärfe gegen das Etablierte, insbesondere gegen die Regierenden war aber bis in die letzten Jahrzehnte ein Grundzug des politischen Kabaretts. In den achtziger und neunziger Jahren ist Politisches Kabarett nicht unbedingt mehr polemisch; in den Vordergrund getreten sind die Lust daran, eigene Wert- und Weltvorstellungen in Frage zu stellen, die überraschende Wendung, Witz und analytische Schärfe.

Das politische Kabarett im engeren Sinn ist bisher auf Deutschland, Osteuropa und Österreich beschränkt (Fleischer 1989). Werden jedoch benachbarte Kunstformen, so das englische Musical, das amerikanische Vaudeville, das französische Chanson, Varieté, Revue, Einakter, bunter Abend und die Institution des Witzerzählers einbezogen, lassen sich kabarettistische Formen in zahlreichen Ländern finden. Die Auffassung des Kabaretts als ausschließliche Kunstform der demokratisch-pluralistischen Gesellschaft (Henningsen 1967:9/10) geht darüber hinweg, daß Kabarett immer wieder auch Widerstandsform gegen undemokratische Verhältnisse gewesen ist (Polen, Tschechoslowakei, DDR)

---

17 Pamphlete, Attacken, satirische Texte und Spottlieder gegen das Bürgertum wurden schon vor der französischen Revolution auf Märkten vorgetragen. Einen neuen Aufschwung erlebten die Chansons während der französischen Revolution, und zwar auf Seiten der Revolutionäre wie der Konterrevolutionäree. Von da an werden die politischen Chansons in Cafés vorgetragen. Es beginnt die Zeit der Béranger-Chansons und der Cafés-chantants bzw. Cafés-concerts (Fleischer 1989: 15).

18 1881 Kabarett "Chat noir" in Paris, ab dem Beginn des 20. Jahrhunderts Gründungen in Berlin, München, Wien, so das "Überbrettl" in Berlin und "Die 11 Scharfrichter" in München.

Begriff

Kabarett besteht nach Jürgen Henningsen (1967:9) in dem *"Spiel mit dem erworbenen Wissenszusammenhang des Publikums"*. Die Bezeichnung "Spiel" hebt dabei auf die Leichtigkeit des Kabaretts im Umgang mit diesem Wissen, auf das spaßhafte Antäuschen und spielerische Zurücknehmen bestimmter Aussagen, auf die Ähnlichkeit der Kabarett-Situation zur spielerischen Balgerei ab. Es lassen sich allerdings auch andere Bezüge zum idealtypischen Spielbegriff herstellen. So verfremdet das Kabarett zwar ironisch die politische Realität, zielt heute aber nicht mehr unbedingt auf Veränderung dieser Realität ab, sondern ist sich häufig selbst genug. Das Kabarett entwickelt verwirrende Begriffsassoziationen gerade mit Hilfe der Behauptung, sich nach ganz einfachen Regeln (beispielsweise nach den Regeln des gesunden Menschenverstands) zu verhalten. Vor allem aber ist es voller Witz, erzeugt Spannung durch die Erwartung der nächsten Pointe und ist insofern dem Idealtypus des Spiels nah.

Da sich das Publikumswissen um bestimmte Wissenskerne herum laufend ändert, ist das Kabarett immer aktuell. Es bezieht sich im besonderen auf Bruchpunkte des aktuellen Publikumswissens, so selbstverständlich erscheinende, aber bei genauerer Prüfung nicht haltbare Annahmen, auf Tabus, fragwürdige Denkgewohnheiten, aber auch Denkanstöße und aktuelle Weitungen von Begriffen, auf neue Wendungen und Verknüpfungen politischen Wissens. Seine hauptsächlichen Wissengrundlagen sind Alltagswissen, die politische Information durch die Massenmedien und die sich hieraus bildenden Inhalte der öffentlichen Diskussion. Es bildet damit eine besondere Form politischer Öffentlichkeit.

Kabarettistische Elemente

Das Kabarett arbeitet *ohne bestimmte inhaltliche Konzepte*. Die Themen, Annahmen und Schlüsse sind in keiner Weise festgelegt, werden auch im allgemeinen nicht gesammelt und längerfristig weiterentwickelt.[19] Das Kabarett ist vielmehr episodisch, schnell vergänglich. Nach dem Muster des Journalismus arbeitet es grundsätzlich mit Wissensbruchstücken des allgemeinen Publikums und kaum mit wissenschaftlich oder anderweitig systematisch geformten Kategoriensystemen. Besondere Wert- und kognitive Orientierungen spielen aber häufig eine Rolle; so ist das Kabarett, wie dargestellt, häufig Träger und Ausdruck kritisch-oppositionellen Denkens gewesen. Auch sozialwissenschaftliche Begriffe und Denkkonfigurationen können als Teil des Publikumswissens zum kabarettistischen Bezugspunkt werden. Schließlich hat das Kabarett kulturelle Voraussetzungen: Nur bei einer gewissen Komplexität und Ausdifferenzierung politischen Denkens, vor allem aber der Bereitschaft, sich von herkömmlichen Begriffen zu lösen, ja diese zu verkehren, kann sich das Kabarett etablieren und aufblühen.

Der fehlenden inhaltlich-kategoriellen Spezifizierung des Kabaretts steht die hochgradige Ausdifferenzierung und Spezifizierung seiner *Verarbeitungs- und Darstellungsmethoden* gegenüber. Das Kabarett ist durch und durch künstlich, gestaltet, artifiziell, neben dem Spiel geradezu der Inbegriff methodischer Artifizierung. Dabei grundlegende Prinzipien sind:

— das *Spiel mit dem Publikum*: Das Publikum wird angespielt, das heißt, Erwartungen des Publikums werden mit dem Effekt desillusionierenden Charakters geweckt und wieder zerstört. Das Publikum spielt allerdings nur insoweit mit, als es mitdenkt; es hat üblicherweise keine Lust dazu, selbst aktiv zu werden.
— die *episodische Grundform* des Kabaretts: Einzelne Kabarett-Nummern werden aneinandergereiht. Die Gestaltung von deren Verhältnis untereinander ist allerdings eine eigene kabarettistische Kunstform.
— die *Rollenspannung*: Der Kabarettist tritt in drei Rollen auf, als jeweiliger Rollenträger im Rahmen einer Nummer, als Kabarettist und als Privatmann. Ein besonderer Reiz liegt darin,

19 Versuche, Kabarett-Texte zu tradieren, finden wegen der Bindung des Mediums an den jeweils aktuellen soziopolitischen Kontext bestenfalls kulturhistorisches Interesse. Das von Martin Buchholz entwickelte Kabarett in Buchform ("Wir sind was volkt. Vom Ur-Sprung in der deutschen Schüssel - ein satirisches Schizogramm", Berlin 1993") könnte allerdings der Beginn einer Weiterentwicklung des Kabaretts sein - nach Buchholz Ergebnis einer erynnienhaften Eingebung (ebda 66).

daß sich der Kabarettist ständig zwischen diesen Rollen hin und her bewegt, nie zu fassen ist. So nimmt er in seiner Rolle als Kabarettist mit kritischer Attitüde eine moralische Position ein, die er in seiner Rolle als Privatmann wieder relativieren und in seinen Spielrollen nach Belieben aufweichen, zerschlagen oder umdrehen kann.

— die *analytische Destruktion*: Das Kabarett zielt auf Bruchstellen des erworbenen Wissenzusammenhangs des Publikums, destruiert insofern - ein analytischer Vorgang. Denn Politikanalyse bedeutet ja gedankliche Auflösung zusammenhängender Komplexe mit der Chance zu tieferem Verständnis der Zusammenhänge zwischen den erfaßten Analyseelementen. Die kabarettistische Destruktion kann allerdings vom Publikum als Ansatz zu eigener neuer Konstruktion verarbeitet werden.

— *Multimedialität*: Das Kabarett ist eine multimediale Darstellungsform mit einem breiten Repertoir besonderer Darstellungselemente. Zentral war dabei früher häufig (im Anschluß an die Chanson-Tradition) das Lied; heute ist es üblicherweise der gesprochene Text. Bühnenbild und Requisiten sind nicht obligatorisch. Häufig genutzt werden:

— *Original- und Sekundärtexte* in unterschiedlicher, zum Beispiel dialektgefärbter Vortragsart,

— *theatralische Elemente*, so die semantisierte Bewegung, z.B. der Hitlergruß als übertriebene Kennzeichnung einer nationalistischen Überzeugung, manchmal die Pantomime,

— *Wendungen des Inhalt-Form-Zusammenhangs*, so die Travestie (Inhalt bleibt, zugehörige Form wird verändert) und die Parodie (Form bleibt, zugehöriger Inhalt wird verändert), dabei die Imitation und Karikatur (Übersteigerung einzelner Züge),

— die *zeitweise Irreführung des Publikums*, die Entlarvung, die gezielte Auslassung von Textteilen, die Text- bzw. Sinn-Rekonstruktion durch das Publikum, die Abstraktion und Stilisierung, Sprach- und Wortspiele, das Aus-dem-Text-Gehen, die Gattungsvermischung,

— die *Aktualisierung von Kulturkontexten*: Nutzung von Versatzstücken, Fragmenten, Dialekt,

— die *Übersteigerung*,

— *Witze*, darunter Witze mit Langzeitwirkung, die Pointe: der eigentliche, unerwartete Sinn, in den ein Witz ausläuft; entsteht

durch überraschende Umwendung des Gesagten" (Wilpert 1969: 578), dabei die Bestätigungspointe des Publikums, die kabarettistische Definition: die witzige, überraschende, entlarvende Formulierung;
— die *Herstellung von Zusammenhängen* innerhalb der einzelnen Nummer oder zwischen den Nummern,
— *Anspielungen*, so auf Texte anderer Autoren, Konstruktion logischer Ketten, Kitsch-Verfahren, Überbietung, Anspielungserklärung,
— *Assoziationssprünge*, Versprecher, Dialoglücken, Dazwischenreden, Redefluß unterbrechen,
— *schauspielerische Verfahren* wie Rhythmusgestaltung, körperliche Bewegung, Mimik und Gestik,
— *Improvisation.*

Politikanalytische Bezüge

Da Politikanalyse und politisches Kabarett gleichermaßen mit dem Mittel der gedanklichen Auflösung (Destruktion) und darauf aufbauender neuer Konstruktion operieren, ergeben sich mögliche, bisher kaum wahrgenommene wechselseitige Anregungsmöglichkeiten. Dies gilt für die Anregung des Kabaretts durch die wissenschaftliche Politikanalyse am ehesten unter *inhaltlichem* Gesichtspunkt. So könnten anregende Themen, Argumentations- und Denklinien wissenschaftlicher Politikanalyse kabarettistisch umgesetzt werden. Beispielsweise bietet es sich an, die Widersprüchlichkeit von erklärten Wertorientierungen und Interessenlagen politischer Akteure genauer unter die Lupe zu nehmen, dabei auch Interessen zweiter Ordnung (Helfer- und Schadensinteressen) kabarettistisch zu verarbeiten. Ähnliches gilt für den Zusammenhang von politischen Prozeßmustern und Einflußkonstellationen oder das Verhältnis von institutionellen Restriktionen und Handlungsdefiziten.

Methodisch kann das Kabarett durch die wissenschaftliche Politikanalyse kaum angeregt werden, umgekehrt aber die Wissenschaft durch das professionelle Kabarett. Viele kabarettistische Darstellungsmethoden sind zwar durch Anforderungen der empirisch-analytisch orientierten Wissenschaft, so durch die Forderung nach Eindeutigkeit, Überprüfbarkeit und logischer Ableitbarkeit, ausgeschlossen; von der präzisen Informationsaufbereitung, der

Differenzierung und bewußten Kombination von Darstellungsformen und der sensiblen Berücksichtigung des Wissensstandes der jeweiligen Informationsnutzer durch das Kabarett können Wissenschaftler aber lernen.

> **Ergänzende Literatur: Fleischer 1989; Henningsen 1967; Zivier/Kotschenreuther/Ludwig 1989; Buchholz 1993.**

7. Wechselbeziehungen

Politikanalyse stellt sich zusammengefaßt als ein ausdifferenziertes System unterschiedlicher Analyseformen und Analysebedingungen dar. Jeder Bereich, von wissenschaftlichen Disziplinen mit dem Gegenstand Politik über die journalistische Politikanalyse, die Politikberatung und die politische Bildung bis zu künstlerischen Analyseformen, insbesondere dem Politischen Kabarett, weist charakteristische *Besonderheiten* analytischer Konzepte und Methoden auf. Besonders stilisiert wird diese Besonderheit bisher im journalistischen, im wissenschaftlichen und im künstlerischen Bereich. Daß in diesem Buch vor allem wissenschaftliche Konzepte und Methoden und damit wissenschaftliche Analyseverfahren behandelt wurden, entspricht dem traditionellen Verständnis der Politikanalyse als wissenschaftlicher Analyse, aber auch dem Arbeitsbereich des Autors. Es wäre ausgehend von journalistischen Erfahrungen genauso möglich, ein Buch über journalistische Politikanalyse zu verfassen und dabei zu prüfen, wie sich die speziellen Konzepte und Methoden dieses Bereichs auf andere Bereiche, beispielsweise den wissenschaftlichen, niederschlagen.

Derartige Wechselbeziehungen bestehen nicht nur zwischen Sozialwissenschaft und Journalismus, sondern auch zwischen anderen Formen bzw. Infrastrukturen der Politikanalyse. Beispielsweise schlagen sich wissenschaftliche Konzepte auch im der Politikberatung und der politischen Bildung, punktuell selbst im Kabarett nieder. Journalistische Themen und Begriffe wirken nicht nur auf die sozialwissenschaftliche Politikanalyse zurück, sondern beeinflussen auch die Politikberatung, die politische Bildung sowie die Entwicklung von Politikspielen. Die politische Bildung beeinflußt die politische Kultur und damit die journalistische und wissenschaftliche Beschäftigung mit Politik. Politische Bildung und Politikspiel berühren sich, u.a.

Wechselbeziehungen ergeben sich schließlich nicht nur in bezug auf Methoden und Konzepte, sondern auch auf Finanzierungsmöglichkeiten der Politikanalyse. So wird die wissenschaftliche Politikanalyse im angloamerikanischen Raum bereits zu höheren Anteilen durch gesellschaftliche Träger finanziert - mit der Nebenwirkung, daß bereichsspezifische Formen der Politikberatung weit höheres Gewicht haben als in Deutschland mit seinem bisher stark durch staatliche Finanzierung geprägten System. Die Nutzung professioneller Politikanalyse im Bereich des Planspiels, des Politikspiels und anderer Bereiche steht erst am Anfang. So zeichnet sich ab, daß sich das System unterschiedlicher Formen und Bereiche der Politikanalyse weiter ausdifferenzieren wird, vor allem aber, daß sich die Wechselwirkungen zwischen den Teilen dieses Systems verstärken werden. Professionelle Politikanalyse jeder Art wird sich damit nicht nur durch die weitere Ausarbeitung des eigenen konzeptuellen und methodischen Instrumentariums ausweisen müssen, sondern auch durch die Fähigkeit, Anregungen aus anderen Analyseformen zu verarbeiten. So wäre die wissenschaftliche Politikanalyse blutleer ohne laufenden Zufluß von Anregungen aus anderen Analysebereichen. Auch im wissenschaftlichen Rahmen bleibt also ohne jede Einschränkung zu fragen: Wie analysiere ich Politik?

Literatur

Aarebrot, F./ Bakka, P.H. 1987: Die vergleichende Methode in der Politikwissenschaft, in: Berg-Schlosser/ Müller-Rommel (Hrsg.), S.45-62.

Albach, H. 1993: The Transformation of Firms and Markets: A Network Approach to Economic Transformation Processes in East Germany Wissenschaftszentrum Berlin für Sozialforschung (WZB Discussion Paper FS-IV 93-1), Berlin.

Albrecht, U. 1986: Internationale Politik. Einführung in das System internationaler Herrschaft, München-Wien.

Albrecht, U./ Hummel, H. 1990: Macht, in: Politische Vierteljahresschrift 31, Sonderheft 21, S.90-109.

Alemann, H. v. 1977: Der Forschungsprozeß. Eine Einführung in die Praxis der empirischen Sozialforschung, Stuttgart.

Alemann, H. v. 1991: Repräsentation, in: Nohlen (Hrsg.), S. 589-592.

Alemann, H. v./ Ortlieb, P. 1975: Die Einzelfallstudie, in: Koolwijk, J.v./ Wieken-Mayers, P. (Hrsg.): Techniken der empirischen Sozialforschung, Bd.2.: Untersuchungsformen, München-Wien, S. 157-177.

Alemann, U. v. 1985: Politikbegriffe, in: Nohlen/ Schlutze (Hrsg.).

Alemann, U.v. 1991: Politikbegriffe, in: Nohlen (Hrsg.), S. 490-493.

Alemann, U. v. 1994: Grundlagen der Politikwissenschaft. Ein Wegweiser, Opladen.

Alemann, U.v./ Fondran, E, 1988: Methodik der Politikwissenschaft, Stuttgart.

Alemann, U.v./ Heinze, R.B. (Hrsg.) 1989: Verbände und Staat. Vom Pluralismus zum Kooperatismus, Opladen.

Almond, Gabriel A./ Powel, G. B. 1978: Comparative politics. System, process, and policy, Boston-Toronto.

Almond, G.A./ Verba, S. 1963: The Civic Culture. Political Attitudes and Democracy in Five Nations, Princeton.

Andiel, A. 1971: Politische Bildung und private Macht. Demokratische Spielregeln im Bezugssystem von Schule und Gesellschaft, Stuttgart.

Arendt, H. 1970: Macht und Gewalt, München.

Arendt, H. 1981: Vita Activa oder Vom tätigen Leben, München.

Arendt, H. 1993: Was ist Politik? Fragmente aus dem Nachlaß von Hannah Arendt, Herausgegeben von Ursula Lutz, München.

Aristoteles 1973: Politik, München.

Arnim, H. v. 1991: Die Partei, der Abgeordnete und das Geld, Mainz.

Atkinson M./ Coleman W. 1992: Policy Networks, Policy Communities and the Problems of Governance, in: Governance 5, S. 154-180.

Atteslander, P. 1991: Methoden der empirischen Sozialforschung, Berlin.

Aufermann, J./ Elitz, E. (Hrsg.) 1975: Ausbildungswege zum Journalismus. Bestandsaufnahme, Kritik und Alternativen, Opladen.

Axelrod, R. 1970: Conflicts of Interest. A Theory of Divergent Goals with Applications to Politics, Chicago.

Axelrod, R. 1984: The Evolution of Cooperation (dt. 1987), New York.

Axelrod, R. 1986: An Evolutionary Approach to Norms, in American Political Science Review 80, S. 1095-1111.

Bach, M. 1992: Eine leise Revolution durch Verwaltungsverfahren. Bürokratische Integrationsprozesse in der Europäischen Gemeinschaft, in: Zeitschrift für Soziologie 21, S. 16-30.

Bachrach, P./ Baratz, M.S. 1962: Two Faces of Power, in: American Political Science Review 56, S. 947-952.

Bachrach, P./ Baratz, M.S. 1963: Decisions and Nondecisions: An Analytical Framework, in: American Political Science Review 57, S. 641-651.

Bade, K.J. (Hrsg.) 1992: Deutsche im Ausland - Fremde in Deutschland: Migration in Geschichte und Gegenwart, München.

Badura, B. 1984: Zur Politik der Nutzung und Nichtnutzung sozialwissenschaftlicher Informationen in der Bundesrepublik Deutschland, in: Hellstern/ Wollmann (Hrsg.), S. 590-595.

Bahro, R. 1977: Die Alternative. Zur Kritik des real existierenden Sozialismus, Frankfurt/M.

Bartholomai, R. 1977: Ressortforschung. Aspekte der Vergabe und Forschungsbegleitung, in: Wissenschaftszentrum für Sozialforschung Berlin (Hrsg.): Interaktion von Wissenschaft und Politik, Frrankfurt/M.-New York.

Baumann, Z. 1992: Intimations of Postmodernity, London-New York.

Beck, U. 1986: Risikogesellschaft. Auf dem Weg in eine andere Moderne, Frankfurt/M.

Beck, U. 1991: Der Konflikt der zwei Modernen, in: Zapf (Hrsg.), S. 40-53.

Beck, U. 1993: Die Erfindung des Politischen, Frankfurt/M.

Beck, U./ Bonß, W. 1984: Soziologie und Modernisierung. Zur Ortsbestimmung der Verwendungsforschung, in: Soziale Welt 35, S. 381-406.

Beck, U./ Bonß, W. 1989: Zu, Strukturwandel von Sozialwissenschaft und Praxis. Ergebnisse und Perspektiven der Verwendungsforschung, in: Soziale Welt 40, S. 197-214.

Beck, U./ Bonß, W. (Hrsg.) 1989a: Weder Sozialtechnologie noch Aufklärung? Analysen zur Verwendung sozialwissenschaftlichen Wissens, Frankfurt/M.

Bennet, C.J./ Howlett, M. 1992: The lessons of learning: Reconciling theories of policy learning and policy change, in: Policy Science 25, S. 275-294.

Benninghaus, H. 1990: Einführung in die sozialwissenschaftliche Datenanalyse, München.

Bentley, A.F. 1908: The process of gouvernment. A study of social pressures, Chicago- London.

Benz, A. 1992: Mehrebenen-Verflechtung: Verhandlungsprozesse in verbundenen Entscheidungsarenen, in: Benz/ Scharpf/ Zintl (1992), S. 147-205.

Benz, A./ Scharpf, F.W./ Zintl, R. 1992: Horizontale Politikverflechtung. Zur Theorie der Verhandlungssysteme, Frankfurt/M.-New York.

Berg, K./ Kiefer, M.-L. 1990: Massenkommunikation IV. Eine Langzeitstudie zur Mediennutzung und Medienbewertung 1964-1990, Frankfurt.

Berg-Schlosser, D./ Müller-Rommel, F. 1987: Vergleichende Politikwissenschaft, Opladen.

Berg-Schlosser, D./ Stammen, Th. 1992: Einführung in die Politikwissenschaft, München.

Berger, J. 1988: Modernitätsbegriffe und Modernitätskritik in der Soziologie, in: Soziale Welt 39, S. 224-236.

Bermbach, U. 1989: Politische Institutionen und gesellschaftlicher Wandel: Zum Institutionenverständnis im politischen Denken der Neuzeit, in: Hartwich (Hrsg.), S. 57-71.

Bermbach, U. 1991: Demokratietheorie und politische Institutionen, Opladen.

Berne, E. 1988: Spiele der Erwachsenen, Reinbek bei Hamburg

Beyme, K. v. 1985: Policy Analysis und traditionelle Politikwissenschaft, in: Hartwich (Hrsg.), S. 7-29.

Beyme, K.v. (Hrsg.) 1986: Politikwissenschaft in der Bundesrepublik Deutschland, Opladen.

Beyme, K. v. 1988: Der Vergleich in der Politikwissenschaft, München.

Beyme, K. v. 1991: Theorie der Politik im 20. Jahrhundert. Von der Moderne zur Postmoderne, Frankfurt/M.

Beyme, K. v. 1991a: Das politische System der Bundesrepublik Deutschland nach der Vereinigung, München.

Beyme, K.v. 1991b: Informelle Komponenten des Regierens, in: Hartwich/ Wewer (Hrsg.) 1991, S. 31-50.

Beyme, K. v. 1992: Die politischen Theorien der Gegenwart. Eine Einführung. 7. Auflage, Opladen.

Beyme, K. v. 1993: Die politische Klasse im Parteienstaat, Frankfurt/M.

Beyme, K. v./ Schmidt, M.G. (Hrsg.) 1990: Politik in der Bundesrepublik Deutschland, Opladen.

Blaes, R. 1981: Qualifikationsstruktur in der journalistischen Ausbildung-dargestellt am Beispiel der Entwicklung eines berufsbezogenen Studiengangs, München.

Bloch, A. 1983: Noch mehr Gründe, warum alles schiefgeht, was schiefgehen kann, München.

Blume, S. u.a. (Hrsg.) 1987: The Social Direction of the Public Sciences. Causes and Consequences of Co-operation between Scientists and Non-Scientific Groups, Boston u.a.

Böhret, C. 1971: Das Planing-Programming-Budgeting-System als zukunftsorientierte Entscheidungshilfe für die Regierung, in: Ronge, V./ Schmieg, G. (Hrsg.): Politische Planung in Theorie und Praxis, München.

Böhret, C. 1985: Zum Stand und zur Orientierung der Politkwissenschaft in der Bundesrepublik Deutschland, in: Hartwich (Hrsg.), S. 269-330.

Böhret, C. 1990: Folgen. Entwurf für eine aktive Politik gegen schleichende Katastrophen, Opladen.

Böhret, C. 1992: Zur Handlungsfähigkeit des funktionalen Staates der spätpluralistischen Industriegesellschaft; in: Kohler-Koch (Hrsg.), S. 116-129.

Böhret, C./ Jann, W./ Kronenwetter, E. 1988: Innenpolitik und politische Theorie, Opladen.

Böhret, C./ Wewer, G. (Hrsg.) 1993: Regieren im 21. Jahrhundert. Zwischen Globalisierung und Regionalisierung, Opladen.

Böhret, Carl u.a. (Hrsg.) 1987: Herausforderungen an die Innovationskraft der Verwaltung, Opladen.

Bolte, K.M./ Hradil, S. 1984: Soziale Ungleichheit in der Bundesrepublik Deutschland, Opladen.

Borowsky, P./ Vogel, B./ Wunder, H. 1989: Einführung in die Geschichstwissenschaft I. Grundprobleme, Arbeitsorganisation, Hilfsmittel, 5. Aufl., Opladen.

Bourdieu, P. 1989: Social Space and Symbolic Power, in: Sociological Theory 7, S, 14-25.

Breit, G./ Massing, P. (Hrsg.) 1992: Grundfragen und Praxisprobleme der politischen Bildung, Bonn.

Breitmeier, H. u.a. 1993: Internationale Umweltregime, in Prittwitz (Hrsg.), 163-192.

Brennan, G./ Buchanan, J. 1985: The Reason of Rules. Constitutional Political Economy, Cambridge.

Brewer, G.D./ DeLeon, P. 1983: The Foundations of Policy Analysis, Homewood/Ill.

Browne, E.C. u.a. 1984: An 'Events' Approach to the Problem of Cabinet Stability, in: Comparative Political Studies 17, S. 167-189.

Bruder, W. 1980: Sozialwissenschaften und Politikberatung. Zur Nutzung sozialwissenschaftlicher Informationen in der Ministerialorganisation, Opladen.

Buchanan, J./ Tullock, G. 1962: The Calculus of Consent. Logical Founcations of Constitutional Democracy, Ann Arbor.

Buchholz, M. 1993: Wir sind was volkt, Berlin.

Buchstein, H. 1992: Politikwissenschaft und Demokratie: Wissenschaftskonzeption und Demokratietheorie sozialdemokratischer Nachriegspolitologen in Berlin, Baden-Baden.

Buchstein, H./ Schmalz-Bruns, R. 1992: Gerechtigkeit als Demokratie. Zur politischen Philosophie von Michael Walzer, in: Politische Vierteljahresschrift 33, S. 375-398.

Budge, I. 1984: Parties and Democratic Government: A Framework for Comparative Explanation, in: West European Politics 7, S. 95-118.

Budge, I./ Herman, V. 1978: Coalitions and Government Formation: An Empirical Relevant Theory, in: British Journal of Political Science 8, S. 459-477.

Bull, H. 1977: The Anarchical Society. A Study of Order in World Politics, New York.

Bundeszentrale für politische Bildung (Hrsg.) 1988: Erfahrungsorientierte Methoden der politischen Bildung, Bonn.

Bundeszentrale für politische Bildung (Hrsg.) 1990: Zur Theorie und Praxis der politischen Bildung, Bonn.

Bundeszentrale für politische Bildung (Hrsg.) 1990a: Vierzig Jahre politische Bildung in der Demokratie, Bonn.

Burley, A.-M./ Mattli, W. 1993: Europe Before the Court: A Political Theory of Legal Integration, in: International Organization 47, S. 41-76.

Bußhoff, H. 1987: Anwendbarkeit politikwissenschaftlicher Theorien, Köln-Wien.

Chisholm, D. 1989: Coordination Without Hierarchy. Informal Structures in Multiorganizational Systems, Berkeley.

Christ, K. 1987: Kooperationsfördernde Brettspiele, Theoretisches Konzept, Entwicklung von Spielen, Durchhführung eines Experiments (Dissertation), Hamburg.

Claußen, B. 1981: Methodik der politischen Bildung, Opladen.

Claußen, B. 1990: Politologie und politische Bildung. Zur Aktualität der edukativen Dimension zeitgemäßer Demokratiewissenschaft im Aufklärungsinteresse, in: Bundeszentrale für politische Bildung (Hrsg.), S: 339-366.

Claußen, J. 1985: Die autoritäre Persönlichkeit: Verdrängt - und doch aktuell; in: Westermanns Pädagogische Beiträge 37, S.205-207

Claußen, J./ Geißler, R. (Hrsg.) 1990: Politisierung des Menschen. Instanzen der politischen Sozialisation, Weinheim.

Coase, R. H. 1960: The Problem of Social Cost, in: Journal of Law and Economics 3, S. 1-40.

Cohen, M./ March, J.G./ Olsen, J.P. 1972: A Garbage Can Model of Organizational Choice, in: Administrative Science Quaterly 17, S. 1-19.

Coleman, A.M. 1982: Game Theory and Experimental Games. The Study of Strategic Interaction, Oxford.

Coleman, J.S. 1972: Policy research in the social science, Morristown/N.J.

Coleman, J.S. 1990: Foundations of Social Theory, Cambridge.

Collingridge, D./ Reeve, C. 1986: When Science Speaks to Power. The Role of Experts in Policy Making, London.

Czada, R./ Schmidt, M.G. (Hrsg.) 1993: Verhandlungsdemokratie, Interessenvermittlung, Regierbarkeit. Festschrift für Gerhard Lehmbruch, Opladen.

Czada, R.M./Windhoff-Héritier, A. (Hrsg.) 1991: Political Choice. Institutions, Rules and the Limits of Rationality, Frankfurt/M.-Boulder/C.

Dahl, R. 1961: Who Governs? Democracy and Power in an American City, New Haven.

Dahl, R. 1967: Pluralist Democracy in the United States. Conflikt and Consent, Chicago.

Dahrendorf, R. 1979: Lebenschancen. Anläufe zur sozialen und politischen Theorie, Frankfurt/M.

Dawson, R.E./ Robinson, A. 1963: Inter-Party Competition, Economic Variables and Welfare Politics in the American States, in: Journal of Politics 25, S. 265-289.

De Swaan, A. 1973: Coalition Theories and Cabinet Formations. A Study of Formal Theories of Coalition Formation Applied to Nine European Parliaments after 1918, Amsterdam-London-New York.

DeLeon, P. 1988: Advice and Consent. The Development of the Policy Sciences, New York.

DeLeon 1992: The Democratization of the Policy Sciences, in: Public Administration Review 52, S. 125-129.

Derlien, H.-U. 1985: Planungsinstrumentarium und Planungsorganisation im Kontext expansiver und kontraktiver Haushalte; in: Gesellschaft für Programmforschung (Hrsg.): Programmforschung unter den Bedingungen einer Konsolidierungspolitik, Werkstattbericht 7, München.

Derlien, H.-U. 1989: Die zweite Welle der Programevaluation, in: Gesellschaft für Programmforschung (Hrsg.): Politik und Programmforschung. Die zweite Generation der Progamevaluation in Europa und Amerika, München, S. 5-30.

Derlien, H.-U. 1992: Der Rechnungshof zwischen Finanzkontrolle und Programmevaluation, in: Hartwich/ Wewer (Hrsg.), S. 81 - 94.

DeSwaan, A. 1970: An Empirical Model of Coalition Formation as an N-Person Game of Policy Distance Minimization, in: Groennings u.a. (Hrsg.), S. 424-444.

Detjen, J. 1992: Pluralistische Demokratie oder pluralistische Republik? Überlegungen zu einer thematischen Neuorientierung der Pluralismustheorie, in: Hartmann, J./ Thaysen, U. (Hrsg.): Pluralismus und Parlamentarismus in Theorie und Praxis. Winfried Steffani zum 65. Geburtstag, Opladen, S. 27-51.

Deutsch K.W. 1970: Politische Kybernetik. Modelle und Perspektiven, Freiburg/Br.

Deutschmann, C. 1988: Was erklärt die Transaktionskostenanalyse? Einige soziologische Bemerkungen zur Unterscheidung von "Institution" und "Organisation", in: Schmid/ Deutschmann/ Grabher (1988), S. 55-66.

Deutschmann, C. 1992: Die "Adhocracy" in modernisierungstheoretischer Sicht, in: Zapf (Hrsg.), S. 517-527.

Diepgen, R. 1988: Psychologie in der Politikberatung. Erhebungen zur Sicht von Politikern und Wählern. Überlegungen zur Theorie und Forschungsmethodik, Frankfurt/M. u.a.

Diewald, M. 1991: Soziale Beziehungen: Verlust oder Liberalisierung. Soziale Unterstützung in informellen Netzwerken, Berlin.

Döbert, R.. 1992: Verfahrensrationalität, Wissenschaftszentrum für Sozialforschung Berlin (unv. Manuskript).

Dodd, L.C. 1976: Coalitions in Parliamentary Government, Princeton.

Döhler, M. 1990: Gesundheitspolitik nach der "Wende": Policy-Netzwerke und ordnungspolitische Strategiewechsel in Großbritannien, den USA und der Bundesrepublik Deutschland, Berlin.

Donsbach, W. 1982: Legitimationsprobleme des Journalismus. Gesellschaftliche Rolle der Massenmedien und berufliche Einstellung von Journalisten, München u.a.

Donsbach, W. 1987: Journalismusforschung in der Bundesrepublik: Offene Fragen trotz 'Forschungsboom', in: Wilke (Hrsg.), S.105-144.

Dörner, D. 1989: Die Logik des Mißlingens. Strategisches Denken in komplexen Situationen, Reinbeck.

Downs, A. 1968: Inside Bureaucracy, New York.

Dubiel, H. 1978: Wissenschaftsorganisation und politische Erfahrung, Frankfurt/M.

Durkheim, E. 1988: Über soziale Arbeitsteilung. Studie über die Organisation höherer Gesellschaften, Frankfurt/M.

Dye, T. 1976: Policy Analysis. What Governments Do, Why They Do It, and What Difference It Makes, Tuscaloosa.

Easton, D. 1965: A Framework for Political Analysis, New York-Englewood Cliffs.

Eco, U. 1977: Zeichen. Einführung in den Begriff und seine Geschichte, Frankfurt/M.

Edelman, M. 1976: Politik als Ritual. Die symbolische Funktion staatlicher Institutionen und politischen Handelns, Frankfurt/M.

Efinger, M./ Rittberger, V./ Zürn, M 1988: Internationale Regime in den Ost-West Beziehungen, Frankfurt/M.

Ehlermann, H. 1981: Die Verfolgung von Vertragsverletzungen der Mitgliedstaaten durch die Kommission; in: Wilhelm G. Grewe/ Hans Rupp/ Hans Schneider (Hrsg.): Europäische Gerichtsbarkeit und nationale Verfassungsgerichtsbarkeit; Festschrift zum 70. Geburtstag von Hans Kutscher, S. 135-153, Baden-Baden.

Elias, N. 1979: Über den Prozeß der Zivilisation. Soziogenetische und psychogenetische Untersuchungen, Bd. 2: Wandlungen der Gesellschaft. Entwurf einer Theorie der Zivilisation, 6. Aufl., Frankfurt/M.

Ellwein, T. 1966: Einführung in die Regierungs- und Verwaltungslehre, Stuttgart.

Ellwein, Thomas 1987: Politische Praxis. Beiträge zur Gestaltung des politischen und sozialen Wandels, Opladen.

Ellwein T. 1990: Politische Bildung und politische Wissenschaft, in: Bundeszentrale für politische Bildung (Hrsg.): Vierzig Jahre politische Bildung in der Demokratie, S. 257-269, Bonn.

Ellwein, T. 1992: Staatlichkeit im Wandel. Das Staatsmodell des 19. Jahrhunderts als Verständnisbarriere, in: Kohler-Koch (Hrsg.), S. 73-82.

Ellwein, T./ Hesse, J.J. 1993: Das Regierungssystem der Bundesrepublik Deutschland, 7. Aufl., Opladen.

Elster, J. 1986: Rational Choice, Oxford.

Elster, J. 1987: Subversion der Rationalität, Frankfurt/M.

Elster, J. 1989: The Cement of Society, Cambridge.

Elster, J. 1989a: Nuts and Bolts for the Social Sciences, Cambridge.

Elster, J. 1990: When Rationality Fails, in: Cook, K.S./ Levi, M. (Hrsg.): The Limits of Rationality, Chicago-London, S. 19-46.

Elster, J. 1991: Arguing and Bargaining in two Constituent Assemblies, The Storrs Lectures, Yale Law School (unv. Manuskript).

Engel, C./ Borrmann, C. 1991: Vom Konsens zur Mehrheitsentscheidung. EG-Entscheidungsverfahren und nationale Interessenpolitik nach der Einheitlichen Europäischen Akte, Bonn.

Etzioni, A. 1988: The Moral Dimension. Towards a new Economics, New York.

Feick, J./ Jann, W. 1988: "Nations matter" - aber wie? Vom Eklektizismus zur Integration in der vergleichenden Policy-Forschung, in: Politische Vierteljahresschrift 29, Sonderheft 19, S. 196-220.

Fenner, C. 1983: Politische Kultur; in: Schmidt, M.G. (Hrsg.): Westdeutsche Industriegesellschaften, München-Zürich, S. 343-351

Fenner, C. 1991: Politische Kultur, in: Nohlen (Hrsg.), S. 510-516.

Festinger, Leon 1957: A Theorie of Cognitive Dissonance, Stanford.

Fetscher, I. 1985: Konservatismus, in: Fetscher, I./ Münckler, H. (Hrsg.): Politikwissenschaft. Begriffe, Analysen, Theorien. Ein Grundkurs, S. 56-66, Reinbek bei Hamburg.

Feyerabend, P.K. 1976: Wider den Methodenzwang, Frankfurt/M.

Fischer, F. 1993: Bürger, Experte und Politik nach dem "Nimby"-Prinzip. Ein Plädoyer für die partizipatorische Policy-Analyse; in: Politische Vierteljahresschrift 34, Sonderheft 24, S. 451-470.

Flam, H. 1990: Corporate Actors: Definition, Genisis, and Interaction, Max-Planck-Institut für Gesellschaftsforschung (MPIFG Discussion Paper 90/11), Köln.

Fraenkel, E. 1964: Deutschland und die westlichen Demokratien, Stuttgart.

Franklin, M.N./ Mackie, T.T. 1983: Familiarity and Inertia in the Formation of Governing Coalitions in Parlamentary Democracies, in: British Journal of Political Science 13, S. 275-298.

Freiburghaus, D./ Zimmermann, W. 1985: Wie wird Forschung politisch relevant? Erfahrungen mit dem Schweizerischen Nationalen Forschungsprogrammen, Bern-Stuttgart.

Freudenreich, D. 1979: Das Planspiel in der sozialen und pädagogischen Praxis, München.

Friedrichs, J. 1985: Methoden der empirischer Sozialforschung, Opladen

Fritz, Angela 1990: Individuelle Kommunikationsstrukturen, Information und Wissen, in: Media Perspektiven 9, S. 584-599.

Fuchs, D. 1992: Support for new social movements in five western democracies, Wissenschaftszentrum für Sozialforschung Berlin (WZB Discussion Paper FS III 92-101), Berlin.

Fuchs, D./ Gerhards, J./ Neidhardt, F. 1991: Öffentliche Kommunikations-bereitschaft. Ein Test zentraler Bestandteile der Theorie der Schweigespirale, Wissenschaftszentrum für Sozialforschung Berlin (WZB Discussion Paper FS III 91-105) Berlin.

Furniss, N. 1992: Functionalism and Policy Studies, in: Ashford, D.E. (Hrsg.): History and Context in Comparative Public Policy, Pittsburgh-London, S. 189-209.

Fürst, D. 1992: Regionen in Europa. Herausforderungen für die kommunale Zusammenarbeit, in: Kohler-Koch (Hrsg.), S. 313-323.

Gamson, W. 1961: A Theory of Coalition Formation, in: American Sociological Review 26, S. 373-382.

Garrett, G. 1992: International Cooperation and Institutional Choice: The European Community's Internal Market, International Organization 46, S. 533-560.

Garz D./ Kraimer K. (Hrsg.) 1991: Qualitativ-empirische Sozialforshung. Konzepte, Methoden, Analysen, Opladen.

Gehlen, Arnold 1936: Urmensch und Spätkultur. Philosophische Ergebnisse und Aussagen, 2. Aufl., Frankfurt/M.-Bonn.

Gehring, T. 1991: International Environmental Regimes. Sectoral Legal Systems, in: Yearbook of International Environmental Law 1, S. 35-56.

Gehring, T. 1994: Dynamic International Regimes, Institutions for International Governance, Frankfurt a.M.

Gerhards, J./ Neidhardt, F. 1990: Strukturen und Funktionen moderner Öffentlichkeit, Wissenschaftszentrum Berlin (WZB Discussion Paper FS III 90-101), Berlin.

Giddens, A. 1990: The Consequences of Modernity, Stanford.

Giddens, A. 1991: Modernity and Self-Identity. Society and Self in the late Modern Age, Cambridge.

Giddens, A. 1992: Die Konstitution der Gesellschaft. Grundzüge einer Theorie der Strukturierung, Studienausgabe, Frankfurt/M.-New York.

Glonegger, E. 1988: Das Spielebuch: Brett- und Legespiele aus aller Welt. Herkunft, Regeln und Geschichte, München.

Goggin, M.L. u.a. 1990: Implementation Theorie and Practice. Towards a Third Generation, ohne Ort.

Göhler, G. 1987: Institutionenlehre und Institutionentheorie in der deutschen Politikwissenschaft nach 1945, in: ders. (Hrsg.), S. 15-47.

Göhler, G. (Hrsg.) 1987a: Grundfragen der Theorie politischer Institutionen. Forschungsstand, Probleme, Perspektiven, Opladen.

Goldhamer, H. 1978: The Adviser, New York u.a.

Gorges, I. u.a. 1989: Verwendung sozialwissenschaftlichen Wissens in Großstadtverwaltungen. Endbericht zu einem von der DFG geförderten Forschuingsprojekt, Berlin.

Grabitz, E. (Hrsg.) 1984: Abgestufte Integration. Eine Alternative zum herkömmlichen Integrationskonzept?, Kehl/Rhein.

Grieco, J.M. 1990: Cooperation among Nations. Europe, America, and Non-tariff Barriers to Trade, Ithaca.

Grimm, D. 1991: Die Zukunft der Verfassung, Frankfurt/M.

Gross Stein, J. 1989: Getting to the Table: The Triggers, Stages, Functions, and Consequences of Prenegotiation; in: dies. (Hrsg.): Getting to the Table: The Processes of International Prenegotiation, Baltimore, S. 239-268.

Guggenberger, B./ Offe, C. (Hrsg.) 1984: An den Grenzen der Mehrheitsdemokratie, Opladen.

Guggenberger, B./ Stein, T. (Hrsg.) 1991: Die Verfassungsdiskussion im Jahr der deutschen Einheit. Analysen, Hintergründe, Materialien, München-Wien.

Haas, E.B. 1964: Beyond the Nation State, Stanford.

Haas, P.M. 1990: When Knowledge is Power, Berkley.

Haas, P.M. 1992: Introduction: Epestemic Communities and International Policy Coordination; in: International Organisation 41, S.1-36.

Haas, P.M./ Keohane, R.O./ Levy, M.A. (Hrsg.) 1993: Institutions for the Earth. Sources of Effective International Environmental Protection, Cambridge/Mass.-London.

Habermas, J. 1962: Strukturwandel der Öffentlichkeit. Untersuchungen zu einer Kategorie der bürgerlichen Gesellschaft, Neuwied.

Habermas, J. 1973: Wahrheitstheorien; in: Fahrenbach, H. (Hrsg.): Wirklichkeit und Reflexion, Festschrift für W. Schulz, Pfullingen, S. 211-265.

Habermas, J. 1982: Theorie des kommunikativen Handelns, 2.Bd., Frankfurt/M.

Habermas, J. 1984: Vorstudien und Ergänzungen zur Theorie des kommunikativen Handelns, Frankfurt/M.

Habermas, J. 1985: Der philosophische Diskurs der Moderne. Zwölf Vorlesungen, Frankfurt/M.

Habermas, J. 1986: Entgegnungen, in: Honneth, A./ Joas H. (Hrsg.): Kommunikatives Handeln, S. 327-405, Frankfurt/M.

Habermas, Jürgen 1992: Faktizität und Geltung. Beiträge zur Diskurstheorie des Rechts und des demokratischen Rechtsstaats, Frankfurt/M.

Haftendorn, Helga 1989: Außenpolitische Prioritäten und Handlungsspielräume, in: Politische Vierteljahresschrift 30, S. 32-49.

Haftendorn, H. 1990: Zur Theorie außenpolitischer Entscheidungsprozesse, in: Politische Vierteljahresschrift 31, Sonderheft 21, S. 401-423.

Hagedorn, G. 1987: Spielen, Reinbek bei Hamburg.

Haggard, S./ Simpson, B.A. 1987: Theories of international regimes, in: International Organisations 41, S. 491-517.

Hanf, T. 1991: Programmforschung in der und über die DDR; in: Gesellschaft für Programmforschung (Hrsg.): Programmforschung in der und über die (ehem.) DDR, München, 5-22.

Hardin, G. 1968: The Tragedy of the Commons, in: Science 162, S. 1243-1248.

Hartmann, J. 1987: Vergleichende Regierungslehre und vergleichende politische Systemforschung, in: Berg-Schlosser/ Müller-Rommel (Hrsg.) S.25-44.

Hartwich, H.-H. 1991: Die Bundesregierung im Prozeß der deutschen Vereinigung (1989/90). Skizze zu einer kategorial geleiteten Analyse des Regierungshandelns, in: Hartwich/ Wewer (Hrsg.) (1991a), S. 237-273.

Hartwich, H.-H. (Hrsg.) 1983: Gesellschaftliche Probleme als Anstoß und Folge von Politik. Wissenschaftlicher Kongreß der DVPW 4.-7. Oktober 1982 in der Freien Universität Berlin. Tagungsbericht, Opladen.

Hartwich, H.-H. (Hrsg.) 1985: Policy-Forschung in der Bundesrepublik Deutschland. Ihr Selbstverständnis und ihr Verhältnis zu den Grundfragen der Politikwissenschaft, Opladen.

Hartwich, H.-H. (Hrsg.) 1989: Macht und Ohnmacht politischer Institutionen. 17. Wissenschaftlicher Kongreß der DVPW 12. bis 16. September 1988 in der Technischen Hochschule Darmstadt. Tagungsbericht, Opladen.

Hartwich, H.H. /Wewer, G. (Hrsg) 1990: Regieren in der Bundesrepublik 1. Konzeptionelle Grundlagen und Perspektiven der Forschung, Opladen.

Hartwich, H.-H./ Wewer, G. (Hrsg.) 1991: Regieren in der Bundesrepublik 2. Formale und informale Komponenten des Regierens, Opladen.

Hartwich, H.-H/ Wewer, G. (Hrsg.) 1991a: Regieren in der Bundesrepublik 3. Systemsteuerung und "Staatskunst". Theoretische Konzepte und empirische Befunde, Opladen.

Hartwich, H.-H./ Wewer, G. (Hrsg.) 1992: Regieren in der Bundesrepublik 4. Finanz- und wirtschaftspolitische Bestimmungsfaktoren des Regierend im Bundesstaat - unter besonderer Berücksichtigung des deutschen Vereinigungsprozesses, Opladen.

Hartwich, H.-H./ Wewer, G. (Hrsg.) 1993: Regieren in der Bundesrepublik 5. Souveränität und Integration in der Außen- und Europapolitik, Opladen.

Hauff, V. (Hrsg.) 1987 Unsere Gemeinsame Zukunft. Der Brundtland-Bericht der Weltkommission für Umwelt und Entwicklung, Greven.

Hauriou, M. 1923: Theorien der Institutionen, Berlin.

Heclo,H./ Wildavsky, A. 1974: The Private Gouvernement of Public Money. Community and Politcy Inside British Politics, Berkley.

Heidenheimer, A.J./ Heclo, H./ Adams, C. 1990: Comparative Public Policy. The Politics of Social Choice in America, Europe, and Japan, 3. Aufl., New York.

Hellstern, G.-M. 1991: Generating Knowledge and Refining Experience: The Task of Evaluation, In: Kaufmann, F.-X. (Hrsg.): The Public Sector. Challenge for Coordination and Learning, Berlin-New York.

Hellstern, G.-M./ Wollmann, H. 1984: Evaluierung und Evaluierungsforschung. Ein Entwicklungsbericht, in: dies. (Hrsg.), S. 11-54.

Hellstern, G.-M/ Wollmann, H. (Hrsg.) 1984a: Handbuch zur Evaluationsforschung, Bd.1, Opladen.

Hennis W. 1965: Aufgaben einer modernen Regierungslehre, in: Politische Vierteljahresschrift 16, S. 422ff.

Hennis, W. 1963: Politik und praktische Philosophie. Eine Studie zur Rekonstruktion in derpolitischen Wissenschaft; Neuwied-Berlin.

Hennis, W. 1977: Politik und praktische Philosophie. Schriften zur politischen Theorie, Stuttgart.

Hennis, W. 1985: Über die Antwort der eigenen Wissenschaftsgeschichte und die Notwendigkeit, "zentrale Fragen" der Politikwissenschaft stets neu zu überdenken; in: Hartwich (Hrsg.), S. 122-131.

Hense, K.-H. 1990: Thesen zur Methodik und Organisation der Weiterbildung, in: Bundeszentrale für politische Bidlung (Hrsg.) (1990a), S. 191-192.

Héritier, A. (Hrsg.) 1993: Policy-Analyse. Kritik und Neuorientierung, Politische Vierteljahresschrift 34, Sonderheft 24, Opladen.

Hesse, J.J. 1985: Policy-Forschung zwischen Anpassung und Eigenständigkeit. Wider die "Moden" der sozialwissenschaftlichen Staats- und Verwaltungsforschung, in: Hartwich (Hrsg.), S. 30-68.

Hesse, J.J. 1987: Staatliches Handeln in der Umorientierung. eine Einführung, in: Hesse/ Zöpel (Hrsg.) S. 59-72.

Hesse, J.J. 1990: Staat der Zukunft - Zukunft des Staates; in: Hesse/Zöpel(Hrsg.).

Hesse, J.J./ Zöpel, C. (Hrsg.) 1987: Zukunft und staatliche Verantwortung, Baden-Baden.

Hesse, J.J./ Zöpel, C. (Hrsg.) 1990: Der Staat der Zukunft, Baden-Baden.

Hey, C. 1991: Zur Bedeutung von Umweltverbänden in der EG. Vorüberlegungnen und Literaturüberblick, Arbeitspapier aus dem Forschungsprojekt "Umweltverbände in der EG" (EURES Discussion-Paper 10) Freiburg/Br.

Hillmann, K.-H. 1989: Wertewandel. Zur Frage soziokultureller Voraussetzungen alternativer Lebensformen, Darmstadt.

Hirschman, A.O. 1970: Exit, Voice, and Loyalty. Responses to Decline in Firms, Organizations, and States, Cambridge/Mass.

Hobbes, T. 1652: Leviathan, London.

Hoffmann, S. 1982: Reflections on the Nation-State in Western Europe Today, Journal of Common Market Studies 21, S. 21-37.

Hömberg, W. (Hrsg.) 1978: Journalistenausbildung. Modelle, Erfahrungen, Analysen, München.

Hömberg, W. 1987: Vielfalt oder Wildwuchs? Entwicklungstendenzen der Journalismusausbildung im zurückliegenden Jahrzehnt, in: Wilke (Hrsg.), S.89-104.

Honneth, A. 1991: Pluralisierung und Anerkennung. Zum Selbstmißverständnis postmoderner Sozialtheorien, in: Zapf (Hrsg.), S.165 - 173.

Horkheimer, M./ Adorno, T.W. 1971: Dialektik der Aufklärung, Frankfurt/M.

Huber, J. 1982: Die verlorene Unschuld der Ökologie. Neue Technologien und superindustrielle Entwicklung, Frankfurt/M.

Huber, J. 1983: Humanökologie als Grundlage einer präventiven Umweltpolitik? Wissenschaftszentrum für Sozialforschung Berlin (WZB Discussion Paper IIUG 83-8), Berlin.

Hucke, J./ Wollmann, H. 1980: Methodenprobleme der Implementationsforschung, in: Mayntz (Hrsg.), S. 216-235.

Hufer, K.-P. 1985: Politische Erwachsenenbildung. Ihre Geschichte und Entwicklung in der Bundesrepublik, in: Aus Politik und Zeitgeschichte B 50, S.19-31.

Huizinga, J. 1987: Homo Ludens, Hamburg.

Inglehart, R. 1971: The Silent Revolution in Europe: Intergenerational Change in Post-industrial Societies, in: The American Political Review 65, 991-1017.

Inglehart, R. 1977: The Silent Revolution. Changing Values and Political Styles among Western Publics, Princeton.

Inglehart, R. 1989: Kultureller Umbruch und Wertewandel in der westlichen Welt, Frankfurt/M.

Inglehart, R. 1990: Cultural Shift in Advanced Industrial Societies, Princeton.

Jaedicke, W./ Kern, K./ Wollmann, H. 1990: Kommunale Aktionsverwaltung in Stadtentwicklung und Umweltschutz, Köln.

Jaenicke, M. (Hrsg.) 1978: Umweltpolitik, Opladen.

Jaenicke, M. 1979: Wie das Industriesystem von seinen Mißständen profitiert, Freiburg/Br.

Jaenicke, M. 1984: Umweltpolitische Prävention als ökologische Modernisierung und Strukturpolitik, Wissenschaftszentrum für Sozialforschung Berlin (WZB Discussion Paper IIUG 84-1), Berlin.

Jaenicke, M. 1986: Staatsversagen. Die Ohnmacht der Politik in der Industriegesellschaft, München-Zürich.

Jaenicke, M. 1990: Erfolgsbedingungen von Umweltpolitik im internationalen Vergleich, in: Zeitschrift für Umweltpolitik und Umweltrecht 13, S. 213-232.

Jaenicke, M. 1993: Ökologische und politische Modernisierung in entwickelten Industriegesellschaften, in: Prittwitz, V. (Hrsg.), S.15-30.

Jaenicke, M./ Mönch, H./ Binder, M. u.a. 1992: Umweltentlastung durch industriellen Strukturwandel? Eine explorative Studie über 32 Industrieländer, Berlin.

Jann, W. 1981: Kategorien der Policy-Forschung, Hochschule für Verwaltungswissenschaften Speyer (Speyerer Arbeitshefte 37), Speyer.

Jann, W. 1983: Policy-Forschung. Ein sinnvoller Schwerpunkt der Politikwissenschaft, in: Aus Politik und Zeitgeschichte B 47, S. 26-38.

Jann, W. 1985: Politikanalyse durch die Fallmethode: Erfahrungen und Lehren aus den USA, in: Verwaltung und Fortbildung, S. 163-180.

Jann, W. 1987: Policy-orientierte Aus- und Fortbildung für den öffentlichen Dienst. Erfahrungen in den USA und Lehren für die Bundesrepublik Deutschland, Stuttgart u.a.

Jarren, O. 1991: Politische Kommunikation im elektronischen Zeitalter. Über die Veränderung von Öffentlichkeit und politischen Prozessen im "Viel-Kanal-Mediensystem", in: Hartwich/Wewer (Hrsg.) (1991a), S. 215-233.

Jarren, O. u.a. 1993: Beziehungsspiele. Politiker, Öffentlichkeitsarbeiter und Journalisten in der politischen Komunikation, Arbeitsberichte und Materialien des Instituts für Journalistik, Hamburg.

Johnson, J. 1993: Is Talk Really Cheap? Prompting Conversation Between Critical Theory and Rational Choice, in: American Political Science Review 87, S. 74-86.

Kahn, H./ Wiener, A.J. 1968: The Year 2000. A Framework for Speculation on the Next Thirty-Three Years, London-New York.

Kaiser, H.J./ Seel, H.-J. (Hrsg.) 1981: Sozialwissenschaft als Dialog. Die methodischen Prinzipien der Beratungsforschung, Weinheim-Basel.

Kaldor, N. 1939: Welfare Propositions of Economics and Inter-Personal Comparisons of Utility, in: The Economic Journal 49, S. 549-552.

Käsler, D. u.a. 1991: Der politische Skandal. Zur symbolischen und dramaturgischen Qualität von Politik, Opladen.

Kastendiek, H. 1977: Die Entwicklung der westdeutschen Politikwissenschaft, Frankfurt/M.

Kaufmann, F.-X. 1991: Diskurse über Staatsaufgaben, Max-Planck-Institut für Gesellschaftsforschung (MPIFG Discussion paper 91/5), Köln.

Keck, O. 1985: The Theory of White Elephants. A Rational Choice Explanation of Policy Failures in Government Support for Civilian Technology, Wissenschaftszentrum Berlin (WZB Discussion Paper IIUG 85/11), Berlin.

Keck, O. 1987: The Information Dilemma. Private Information as a Cause of Transaction Failure in Market Resolution, Hierarchy and Politics, in: Journal of Conflict Resolution 31, S. 139-163.

Keck, Otto 1993: Information, Macht und gesellschaftliche Rationalität. Das Dilemma rationalen kommunikativen Handelns, dargestellt am Beispiel eines internationalen Vergleichs der Kernenergiepolitik, Baden-Baden.

Kennis, P./ Schneider, V. 1991: Policy Networks and Policy Analysis. Scrutinizing a New Analytical Toolbox; in: Marin/ Mayntz (Hrsg.), S. 25-54

Keohane, R.O. 1984: After Hegemony. Cooperation and Discord in the World Political Economy, Princeton.

Keohane, R.O. 1986: Reciprocity in International Relations, in: International Organization 40, S. 1-27.

Keohane, R.O. 1986a: Theory of World Politics: Structural Realism and Beyond; in: ders. (Hrsg.): Neorealism and its Critics, S. 158-203, New York.

Keohane, R.O. 1989: International Institutions: Two Approaches, in: Hartwich (Hrsg.), S.285-305.

Keohane, R.O./ Hoffmann, S. (Hrsg.) 1991: The European Community. Decisionmaking and Institutional Change, Boulder.

Keohane, R.O./ Hoffmann, S. 1991a: Institutional Change in Europe in the 1980s; in: dies. (Hrsg.), S. 1-39, Boulder.

Keohane, R.O./ Nye, J.s. 1974: Transgovernmental Relations and International Organizations, World Politics 27, S. 39-62.

Keohane, R.O./Nye, J.S. 1977: Power and Interdependence: World Politics in Transition, Boston.

Keohane, R.O./ Nye, J.S. 1987: Power and Interdependence Revisited, International Organization 41, S. 725-753.

Kindleberger, C. 1973: The World in Depression 1929-33, Berkeley.

Klages, H. 1984: Wertorientierungen im Wandel. Rückblick, Gegenwartsanalysen, Prognosen, Frankfurt/M.-New York.

Kleining, G. 1982: Umriss zu einer Methodologie Qualitativer Sozialforschung, in: Kölner Zeitschrift für Soziologie und Sozialforschung 34, S. 224-253.

Kleinsteuber, H.J. 1985: Information, in: Nohlen/Schultz (Hrsg).

Kleinsteuber, H.J. 1991: EG-Integration zwischen Wirtschaft und Kultur. Das Beispiel Medienpolitik, in: Zapf (Hrsg.), S.337-358.

Kleinsteuber, H.J./ McQuail, D. (Hrsg.) 1986: Media, Electronic, Politics. Electronic Media and Politics in Western Europe, Frankfurt/M.

Kluckhohn, C. 1952: Values and Value Orientation in the Theorie of Action; in: Parsons, T. (Hrsg.): Towards a General Theorie of Action, Cambridge.

Knoepfel, P./ Weidner, H.: 1980: Handbuch der SO_2 Luftreinhaltepolitik, Berlin.

Kohler-Koch, B. (Hrsg.) 1989: Regime in den internationalen Beziehungen, Baden-Baden.

Kohler-Koch, B. 1991: Inselillusion und Interdependenz: Nationales Regieren unter den Bedingungen von "international governance", in: Blanke, B./ Wollmann, H. (Hrsg.): Die alte Bundesrepublik. Kontinuität und Wandel, S. 45-67, Opladen.

Kohler-Koch, B. 1992: Interessen und Integration. Die Rolle organisierter Interessen im westeuropäischen Integrationsprozeß, in: Politische Vierteljahresschrift 33, Sonderheft 23, S. 81-119.

Kohler-Koch, B. (Hrsg.) 1992a: Staat und Demokratie in Europa. 18. Wissenschaaftlicher Kongreß der Deutschen Vereinigung für Politische Wissenschaft, Opladen.

Kohler-Koch, B. 1993: Die Welt regieren ohne Weltregierung, in: Böhret/ Wewer (Hrsg.), S. 109-141.

Kohn, H. 1976: Zur Vergabe wirtschafts- und sozialwissenschaftlicher Forschungsaufträge, Göttingen.

König, K. 1985: Aufgabenplanung im Bundeskanzleramt; in: Gesellschaft für Programmforschung (Hrsg.): Programmforschung unter den Bedingungen einer Konsolidierungspolitik, Werkstattbericht 7, München.

König, K. 1991: Zur Formalisierung und Informalisierung im Regierungszentrum; in: Hartwich/ Wewer, (Hrsg.), S. 203-220.

König, K. 1992: Programmfunktion und Budget im Regierungsbereich, in: Hartwich/Wewer (Hrsg.), S. 19-29.

Koszyk, K./ Prays, K.H. 1981: Handbuch der Massenkomunikation, München.

Krasner, S. (Hrsg.) 1983: International Regimes, Ithaca-London.

Krasner, S. 1982: Structural Causes and Regime Consequences, in: International Organization 36, S. 185-205.

Kratochwil, F. 1989: Rules, Norms and Decisions. On the Conditions of Practical and Legal Reasoning in International Relations and Domestic Affairs, Cambridge-New York.

Kremendahl, H. 1977: Pluralismustheorie in Deutschland, Leverkusen.

Krislov, S./ Ehlermann, C.-D./ Weiler, J. 1986: The Political Organs and the Decision-Making Process in the United States and the European Community, in: Cappelletti, M. (Hrsg.): Integration through Law. Europe and the American Federal Experience, Vol. 1, Book 2, S. 3-110.

Kromrey, M. 1991: Empirische Sozialforschung, Opladen.

Kubitschke, L./ Trebbe, J. 1992: Zur Ermittlung einer medienübergreifenden Nutzungstypologie. Eine explorative Sekundäranalyse der Media-Analyse 1988, in: Media Perspektiven 3, S. 199-212.

Kuhn, H.W./ Massing, P. (Hrsg.) 1990: Politische Bildung in Deutschland. Entwicklung-Stand-Perspektiven, Opladen.

Kuhn, T.G. 1973: Die Struktur wissenschaftlicher Revolutionen, Frankfurt/M.

Kühnhardt, L. 1991: Föderalismus und Subsidiarität. Betrachtungen zu einer deutschen und europäischen Frage, in: Aus Politik und Zeitgeschichte, B 45, S. 37-45.

Kunczik, M. 1988: Journalismus als Beruf, Köln.

Küpper, W./ Ortmann, G. (Hrsg.) 1988: Mikropolitik. Rationalität, Macht und Spiele in Organisationen, Opladen.

Küsters, H.J. 1982: Die Gründung der Europäischen Wirtschaftsgemeinschaft, Baden-Baden.

Lahr, M. 1983: Die Legende vom "Luxemburger Kompromiß", in: Europa-Archiv 38, S. 233-232.

Lamnek, S. 1988: Qualitative Sozialforschung. Bd. 1: Methodologie, München.

Landfried, C. 1991: Die Macht des Fernsehens: Inszenierung statt Kontrolle von Politik, in: Hartwich/ Wewer (Hrsg) (1991a), S.193-214.

Landfried, C. 1991a: Politikorientierte Folgenforschung: Zur Übertragung der Chaostheorie auf die Sozialwissenschaften, Speyer.

Landfried, C. 1986: Politikwissenschaft und Politikberatung, in: Beyme (Hrsg.), S. 100-115.

Langenbucher, W.R./ Mahle, W.A. 1975: Unterhaltung als Beruf? Herkunft, Vorbildung, Berufsweg und Selbstverständnis einer Berufsgruppe, Berlin.

Lash, S. 1993: Reflexive Rigiditäten, in: Schäfers, B. (Hrsg.): Lebensverhältnisse und soziale Konflikte im neuen Europa. Verhandlungen des 26. Deutschen Soziologentages in Düsseldorf 1992, S. 194-202, Frankfurt/M.-New York.

Lasswell, H.D. 1951: The Policy Orientation, in: Lerner, D./ Lasswell, H.D.: The Policy Sciences, Stanford.

Lasswell, H.D. 1971: A Pre-View of Policy Sciences, New York.

Lau, C./ Beck, U. 1989: Definitionsmacht und Grenzen angewandter Sozialwissenschaft. Eine Untersuchung am Beispiel der Bildungs- und Arbeitsmarktforschung, Opladen.

Laufer, H. 1991: Das föderative System der Bundesrepublik Deutschland, Bayerische Landeszentrale für politische Bildungsarbeit, München.

Laver, M. 1986: Between Theoretical Elegance and Political Reality: Deductive Models and Cabinet Coalitions in Europe, in: Pridham (Hrsg.), S. 32-44.

Lax, D. A./ Sebenius, J.K. 1986: The Manager as Negotiator. Bargaining for Cooperation and Competitive Gain, New York.

Lehmann, J./Portele, G. 1976: Simulationsspiele in der Erziehung, Weinheim-Basel.

Leif, T./ Rasche, J. 1994: Rudolf Scharping, die SPD und die Macht, Reinbek bei Hamburg.

Levi, M. 1988: Of Rule and Revenue, Berkeley.

Lijphart, A. 1971: Comparative Politics and the Comparative Method, in: The American Political Science Review 65, S.682-693.

Lindberg, L.N./ Scheingold, S.A. 1970: Europe's Would-Be Polity. Patterns of Change in the European Community, Englewood Cliffs.

Lindblom, C.E. 1959: The Science of 'Muddling Through', in: Public Administration Review 19, S. 79-88.

Lindblom, C.E. 1975: Inkrementalismus: Die Lehre vom "Sich Durchwursteln", in: Narr, D./ Offe, C.: Wohlfahrtsstaat und Massenloyalität, Köln.

List, E. 1980: Verstehen; in: Speck, J. (Hrsg.): Handbuch wissenschaftlicher Grundbegriffe, Bd.3, S.673-677, Göttingen.

List, M. 1991: Umweltschutz in zwei Meeren. Vergleich der internatonalen Zusammenarbeit zum Schutz der Meeresumwelt in Nort- und Ostsee, München.

Locke, J. 1977: Zwei Abhandlungen über die Regierung, Herausgegeben von W. Euchner, Frankfurt/M.

Lowi, T.J. 1964: American Business, Public Policy, Case-Studies and Political Theorie, in: World Politics 16, S. 676-715.

Ludlow, P. 1991: The European Commission; in: Keohane, R.O./ Hoffmann, S. (Hrsg.): The European Community. Decisionmaking and Institutional Change, S. 85-132, Boulder.

Luebbert, G.M. 1984: A Theory of Government Formation, in: Comparative Political Studies 17, S. 229-264.

Luebbert, G.M. 1986: Comparative Democracy. Policymaking and Governing Coalitions in Europe and Israel, New York.

Luhmann, N. 1970: Institutionalisierung - Funktion und Mechanismus im sozialen System der Gesellschaft, in: Schelsky, H. (Hrsg.): Zur Theorie der Institution, S. 27-41, Düsseldorf.

Luhmann, N. 1969: Legitimation durch Verfahren, Neuwied-Berlin.

Luhmann, N. 1975: Macht, Stuttgart.

Luhmann, N. 1984: Soziale Systeme. Grundriß einer allgemeinen Theorie, Frankfurt/M.

Luhmann, N. 1986: Ökologische Komunikation. Kann die moderne Gesellschaft sich auf ökologische Gefährdung einstellen?, Oppladen

Luhmann, N. 1987: Rechtssoziologie, 3. Aufl., Opladen.

Luhmann, N. 1989: Politische Steuerung. Ein Diskussionsbeitrag, in: Hartwich (Hrsg.), S. 12-16.

Luhmann, N. 1992: Beobachtungen der Moderne, Opladen.

Lyotard, J-F. 1979: La condition postmoderne, Rapport sur le savoir, Paris.

Macchiavelli, N. 1977: Discorsi. Gedanken über Politik und Staatsführung. Deutsche Gesammtausgabe, übersetzt, eingeleitet und erläutert von R. Zorn. Stuttgart

Majchrzak, A. 1984: Methodes For Policy Research, Applied Social Research Methods Series 3, Beverly Hills-London-New Delhi.

Majone, G. 1993: Wann ist Policy-Deliberation wichtig? in: Politische Vierteljahreschrift 34, Sonderheft 24, S. 97-115.

Mancini, F. 1991: The Making of a Constitution for Europe, in: Keohane/ Hoffmann (Hrsg.), S. 177-194.

March, J.G. 1990: Beschränkte Rationalität, Ungewißheit und die Technik der Auswahl, in: Ders. (Hrsg.): Entscheidung und Organisation, Wiesbaden, S. 298-327.

March, J.G./ Olsen, J.P. 1976: Ambiguity and Choice in Organizations, Bergen.

March, J.G./ Olson, J.P. 1984: The New Institutionalism. Organizational Factors in political Life, in: American Political Science Review 78, S. 734-749.

March, J.G./ Olsen, J.P. 1989: Rediscovering Institutions. The Organizational Basis of Politics, New York.

March, J.G./ Simon, H.A. 1958: Organizations, New York.

Marin, B. (Hrsg.) 1990: Generalized Political Exchange, Frankfurt/M.-Boulder/C.

Marin, B./ Mayntz, R. (Hrsg.) 1991: Policy Networks: Empirical Evidence and Theoretical Considerations, Frankfurt/M.-Boulder.

Marmora, L. 1992: Sustainable Development im Nord-Süd-Konflikt: Vom Konzept der Umverteilung des Reichtums zu den Erfordernissen einer globalen Gerechtigkeit, in: Prokla 22, S. 34-46.

Maslow, A.K. 1954: Motivation an personality, New York.

Massey, A. 1988: Technocrats and Nuclear Politics. The Influence of Professional Experts in Policy-Making, Aldershot.

Massing, P. 1979: Interesse und Konsensus. Zur Rekonstruktion und Begründung normativ-kritischer Elemente neopluralistischer Demokratietheorie, Opladen.

Mast, C. 1985: Mediennutzung im Strukturwandel des Kommunikationssystems, in: Mahle, W.A.(Hrsg.): Fortschritte in der Medienwirkungsforschung, Berlin, S.83ff.

Maturana, H.R. 1981: Autopieses, in: Zeleny, M. (Hrsg.) Autopoiesis: A Theory of Living Organization, New York.

Mayer-Tasch, P.C. 1985: Aus dem Wörterbuch der Politischen Ökologie, München.

Mayer-Tasch, P.C. 1991: Politische Theorie des Verfassungsstaates. Eine Einführung, München.

Mayntz, R. (Hrsg.) 1978: Vollzugsprobleme der Umweltpolitik. Empirische Untersuchung der Implementation von Gesetzen im Bereich der Luftreinhaltung und des Gewässerschutzes, Stuttgart.

Mayntz, R. (Hrsg.) 1980: Implementation politischer Programme, Bd.1, Empirische Forschungsberichte, Königstein/Ts.

Mayntz, R. 1983: Zur Einleitung: Probleme der Theoriebildung in der Implemantationsforschung, in: dies. (Hrsg.), S. 7-23.

Mayntz, R. (Hrsg.) 1983a: Implementation politischer Programme, Bd. II, Ansätze der Theoriebildung, Opladen.

Mayntz, R. 1985: Soziologie der öffentlichen Verwaltung, 3. Aufl., Heidelberg.

Mayntz, R. 1987: Politische Steuerung und gesellschaftliche Steuerungsprobleme. Anmerkungen zu einem theoretischen Paradigma; in : Jahrbuch zur Staats- und Verwaltungswissenschaft 1, S. 89-110.

Mayntz, R. 1989: Föderalismus und die Gesellschaft der Gegenwart, Max-Planck-Institut für Gesellschaftsforschung (MPIFG Discussion Paper 89/3), Köln.

Mayntz, R. u.a. 1988: Differenzierung und Verselbständigung. Zur Entwicklung gesellschaftlicher Teilsysteme, Frankfurt/M-New York.

McCall, G.J./ Weber, G.H. (Hrsg.) 1984: Social Science and Public Policy: The Roles of Academic Disciplines in Policy Analysis, New York.

Media Perspektiven 1992: Daten zur Mediensituation in Deutschland, Frankfurt.

Merton, R.K. 1957: Social Structue and Anomie, in: Ders. Social Theory and Social Structure, Glencoe/Ill., S. 131-160.

Merton, R.K. 1982: Social Research and the Practicing Professions, Cambrigde/Mass.

Messer, A. 1912: Das Problem der staatsbürgerlichen Erziehung - historisch und systematisch behandelt, Leipzig.

Meyer, T. 1992: Die Inszenierung des Scheins. Essay-Montage, Frankfurt/M.

Meyer-Abich, K.M. (Hrsg.) 1979: Frieden mit der Natur, Freiburg/Br.

Meyer-Abich, K.M. 1984: Wege zum Frieden mit der Natur. Praktische Naturphilosophie in der Umweltpolitik, München.

Mickel, W. (Hrsg.) (1986): Handlexikon zur Politikwissenschaft, Schriftenreihe der Bundeszentrale für Politische Bildung, Bonn.

Mickel, W. 1991: Politische Bildung, in: Nohlen (Hrsg.), S.507-509.

Mickel, W./ Zitzlaff, D. (Hrsg.) 1990: Handbuch zur politischen Bildung, Bonn.

Mintzberg, H. 1979: The Structuring of Organizations: a synthesis of the research, Englewood Cliffs.

Mitchel, J.C. 1969: Social Networks in Urban Situations, Manchester.

Mitrany, D. 1966: A Working Peace System, Chicago.

Montesquieu 1951: Vom Geist der Gesetze, 2. Bde, Herausgegeben von Ernst Forsthoff, Stuttgart.

Moravcsik, A. 1991: Negotiating the Single European Act: National Interests and Conventional Statecraft in the European Community, International Organization 45, S. 651-688.

Moreno, J.L. 1967: Die Grundlagen der Soziometrie, Köln.

Morgenthau, H.J. 1967: Politics among Nations, 4. Aufl., New York.

Müller, H. 1993: Die Chance der Kooperation. Regime in den internationalen Beziehungen, Darmstadt.

Müller-Brandeck-Boquet, G. 1992: Europäische Integration und deutscher Föderalismus, in: Politische Vierteljahresschrift 33, Sonderheft 23, S. 160-182.

Müller-Brandeck-Boquet, G. 1993: Von der Fähigkeit des deutschen Föderalismus zur Umweltpolitik, in: Prittwitz (Hrsg.), S. 103-112.

Murswieck, Axel 1991: Führungsstile in der Politik in vergleichender Perspektive, in: Hartwich/Wewer (Hrsg.) (1991), S. 81-95.

Nacken, W. 1976: Evaluation als Mittel der Politikberatung. Analyse eines Modellprogramms zur Rückgliederung türkischer Gastarbeiter, Nürnberg.

Narr, W.-D./ Naschold, F. 1971: Theorie der Demokratie, Stuttgart.

Naschold, F. 1985: Planungslogik und politische Logik; in: Gesellschaft für Programmforschung (Hrsg.): Programmforschung unter den Bedingungen einer Konsolidierungspolitik, Werksattbericht 7, München.

Naschold, F. 1992: Den Wandel organisieren. Erfahrungen des schwedischen Entwicklungsprogramms "Leitung, Organisation, Mitbestimmung" (LOM) im internationalen Wettbewerb, Berlin.

Naschold, F. 1993: Modernisierung des Staates. Zur Ordnungs- und Innovationspolitik des öffentlichen Sektors, Berlin.

Nash, J.F. 1950: The Bargaining Problem, in: Econometrica 18, S. 155-162.

Nash, J.F. 1950a: Equilibrium Points in n-Person Games, in: Proceedings of the National Academy of Sciences of the USA 36, S. 48-49.

Nash, J.F. 1951: Non-cooperative Games, in: Annals of Mathmatical Studies 54, S. 286-295.

Naßmacher, H.: Vergleichende Politikforschung. Eine Einführung in Probleme und Methoden, Opladen.

Noelle-Neumann, E. 1974: The Spirale of Silence: A Theorie of Public Opinion; in: Journal of Communication 24, S. 43-51.

Noelle-Neumann, E. 1984: The Spiral of Silence. A Response, in: Sanders, K.R./ Kaid, L.L./ Nimmo, D. (Hrsg.): Political Communication Yearbook, Carbondale-Edwardsville, S. 66-94.

Nohlen, D. (Hrsg) 1991: Wörterbuch Staat und Politik, München.

Nohlen, D./ Schultze, R. (Hrsg.) 1985: Pipers Wörterbuch zur Politik: Politikwissenschaft, München.

Nolte, D. 1988: Ist die Koalitionstheorie am Ende? Eine Bilanz nach 25 Jahren Koalitionsforschung, in: Politische Vierteljahresschrift 29, S. 230-251.

North, D.C./ Thomas, R.P. 1973: The Rise of the Western World. A New Economic History, Cambridge u.a.

North, D.C. 1984: Transaction Costs, Institutions, and Economic History, in: Zeitschrift für die gesamte Staatswissenschaft 140, S. 7-17.

North, D.C. 1986: The New Institutional Economics, in: Zeitschriftfür die gesamte Staatswissenschaft 142, S. 230-237.

Nullmeier, F. 1993: Wissen und Policy-Forschung. Wissenspolitologie und rethorisch-dialektisches Handlungsmodell, in: Politische Vierteljahresschrift 34, Sonderheft 24, S. 175-198.

Oberthür, S. 1992: Die internationale Zusammenarbeit zum Schutz des Weltklimas, in: Aus Politik und Zeitgeschichte B 10, S. 9-20.

Oberthür, S. 1992a: Die Zerstörung der stratosphärischen Ozonschicht als internationales Problem. Interessenskonstellationen und internationaler politischer Prozeß; in: Zeitschrift für Umweltpolitik und Umweltrecht 15, S.155-185.

Oberthür, S. 1993: Politik im Treibhaus. Die Entstehung des internationalen Klimaschutzregimes, Berlin.

Offe, C. 1987: Die Staatstheorie auf der Suche nach ihrem Gegenstand; in: Jahrbuch zur Staats- und Verwaltungswissenschaft 1, S. 309-320.

Olsen, J.P. 1991: Political Science and Organization Theory. Parallel Agendas but Mutual Disregard, in: Czada/Windhoff-Héritier (Hrsg.), S. 87-120.

Olson, M. 1965: The Logic of Collective Action. Public Goods and The Theory of Groups, Cambridge.

Olson, M. 1968: Die Logik des Kollektiven Handelns. Kollektivgüter und die Theorie der Gruppen, Tübingen.

Opitz, P.J. (Hrsg.) 1988: Das Weltflüchtlingsproblem: Ursachen und Folgen, München.

Opp, K.-D. 1976: Methodologie der Sozialwissenschaften. Einführung in Probleme ihrer Theoriebildung, 2. Auflage, Reinbek.

Ostrom, E. 1986: An Agenda for the Study of Political Institutions, in: Public Choice 48, S. 3-25.

Ostrom, E. 1990: Governing the Commons. The Evolution of Institutions for Collective Action, New York.

Ouchi, W.G. 1980: Markets, Bureaucracies and Clans; in: Administrative Science Quarterly 25, S. 129-141.

Oye, K. 1985: Explaining Cooperation under Anarchy, in: World Politics 38, S. 1-24.

Pappi, F.U. 1987: Die Netzwerkanalyse aus soziologischer Perspektive, in: ders. (Hrsg.): Methoden der Netzwerkanalyse, S. 11-38, München.

Pappi, F.U. 1993: Policy-Netze: Erscheinungsform moderner Politiksteuerung oder methodischer Ansatz?, in: Politische Vierteljahresschrift 34, Sonderheft 24, S. 84-94.

Parsons, T. 1951: Toward a General Theory of Action, New York.

Parsons, T. 1964: Evolutionary Universals in Society, in: American Sociological Review 19, S. 339-357.

Parsons, T. he System of Modern Societies, Englewood Cliffs.

Patton, M.Q. 1987: Qualitative Evaluation Methodes, Beverly Hills-London.

Pehle, H. 1993: Umweltpolitik im internationalen Vergleich, in: Prittwitz (Hrsg.), S. 113-136.

Pigou, A.C. 1920: The Economics of welfare, London.

Popper, K. 1969: Logik der Forschung, Tübingen.

Popper, K. 1984: Logik der Forschung, 4. Auflage, Tübingen.

Postmann, N. 1985: Wir amüsieren uns zu Tode, Frankfurt/M.

Postmann, N. 1988: Die Verweigerung der Hörigkeit, Frankfurt/M.

Preiser, S. 1980: Das Spiel als pädagogisches Medium, in: Spiel, W. (Hrsg.): Die Psychologie des 20. Jahrhunderts, Bd. XI, Konsequenzen für die Pädagogik, S. 357 - 379.

Pressman, J./ Wildavsky, A.B. 1973: Implementation, Berkely.

Prittwitz, V. v. 1983a: Umwelt und Außenpolitik, in: Aus Politik und Zeitgeschichte B 42, S. 13-24.

Prittwitz, V. v. 1984: Umweltaußenpolitik. Grenzüberschreitende Luftverschmutzung in Europa; Frankfurt/M.

Prittwitz, V. v. 1990: Das Katastrophenparadox. Elemente einer Theorie der Umweltpolitik, Opladen.

Prittwitz, Volker von 1993: Reflexive Modernisierung und öffentliches Handeln, in: ders. (Hrsg.), S. 31-49.

Prittwitz, V. v. 1993a: Katastrophenparadox und Handlungskapazität. Theoretische Orientierungen der Politikanalyse, in: Politische Vierteljahreschrift 34, Sonderheft 24, S. 328-357.

Prittwitz, V. v. (Hrsg.) 1993b: Umweltpolitik als Modernisierungsprozeß. Politikwissenschaftliche Umweltforschung und -lehre in der Bundesrepublik, Opladen.

Prittwitz, V. v. u.a. 1992: Symbolische Umweltpolitik. Eine Sachstands- und Literaturstudie unter besonderer Berücksichtigung des Klimaschutzes, der Kernenergie und der Abfallpolitik, Forschungszentrum Jülich (KFA) (Arbeiten zur Risikokomunikation, Heft 34), Jülich.

Prittwitz, V. v. u.a. 1993: Petromerc. Beseitigen einer Altlast in Terraburg. Schlußbericht zum Planspiel des Industriegewerkschaft Bau-Steine-Erden-Projektes SIGEBAU "Altlasten - Risiko für Sicherheit und Gesundheit a, Arbeistplatz Baustelle" am 20. Februar 1991 in Neumünster, Lübeck.

Prittwitz, V. v./ Wolf, K.D. 1993: Die Politik der globalen Güter, in: Prittwitz (Hrsg.), S. 193-218.

Puchala, D.J. 1975: Domestic Politics and Regional Harmonization in the European Communities, in: World Politics 27, S. 496-520.

Puchala, D.J./ Hopkins, R.F. 1982: International Regimes: Lessons from Inductive Analysis, in: International Organization 36, S. 245-275.

Putnam, R.D. 1988: Diplomacy and Domestic Politics: The Logic of Two-Level Games, in: International Organization 42, S. 427-460.

Quandt, S. 1987: Defizite der Journalistenausbildung aus fachjournalistischer Sicht, in: Wilke (Hrsg.), S. 253-261.

Raschke, J. 1985: Soziale Bewegungen. Ein historisch-systematischer Grundriß, Frankfurt/M. New York.

Raschke, J. 1993: Die Grünen. Wie sie wurden, was sie sind, Köln.

Rasmussen, H. 1986: On Law and Policy in the European Court of Justice. A Comparative Study in Judicial Policy Making, Dordrecht.

Reich, M.R. 1984: Mobilizing for Environmental Policy in Italy and Japan, in: Comperation Politics 16, S. 79-402.

Reichel, P. (Hrsg.) 1981: Politische Kultur der Bundesrepublik, Opladen.

Reinecker, H. 1987: Einzelfallanalyse, in: Roth (Hrsg.), S.277-291.

Riker, W. 1962: The Study of Political Coalitions, New Haven-London.

Rittberger, V. (Hrsg.) 1990: Theorien der Internationalen Beziehungen. Bestandsaufnahme und Forschungsperspektiven, Politische Vierteljahresschrift 31, Sonderheft 21, Opladen.

Rittberger, V. 1993: Regimes in International Relations, Oxford.

Robinson, G. 1973: 25 Jahre "Gate-Keeper-"Forschung: Eine kritische Rückschau und Bewertung, in: Kommunikation und Information, Bd.1,, Frankfurt/M., S.355ff.

Rode, R. 1986: Sicherheit versus Geschäft. Die Osthandelspolitik der USA von Nixon bis Carter Frankfurt/M.-New York.

Rödel, V./ Frankenberg, G./ Dubiel, H. 1989: Die demokratische Frage; Frankfurt/M.

Rohe, K. 1986: Politikbegriffe, in: Mickel, W.W. (Hrsg.): Handlexikon zur Politikwissenschaft, Schriftenreihe der Bundeszentrale für politische Bildung, Bd. 237, S. 349-353, Bonn.

Rokeach, M. 1973: The Nature of Human Values, New York.

Roller, E. 1991: Ein analytisches Schema der Klassifikation von Politikinhalten, Wissenschaftszentrum für Sozialforschung Berlin (WZB Discussion Paper FS III 91-201), Berlin.

Ronneberger, F. 1971: Sozialisation durch Massenkommunikation, in: ders. (Hrsg.): Sozialisation durch Massenkommunikation, S. 32-101, Stuttgart.

Rosenau, J.N. 1971: The Scientific Study of Foreign Policy, New York.

Rosenau, J.N./ Czempiel, E.-O. 1992: Governance without government: order and change in world politics, Cambridge.

Rosenstiel, L. 1987: Identifikationskrise? Zum Engagement in betrieblichen Führungspositionen, Bern-Stuttgart-Toronto.

Rossi, P.H./ Freemann, H.E. 1993: Evaluation. A Systematic Approach, 5. Aufl., Nwbury Park u.a.

Rossi, P.H./ Freeman, H.E./ Hofmann, G. 1988: Programm-Evaluation. Einführung in die Methoden angewandter Sozialforschung, Stuttgart.

Rostow, W.W. 1960: Stadien wirtschaftlichen Wachstums. Eine Alternative zur marxistischen Entwicklungstheorie, Göttingen.

Roth, E. (Hrsg.) 1987: Sozialwissenschaftliche Methoden. Lehr- und Handbuch für Forschung und Praxis, 2.Auflage, München.

Rucht, D. 1991: Parteien, Verbände und Bewegungen als System politischer Interessenvermitllung, Wissenschaftszentrum für Sozialforschung Berlin (WZB Discussion Paper FS III 91-107), Berlin.

Rudzio, W. 1987: Das politische System der Bundesrepublik Deutschland, Opladen.

Rühl, M. 1980: Journalismus und Gesellschaft. Bestandsaufnahme und Theorieentwurf, Mainz.

Rühl, Manfred 1987: Jounalistenschwemme in einer Kommunikatorendürre: Anmerkungen zur Steuerungsproblematik in der Ausbildung von Berufskommunikatoren, in: Wilke (Hrsg.), S.65-88.

Rürup, B./ Färber, G. 1985: Konzeptioneller Wandel von integrierten Aufgaben- und Finanzplanungssystemen; in: Gesellschaft für Programmforschung (Hrsg.): Programmforschung unter den Bedingungen einer Konsolidierungspolitik, Werkstattbericht 7, München.

Sabatier, P.A. 1986: Top-down and Bottom-up Approaches of Policy Implementation: A Critical Analysis and Suggested Sybthesis, in: Journal of Public Policy 6, S. 21-48.

Sabatier, P.A. 1993: Advocacy-Koalitionen, Policy-Wandel und Policy-Lernen: Eine Alternative zur Phasenheuristik, in: Politische Vierteljahresschrift 34, Sonderheft 24, S. 116-148.

Samuelson, P.A./ Nordhaus, W.D. 1987: Gurndlagen der Makro- und Mikroökonomie, Bd.2, Köln.

Sandholtz, W./ Zysman, J. 1989: Recasting the European Bargainin: World Politics 42, S. 95-128.

Sarcinelli, U. 1987: Symbolische Politik. Zur Bedeutung symbolischen Handelns in der Wahlkampfkommunikation in der Bundesrepublik Deutschland, Opladen.

Sarcinelli, U. 1988: Politischer Stil, eine vergessene Kategorie? in: Civis, S. 27-34.

Sarcinelli, U. 1989: Symbolische Politik und politiksche Kultur. Das Kommunikationsritual als politische Wirklichkeit, in: Politische Vierteljahresschrift 30, S. 292-309.

Saretzki, T. 1994: Macht der Öffentlichkeit: Selbstbindung der Politik durch öffentliche Diskurse, in: Göhler, G. (Hrsg.): Öffentlichkeit der Macht - Macht der Öffentlichkeit, Baden-Baden (im erscheinen).

Scharpf, F.W. 1972: Komplexität als Schranke politischer Planung, in: Politische Vierteljahresschrift 14, Sonderheft 4, S. 168-192.

Scharpf, F.W. 1985: Die Politikverflechtungs-Falle: Europäische Integration und deutscher Föderalismus im Vergleich, in: Politische Vierteljahresschrift 26, S. 323-356.

Scharpf, F.W. 1988: Verhandlungssysteme, Verteilungskonflikte und Pathologien der politischen Steuerung, in: Politische Vierteljahresschrift 29, Sonderheft 19, Opladen, S. 61-87.

Scharpf, F.W. 1989: Politische Steuerung und politische Institutionen, in: Hartwich (Hrsg.) S. 17-29.

Scharpf, F. W. 1990: Games Real Actors Could Play: The Problem of Complete Information, in: Rationality and Society 2, S. 471-494.

Scharpf, F.W. 1991: Political Institutions, Decision Styles, and Policy Choices, in: Czada/Windhoff-Héritier (Hrsg.), S. 53-86.

Scharpf, F.W. 1992: Koordination durch Verhandlungssysteme: Analytische Konzepte und institutionelle Lösungen, in: Benz/ Scharpf/ Zintl, S. 51-96.

Scharpf, F.W. 1992a: Einführung: Zur Theorie der Verhandlungssysteme, in: Benz/ Scharpf/ Zintl, S. 11-27.

Scharpf, F.W. 1992b: Die Handlungsfähigkeit des Staates am Ende des Zwanzigsten Jahrhunderts, in: Kohler-Koch (Hrsg.), S. 93-115.

Scharpf, F.W. 1993: Coordination in Hierarchies and Networks; in: ders. (Hrsg.), S. 125-165.

Scharpf, F.W. 1993a: Positive und negative Koordination in Verhandlungssystemen, in: Politische Vierteljahresschrift 34, Sonderheft 24, S. 57-83.

Scharpf, F.W. 1993b: Versuch über Demokratie im verhandelnden Staat, in: Czada/ Schmidt (Hrsg.), S. 25-50.

Scharpf, F.W. (Hrsg.) 1993c: Games in Hierarchies and Networks. Frankfurt/M.-New York.

Scharpf, F.W./ Reissert, B./ Schnabel, F. 1976: Politikverflechtung. Theorie und Empirie des kooperativen Föderalismus in der Bundesrepublik, Kronberg/Ts.

Scheuerl, H. 1981: Zur Begriffsbestimmung von "Spiel" und "spielen", in: Röhrs, H. (Hrsg.): Das Spiel. Ein Urphänomen des Lebens, Wiesbaden, S. 41 - 50.

Schelling, T. 1981: The Strategy of Conflict, 8. Aufl., Cambridge-London.

Schelsky, H. 1970: Zur soziologischen Theorie der Institutionen, in: ders. (Hrsg.): Zur Theorie der Institutionen, Düsseldorf, S. 9-26.

Scheuch, E.K./ Scheuch, U. 1992: Cliquen, Klüngel und Karrieren, Hamburg.

Schiffler, H. 1982: Spielformen als Lernhilfe, Herder Freiburg, Basel, Wien.

Schimank, U. 1985: Der mangelnde Akteurbezug systemtheoretischer Erklärungen gesellschaftlicher Differenzierung. Ein Diskussionsvorschlag, in: Zeitschrift für Soziologie 14, S. 421-434.

Schimank, U. 1988: Gesellschaftliche Teilsysteme als Akteurfiktionen, in: Kölner Zeitschrift Soziologie und Sozialpsychologie 40, S. 619-639.

Schimank, U. 1992: Erwartungssicherheit und Zielverfolgung. Sozialität zwischen Prisoner's Dilemma und Battle of the Sexes, in: Soziale Welt 43, S. 182-200.

Schmalz-Bruhns, Rainer 1990: Neo-Institutionalismus, in: Jahrbuch zur Staats- und Verwaltungswissenschaft, Bd. 4., S. 315-337.

Schmid, G. 1988: Die neue institutionelle Ökonomie. Königsweg oder Holzweg zu einer Institutionentheorie des Arbeitsmarktes?, in: Schmid/ Deutschmann/ Grabher (1988), S. 1-54.

Schmid, G./ Deutschmann, C./ Grabher, G. 1988: Die neue institutionelle Ökonomie. Kommentare aus politologischer, soziologischer und historischer Perspektive institutioneller Arbeistmarkttheorie, Wissenschaftszentrum für Sozialforschung Berlin (WZB Discussion Paper FS I 88-14), Berlin.

Schmid, M. 1993: Soziale Normen und soziale Ordnung. Eine Kritik von Jon Elsters Theorie sozialer Normen, in: Berliner. Journal für Soziologie, S. 19-41.

Schmidt, M.G. 1982: Wohlfahrtsstaatliche Politik unter bürgerlichen und sozialdemokratischen Regierungen. Ein internationaler Vergleich, Frankfurt/M.-New York.

Schmidt, M.G. 1986: Politische Bedingungen erfolgreicher Wirtschaftspolitik, in: Journal für Sozialforschung 26, S. 251-273.

Schmidt, M.G. 1987: Vergleichende Policy-Forschung; in: Berg-Schlosser/ Müller-Rommel (Hrsg.), S. 185-200.

Schmidt, M.G. 1988: Einführung, in: Politische Vierteljahresschrift 29, Sonderheft 19, S. 1-35.

Schmidt, M.G. 1990: Soziale Sicherung im Nationenvergleich. Sozialökonomische Gesetzmäßigkeiten und Politik, in: Bermbach, U./ Blanke, B./ Böhret, C. (Hrsg.): Die Spaltung der Gesellschaft und die Zukunft des Sozialstaats, Opladen, S. 113-132.

Schmidt, M.G. 1992: Regieren in der Bundesrepublik Deutschland, Opladen.

Schmidtchen, S. 1988: Spiel, in: Asanger, R./ Wenninger, G. (Hrsg.): Handwörterbuch der Psychologie, München-Weinheim, S. 721 - 725

Schmidt von Sydow, H. 1980: Organe der erweiterten Europäischen Gemeinschaften: Die Kommission, Baden-Baden.

Schmitt-Beck, R./ Schrott, P.R. 1992: Dimensionen der Mediennutzung in West- und Ostdeutschland. Eine vergleichende Untersuchung zu Rezeptionsmustern von Tageszeitung und Fernsehen, in: Media Perspektiven 6, S.376-392.

Schmitter, P.C. 1992: Representation and the Future Euro-Policy, in: Staatswissenschaften und Staatsrecht 2, S. 381-405.

Schneider, A. 1991: Zur aktuellen Situation der außerschulischen Jugend- und Erwachsenenbildung in den fünf neuen Bundesländern, in: Außerschulische Bildung 1, S.9-12

Schneider, V. 1993: Networks and Games in Large Technical Systems: The Case of Videotex, in: Scharpf (Hrsg.) (1993c), S. 251-286.

Schneider, V./ Werle, R. 1989: Vom Regime zum korporativen Akteur. Zur institutionellen Dynamik der Europäischen Gemeinschaft, in: Kohler-Koch (Hrsg.), S. 409-434.

Schnell, R./ Hill, P.B./ Esser, E. 1989: Methoden der empirischen Sozialforschung, 2. Aufl., München-Wien.

Schockweiler, F. 1993: Die Haftung der EG-Mitgliedstaaten gegenüber dem Einzelnen bei Verletzung des Gemeinschaftsrechts, in: Europarecht 28, S. 107-133.

Schöhl, W. 1987: Defizite der Journalistenausbildung in den Bereichen Wirtschaft, Soziales und Umwelt, in: Wilke (Hrsg.) S.262-286.

Schubert, K. 1991: Politikfeldanalyse. Eine Einführung, Opladen.

Sebenius, J.K. 1983: Negotiation Arithmetic. Addings and Subtracting Issues and Parties, in: International Organization 37, S. 281-316.

Senghaas, D. 1992: Von der Struktur- zur Regimeanalyse und zurück. Analytische Heuristik als Falle und das Erfordernis synthetischer Urteile. Kommentar zu Volker Rittberger und Michael Zürn: "Transformation der Konflikte in den Ost-West-Beziehungen. Versuch einer institutionalistischen Bestandsaufnahme", in: Politische Vierteljahresschrift 33, S. 93-100.

Shepsle. K.A. 1989: Studying Institutions. Some Lessons from the Rational Choice Approach, in: Journal of Theoretical Politics 1, S. 131-147.

Silbermann, A. 1982: Handwörterbuch der Massenkomunikation und Medienforschung, Berlin.

Simmel, G. 1989: Über sociale Defferenzierung. Aufsätze 1887-1890. Georg Simmel Gesamtausgabe, Bd. 2, herausgegeben von Heinz-Jürgen Dahme, Frankfurt/M.

Simon, H.A. 1962: The Architecture of Complexity, in: Proceedings of the American Philosophical Society 106, S. 467-482.

Simon, H.A. 1972: Theories of Bounded Rationality; in: C.D. Radner/ R. Radner (Hrsg.): Decision and Organization, Amsterdam, S. 161-176; zitiert aus: ders.: Models of Bounded Rationality, Vol. 2, Cambridge 1982.

Simon, H.A. 1973: The Organization of Complex Systems, in: Pattee, H.H. (Hrsg.): Hierarchy Theory. The Challenge of Complex Systems, New York, S. 1-27.

Simon, H.A. 1978: Rationality as Process and as Product of Thought, in: The American Economic Review 68, S.1-16.

Simon, H.A. 1985: Human Nature in Politics. The Dialogue of Psychology with Political Science, in: American Political Science Review 79, S. 293-304..

Simonis, U.E. 1990: Beyond Growth. Elements of Sustainable Development, Berlin.

Simonis, U.E. 1992: Kooperation oder Konfrontation: Chancen einer globalen Klimapolitik, in: Aus Politik und Zeitgeschichte B 16, S. 21-32.

Sizoo, J./ Jurrjens, R.T. 1984: CSCE Decision-making: The Madrid Experience, Den Haag.

Snidal, D. 1985: Coordination versus Prisinorøs Dilemma: Implications for International Cooperation and Regimes, in: American Political Science Review 79, S. 923-942.

Sondheimer, K. 1991: Grundzüge des politischen Systems der Bundesrepublik Deutschland, München.

Spöhring, W. 1989: Qualitative Sozialforschung, Stuttgart.

Sprinz, D./ Vaahtoranta T. 1994: The interest-based Explanation of International Environmental Policy, International Organization 48, S.77-105.

Stachowiak, H. 1973: Allgemeine Modelltheorie, Wien-New York.

Steffani, W. 1980: Pluralistische Demokratie, Opladen.

Stein, A.A. 1983: Coordination and Collaboration: Regimes in an Anarchic World, in: Krasner (Hrsg.), S. 115-140.

Sternberger, D. 1954: Politische Bildung. Ein Vortrag, Frankfurt/M.

Sturm, R. 1985: Die Politikstilanalyse. Zur Konkretisierung des Konzepts der Politischen Kultur in der Policy-Analyse, in: Hartwich (Hrsg.), S. 105-110.

Sturm, R. 1989: Haushaltspolitik in westlichen Demokratien. Ein Vergleich des haushaltspolitischen Entscheidungsprozesses in der Bundesrepublik Deutschland, Fraknkreich, Großbritannien, Kanada und den USA, Baden-Baden.

Sturm, R. 1991: Die Zukunft des deutschen Föderalismus, in: Liebert,U./Merkel, W. (Hrsg.): Die Politik der deutschen Einheit, Opladen, 160ff.

Taylor, M./ Laver, M. 1973: Government Coalitions in Western Europe, in: European Journal of Political Research 1, S. 205-248.

Taylor, P. 1975: The Politics of the European Communities: The Confederal Phase, in: World Politics 27, S. 336-360.

Thaysen, U. /Davidson, R.H. /Livingston, R.G. 1988: US-Kongreß und Bundestag, Opladen.

Thiere, K. 1980: Die Wahrnehmung überindividueller Interessen im Zivilprozeß, Bielefeld.

Throgmorton, J.A. 1991: The rhetorics of policy analysis, in: Policy Sciences 24, S. 153-179.

Tietgens, H. 1987: Zur Lage der außerschulischen Bildung, in: Gegenwartskunde 4, S.433-441

Tietgens, H. 1989: Außerschulische Politische Bildung und Weiterbildung, in: Außerschulische Bildung 4, S. 353-356

Topitsch, E. (Hrsg.) 1971: Logik der Sozialwissenschaften, Köln-Berlin.

Troitzsch, K.G. 1990: Modellbildung und Simulation, Opladen.

Tsebelis, G. 1990: Nested Games. Rational Choice in Comparative Politics, Berkeley.

Unser, G. 1992: Die UNO. Aufgaben und Strukturen der Vereinten Nationen, München.

Varela, F.G. 1979: Principles of Biological Autonomy, New York.

Vilmar, F. 1973: Strategien der Demokratisierung, 2 Bd., Darmstadt.

Vilmar, F. 1986: Partizipation, in: Mickel (Hrsg.),S. 339-344.

Voigt, R. 1989: Mythen, Rituale und Symbole in der Politik, in ders. (Hrsg.): Politik der Symbole, Symbole der Politik, Opladen.

Wagner, P./ Wollmann, H. 1986: Social scientist in policy research and consulting: some cross-national comparisons, in: International Social Science Journal 110, S.601-617.

Wagner, P/ Wollmann, H. 1989: Beyond Serving State Bureaucracy? Problem-Oriented Social Science in (West)Germany (unv. Manuskript), Berlin.

Wallace, H. 1983: Negotiation, Conflict and Compromise: The Elusive Pursuit of Common Policies; in: Wallace, H./ Wallace, W./ Webb, C. (Hrsg.): Policy-Making in the European Community, Chichester, S. 43-80.

Wallace, W. 1983: Less than a Federation, More than a Regime: The Community as a Political System; in: Wallace, H./ Wallace, W./ Webb, C. (Hrsg.): Policy-Making in the European Community, Chichester, S. 403-436.

Wallis, J.J./ North, D.C. 1986: Measuring the Transaction Sector in the American Economy, 1870-1970, in: Engerman, S.L./ Gallman, R.E. (Hrsg.): Long-Term Factors in American Economic Growth, Chicago-London, S. 95-161.

Waltz, K. 1979: Theory of International Politics, Reading.

Wambach, M.M. (Hrsg.) 1983: Der Mensch als Risiko. Zur Logik von Prävention und Früherkennung, Frankfurt/M.

Waschkuhn, A. 1987: Allgemeine Institutionentheorie als Rahmen für die Theorie politischer Institutionen, in: Göhler (Hrsg.) 1987a, S. 71-97.

Weber, M. 1972: Wirtschaft und Gesellschaft. Grundriß der verstehenden Soziologie, 5. Aufl., Tübingen.

Weber ,M. 1919: Politik als Beruf, in: ders. (1968) : Weltgeschichte, Analysen, Politik, 4. Aufl., Stuttgart, S. 167-185.

Weiler, J. 1981: The Community System: The Dual Charakter of Supranationalism; 1 Yearbook of European Law, S. 267-306.

Weiler, J. 1991: The Transformation of Europe, Yale Law Journal 100, S. 2403-2483.

Weiß, C.H. 1984: Forschung zum Nutzen der Politik. Die Aufklärungsfunktion sozialwissen-schaftlicher Forschung; in: Hellstern/ Wollmann (Hrsg.) (1984a), S. 541-556.

Weiss, C.H./ Bucuvalas, M.J. 1980: Social Science Research and Decision-Making, New York.

Weiß, H.J. 1978: Die Ausbildung von Journalisten und ihre Einstellung zur Ausbildung, in: Hömberg (Hrsg.), S.54-79.

Weizsäcker, E.-U. v. 1990: Erdpolitik. Ökologische Realpolitik an der Schwelle zum Jahrhundert der Umwelt, 2. Aufl., Darmstadt.

Welsch. W. 1987: Unsere postmoderne Moderne, Weinheim.

Wessels, W. 1988: The Growth of the EC System - A Product of the Dynamics of Modern European States ? A Plea for a More Comprehensive Approach, Papier für den XIVth World Congress of IPSA, Washington D.C. 28.8. - 1.9.1988.

Wessels, W. 1991: The EC Council: The Community's Decisionmaking Center; in: Keohane/ Hoffmann (Hrsg.), S. 133-154.

Wessels, W. 1992: Staat und (westeuropäische) Integration. Die Fusionsthese, in: Politische Vierteljahresschrift 33, Sonderheft 23, S. 36-61.

Wewer, G. 1991: Spielregeln, Netzwerke, Entscheidungen - auf der Such nach der anderen Seite des Regierens, in: Hartwich/ Wewer (Hrsg.) (1991), S. 9-29.

White, D.M. 1950: The Gate-Keeper. A Case Study in the Selection of News, in: Journalism Quaterly 27.

Wiesenthal, H. 1987: Rational Choice. Ein Überblick über Grundlinien, Theoriefelder und neuere Themenaquisition eines sozialwissenschaftlichen Paradigmas, in: Zeitschrift für Soziologie, Jg. 16, Heft 16, S. 434-449.

Wiesenthal, H. 1992: Innovationspotentiale der Risikogesellschaft. Eine institutionenbezogene Perspektive, Arbeitsgruppe Transformationsprozesse in den neuen Bundesländern der Max-Planck-Gesellschaft (Discussion Paper 92/4), Berlin.

Wilke, Jürgen (Hrsg.) 1987: Zwischenbilanz der Journalistenausbildung, München

Wilke, Jürgen (Hrsg.) 1987: Zwischenbilanz der Journalistenausbildung, München

Williamson, Oliver E. (1985) The Economic Institutions of Capitalism, New York.

Willke, H. 1983: Entzauberung des Staates. Überlegungen zu einer gesellschaftlichen Steuerungstheorie, Königstein/Ts.

Willke, H. 1989: Systemtheorie entwickelter Gesellschaften, Weinheim.

Willke, H. 1992: Ironie des Staates. Grundlinien einer Staatstheorie polyzentrischer Gesellschaft,, Frankfurt/M.

Windhoff-Héritier, A. 1987: Policy-Analyse. Eine Einführung, Frankfurt/M.-New York.

Windhoff-Héritier, A. 1991: Institutions, Interests, and Political Choice, in: Czada/Windhoff-Héritier (Hg.), S. 27-52.

Wiesenthal, H. 1990: Unsicherheit und Multiple-Self-Identität: Eine Spekulation über die Voraussetzungen strategischen Handelns, Max-Planck-Institut für Gesellschaftsforschung (MPIFG Discussion Paper 90/2), Köln.

Wolf, K.D. 1991: Internationale Regime zur Verteilung globaler Ressourcen. Eine vergleichende Analyse der Grundlagen ihrer Entstehung am Beispiel der Regelung des Zugangs zur wirtschaftlichen Nutzung des Meeresbodens, des geostationären Orbits, der Antarktis und zu Wissenschaft und Technologie, Baden-Baden.

Wolf, K.D./ Zürn, M. 1986: "International Regimes" und Theorien der internationalen Politik, in: Politische Vierteljahresschrift 27, S. 210-221.

Wollmann, H. (Hrsg.) 1979: Politik im Dickicht der Bürokratie. Beiträge zur Implementationsforschung, Leviathan Sonderheft 3/1979, Opladen.

Wollmann, H. 1984: Policy Analysis: Some Observations on the West German Scene, in: Policy Sciences 17, S. 27-47.

Wollmann, H. 1988: Applied Social Sciences In Societal and Political Contexts. Comparative Notes on the US and on Germany, Paper presented to the Panel on "the Impact of the Poltical context on the Development of Political Science in Different Societies duringt the XIV IPSA World Congress to be held on August 28 to September 1, 1988, in Washington DC.

Wollmann, H. 1991: Politikberatung, in: Nohlen (Hrsg.), S. 493-498.

Wollmann, H./ Hellstern, G.-M. 1980: Evaluierung in der öffentlichen Verwaltung - Zwecke und Anwendungsfelder, in: Verwaltung und Fortbildung, S. 61-79

Wollmann, H./ Hellstern, G.-M. (Hrsg.) 1984: Handbuch zur Evaluationsforschung, Opladen.

Yin, R.K. 1984: Case Study Research. Design and Methods. Applied Social Research Methods Series, Beverly Hills u.a.

Young, O.B. 1979: International Regimes: Problems of Concept Formation, in: World Politics 32, S. 331-356.

Young, O.R. 1982: Regime Dynamics: The Rise and Fall of International Regimes, in: International Organization 36, S. 277-297.

Young, O.R. 1989: The Politics of International Regime Formation: Managing Natural Resources and the Environment; 43 International Organization, S. 349-375.

Zapf, W. 1986: Innovationschancen der westeuropäischen Gesellschaft, in: Soziale Welt 37, Sonderband 4, S. 167-179.

Zapf, W. 1989: Über soziale Innovation, in: Soziale Welt 40, S. 170-183.

Zapf, W. 1991: Modernisierung und Modernisierungstheorien, in: ders. (Hrsg.) (1991a), S. 23-39.

Zapf, W. (Hrsg.) 1991a: Die Modernisierung moderner Gesellschaften. Verhandlungen des 25. deutschen Soziologentages in Frankfurt am Main 1990, Frankfurt/M.-New York.

Zeh, J. 1987: Journalismus als Präzisionsjournalismus. Sozialwissnschaftliche Methodenlehre in der Journalistenausbildung, in: Wilke,S.145-166.

Zeiss, M. 1981: Bewußtsein von Tageszeitungsredakteuren. Eine Studie über Bedingungen, Struktur und Folgen journalistischen Berufsverständnisses, Berlin.

Zemanek, K. 1973: Autriche, in: L'Etat face á l'organisation mondiale; Actes du 2e colloque 1972, Université de Genève, Faculté de Droit, Genève, S. 47-82.

Zilleßen, H. 1993: Die Modernisierung der Demokratie im Zeichen der Umweltproblematik, in: Prittwitz (Hrsg.), S. 81-91.

Zilleßen, H./ Dienel, P.C./ Strubelt, W. (Hrsg.) 1993: Die Modernisierung der Demokratie. Internationale Ansätze, Opladen.

Zintl, R. 1992: Kooperation und Aufteilung des Kooperationsgewinns bei horizontaler Politikverflechtung, in: Benz/ Scharpf/ Zintl (1992), S. 97-146.

Zürn, M. 1992: Interessen und Institutionen in der internationalen Politik. Grundlegung und Anwendungen des situationsstrukturellen Ansatzes, Opladen.

Zürn, M./ Wolf, K.D./ Efinger, M. 1990: Problemfelder und Situationsstrukturen in der Analyse internationaler Politik. Eine Brücke zwischen den Polen?; in: Politische Vierteljahresschrift 31, Sonderheft 21, S. 151-174.